图书在版编目（CIP）数据

民族院校大学英语课程思政教学行动研究/常媚著.
北京：中央民族大学出版社，2025.1. -- ISBN 978-7-5660-2462-6

Ⅰ.G641

中国国家版本馆CIP数据核字第2024PY0166号

民族院校大学英语课程思政教学行动研究

著　　者	常　媚
策划编辑	赵　鹏
责任编辑	杜星宇
封面设计	舒刚卫
出版发行	中央民族大学出版社
	北京市海淀区中关村南大街27号　　邮编：100081
	电话：（010）68472815（发行部）　传真：（010）68933757（发行部）
	（010）68932218（总编室）　　　（010）68932447（办公室）
经 销 者	全国各地新华书店
印 刷 厂	北京鑫宇图源印刷科技有限公司
开　　本	787×1092　1/16　印张：23.25
字　　数	370千字
版　　次	2025年1月第1版　2025年1月第1次印刷
书　　号	ISBN 978-7-5660-2462-6
定　　价	118.00元

版权所有　翻印必究

前　言

21世纪以来，党和政府将深化高校思想政治教育工作列入战略任务，强调所有高校、所有教师、所有课程都应承担好育人责任，使各类课程与思政课程同向同行。民族院校以服务党和国家的民族政策及发展战略为己任，理应在课程思政建设上做出更大的贡献。民族院校大学英语课程因其院校属性和课程学科属性，课堂中不同文化、思想、价值观的交互相较其他院校、其他课程而言更为频繁和复杂，因此实施课程思政教学更具必要性和重要性。基于此，本书围绕"如何开展民族院校大学英语课程思政教学"这一核心问题展开研究，从而为民族院校大学英语课程思政教学做出有益的探索，并提供一定的参考与借鉴。

首先，研究以Z民族大学为个案点，进行了民族院校大学英语课程思政教学现状调查。通过一线大学英语教师访谈和学生问卷调查，诊断了当前民族院校大学英语课程思政教学存在的问题，了解了学生对民族院校大学英语课程思政教学的需求。其次，基于对教学存在的问题和学生需求的深入思考，构建了民族院校大学英语课程思政教学实施方案，包括民族院校大学英语课程思政教学的理论支点、育人目标、操作流程及评价理念。最后，采用构建的民族院校大学英语课程思政教学实施方案，在Z民族大学2021级大学英语×班进行了三轮迭代的行动研究，不断地改进、完善教学实施方案。

研究发现基于民族院校大学英语课程思政教学实施方案的教学行动实现了思政育人的系统实施，达到了思政育人的深度融入，做到了英语语言教学与思政育人的有机融合，取得了良好的英语语言教学和思政育人效果，获得了学生和同行教师的高度认可。研究还根据教学行动中获取的实践性知识，总结提炼了思政元素选取、思政元素开发、融合性任务设置、教学实施和教学评价五个方面的教学策略。

　　研究总结出以下结论："融合性"设计是思政育人有机融入的根本保证；学生主体性发挥是思政育人深度融入的根本条件；生成性实践是思政育人效果产出的必然要求；课上课下联动是思政育人深度融入的现实需要；"生生交互"合作是思政育人提质增效的根本保障。研究还提出应该促进民族院校大学英语教师课程思政教学能力"内涵式"发展，构建民族院校大学英语课程思政教学外部支持体系。

常媚

2024年2月

目 录

绪 论 ··· 1
  一、研究缘起 ··· 1
  二、研究问题 ··· 6
  三、研究意义 ··· 6
  四、概念界定 ··· 8
  五、国内外研究综述 ··· 13
  六、研究设计 ·· 48

第一章 民族院校大学英语课程思政教学现状调查与分析 ······65
第一节 教师访谈结果及分析 ································65
  一、民族院校大学英语教师普遍认同实施课程思政教学的必要性 ···66
  二、民族院校大学英语教师开展课程思政教学的方法呈多样性 ···70
  三、民族院校大学英语课程思政教学存在的问题 ············76
  四、民族院校大学英语课程思政教学问题原因剖析 ·········79

第二节 学生问卷调查与分析 ································83
  一、学生对民族院校大学英语课程思政教学目标的认识 ·····83
  二、学生对民族院校大学英语课程思政教学内容的需求 ·····85
  三、学生对民族院校大学英语课程思政教学途径的需求 ·····86
  四、学生对民族院校大学英语课程思政教师教学的需求 ·····87
  五、学生对民族院校大学英语课程思政教学评价的需求 ·····90
  六、学生对民族院校大学英语课程思政教学的开放性需求 ···93

第二章　民族院校大学英语课程思政教学实施方案建构 ……… 96
第一节　民族院校大学英语课程思政教学的理论支点 ……… 96
　　一、马克思主义人的全面发展理论 ……………………… 97
　　二、建构主义理论 ………………………………………… 100
　　三、信息传播与态度转变理论 …………………………… 104
　　四、情感领域内化层次理论 ……………………………… 108
第二节　民族院校大学英语课程思政教学育人目标 ……… 111
　　一、民族院校大学英语课程思政教学特殊性分析 ……… 111
　　二、民族院校大学英语课程思政教学重点育人目标 …… 117
第三节　民族院校大学英语课程思政教学的操作流程 …… 123
　　一、预设结果 ……………………………………………… 124
　　二、教学实施 ……………………………………………… 126
　　三、效果评估 ……………………………………………… 130
第四节　民族院校大学英语课程思政教学的评价理念 …… 131
　　一、评价主体多元 ………………………………………… 131
　　二、评价方法多元 ………………………………………… 131
　　三、评价目的多元 ………………………………………… 132
　　四、评价内容多元 ………………………………………… 132

第三章　民族院校大学英语课程思政教学第一轮行动研究：
　　　　　尝试与探索 …………………………………………… 134
第一节　行动研究方案与实施 ………………………………… 134
　　一、行动研究对象 ………………………………………… 134
　　二、行动研究背景与问题 ………………………………… 137
　　三、行动研究计划 ………………………………………… 137
　　四、行动研究实施 ………………………………………… 139
第二节　行动研究结果与反思 ………………………………… 158
　　一、行动研究结果 ………………………………………… 158
　　二、行动研究反思 ………………………………………… 171

第四章 民族院校大学英语课程思政教学第二轮行动研究：调整与改进 ········ 176
第一节 行动研究方案与实施 ········ 177
一、行动研究背景与问题 ········ 177
二、行动研究计划 ········ 178
三、行动研究实施 ········ 182
第二节 行动研究结果与反思 ········ 209
一、行动研究结果 ········ 209
二、行动研究反思 ········ 222

第五章 民族院校大学英语课程思政教学第三轮行动研究：提升与完善 ········ 224
第一节 行动研究方案与实施 ········ 225
一、行动研究背景与问题 ········ 225
二、行动研究计划 ········ 226
三、行动研究实施 ········ 229
第二节 行动研究结果与反思 ········ 249
一、行动研究结果 ········ 249
二、行动研究反思 ········ 260

第六章 研究发现与讨论 ········ 262
第一节 三轮行动研究效果总结 ········ 262
一、学生问卷调查结果分析 ········ 262
二、同行教师访谈结果分析 ········ 271
三、整体行动研究成效 ········ 274
第二节 民族院校大学英语课程思政教学策略讨论 ········ 278
一、思政元素选取策略 ········ 278
二、思政元素开发策略 ········ 281
三、融合性产出任务设置策略 ········ 284

四、教学实施策略 ······································· 289
　　五、教学评价策略 ······································· 299

第七章　结论与启示 ······································· 302
　第一节　研究结论 ··· 302
　　一、"融合性"设计是思政育人有机融入的根本保证 ········· 302
　　二、学生主体性发挥是思政育人深度融入的根本条件 ········· 303
　　三、生成性实践是思政育人效果产出的必然要求 ············· 305
　　四、课上课下联动是思政育人深度融入的现实需要 ··········· 306
　　五、"生生交互"合作是思政育人提质增效的根本保障 ······· 307
　第二节　研究启示 ··· 309
　　一、教师之维：教师课程思政教学能力"内涵式"发展 ······· 309
　　二、保障之维：课程思政教学外部支持体系构建 ············· 314
　第三节　研究创新与局限 ··································· 319
　　一、研究创新 ··· 319
　　二、研究局限 ··· 320

参考文献 ··· 322
附　录 ··· 352

绪 论

一、研究缘起

（一）深化高等院校思想政治教育的要求

随着全球化进程的不断深入，当前中国所处的时代为"百年未有之大变局"[①]，面临着错综复杂的国际、国内形势。从国际形势来看，全球化时代各国经济、文化、政治等交互空前频繁，意识形态领域斗争更趋复杂。从国内形势来看，随着社会主义市场经济的发展，也不可避免地出现新老文化冲突、价值冲突。"意识形态领域斗争依然复杂，国家安全面临新情况。"[②] 当代大学生一方面呈现出个性鲜明、思想自主、价值多元等特征；另一方面仍处于人生观、世界观、价值观的形成阶段。因其人生阅历不足、辨别真伪能力较弱，在面对多元价值观相互碰撞的时候，容易出现价值错位。

高等院校人才培养决定着国家的长治久安、民族复兴和国家崛起。落实好"立德树人"的根本任务，解决好"培养什么人、怎样培养人、为谁培养人"的根本问题是高校人才培养目标的基石。学生的人生观、世界观、价值观是一个复杂的体系。以往依靠思想政治专门课程承担大学生价

[①] 新华社.习近平在中央外事工作会议上强调[EB/OL].（2018-06-23）[2021-09-07]. https：//baijiahao.baidu.com/s?id=1604060074048442582&wfr=spider&for=pc1.

[②] 新华社.习近平：决胜全面建成小康社会 夺取新时代中国特色社会主义伟大胜利——在中国共产党第十九次全国代表大会上的报告[EB/OL].（2017-10-27）[2021-08-07]. http：//www.gov.cn/zhuanti/2017-10/27/content_5234876.htm.

值引领任务的做法，忽视了各门课程的协同育人作用。21世纪以来，党和政府将深化高校思想政治工作列入战略任务，强调思想政治教育不仅是思想政治专门课程的任务，还应该贯穿于所有课程之中。2004年10月中共中央、国务院发布《关于进一步加强和改进大学生思想政治教育的意见》，明确指出"高等学校各门课程都具有育人功能，所有教师都负有育人职责"，要求"深入发掘各类课程的思想政治教育资源，在传授专业知识过程中加强思想政治教育"①。2014年上海市首先开始试点高校课程思政建设工作，深入发掘课程思政资源，摸索课程思政建设经验。2016年12月习近平总书记在全国高校思想政治工作会议上明确提出"各门课都要守好一段渠、种好责任田，使各类课程与思想政治理论课同向同行，形成协同效应"②。至此，高等院校课程思政建设开始进入启航阶段。此后，相关部门陆续发布了一系列高校课程思政建设相关政策性文件，不仅为课程思政的实施提供了充足的政策保障和支持，还规定了相应的发展方向。如2017年2月中共中央、国务院发布了《关于加强和改进新形势下高校思想政治工作的意见》，指出要"坚持全员全过程全方位育人""充分发掘和运用各学科蕴含的思想政治教育资源"③。2017年12月中共教育部党组发布了《高校思想政治工作质量提升工程实施纲要》，指出要"梳理各门专业课程所蕴含的思想政治教育元素和所承载的思想政治教育功能，融入课堂教学各环节，实现思想政治教育与知识体系教育的有机统一"④。2018年10月教育部发布了《教育部关于加快建设高水平本科教育全面提高人才

---

① 新华社.中共中央、国务院发出《关于进一步加强和改进大学生思想政治教育的意见》[EB/OL].（2004-10-15）[2021-08-23]. http：//www.moe.gov.cn/jyb_xwfb/gzdt_gzdt/moe_1485/tnull_3939.html.

② 习近平.把思想政治工作贯穿教育教学全过程 开创我国高等教育事业发展新局面[EB/OL].（2016-12-09）[2021-09-01]. http：//cpc.people.com.cn/n1/2016/1209/c64094-28936173.html.

③ 新华社.中共中央、国务院印发《关于加强和改进新形势下高校思想政治工作的意见》[EB/OL].（2017-02-27）[2021-09-01]. http：//www.gov.cn/xinwen/2017-02/27/content_5182502.htm

④ 中共教育部党组.中共教育部党组关于印发《高校思想政治工作质量提升工程实施纲要》的通知[EB/OL].（2017-12-05）[2021-09-23]. http：//www.moe.gov.cn/srcsite/A12/s7060/201712/t20171206_320698.html.

培养能力的意见》，指出要"做好整体设计，根据不同专业人才培养特点和专业能力素质要求，科学合理设计思想政治教育内容"①。2020年5月教育部发布的《高等学校课程思政建设指导纲要》进一步明确了课程思政建设目标要求和内容重点，并提出结合专业特点分类推进课程思政建设的指导意见，②高校课程思政建设进入了全面推进阶段。

民族院校作为高等教育的特殊组成部分，是党和国家为解决民族问题所创立。相比普通院校而言，民族院校具有多民族、多文化、多宗教等特点，文化冲突、价值观冲突更为凸显，更应该"重视不同思想文化相互激荡的现实"③，加强课程思政建设，抵制不良意识形态的影响，以引导各民族大学生形成正确的价值取向、政治取向，更好地服务民族地区发展及国家发展。

（二）民族院校大学英语课程思政建设的要求

民族院校大学英语课程思政建设也具备其内在的合理性和必要性。第一，从课程设置上来看，大学英语课程是民族院校大多数非英语专业学生在本科教育阶段必修的公共基础课程，是民族院校课程受众较广、修课时间较长的课程之一，理应是民族院校课程思政建设的必争之地。第二，从语言教学特性来看，语言教学强调语言环境的创设，注重大量输入语言材料和组织语言应用活动，并不拘泥于教材。因此民族院校大学英语课程可以更为灵活地增补思想立意高、价值引领性强的英语教学材料，设计具有思想政治教育意义的英语教学活动等，是更为系统、深入、有机开展课程思政建设的理想场所。第三，从课程性质来看，大学英语课程兼具工具性

---

① 教育部.教育部关于加快建设高水平本科教育全面提高人才培养能力的意见[EB/OL].（2018-09-17）[2021-09-23]. http：//www.moe.gov.cn/srcsite/A08/s7056/201810/t20181017_351887.html.

② 教育部.关于印发《高等学校课程思政建设指导纲要》的通知[EB/OL].（2020-05-28）[2022-05-22]. http：//www.gov.cn/zhengce/zhengceku/2020-06/06/content_5517606.html.

③ 新华社.习近平在中央外事工作会议上强调[EB/OL].（2018-06-23）[2021-09-07]. https：//baijiahao.baidu.com/s?id=1604060074048442582&wfr=spider&for=pc1.

和人文性。[1] 民族院校大学英语课程不仅应该有助于学生掌握英语这一语言工具，发挥"内引"学习功能，帮助学生学习了解英语国家文化、提高跨文化交际能力、发展世界眼光、培养国际视野；还应具备"外接"功能，培养学生应用英语讲述中国故事、传播中华各民族优秀文化的能力。此外，民族院校大学英语课程还应有助于学生人文精神、综合素质的全面发展。但当前大学英语课程教学主要还是以英美语言及文化学习为教学目标的"定文化引导式"教学，对英语对外传播能力的"外接"功能的关注还远远不够，还广泛存在"中华文化缺位""未能恰当处理国际视野和中国立场之间的辩证关系"[2]"对情感、态度、价值观的关注程度普遍不高"[3]"社会文化功能被忽略"[4]"内在价值被悬置"[5] 等一系列问题，亟待解决。

民族院校大学英语课程教学中不仅会出现中西文化的碰撞，还会出现不同民族文化的碰撞。不同文化、理念、价值观的交互相较其他院校、其他学科而言往往更为频繁和复杂，实施课程思政更具必要性和重要性。因此，民族院校大学英语课程教学应转换思维，在传授英语语言知识技能的同时，充分发挥思想政治教育功能，在"坚守中国立场""传播中国声音"和"学习对象国语言和文化"之间寻求更好的平衡，做好培根铸魂的思政育人工作。从而在提高学生英语水平的同时，提高学生的思想政治素养，培养具备全球视野、通晓国际规则、能够迎接经济全球化时代挑战，又具备坚定社会主义立场的各民族优秀人才。

---

[1] 教育部高等学校大学外语教学指导委员会主编.大学英语教学指南：2020版[M].北京：高等教育出版社，2020：3.

[2] 文秋芳.对"国家语言能力"的再解读——兼述中国国家语言能力70年的建设与发展[J].新疆师范大学学报（哲学社会科学版），2019，40（05）：65.

[3] 张文霞，李淑静.新时代大学英语教学管理和教师发展的问题与对策——《大学英语教学指南》相关要点解读[J].外语界，2020（05）：18.

[4] 蔡永良，王克非.中美外语教育理念差异比较[J].外语教学，2017，38（03）：5.

[5] 杨枫.高等外语教育的国家意识、跨学科精神及应用理念[J].当代外语研究，2019（02）：1.

（三）研究者个人工作需求与旨趣

"师者，教之以事而喻诸德也。"教师这个职业，自古以来就是教书与育人并行。因此，在教学实践中，教师必然要承担思想政治教育的责任。研究者在民族院校从事大学英语课程教学近二十年，在教学中经常发现有部分学生表现出一些思想及意识形态方面的偏差，包括存在民族刻板印象、缺乏思辨精神、缺乏团队协作精神、对西方文化盲目崇拜等。如有些学生对英语国家及其文化价值过于推崇，表现出明显的"亲西方文化"倾向。这种态度无疑将为制度自信、中华文化自信，乃至文化认同、国家认同、政治认同等带来不利影响。研究者曾对这部分学生进行访谈，试图了解学生形成这一认识的原因，访谈发现原因主要在于学生获取的英语国家相关知识通常来源于英文电视、电影、书籍、网络等媒介，这些媒介所传播的西方文化信息往往片面且多理想化，导致学生难以客观、全面、批判性地了解西方国家的文化、体制、社会问题等。为了解决教学中发现的部分学生存在的思想意识形态方面的问题，研究者也曾在教学实践中做过多次尝试，如通过补充更为全面、客观的英语语言材料，引导学生分析讨论材料，纠正学生的认知误区和片面观点等。在此过程中，学生不仅学习了新的英语词汇和表达方式，锻炼了应用英语进行口头、书面交流的能力，与此同时还达到了一定的思想政治教育效果。但在过去融入思想政治教育的民族院校大学英语课程教学实践中，研究者并没有树立系统实施"课程思政"的概念，思想政治教育多是"随机"行为，没有纳入教学核心目标，也未融入教学的各个环节。研究者对思政元素融入方法、策略等的效果判断也多来自个人主观视角的课堂观察与推测。此外，当前高校课程思政建设研究不断推进，但尚未发现民族院校大学英语课程思政教学相关研究，这也为本研究提供了契机。研究者希望能够通过研究，改进自己的民族院校大学英语课程思政教学实践，并进行一定的理论构建，丰富高校课程思政研究内涵，为从事民族院校大学英语课程思政教学及研究的同人提供一定的参考和借鉴。

综上所述，为回应深化高等院校思想政治教育，推进民族院校大学英语课程思政建设和改进民族院校大学英语课程思政教学实践的需求，本研究提出了民族院校大学英语课程思政教学行动研究这一课题。研究旨在基于民族院校大学英语课程思政教学中存在的真实问题及需求，在一线民族院校大学英语课程教学中，寻求促进民族院校大学英语课程思政教学开展的教学实施方案及相关策略，为民族院校大学英语课程思政教学做出一些有益的探索。

二、研究问题

明确的研究问题能为后续研究指明方向，展现研究的基本框架和思路主线。本研究将围绕"如何开展民族院校大学英语课程思政教学？"这一核心问题进行，具体包括以下子问题：

（1）民族院校大学英语课程思政教学的现状和存在的问题是什么？
（2）如何构建民族院校大学英语课程思政教学实施方案？
（3）如何在民族院校大学英语课程思政教学中实施该方案？
（4）促进民族院校大学英语课程思政教学有哪些有效策略？

三、研究意义

（一）理论意义

1. 丰富高校课程思政教学的相关理论

近年来，高校课程思政教学备受关注，研究成果丰富，但多从高校课程思政教学整体进行讨论或聚焦学科专业特性进行讨论。在已有相关文献中，尚未发现专门针对民族院校大学英语课程思政教学理论构建的相关研究。本研究将基于民族院校大学英语课程思政教学中存在的真实问题和需求，进行民族院校大学英语课程思政教学实施方案理论建构，并在行动研究中检验教学实施方案的效果，总结提炼行动研究中获得的"实践性理论"。这一结合民族院校的院校属性和大学英语课程的专业属性的研究，细化了高校课程思政教学研究的层次，聚焦了课程思政教学研究的视角。研究不仅有利于推动民族院校大学英语课程思政教学理论发展，为民族院校大学英语课程思政教学实践提供一定的理论参考，还对其他院校及不同学科专业的课程思政教学理论建构研究、教学设计研究等具有一定的启发意义。

2. 丰富高校课程思政理论研究的方法论

当前高校课程思政研究主要采取思辨研究路径，注重理论建构，实证研究比较匮乏。本研究首先通过调查研究诊断民族院校大学英语课程思政教学存在的问题，并了解学生对实施民族院校大学英语课程思政教学的需求。其次，基于调查研究结果进行民族院校大学英语课程思政教学实施方案理论建构。最后，采取行动研究的方式观察民族院校大学英语课程思政教学实施方案的效果，进一步完善实施方案，并提炼实践性教学理论。这一思辨研究与实证研究相结合的方法，对于丰富课程思政教学研究的方法论具有一定的促进意义。

（二）实践意义

1. 为民族院校大学英语课程思政教学研究提供案例及参考数据

本研究以Z民族大学为个案，结合一对一教师深度访谈和学生问卷调查，深入了解当前民族院校大学英语课程思政教学现状，厘清教师在开展民族院校大学英语课程思政教学中存在的问题，明晰学生对民族院校大学英语课程思政教学的相关需求。这不仅丰富了民族院校大学英语课程思政教学建设案例，还为相关研究提供了实证参考数据。

2. 为民族院校大学英语课程思政教学实践提供借鉴与参考

本研究立足于民族院校大学英语课程思政教学中存在的真实问题，并提出有针对性的解决方案和教学策略。研究具备解决现实问题的实践意义，可以为民族院校大学英语课程思政教学实践提供思路与借鉴。此外，还在三轮教学行动研究中通过具体的课例，详细地展示民族院校大学英语课程思政教学的具体教学操作过程，可以为民族院校大学英语课程思政教学一线教师提供更为具象化的操作参考。

3. 研究者课程思政教学及研究能力提升

研究不仅是研究者改进民族院校大学英语课程思政教学实践的"求善"过程，也是研究者课程思政教学能力和研究能力"赋能"的过程。研究者在理论学习、经验借鉴、行动实践和反思改进的研究过程中，逐步摆脱课程思政教学实践中的"直觉思维"，[①] 增长教师实践性知识，提升课程思政教学能力。研究者作为民族院校一线大学英语教师，这一"求善"和"赋能"的过程对改进教学具有直接意义。

四、概念界定

（一）民族院校

当前对民族院校的范围界定有广义和狭义两种意见。广义的界定认为民族院校包括名称中带有"民族"字样的普通高等院校以及设在民族地区的高等院校。[②] 狭义的界定认为民族院校指名为"民族学院"和"民族大学"的普通高等院校，包括6所中央委属民族院校和9所地方民族院校[③]。其中中央委属高校由国家民委管理，包括中央民族大学、中南民族大学、西南民族大学、西北民族大学、北方民族大学和大连民族大学。地方院校由省级政府管理，包括广西民族大学、云南民族大学、内蒙古民族大学、湖北民族大学、贵州民族大学、青海民族大学、西藏民族大学、四川民族学院、呼和浩特民族学院。

《国家民委、教育部关于进一步办好民族院校的意见》中将"民族院校"定义为"党和国家为解决国内民族问题而建立的综合性普通高等学校，是培养少数民族高素质人才的重要基地，是研究我国民族理论和民族政策的重要基地，是传承和弘扬各民族优秀文化的重要基地，是展示我国民族

---

① BURNS A. Collaborative Action Research for English Language Teachers[M]. Cambridge：Cambridge University Press，1999.

② 陆继锋.中国民族院校办学理念的变迁研究[D].中央民族大学，2013：29.

③ 唐纪南，张京泽.中国民族院校发展史[M].北京：中国社会科学出版社，2012：3.

政策和对外交往的重要窗口"。① 很多学者也就民族院校的内涵进行了界定，虽表述有所不同，但基本都认为民族院校为执行党的民族政策及方针服务，主要服务于少数民族和民族地区建设，②③ 具有鲜明的民族性、④ 文化性和政治属性⑤⑥。本研究中的民族院校范围将采用广义的界定，并综合以上观点，将"民族院校"界定为：由党和国家为解决国内民族问题创办的高等教育机构，具有鲜明的政策性和民族性，旨在培养服务民族地区建设及社会主义建设的全面发展的高级人才。

（二）大学英语

我国正式的英语教育最早可追溯到1862年创建的京师同文馆。甲午战争后，为求"中学为体，西学为用；中学有未备者，以西学补之"⑦，成立了上海广方言馆（1863）、广州广方言馆（1864）、湖北自强学堂（1893）、京师译学馆（1895）等一批英语教学堂。1903年，清政府颁布"癸卯学制"，要求"中学堂以上至学堂，必全勤习洋文"，⑧ 英语学习进入一个新的发展阶段。中华人民共和国成立初期，中国与苏联政治经济关系紧密，俄语学习需求猛增，英语教学发展倒退。20世纪60年代，中国逐渐开始与美国等西方国家展开外交和贸易，英语人才需求猛增，英语教学得以进入短暂的快速发展时期。但随后"文革"期间，英语教学几近停滞。改革开放以来，英语作为国际交流合作最重要的语言工具的地位得到

---

① 国家民委教育科技司，教育部民族教育司.蓬勃发展的中国民族院校[M].北京：中央民族大学出版社，2006：1.

② 宝玉柱.民族教育研究[M].北京：中央民族大学出版社，2009：195.

③ 王世忠.多元与和谐：民族院校人才培养模式的战略选择[M].武汉：华中师范大学出版社，2017：1.

④ 杨胜才.中国民族院校特色研究[M].北京：民族出版社，2007：2.

⑤ 邱世兵.中国民族院校转型发展研究[M].北京：中国社会科学出版社，2013：28-30.

⑥ 来仪.民族高校民族团结教育再思考[J].民族教育研究，2017，28（02）：10.

⑦ 汤志钧，陈祖恩.中国近代教育史资料汇编：戊戌时期教育[M].上海：上海教育出版社，1993：122.

⑧ 张文娟."产出导向法"应用于大学英语教学之行动研究[D].北京外国语大学，2017：23.

认可，英语教学进入了飞速发展时期。

改革开放以来我国的大学英语教学大致可分为四个阶段：

起步阶段（1978—1984年）：1979年3月颁布的《加强外语教育的几点意见》明确指出要大力办好高等学校公共外语教育，为大学英语教学的发展奠定了政策基础。1980年8月出版了《英语教学大纲（高等学校理工科本科四年制试用）》，同年11月成立了高等学校理工科公共外语教材编审委员会，紧接着出版了两套不同起点的理工科本科生英语教材。[①] 大学英语开始进入新的发展阶段，但此阶段的大学英语教学目标设定偏低，且只重语言形式教学。

发展阶段（1985—1995年）：1985年11月，大学外语教材编审委员会成立，在理工科基础上增加了文科。1986年3月出版《大学英语教学大纲（高等学校文理科本科用）》。1987年开始实行全国大学英语四、六级统考。此阶段，大学英语课程地位得到了空前的提高，开始朝着规范化、统一化的方向发展。

改革阶段（1996—2009年）：1996年11月教育部高教司下发的《关于在八所高校进行大学英语教学改革试点的通知》拉开了大学英语教学改革的序幕。在此期间颁布了《大学英语教学大纲（修订本）》（1999）、《大学英语课程教学要求（试行）》（2004）、《大学英语课程教学要求》（2007）等一系列文件，进一步明确了大学英语改革方向，开始强调语言综合应用能力的培养及现代化技术手段在英语教学中的应用。

改革深化阶段（2010年至今）：在此期间发布了《国家中长期教育改革和发展规划纲要（2010—2020年）》（2010）、《关于全面提高高等教育质量的若干意见》（2012）、《教育部关于全面深化课程改革落实立德树人根本任务的意见》（2014）、《高等学校课程思政建设指导纲要》（2020）等一系列文件，提出人才培养应以德育为先，并提出从多个维度构建全方位、立体化的育人体系的协同育人观点，为大学英语发展指明了新的方向。2020年颁布的《大学英语教学指南》强调了大学英语工具性

---

① 文秋芳，常小玲.中国共产党百年外语教育与中华民族伟大复兴[J].外语教育研究前沿，2021，4（02）：11-12.

和人文性并重的课程性质，明确提出大学英语教学应融入思想政治教育体系，在立德树人根本任务中发挥重要作用，对大学英语教学提出了新要求，大学英语教学被赋予了更加丰富的内涵。

"大学英语"早期名为"公共英语"，1984年5月更名为"大学英语"。但在实践中，"大学英语"仍常被称为"公共英语"。不同时期大学英语内涵有所不同。本研究将沿用《大学英语教学指南（2020版）》的定义界定，即大学英语是大多数非英语专业学生在本科教育阶段必修的公共基础课程，是普通高等学校通识教育的一个重要组成部分，兼具工具性和人文性，旨在培养学生的英语应用能力，增强跨文化意识和交际能力，同时发展自主学习能力，提高综合文化素养，培养人文精神和思辨能力，使学生在学习、生活和未来工作中能够恰当有效地使用英语，满足国家、社会、学校和个人发展的需要。[1]

（三）思想政治教育

很多学者都对思想政治教育进行了概念界定。如张耀灿等人认为思想政治教育是指"一定的阶级、政党、社会群体用一定的思想观念、政治观点、道德规范，对其成员施加有目的、有计划、有组织的影响，使他们形成符合一定社会、一定阶级所需要的思想品德的社会实践活动"[2]。陈秉公认为思想政治教育是指"为党和中华民族伟大奋斗目标的实现，展开对社会主义和共产主义思想体系的宣传普及，教育引导人们保持政治态度的端正，面对各类思想问题要合力解决，对人们的思想、道德、心理素质进行全面整体的提升，将人格完善和积极性方面的调动定位为根本任务，将政治思想教育放在核心首要位置对人们展开在思想层面、道德层面和心理层面的综合教育实践活动"[3]。本研究将沿用教育部思想政治工作司编写的

---

[1] 教育部高等学校大学外语教学指导委员会主编.大学英语教学指南：2020版[M].北京：高等教育出版社，2020：3-5.

[2] 张耀灿，徐志远.思想政治教育及其相关重要范畴的概念辨析[J].思想·理论·教育，2003（Z1）：13.

[3] 陈秉公.思想政治教育学原理[M].北京：高等教育出版社，2006：2-3.

《大学生思想政治教育理论与实践》一书中对思想政治教育的界定，即"思想政治教育是教育者与受教育者根据社会和自身发展的需要，以正确的思想、政治、道德理论为指导，在适应与促进社会发展的过程中，不断提高思想、政治、道德素质和促进全面发展的过程"①。其中"思想教育"是要提高思想认识，属于认知性的教育，需要加强世界观、方法论的教育。"政治教育"是要了解、认同、接受并努力实施一定阶级的政治纲领、战略、策略的过程，属于方向性的教育，需要坚持以理想信念教育为核心。"道德教育"是将一定社会和阶级的道德意识转化为对个人的道德品质和道德行为的教育，是一种规范性教育，需要加强社会主义道德教育、社会主义公德教育、职业道德教育、家庭美德教育。② 思想政治教育内容体现时代性，当前思想政治教育的主要内容包括习近平新时代中国特色社会主义思想、理想信念教育、爱国主义教育、道德法治教育和全面发展教育、社会主义核心价值观教育、中国梦教育等。

（四）课程思政

2016年习近平总书记在全国高校思想政治工作会议上指出"要坚持把立德树人作为中心环节，把思想政治工作贯穿教育教学全过程，实现全程育人、全方位育人"，"各门课都要守好一段渠、种好责任田，使各类课程与思想政治理论课同向同行，形成协同效应"③，对发挥各类课程的思政育人功能进行了明确指示。2020年教育部颁布的《高等学校课程思政建设指导纲要》指出课程思政是要"寓价值观引导于知识传授和能力培养之中，帮助学生塑造正确的世界观、人生观、价值观"，要求"紧紧抓住教师队伍'主力军'、课程建设'主战场'、课堂教学'主渠道'，让所有高校、所有教师、所有课程都承担好育人责任，守好一段渠、种好责任

---

① 教育部思想政治工作司组编.大学生思想政治教育理论与实践[M].北京：高等教育出版社，2009：2.
② 骆郁廷.思想政治教育引论[M].北京：中国人民大学出版社，2018：105-115.
③ 习近平.把思想政治工作贯穿教育教学全过程 开创我国高等教育事业发展新局面[EB/OL].（2016-12-09）[2021-09-01]. http://cpc.people.com.cn/n1/2016/1209/c64094-28936173.html.

田，使各类课程与思政课程同向同行，将显性教育和隐性教育相统一，形成协同效应，构建全员全程全方位育人大格局"①。很多学者都对课程思政的内涵进行了进一步解读，如高德毅等人认为课程思政是将高校思想政治教育融入课程教学和改革的各环节、各方面，实现立德树人、润物无声。② 高燕认为课程思政是要深入发掘各类课程的思想政治理论教育资源，从战略高度构建思想政治理论课、综合素养课程、专业教育课程"三位一体"的思想政治教育课程体系。③ 都晓认为课程思政是指在教学实践中，以专业课程和通识课程为载体开展隐性思想政治教育，要求所有课堂都要发挥育人主渠道作用。④ 综上可见，不同于有针对性地为思想政治教育设置的专门思政课程，课程思政不是一门单独的课程，而是指将思想政治教育渗透到各类课程里，将价值观引领融于知识传授和能力培养之中，使所有课程都发挥育人主渠道的作用。综上，本研究对民族院校大学英语课程思政的界定如下：民族院校大学英语课程思政是指民族院校大学英语课程以"立德树人"为根本任务，深入挖掘课程蕴含的思想政治教育资源，将思想政治教育有机融入大学英语语言知识能力培养体系，凸显民族院校大学英语课程的育人功能，使大学英语课程与专门思想政治课程同向同行、形成协同效应。

五、国内外研究综述

本部分通过梳理国内外高等院校课程思政相关研究文献，阐述当前相关研究概况，从现有研究中获取相关启示和借鉴，并聚焦本研究具体方向。

---

① 教育部.关于印发《高等学校课程思政建设指导纲要》的通知[EB/OL].（2020-05-28）[2022-05-22]. http://www.gov.cn/zhengce/zhengceku/2020-06/06/content_5517606.htm.

② 高德毅，宗爱东.从思政课程到课程思政：从战略高度构建高校思想政治教育课程体系[J].中国高等教育，2017（01）：44.

③ 高燕.课程思政建设的关键问题与解决路径[J].中国高等教育，2017（Z3）：11.

④ 都晓.论精准思政概念生成及其与课程思政的辩证关系[J].新疆师范大学学报（哲学社会科学版），2022，43（02）：53.

（一）国外研究综述

国外高等院校虽然没有提出明确的"思想政治教育""课程思政"概念，但广泛存在"公民教育""道德教育""伦理教育""价值观教育""品格教育"等不同形式的德育。以下将以美国、加拿大、新加坡为例，梳理国外高等院校德育意义、内容、路径及策略方面的相关研究，为民族院校大学英语课程思政教学行动研究提供更为多元的视域与思路借鉴。

1. 国外高等院校德育意义的研究

美国政府、学术界普遍认为在高等院校开展公民教育不仅有利于学生的学业成就及未来的职业参与，有利于学生的道德塑造和多元社会公民参与，还有利于价值观认同乃至国家安全。如有的研究指出公民教育有助于学业成绩的提高及更高的学业追求。[1] 有的研究指出高校公民教育可以增进对国家机构的信任，有利于建设更具凝聚力的社会，促进国家认同。[2] 有的研究指出公民学习不仅可以促进公民教育相关知识、技能和品性的发展，还与更好的学校氛围和更低的辍学率相关联。[3] 有的研究指出公民教育可以让学生欣赏"他者"的价值，增强对差异性的理解，为多元化的社会做好准备，促进社区参与。[4] 美国大学与学院协会（Association of American Colleges and Universities）的研究报告指出公民教育有利于学生有效沟通、协作工作及对多元文化的欣赏。[5] 美国战略与国际研究中心

---

[1] ASTON A. How Service Learning Affects Students[EB/OL]. [2021-08-02]. http://heri.ucla.edu/PDFs/HSLAS/HSLAS.PDF.

[2] MOISEYENKO O. Education and Social Cohesion: Higher Education[J]. Peabody Journal of Education, 2005, 80（4）: 89-104.

[3] GOULD J, JAMIESON K H, LEVINE P, et al, Guardian of Democracy: The Civic Mission of Schools[M]. Philadelphia: Leonore Annenberg Institute for Civics of the Annenberg Public Policy Center at the University of Pennsylvania, 2011.

[4] HURTADO S. "Now Is the Time": Civic Learning for a Strong Democracy[J]. Daedalus, 2019, 148（4）: 94-107.

[5] The National Task Force on Civic Learning and Democratic Engagement. A Crucible Moment: College Learning and Democracy's Future[R]. Washington, DC: Association of American Colleges and Universities, 2012.

和美国军事、国家和公共服务委员会（National Commission on Military, National, and Public Service）2019年发布的报告更是指出公民教育事关国家安全，是防范不断变化的威胁环境所需的关键工具，对国家的福祉至关重要。[1] 可见，高校公民教育已成为促进美国国家认同、多元社会参与、道德塑造、品格发展等的主要形式，并被认为是美国国家安全与发展的重要保障。

进入21世纪以来，加拿大国内对"公民教育"的讨论比历史上任何其他时期都更加热烈。[2] 研究指出加拿大公民教育不仅能对政治和加拿大政府产生影响，还能产生社区、社会和国际和谐方面的影响。[3] 公民教育有助于培养"负责任的、深思熟虑的和参与性"[4] 的公民。总体而言，一般认为加拿大高校公民教育能够帮助年轻人获得公民身份认定所需的知识、技能和态度，使他们充分、积极地参与社会事务、履行义务、捍卫权利、构建积极的公民价值观。

新加坡一直将公民教育和品格教育作为教育的重要内容，认为其对国家公民身份认同及公民良好品格的形成具有重要的影响，可以为新加坡的成功和新加坡同胞的福祉做出贡献。[5] 如有的研究认为公民教育有利于灌输新加坡国家建设的文化象征和公民工具维度的意识，[6] 能有效地让学生为民主参与做好准备。有的研究认为公民需要道德和伦理基础来指导他们

---

[1] National Commission on Military, National, and Public Service. Interim Report Executive Summary[J]. 2019.

[2] HUGHES A, SEARS A. The Struggle for Citizenship Education in Canada: The Centre Cannot Hold[M]. London: Sage, 2008: 124-138.

[3] MCKENZIE H B. Citizenship Education in Canada [EB/OL].[2022-12-14].https://publications.gc.ca/Collection-R/LoPBdP/BP/bp326-e.htm.

[4] HÉBERT Y. Responsibility and Citizenship Education: Shifting Meanings, Policy and Curricula[J]. Citizenship Teaching and Learning, 2009, 5（2）: 4.

[5] Singapore Ministry of Education. Character and Citizenship Education Syllabus Primary[EB/OL]. https://www.moe.gov.sg/-/media/files/primary/characterandcitizenshipeducationprimarysyllabusenglish.pdf.

[6] HILL M, LIAN K F. The Politics of Nation Building and Citizenship in Singapore[M]. New York: Routledge, 1995.

做出影响社会变革的决定，[1] 良好的道德教育可以教会学生以批判性和创造性的方式运用这些信念和价值观解决他们遇到的实际道德问题。[2] 有的研究认为道德价值观教育可以促进新加坡社会的和谐，[3] 有利于让学生为新加坡的工作场所做好准备。[4] 总体而言，新加坡高等院校的公民教育和品格教育被认为能够发展和塑造公民对社区和国家的积极知识、价值观和态度，培养民族凝聚力、生存能力和对未来的信心，能够培养对社区和国家的情感归属感和承诺感。

2. 国外高等院校德育内容的研究

美国大学与学院协会的"核心承诺"计划指出应该培养学生追求卓越的精神及职业道德，遵守学术诚信，承认并履行社会责任，尊重多样化观点，并具备道德推理和行动的能力。[5] 桑顿（Thornton）等人的研究指出美国高校的公民教育应包括教育学生接受并支持核心价值观、制度，为社区做出有益的贡献，欣赏和关心多元文化及观点以及承担个人责任[6]。美国大学与学院协会在报告《关键时刻：大学学习与民主的未来》中指出21世纪公民学习内容应包括：了解美国历史、政治、核心价值观和民主原则；了解不同文化和宗教，并能用开放的心态，接纳不同观点和文化；培养批判性探究推理能力和协作决策能力；获得解决问题的能力和经验；

---

[1] NEOH J Y. Neoliberal Education? Comparing Character and Citizenship Education in Singapore and Civics and Citizenship Education in Australia[J]. Journal of Social Science Education，2017，16（13）：36.

[2] TAN C, WONG Y L. Moral Education for Young People in Singapore：Philosophy, Policy and Prospects[J]. Journal of Youth Studies，2010，13（2）：91.

[3] 陈惠萍，黄耀樑.新加坡青年道德教育：理念、政策与前景[J].青年研究学报，2010，13（2）：90.

[4] WOON E Y S, PANG A. Public Relations Education in Singapore：Education the Next Generation of Practitioners on Ethics[J]. Journal of Public Relations Education，2010，6（3）：29.

[5] REASON R D. Creating and Assessing Campus Climates that Support Personal and Social Responsibility[EB/OL].[2021-08-17].https：//www.aacu.org/publications-research/periodicals/creating-and-assessing-campus-climates-support-personal-and-social.

[6] THORNTON C H, JAEGER A J. The Role of Culture in Institutional and Individual Approaches to Civic Responsi-bility at Research Universities[J]. The Journal of Higher Education，2008，79（2）：160-182.

学会文明、正直和相互尊重等。① 总的来看，美国高校德育内容主要包括以下四个方面：一是强调国家认同、政治认同、价值认同；二是强调对多元文化、观点的理解及尊重；三是强调学术道德、职业道德及社会道德；四是强调社会责任意识的培养。

加拿大公民教育早期多专注于与同质文化群体的福祉有关的职责。当前随着人口的异质性和国家之间的相互依存度不断提高，加拿大公民教育内涵得到了进一步的拓展和日益增长的关注。如奥斯本（Osborne）提出公民教育应该包括"12C"内容，即加拿大人（Canadian）、世界公民（Cosmopolitan）、沟通（Communication）、一致性或满意（Coherence or Content）、批判性（Critical）、创造性（Creativity）、好奇心（Curiosity）、文明（Civilization）、社会共同体（Community）、关心（Concern）、品格（Character）、胜任力（Competence）。② 温顿（Winton）提出公民教育包括三个要素：第一个元素是知识，包括情境知识和概念知识。情境知识是参与公民生活的知识。概念知识包括对与公民相关的概念和观念的理解，包括正义、法治、平等、多样性、忠诚度等。第二个要素是为积极参与公民生活做好准备的能力，包括决策、冲突解决和沟通技巧等。第三个要素是培养学生对多元化的承诺，促进广泛参与的多元化公民社会。③ 还有的研究者认为加拿大公民教育强调国家认同，强调培养个人批判性社会参与的能力，强调作为全球公民参与的能力，且受到加拿大官方多元文化主义政策的影响，强调其多元文化维度。④ 总的来说，加拿大高等院校德育强调国家认同和政治认同；强调文化多元性和文化多样性；强调全球公

---

① National Task Force on Civic Learning and Democratic Engagement, Association of American Colleges and Universities. A Crucible Moment: College Learning and Democracy's Future[R/OL]. （2011-10-05）[2021-08-19]. https：//www.aacu.org/crucible.

② OSBORNE K. Public Schooling and Citizenship Education in Canada[J]. Canadian Ethnic Studies, 2000, 32（1）：8, 30.

③ WINTON S. Does Character Education Really Support Citizenship Education? Examining the Claims of an O-ntario Policy[J]. Canadian Journal of Educational Administration and Policy, 2008（76）：4.

④ NABAVI M. Constructing the "citizen" in citizenship education[J]. Canadian Journal for New Scholars in Education, 2010, 3（1）：4.

民意识和参与；强调实践中的公民身份；强调道德文化与价值观教育，期望其成员不仅要明确作为"加拿大人"的身份认同，履行公民的政治职责，还要欣赏和支持所属社会的既定价值观并为共同利益而努力。

新加坡高等教育的德育内容主要强调共同的价值观、新加坡归属感和国家认同感以及公民责任感。早在1991年2月，新加坡国会就批准了《共同价值白皮书》，旨在通过共同的价值观念，即"国家至上，社会为先；家庭为根，社会为本；社会关怀、尊重个人；求同存异，协商共识；种族和谐，宗教宽容"①，引导不同种族形成对"一个国家、一个新加坡"的认同，以维护国家的统一和稳定。1997年新加坡提出了国民教育（National Education）倡议，提出培养身为新加坡人的认同感、自豪感和自尊；讲述新加坡的故事；了解新加坡独特的挑战、限制和脆弱性；灌输新加坡的核心价值观和意志。② 不同学段的国民教育有不同的主题，小学以"爱新加坡"（Love Singapore）为主题，中学以"了解并相信新加坡"（Know and Believe in Singapore）为主题，高校阶段则以"引领新加坡"（Lead Singapore）为主题。③ 1998年新加坡教育部颁布的《理想的教育成果》（*The Desired Outcomes of Education*）还提出了对大学预科机构、技术教育学院（ITE）和理工学院教育成果预期，包括学生应有道德勇气坚持什么是正确的；能够在逆境中保持韧性；能够跨文化合作并承担社会责任；能够创新进取；能够批判性思考和进行有说服力的沟通；能有目的地追求卓越；追求健康的生活方式，对美学有鉴赏力；能为身为新加坡人而自豪，了解新加坡与世界的关系。④ 新加坡21世纪素养框架提出学生应当

---

① 王学风.多元文化社会的学校德育研究——以新加坡为个案[M].广州：广东人民出版社，2005：76.

② Ministry of Education. National Education Website [EB/OL].[2022-12-15]. http：//www.moe.edu.sg/ne/.

③ CHUNG K. National Education in Singapore and Japan[R/OL].（2020-03-24）[2022-12-26]. https：//www.legco.gov.hk/research-publications/english/1920in07-national-education-in-singapore-and-japan-20200324-e.pdf.

④ Ministry of Education.The Desired Outcomes of Education[EB/OL].（2018-05-22）[2022-12-21]. https：//nanopdf.com/download/the-desired-outcomes-of-education_pdf.

有道德勇气，捍卫正义；能够进行跨文化合作，富有社会责任感；富有创新精神和创业精神；能够批判性地思考，并进行有说服力的交流；坚定地追求卓越；追求健康的生活方式，能够欣赏美；对自己是新加坡人感到自豪，知道新加坡与世界的关系。[①]从国家认同、社会参与、个人道德、社会素质、全球意识和跨文化技能等方面对学生的思政素质发展提出了要求。总的来说，新加坡高等院校德育强调要培养学生为现实社会的问题承担道德性的责任义务，对社会的健康、稳定、持续发展给出良性的见解与答案，[②]成为一个植根于新加坡，具有强烈的公民责任感，了解新加坡和世界，并积极参与改善周围其他人的生活的"关心的公民"和"积极的公民"。

3. 国外高等院校德育开展途径的研究

美国、加拿大、新加坡等国的高校主要通过融入通识课程、融入专业课程、融入服务学习、融入专门计划等途径开展德育。

（1）融入通识课程。美国很多大学将美国历史、政府、价值观等相关知识纳入其综合通识教育计划，旨在通过通识教育课程让学生了解并认同美国历史及政府，[③]内化主流价值观。如哈佛大学为2021级新生开设的通识教育课程包括4个领域，即"美学与文化""伦理与公民""历史、社会、个人""社会科学与技术"。[④]一系列的通识课程可以让学生通过跨时空的社会比较，拓宽对全球复杂情境的理解；分析科技理念和实践的伦理、社会和政治影响；增强创造性实践和批判性参与；探索美德、正义、公平、包容；分析各种道德探究和实践模式，为学生履行公民责任做好准备。芝加哥大学为本科生开设了"教育与社会""环境与城市研究""健康与社

---

① Ministry of Education. 21st Century Competences[EB/OL]. [2022-12-14]. https://www.moe.gov.sg/education-in-sg/21st-century-competencies.

② 金家新.社会资本视角下的新加坡高校公民道德教育研究[J].山东师范大学学报（人文社会科学版），2014，59（03）：92.

③ American Council of Trustees and Alumni. A Crisis in Civic Education[R/OL]. (2016-01) [2021-07-28]. https://files.eric.ed.gov/fulltext/ED563817.pdf.

④ Harvard College. Program in General Education[EB/OL]. [2021-08-19]. https://gened.fas.harvard.edu/requi-rements.

会""历史""人权""不平等、社会问题与改变"等通识选修课程,[①] 旨在加强大学生的国家认同、社会参与及价值观培养。

加拿大很多高校也通过通识教育课程融入了对加拿大的国家认同和主流价值观教育等。如加拿大汤普森河大学（Thompson Rivers University）提供了包括加拿大研究、政治学、心理学、社会学、人类学、国际关系、亚洲研究、环境研究、性别研究、土著研究、拉丁美洲研究等在内的一系列通识课程。学生需要选修通识教育课程并获取相应的学分才能够获得学位，如艺术和科学学位要求学生必须修满六个学分的通识教育课程，以此培养学生既能在未来的职业生涯中取得成功，又能够应对当今和未来的社会、环境和道德挑战的能力和素质。[②] 加拿大阿冈昆学院（Algonquin College）也提供了社会艺术、公民生活、社会和文化理解、个人理解等教育主题的通识课程，以帮助毕业生深入了解人类经验的多样性、复杂性和丰富性，扩展他们的审美、文化、历史、科学和哲学意识，帮助学生积极、充分地参与社会，认识社会责任和具备良好的公民价值观。[③]

新加坡高校也开设了许多通识类的选修课程，旨在融入共同价值观教育、国家意识教育、社会责任教育等。如新加坡南洋理工大学（Nanyang Technological University）提供了一系列蕴含德育理念的选修课程。其中"新加坡：畅想下一个50年"课程旨在鼓励作为"未来领袖和公民"的本科生反思新加坡独立后的历史，想象他们对未来新加坡的愿景，并思考如何实现这一愿景。"文化、自我与身份"课程主要讨论支配社会生活行为的价值观、规范、思想、信仰以及现代社会中不断变化的自我概念以及与种族中心主义、文化相对主义、亚文化、全球文化、流行文化和多元文化主义相关的问题。"了解全球化"旨在探讨构成全球化的相互关联的文

---

① University of Chicago. Undergraduate Programs[EB/OL]. [2021-12-27]. https://www.uchicago.edu/education-and-research/undergraduate-programs.

② Thompson Rivers University. General Education Requirements[EB/OL]. [2022-11-27]. https://www.tru.ca/d-istance/programs/arts/general-education-requirements.html.

③ Algonquin College. Guidelines for General Education Courses[EB/OL]. [2022-11-27]. https://employees.crc.losrios.edu/crc/employee/doc/guided-pathways/general-education-lifesaver.pdf.

化、经济和政治进程,并分析它们对个人、群体、城市和民族国家的影响等。① 这些课程有利于增强学生对新加坡的国家认同,发展学生的公民参与能力,以更好地承担公民责任。新加坡国立大学则自2002年就启动了通识教育课程计划,提供了一系列引导学生认识新加坡的国情、社会现实、国家发展变化及周边地区关系的课程,并结合东亚文化的地区特色,积极推行儒家传统伦理思想教育。②

(2)融入专业课程。当前越来越多的国外高等院校及相关组织开始呼吁将德育纳入专业课程,并探讨具体实践策略。美国大学与学院协会在其《关键时刻:大学学习与民主的未来》(2012)报告中建议高等教育各学科专业应该定义各自领域内最重要的公共教育目标,探索融入公民教育的最佳方式,并在随后发起了一系列在专业课程中融入公民教育的公民教育试点计划。该机构还于2015年出版了《公民动议:让公民学习成为跨学科常规》一书,旨在帮助教师提高将公民教育融入专业课程和计划的能力。在2019—2020年,美国大学与学院协会还召集了来自20个州和哥伦比亚特区的47所不同大学,30多个不同系部专业,共同探索在专业教育中融入公民教育的内容、主题、活动形式和教学法等。③ 很多学者也开始探讨将专业教学与公民教育目标有机结合的具体方法。如有研究指出在工程专业课程中可以加入工程伦理学内容;采用案例讨论教学法,通过真实案例的情感吸引力,促进学生积极参与分析工程决策的道德及伦理问题,讨论职业责任和道德;布置需要技术技能、人际交往能力以及道德和职业责任多个维度能力共同参与的相关作业和任务等达到公民教育的目的。④ 一项

---

① Nanyang Technological University. Content of Courses[EB/OL]. [2022-11-29]. https://wis.ntu.edu.sg/webexe/owa/aus_subj_cont.main

② 阮蓁蓁,孟祥臣.新加坡世界一流大学学科建设的特征[J].中国高校科技,2018(Z1):51.

③ American Association of Colleges and Universities. Office of Global Citizenship for Campus, Community, and Careers[EB/OL]. [2021-08-17]. https://www.aacu.org/global-citizenship-campus-community-and-careers.

④ COLBY A, SULLIVAN W M. Ethics Teaching in Undergraduate Engineering Education [J]. Journal of Engineering Education, 2008(7): 330-332.

在圣凯特学院进行的实证研究指出将公民教育渗透到健康护理专业的学习中，可以树立学生的文化意识、敏感性和伦理责任，培养学生对病人的同情，让学生学会跨文化的协商，同时理解护理工作的经济、政治和政策背景。①

加拿大高等院校也纷纷采取了将德育融入不同专业课程的做法。如有研究指出在加拿大的教师教育中，必修的伦理课程非常普遍，伦理课程受到加拿大教师教育领域的高度重视。③加拿大英属哥伦比亚大学（University of British Columbia，UBC）教育学院就开设了"伦理与教学"（Ethics and Teaching）课程，要求学生探讨专业组织规定的"道德规范"，审视自己的道德价值观，引导学生将价值观建构与专业要求紧密结合。课程中的阅读材料、课堂讨论和作业都与如何形成正确的道德规范紧密相关，旨在帮助学生了解教育职责相关的法律、思考"合乎道德"的行为，以在未来的教学实践中贯彻执行。④加拿大高校专业课教师在教学中注重从专业角度出发，引导学生从社会道德、伦理的角度进行德育领域的探索。⑤

新加坡高校也采取了同样的举措。如南洋理工大学机械与航空航天工程学院的航空航天工程专业在二年级时开设"伦理道德推理"的核心课程，⑥旨在提高学生道德水平，促使学生积极践行共同价值观。还有研究指出有新加坡高校在计算机交互设计课程中采取了嵌入式伦理模块教学方法，通过讨论和基于道德模拟情境的小组活动等，帮助学生形成积极的道

---

① 唐克军，毕红梅.论美国高校公民教育教师专业发展[J].探索与争鸣，2010（08）：61-63.

③ MAXWELL B, TREMBLAY-LAPRISE A-A, FILION M. A Survey of Ethics Curriculum in Canadian Initial Teacher Education[J]. McGill Journal of Education, 2016, 50（1）：1.

④ Center for Teaching and Learning. The Ethics of Teaching[EB/OL]. [2022-10-25].https://edst-educ.sites.olt.ubc.ca/files/2021/07/EDST-404-2021-Summer-Course-Syllabus-.pdf.

⑤ 冯益谦.比较与创新：中西德育比较研究[M].北京：中央编译出版社，2004：102.

⑥ 冯博.新加坡共同价值观培育研究[D].东北师范大学，2019：71.

德判断。①

（3）融入服务学习。除了通识课程和专业课程之外，国外高校还非常关注通过"服务学习"方式融入德育。"服务学习"即"社会服务+课程"学习，是一种将社会服务与课程紧密相连的教学和学习策略，② 能够将学术主题、社会参与和批判性反思相结合，有助于大学生认识和处理动态、复杂的社会问题，成长为负责任和敬业的公民。③ 美国高校的服务学习最早出现在20世纪60年代中期，主要旨在让学生将学习与现实世界联系起来。1969年创建的全国学生志愿者计划（1979年更名为国家服务学习中心）和1971年成立的全国体验式教育协会（National Society for Experiential Education，NSEE）为服务学习提供专业发展指导。到1979年，服务学习计划已遍及整个高等教育体系。美国高校通过设计和实施相应服务学习计划，让学生有机会通过与正规课程和课堂教学相关的社区服务应用他们所学的知识。学生通过参与服务学习课程及社区活动，将课堂学习知识应用于实践并对实践进行批判性反思，发展实质性知识、培养解决问题的实用技能，增强多元化社会中的社会责任感，④ 内化公民价值观。很多研究者肯定了高等院校服务学习的德育效果，如有的研究认为服务学习有助于服务道德的培养，公民参与和公民参与自我效能感的提升，公民态度和公民身份的形成。⑤ 有的研究认为服务学习有助于学生未来参与社区服务，有

---

① WADHSA B, OUH E L, GAN B. How to and How Much? Teaching Ethics in an Interaction Design Course. 2nd Annual Symposium on HCI Education A（Virtual）CHI 2020 Symposium, Honolulu, April 25–30, 2020[C]. USA：Research Collection School of Information Systems, 2020.

② 李潇君.公民行动：美国学校公民教育的新模式[J].比较教育研究，2020，42（02）：78.

③ Association of American Colleges and Universities. Greater Expectations：A New Vision for Learning as a Nation Goes to College[R/OL]. [2022-12-10]. https：//files.eric.ed.gov/fulltext/ED468787.pdf

④ CHECKOWAY B. Renewing the Civic Mission of the American Research University[J]. The Journal of Higher Education, 2002, 72（2）：125–147.

⑤ ALTHOF W, BERKOWITZ M W. Moral Education and Character Education：Their Relationship and Roles in Citizenship Education[J]. Journal of Moral Education, 2006, 35（4）：495–518.

助于减少种族刻板印象和促进种族理解，有助于关注社会问题和承担社会责任。① 有的研究指出参与社区服务活动可以影响高校学生的态度和对社区服务的兴趣，有利于鼓励学生的社会参与，有利于学生发展成为负责任的公民。② 有的研究发现通过直接参与式社区服务和伴随课堂讨论和反思，可以加深学生对社会问题的理解，对于理解和培育当今美国价值观体系的作用越来越相关、有用和突出。③ 有的研究发现参加基于社区的学习课程有助于促进学生政治和社区参与。④

加拿大高校的服务学习早期主要学习美国经验。与美国相比，加拿大联邦政府在服务学习领域发挥的作用不那么突出。加拿大高等教育机构主要依靠基金会、私立机构和省政府的拨款资助服务学习项目。加拿大学者也广泛论证了服务学习的育人作用。如有的研究认为服务学习能够帮助学生丰富学习经验，培养学生的公民责任感，鼓励终身的公民参与，提高学生在社区生活中的公共的善（common good）。⑤ 有的研究指出高校学生从社区服务学习课程中获得了对政治参与、公共参与和公共空间的理解，增加了学生的社会参与动力。⑥ 有的研究指出服务学习的相关举措如果经过精心组织、目标明确、与学生的职业未来相关并提供引导性反思，可

---

① PASCARELLA E T, TERENZINI P T. How College Affects Students: A Third Decade of Research [M]. San Francisco: Jossey-Bass, 2005.

② LI M, FRIEZE I H. Developing Civic Engagement in University Education: Predicting Current and Future Engagement in Community Services[J].Social Psychology of Education, 2016, 19（4）: 775-792.

③ BARTCH CATHERINE E M. Educating for What Kind of Democracy? Examining the Potential of Educating for Participatory Democracy With a Case Study of Drexel University's First-year Civic Engagement Program[D].Temple University, 2016.

④ LEE T, AN J, SOHN H, et al. An Experiment of Community-Based Learning Effects on Civic Participation[J]. Journal of Political Science Education, 2019, 15（4）: 443-458.

⑤ CHAMBERS T. A Continuum of Approaches to Service-Learning within Canadian Post-Secondary Education[J]. Canadian Journal of Higher Education, 2009, 39（2）: 77-100.

⑥ VANWYNSBERGHE R, ANDRUSKE C L. Research in the Service of Co Learning: Sustainability and Community Engagement[J]. Canadian Journal of Education, 2007, 30（1）: 349-376.

以促进学生批判性思维和公民责任意识的发展。[1] 近十年来，加拿大高校服务学习计划有显著增长。加拿大社区服务学习联盟（Canadian Alliance for Community Service-Learning，CACSL）指出有30所高等教育机构提供了40项服务学习相关课程。[2] 2009年成立的安大略服务学习网站列出了有24所大学和8所学院提供服务学习课程。[3] 以加拿大英属哥伦比亚大学（University of British Columbia，UBC）为例，该大学主要依托以下两个项目开展服务学习：一是"社区服务学习项目"（Community Service Learning），专注于解决社区实际问题和需求。通过将课堂上教授的理论与现实生活中的应用之间建立联系促进学生的学习；要求项目参与者使用他们的批判性思维技能分析他们的经历、态度、信念以及这些是如何被项目塑造或改变的过程，[4] 旨在让学生了解他们作为社区中积极参与的公民和领导者的角色。二是"国际服务学习项目"（International Service Learning），旨在让学生将他们的学科知识应用于现实世界的问题，并产生积极的影响。该项目曾与哥斯达黎加、墨西哥、印度、肯尼亚、乌干达等国家的社区项目开展合作。学生在国际服务学习的过程中完成对自我认知的探索，对特定问题的本地和全球背景进行批判性分析，形成跨文化理解和全球视野，提高公民意识，形成促进公平、为社区服务的价值理念。[5]

新加坡高校也很重视服务学习在德育方面的重要性。如新加坡社会科

---

[1] TAYLOR A, BUTTERWICK S, RAYKOV M, et al. Community Service-Learning in Canadian Higher Education[R/OL].（2015-10-31）[2022-12-21].https：//www.ualberta.ca/community-service-learning/media-library/documents/reports/ks-report-31-oct-2015-final.pdf：2.

[2] Canadian Alliance for Community Service Learning. Community Service-learning in Canada：A Scan of the Field[R]. ON：Canadian Association for Community Service-Learning，2006.

[3] TAYLOR A, BUTTERWICK S, RAYKOV M, et al. Community Service-Learning in Canadian Higher Education[R/OL].（2015-10-31）[2022-12-21]. https：//www.ualberta.ca/community-service-learning/media-library/d-ocuments/reports/ks-report-31-oct-2015-final.pdf.

[4] University of British Columbia. Community Service Learning[EB/OL]. [2022-11-17]. https：//students.ok.ubc.ca/career-experience/get-experience/community-service-learning/.

[5] University of British Columbia. International Service Learning[EB/OL]. [2022-11-17]. https：//orice.ubc.ca/programs/international-service-learning/.

学大学（Singapore University of Social Sciences）提出的"3H"发展教育理念——头脑（Head）、心灵（Heart）和习惯（Habit）。其中"头脑"是指专业能力和工作准备，主要指课程中学到的知识和技能。"习惯"是指培养自主学习的技能和终身学习的态度。"心灵"则与个人品格发展相关。服务学习被视为一种教学法，学生通过服务学习，了解和培养品格，进一步发展社会责任感，并以现实世界的想法和实践为基础，为社会做出有意义的贡献。①

（4）融入专门计划。国外许多高校还成立了专门的部门机构，通过不同的项目计划融入德育。如美国塔夫茨大学（Tufts University）的蒂斯公民学院（Jonathan M. Tisch College of Civic Life）通过提供各种课程、实习、服务机会、领导力计划、基于社区的研究、独立项目资助等帮助塔夫茨大学的学生参与有效和积极的公民生活。如该学院提供的塔夫茨公民学期（Tufts Civic Semester）将学术课程与体验式学习相结合。参加该计划的学生加入一个由10—12名同龄人组成的小组，基于塔夫茨大学的课程作业以及当地社区支持，深入参与讨论如何解决重要社会问题，旨在培养公民参与能力，促进公平和正义。该学院提供的蒂斯学者（Tisch Scholars）领导力发展计划则结合学术课程、当地社区的实地考察、技能培养和批判性反思，使学生获得解决紧迫的社会问题和实现有意义的变革所需的价值观、知识和技能，并提升公民参与等。②

加拿大的很多高校也成立了专门机构，为学生提供旨在促进学生公民参与及公民发展的各种专门计划。如纽芬兰纪念大学（Memorial University of Newfoundland，MUN）的学生事务部专门设置了职业发展和体验式学习（the Career Development and Experiential Learning，CDEL）办公室，通过一系列社区发展、志愿服务和就业实践计划等，给学生提供体验式学习和公民发展的机会，促进学生的公民学习和参与。如"让期中更

---

① Singapore University of Social Sciences. Who We Are[EB/OL]. [2022-11-28]. https://www.suss.edu.sg/about-suss/who-we-are.

② JONATHAN M. Tisch College of Civic Life. Education[EB/OL]. [2022-11-30]. https://tischcollege.tufts.edu/.

有意义"（Make Midterm Matter，MMM）、"学生志愿者部"（The Student Volunteer Bureau，SVB）、本科生职业体验计划（the MUN Undergraduate Career Experience Program，MUCEP）等项目为学生提供机会参与社区组织的志愿者活动或搭建志愿者团体，为学生提供实习工作机会，要求学生进行反思性实践，以促进学生的职业和公民参与能力的发展。[①]

新加坡的很多高校也采取了同样的做法。如新加坡淡马锡工学院（Temasek Polytechnic）专门设置了品格与领导力教育中心（The Centre for Character & Leadership Education，CCLE）。该中心开发了淡马锡理工学院的品格和领导力教育相关课程和计划，如领导力基本属性与实践计划（LEAP）和淡马锡领导力计划（Temasek LEAD）等，通过提供相关培训、咨询服务、交流平台等，培养具备"正直""尊重""责任"等价值观和良好品格特征，能对社区产生积极影响的个人。[②]

4. 国外高等院校德育策略的研究

（1）鼓励构建协同共进的校园德育环境。国外众多研究认为高校德育的有效开展取决于教育场域各有关因素的协同作用。如美国学者伊丽莎白（Elizabeth）等人调查了12所认可公民教育核心作用的美国高校，发现这些高校均认同道德教育和公民教育不应局限于传统公民内容的特定课程或项目，而应跨课程并整合其他校园活动形式开展。[③] 科尔比（Colby）的研究指出道德和职业责任目标应与其他学习目标相结合，要引导教师将公民教育纳入其专业责任范围，并增加美国高校内部协作，在课程、课外活动以及学校制度文化的各个方面创造条件，支持学生的道德和公民学

[①] KING S L. Have Not No More：Educating for Civic Engagement at Atlantic Canadian Universities[D]. The University of New Brunswick，2018：195-197.

[②] Centre for Character & Leadership Education. Overview[EB/OL]. [2022-11-17]. https：//www.tp.edu.sg/research-and-industry/centres-of-excellence/centre-for-character-n-leadership-education-ccle.html

[③] ELIZABETH B. Reinvigorating the Civic Mission of American Higher Education：Ideals，Challenges，and Models of Good Practice[EB/OL].（2002-08-28）[2021-08-17].http：//www.eric.ed.gov.

习。^①埃里克（Eric）等人的研究指出公民教育应具备普遍性，应该精心设计公民教育元素并将公民教育元素包含在每个学生的教育经历中。该研究还基于美国23所高等院校公民教育经验提出了校园氛围整体构建建议，指出课程、计划和课外活动都应与公民教育学习预期目标保持一致；通过鼓励多样性观点、指导服务学习和志愿服务以及其他参与式学习实践促进公民教育；整合公民教育资源构建更为积极的高校公民教育结构和氛围。^②里森（Reason）的研究指出营造支持性的校园氛围要求政策、实践、管理、教学各方面保持一致，以影响学生的行为，认为有意识的、综合的干预措施才有可能营造全面有效的校园公民教育氛围，并提出构建支持性的校园氛围是重振美国高等教育公民使命的第一步。[③]

加拿大高校特别注重结合学生事务（student affairs）工作，营造良性校园环境，以促进学生的全面发展。加拿大高校的学生事务工作注重柔性管理（flexibility management）[④]，即强调人文关怀、以人为本的管理，认为学生事务工作应该对学生和社会负责，对学生的道德养成、全面发展发挥重要作用。[⑤]加拿大还成立了加拿大大学和学院学生服务协会（Canadian Association of College and University Student Services，CACUSS）这一专门机构，为在加拿大高等教育机构从事学生事务工作的人员提供服务，提供资源以协助成员组织和管理校园内的学生事务，促进学生事务工作知识建设和资源共享，以更好地促进学生的发展。

新加坡高校也很注重校园德育环境的构建，主张通过各个部门、院系

---

① COLBY A. Ethics Teaching in Undergraduate Engineering Education[J]. Journal of Engineering Education, 2008（7）：330-332.

② Eric L Dey and Associates. Should Colleges Focus More on Personal and Social Responsibility?[R/OL].（2008-04）[2021-08-16]. https：//www.aacu.org/sites/default/files/files/core_commitments/PSRII_Findings_April2008.pdf.

③ Reason R D. Creating and Assessing Campus Climates that Support Personal and Social Responsibility[EB/OL].[2021-08-17].https：//www.aacu.org/publications-research/periodicals/creating-and-assessing-campus-climates-support-personal-and-social.

④ 郑凯文.加拿大高校公民教育方法研究[D].湖南大学，2014：64.

⑤ COX D H，STRANGE C C, eds. Achieving Student Success：Effective Student Services in Canadian Higher Education[M]. McGill-Queen's University Press, 2010：124-125.

的合作，组建学生社团和组织校园活动等，营造良好的道德及品格培养环境。如新加坡国立大学以"教育、启迪、改造"为使命，以"创新、坚毅、卓越、尊重、诚信"为学生品格培养核心价值观。① 其核心价值观不仅体现在课程教学中，也被视为每个成员在生活中的行为守则。以校园文化为例，新加坡国立大学的学生会自2000年以来，每年都会举办"妆艺表演暨售旗日"，为慈善团体筹集善款，学生通过各种活动，感知并践行作为良好公民的社会责任。

（2）鼓励多元文化体验。国外高校还非常重视多元文化体验与德育效果之间的促进关系。很多美国学者指出美国高校的多元文化体验有助于学生的全面发展和德育目标的达成。如有的研究指出多样化的环境为学生提供了发展技能和能力的机会，加深对不同文化的理解和接受度，有利于改善社会种族关系，有利于提高沟通能力，有利于不同种族或民族的人互动并促进国家认同。② 有的研究指出将研究型大学的多样性和公民教育目标结合在一起，有利于让学生为积极参与多元化的民主社会做好准备。③ 有的研究指出大学中积极的跨种族互动可以促进公民教育。④ 有的研究指出学生之间的多元文化互动可以帮助培养人际关系、社会认同意识，发展多元文化能力和终身学习的思维习惯。⑤ 有的研究指出应该为学生提供跨越界限、走出"舒适区"的机会，通过与社会身份、文化、权力或社会地位、教育和世界观不同的"他人"互动，培养学生的公民参与技能和品格，以

---

① 新加坡国立大学. 愿景[EB/OL]. [2022-12-15]. https：//www.nus.edu.sg/cn/about-nus/overview/vision-mission-strategy.

② MOISEYENKO O. Education and Social Cohesion：Higher Education[J]. Peabody Journal of Education, 2005, 80（4）：93.

③ CHECKOWAY B. Renewing the Civic Mission of the American Research University[J]. The Journal of Higher Education, 2002, 72（2）：125-147.

④ BOWMAN N A. Promoting Participation in a Diverse Democracy：A Meta-analysis of College Diversity Experiences and Civic Engagement[J]. Review of Educational Research, 2011, 81（1）：29-68.

⑤ HURTADO S, CUELLAR M C. Diverse Learning Environments：Assessing and Creating Conditions for Student Success Final Report to the Ford Foundation[R]. Los Angeles：Higher Education Research Institute, 2013：Ⅷ.

适应多样化和不断变化的世界。①

　　加拿大高校也非常注重多元文化体验在育人方面的促进作用，认为在加拿大这样的一个存在多元价值的国家，教师的课堂教学必须注意学生文化背景的巨大差异，培育学生接纳不同文化的能力。②加拿大高校注重培育多维异质公民，不仅在课程教学中注意从"多元文化"视域出发引导学生进行更为开放、多维的思辨，而且还鼓励大学生组建各种社团、参加各种活动、营造"文化多元"的校园文化，"在多元的文化活动中增进互相理解与认可"。③如加拿大多伦多大学成立了社区服务（如全球研究与咨询社团、包容性社区社团、黑人女性联系社团等）、文化与身份（如黑人文学与艺术协会、非洲研究协会、亚洲文化协会等）、社会公平与倡议（如选择人道主义社团、无国界健康教育专业学生自我倡导与支持联络社团等）等众多学生团体，④为学生提供丰富的多元文化交流与实践机会，帮助学生成长为具有多元文化认同、公民参与责任意识的加拿大公民。

　　新加坡是一个多种族、多元文化的社会，其文化价值主体、坐标和取向等内容存在异质性与异向性⑤，多元文化教育也一直是新加坡高校公民及品格教育的重要组成部分。发展与融合多元文化是新加坡培育学生共同价值观的主要方式。⑥

　　（3）鼓励采取突出学生主体性的教学方法。众多国外研究认为开展德育应该避免直接灌输的教学方法，强调通过充分发挥学生的主体作用，以更为隐性的方式实现德育目标。美国学者普遍认为公民教育相关知识和能

---

① HURTADO S. "Now Is the Time": Civic Learning for a Strong Democracy[J]. Daedalus, 2019, 148（4）: 94.

② 郑凯文.加拿大高校公民教育方法研究[D].湖南大学，2014：40.

③ 金家新，白勤.超越多元：加拿大高校公民教育研究[J].华南理工大学学报（社会科学版），2014，16（01）：102

④ University of Toronto. Groups[EB/OL]. [2022-12-01]. https://sop.utoronto.ca/groups/?areas_of_interest=community-service.

⑤ 覃敏健，黄骏.多元文化互动与新加坡的"和谐社会"建设[J].世界民族，2009（06）：1-9.

⑥ 冯博.新加坡共同价值观培育研究[D].东北师范大学，2019：61.

力不仅来自教师的传授，更多地来自学生的实际操作和积极参与。如有的研究指出应该通过强调学生合作和探究式学习，引导学生积极参与多样性背景学生之间的互相对话，培养学生的独立性和批判性思维等进行公民教育。[1] 有的研究指出应该发挥学生主体性，引导学生共同解决校园或社区中的群体间问题，认为这种方式不仅有利于公民责任意识的培养，还可以通过参与和建立伙伴关系，共同促进社区的福祉和社会的进步。[2] 以美国塔夫茨大学的公民科学（Civic Science）课程为例，该课程旨在帮助学生探索科学、个人价值观和公民生活之间的联系。[3] 来自不同学科背景的学生积极参与基于价值观的科学问题讨论，充分发挥主体性，基于对嵌入在科学问题中的社会、道德、哲学、政治和伦理问题的分析，做出明智的个人和公民选择，[4] 并通过道德敏感性、同理心和反思性判断发展品格。

加拿大学者也认为在进行公民教育、道德教育、价值观教育等时，应该充分发挥学生的主体性。如有的研究指出"加拿大作为一个马赛克的国度，价值观教育必须坚持学生主体性"[5]。有的研究指出学生是教学的主角，要培养学生独立思考、独立发现知识的学习能力。[6] 有的研究指出"学生被鼓励在课堂上公开发言是他们了解和支持民主价值观以及他们在

---

[1] VEUGELERS W. Education for Democratic Intercultural Citizenship[M]. Leiden: Brill, 2019: 25-27.

[2] HURTADO S. "Now Is the Time": Civic Learning for a Strong Democracy[J]. Daedalus, 2019, 148（4）: 94-107.

[3] GARLICK J, BERGOM I, SOISSON A. Design and Impact of an Undergraduate Civic Science Course[J]. Journal of College Science Teaching, 2020, 49（4）: 41-49.

[4] GARLICK J, LEVINE P. Where Civics Meets Science: Building Science for the Public Good Through Civic Science[J]. Oral Diseases, 2016, 23（6）: 692-696.

[5] D'SOUZA MARIO O. Experience, Subjectivity and Christian Religious Education: Canadian Catholic Education in the 21st Century[J]. Journal of Educational Administration and Foundations, 2001, 15（2）: 11.

[6] EVANS C, HARKINS M, YOUNG J. Exploring Teaching Styles and Cognitive Styles: Evidence from School Teachers in Canada[J]. North American Journal of Psychology, 2008（10）: 567-582.

校内外参与政治讨论的有力预测因素"。①

新加坡高校德育实施方式也多采用基于探究的教学方法,注重发挥学生的主体性作用,激发学生之间的思考和讨论,帮助学生反思、探究和内化预期价值观。如社会研究学科往往期望学生经历探究过程的四个关键阶段,即"激发好奇心""收集数据""练习推理"和"反思性思维",在探究与他们生活有关的现实问题的过程中形成积极的价值观与品格。② 新加坡高校多采取学生主导课堂的教学方式,往往由教师负责启发与引导,学生负责提出问题并解决问题,以此培养学生思考问题与解决问题的能力,培养合格的公民。③

5. 国外高等院校德育评述

综上可见,尽管国外高等院校没有提出"思想政治教育""课程思政"的明确概念,但各国都以公民教育、道德教育、品格教育、价值观教育等不同形式开展了德育,非常重视高等院校的育人作用。国外高等院校的德育不仅广泛融于校园文化、管理机制、社会活动,还广泛融于通识课程、专业课程、服务学习、专门计划中。各国对高等院校德育的意义、内容、途径、策略等也都开展了广泛的研究和实践探索,为各国高等院校人才培养起到了思想引领、价值定位、素质培养等重要作用。国外高等院校德育相关研究成果和举措主要可以从以下方面为我国民族院校大学英语课程思政教学提供一定的参考。

(1)鼓励多元文化背景学生之间的交流与协作。美国、加拿大、新加坡等国家的高校德育在教学目标、实施途径、实施策略等方面都强调对多元文化的欣赏和理解,不仅认为培养多元文化意识属于德育目标内容范畴,还认为多元文化背景学生之间的互动、交流与协作有利于提升德育效

---

① MEIRA L. Diversity and civic education[M]// Making civics count: civic education for a new generation. Cambridge & Mass: Harvard Education Press, 2012.

② CHUNG K. National Education in Singapore and Japan[R/OL].(2020-03-24)[2022-12-26]. https://www.legco.gov.hk/research-publications/english/1920in07-national-education-in-singapore-and-japan-20200324-e.pdf.

③ 冯博.新加坡共同价值观培育研究[D].东北师范大学,2019:66.

果。我国民族院校大学英语课程具有学生民族成分、文化背景、语言背景、宗教背景多元的特点，应充分利用多元文化特色，为各民族学子提供交流、协作的平台。这不仅有利于促进民族团结，铸牢中华民族共同体意识，提升思想政治教育效果；还有利于各民族同学之间互相学习、取长补短，促进学生英语语言学科知识能力的提升。

（2）强调学生的主体性作用。国外高校德育相关研究强调高等院校开展德育时应充分发挥学生主体性，避免简单灌输。民族院校大学英语课程思政教学因其课程的语言学科属性，要求英语语言知识能力的学习必须是"立课之本"，不宜采取显性、直接的思想政治教育，应采取更为灵活、自然、"润物细无声"的方式融入思想政治教育。教师需要注意充分发挥学生的主体性，通过精心设计课程思政内容、组织相关课程思政教学活动，引发学生的积极参与和深入思考，在提高学生英语语言知识综合应用能力的同时，实现"润物细无声"的思想政治教育效果。

（3）强调多渠道地开展德育。国外高校思政教育并未将思政育人囿于课堂，而是结合课程、社区参与、校园文化、课外活动等多渠道开展。民族院校大学英语课程思政也可以从中借鉴，通过各种方式拓展大学英语课程思政的实施路径。如可以采取混合式教学、举办第二课堂活动等方式，将思政育人从课堂转向更为广阔的场域，使民族院校大学英语课程思政教学实施形式更为丰富、多样，达到更为系统、深入的思政育人效果。

（二）国内研究综述

1. 普通高等院校课程思政研究

虽然"课程思政"一词最早于2014年才由上海市教委率先提出并实践[①]，但更早之前，学术界就已经开始探讨高校课程的育人功能了。如沈壮海提出"要积极探索各门课程尤其是专业课程实现育人功能的途径和艺术。在强调专业课程真正担负起思想政治教育功能的过程中，不能落入教

---

① 张正光，张晓花，王淑梅."课程思政"的理念辨误、原则要求与实践探究[J].大学教育科学，2020（06）：52-57.

条主义、生搬硬套的窠臼。"① 吴倬提出哲学社会科学课程除了对学生进行系统的人文素质教育之外，还应该对思想政治理论课的德育功能起到重要的补充作用。② 李训贵等人提出课堂教学不仅是人才培养的重要阵地，也是人文素质教育的主渠道，主张通过专业知识的教育使学生明晰"伦理道德问题"等③。不过早期相关研究文献还比较少，自2016年习近平总书记在全国高校思政工作会议上提出"各类课程要与思政理论课同向同行，形成协同效应"之后，课程思政研究开始逐渐增多。2020年《高等院校课程思政实施指导纲要》发布之后，课程思政相关研究成果更是进入快速产出阶段。截至2023年3月6日，研究者在中国知网（CNKI）数据库以"课程思政"为主题检索，共检索到期刊文献3.52万篇，博士学位论文6篇，硕士学位论文695篇。其中核心期刊论文共2568篇。研究者还在中国国家图书馆文津检索中查找到以"课程思政"为主题的图书300余本。从文献研究内容来看，大致集中在"课程思政理念分析""课程思政现实解析"和"课程思政实施建议"三个方面。

（1）课程思政理念分析方面的研究。很多研究者从不同的角度出发对"课程思政"进行了解读：① 从价值意蕴的角度出发。如邱伟光认为课程思政是坚持社会主义办学方向、体现立德树人根本要求、确保育人工作贯穿教育教学全过程的必然要求。④ 朱飞认为课程思政是与思政理论课的协同、课堂教学的价值再造、高校人才培养的因应。⑤ 陈华栋等人认为课程思政是坚持育人为本、问题导向，是新思想政治教育观的重要体现。⑥ 杨金铎认为课程思政是"课程思政与思政课程同频共振"的需要。⑦ ② 从功能观的角度出发。如崔正贤等人认为课程思政能够增强理论宣传、壮大

---

① 沈壮海.发挥各类课程的育人功能[N].中国教育报，2005-02-08.
② 吴倬.构建思政课与哲学社会科学课程相互配合的德育机制[J].中国高等教育，2006（11）：29-31.
③ 李训贵，张晓琴.加强人文素质教育 彰显大学育人功能[J].高教探索，2004（03）：82.
④ 邱伟光.课程思政的价值意蕴与生成路径[J].思想理论教育，2017（07）：10-14.
⑤ 朱飞.高校课程思政的价值澄明与进路选择[J].思想理论教育，2019（08）：67-72.
⑥ 陈华栋，等.课程思政：从理念到实践[M].上海：上海交通大学出版社，2021：54-58.
⑦ 杨金铎.中国高等院校"课程思政"建设研究[D].吉林大学，2021.

育人力量、强化政治引领。① 庞洋认为课程思政打通了学科课程之间的壁垒，能够发挥更为常态化、制度化和资源优化的育人能效。② 何红娟认为课程思政回应了高校教育理念变革、隐性思政教育理念发展、思想政治教育内在本质的要求。③ ③从"课程思政"与"思政课程"的关系角度出发。如邱仁富认为两者在政治方向、育人方向和文化认同方面具有一致性，需要步调一致、相互补充、相互促进、共享发展。④ 石书臣认为两者在任务和目标上、方向和功能上、内容和要求上存在一致性，在"思政"内容、课程地位、课程特点和思政教育优势上存在差异性。⑤ 王丽华认为应该把握"差异性"原则和"同向同行"原则。⑥

（2）课程思政现实解析方面的研究。很多研究者对当前课程思政存在的问题进行了分析，问题大致包括课程思政认识不足、课程思政体系不健全、课程思政教学能力欠佳、课程思政机制有待完善四个方面。如姜涛等人认为教师课程思政综合能力整体不足，存在思政理论知识欠缺、思政元素挖掘能力薄弱、思想认识未转变的问题；课程体系建设存在"两张皮"现象，课程之间缺乏横向协同和一体化建设视角；顶层设计和评价考核方面的体制机制也还不健全。⑦ 娄淑华等人认为存在专业课程教学衔接、教师素养能力、

---

① 崔正贤，马万利.新时代课程思政建设的功能效用、问题症结与着力方向研究[J].中国电化教育，2022（11）：82-89.

② 庞洋.突破"窄化"："思政课程"转向"课程思政"的内在逻辑与实践路向[J].学术探索，2022，（02）：146-156.

③ 何红娟."思政课程"到"课程思政"发展的内在逻辑及建构策略[J].思想政治教育研究，2017，33（05）：60-64.

④ 邱仁富."课程思政"与"思政课程"同向同行的理论阐释[J].思想教育研究，2018（04）：109-113.

⑤ 石书臣.正确把握"课程思政"与思政课程的关系[J].思想理论教育，2018（11）：57-61.

⑥ 王丽华.高职院校"思政课程"与"课程思政"协同育人模式构建的逻辑理路探究[J].中国职业技术教育，2019（18）：71-75.

⑦ 姜涛，孙玉娟.高校课程思政建设存在的问题与对策探讨[J].学校党建与思想教育，2022（20）：44-46.

课程思政广度和立德树人效度等方面的问题。① 蓝波涛等人认为当前课程思政协同育人主体未广泛调动、资源未有效整合、机制未普遍建立。② 陆道坤认为当前课程思政在理论体系、标准体系与评价机制研发、协同机制、课程与教学创新、教师发展、资源建构等方面都存在难点。③ 王学俭等人认为课程思政建设在专业知识与思政教育的有机融合、教师的融合纽带作用发挥、协同育人机制完善与建构等方面还存在不足。④ 彭立威等人认为课程思政存在专业知识讲授与思政育人部分脱节、课程思政"硬融入"与"表面化"等问题。⑤ 张博认为课程思政教学中存在融入深度不足、温度不均、时机欠妥的问题。⑥

（3）课程思政实施建议方面的研究。很多研究者从不同角度对于如何实施课程思政提出了相关建议。①从课程思政整体建设的视角出发。如王晓宇分析了课程思政在不同专业知识中的价值存在形态，提出了价值观教育中的学科交叉基础。⑦ 戚静从基本原则与责任主体、体系与机制构建、评价探索三方面就高校课程思政协同创新体系进行了构建。⑧ 高燕提出应以马克思主义理论为指引，解决好课程思政与思政课程的关系，完善评价体系，创新合作机制等。⑨ 彭均等人从矛盾对立统一关系、矛盾主次关系、普遍性与特殊性统一、形式与内容统一等矛盾论理念出发厘清了课程

---

① 娄淑华，马超.新时代课程思政建设的焦点目标、难点问题及着力方向[J].新疆师范大学学报（哲学社会科学版），2021，42（05）：96-104.

② 蓝波涛，覃杨杨.构建大思政课协同育人格局：价值、问题与对策[J].教学与研究，2022（02）：92-100.

③ 陆道坤.新时代课程思政的研究进展、难点焦点及未来走向[J].新疆师范大学学报（哲学社会科学版），2022，43（03）：43-58.

④ 王学俭，石岩.新时代课程思政的内涵、特点、难点及应对策略[J].新疆师范大学学报（哲学社会科学版），2020，41（02）：50-58.

⑤ 彭立威，施晓蓉."新工科"背景下课程思政建设"四全覆盖"模式的探索[J].国家教育行政学院学报，2022（11）：63-70.

⑥ 张博.新时代高校"课程思政"建设研究[D].吉林大学，2022：129.

⑦ 王晓宇."课程思政"的价值观教育研究[D].吉林大学，2022.

⑧ 戚静.高校课程思政协同创新研究[D].上海师范大学，2020.

⑨ 高燕.课程思政建设的关键问题与解决路径[J].中国高等教育，2017（Z3）：11-14.

思政建设格局、主体功能、教学规划问题。① 田洪鋆从批判性思维视域出发，提出了课程思政教学的整体设计。② ② 从具体专业或课程建设出发。如樊三明等人提出了体育专业技术类课程思政教学的理论基础、组织策略与实施路径。③ 韩丽丽提出了经济类专业课程思政"思政元素内化于基础理论、外化于移动课堂、融化于经济情境"的建设路径。④ 谢国民等人提出了"突出工科实验特色、注重多学科交叉、结合工程实际案例"的工科实验课程思政设计原则。⑤ ③ 从案例设计角度出发。很多研究者从具体专业课程思政教学实践操作的角度出发进行了相关教学案例设计。如廖华英的《外语类课程思政案例教程》、⑥ 任海涛的《法学学科课程思政教学范例》、⑦ 夏怡凡的《统计学课程思政案例集》。⑧ ④ 从院校经验总结推广角度出发。如高锡文整体介绍了上海市高校的课程思政工作模式。⑨ 楚国清介绍了北京联合大学课程思政建设在理论研究、课程建设、教师培育、课堂改革、体系建设等方面采取的路径和方法。⑩ ⑤从课程思政建设具体问题解决角度出发。如王友富从教材建设的角度出发，提出了"凝练育人目标、架构编写大纲、融汇知情意行、创新呈现形态"的教材思政构建策

---

① 彭均，白显良.新时代课程思政的认识定位、生成逻辑与发展路向——基于矛盾论视角的探讨[J].湖北社会科学，2022（05）：162-168.

② 田洪鋆.批判性思维视域下课程思政的教与学[M].北京：法律出版社，2022.

③ 樊三明，董翠香，毛薇，等.体育专业技术类课程思政教学的理论审视与实践路径[J].西安体育学院学报，2022，39（05）：625-632.

④ 韩丽丽.经济类专业课程思政建设的实现路径探索[J].思想理论教育导刊，2022（05）：126-131.

⑤ 谢国民，田国胜.工科实验课程思政建设的路径研究[J].学校党建与思想教育，2022（13）：65-68.

⑥ 廖华英.外语类课程思政案例教程[M].长春：吉林大学出版社，2020.

⑦ 任海涛.法学学科课程思政教学范例[M].上海：华东师范大学出版社，2021.

⑧ 夏怡凡.统计学课程思政案例集[M].成都：西南财经大学出版社，2021.

⑨ 高锡文.基于协同育人的高校课程思政工作模式研究——以上海高校改革实践为例[J].学校党建与思想教育，2017（24）：16-18.

⑩ 楚国清.以提升人才培养能力为导向的课程思政探索与实践[J].北京联合大学学报（人文社会科学版），2022，20（04）：1-7.

略。① 陆道坤从教学评价的角度出发，提出了课程思政评价的原则、体系构建、实施建议。② 刘清生从教师教学能力的角度出发，提出了教师课程思政理念、融合能力、创新能力、素养等方面的提升策略。③

以上研究从不同角度分析了课程思政内涵价值、现实需求和发展路径，完善了对课程思政的解读，为审视课程思政建设存在的问题提供了多维视角，为课程思政的发展和实践提供了参考指导和方案建议，有助于推动课程思政的全方位、多维度、体系化、整体化发展。但整体而言，以上研究多为理论构建或经验总结，多按照"由上而下"的研究视角解读课程思政、审视现状问题、提出建议方案，或只关注案例推广、课例设计等。基于实证的更为"具体"及"有针对性"的研究讨论还很缺乏。

2. 民族院校课程思政研究

截至2023年3月6日，研究者在中国知网以主题词"民族院校"+"课程思政"进行文献检索，共检索到41篇期刊文献，经过比对筛除4篇无关文献，总计37篇民族院校课程思政相关研究文献，最早文献为2019年发表。现有文献中核心期刊论文仅2篇，尚无相关硕博论文。通过中国知网和中国国家图书馆文津搜索均未发现相关图书出版。研究者尝试扩大检索范围，从"育人""中华民族共同体意识培养"等角度进行了文献检索，发现较早之前就有学者开始关注民族院校各门课程的育人功能。如乔文良指出"必须充分利用民族高校的资源优势，形成全员育人、全方位育人、全过程育人的新格局"，"所有课程都要发挥育人的功能，结合专业知识的讲授，积极开展入情入理的思想政治教育。为培养德、智、体、美全面发展的合格人才而努力。"④ 整体而言，民族院校课程思政相关研究还比较缺乏。通过梳理现有文献，发现民族院校课程思政相关研究主要从以下两

---

① 王友富. "课程思政"论域下"教材思政"演进逻辑与建构策略[J]. 出版科学，2022，30（05）：25-32.

② 陆道坤. 课程思政评价的设计与实施[J]. 思想理论教育，2021（03）：25-31.

③ 刘清生. 新时代高校教师"课程思政"能力的理性审视[J]. 江苏高教，2018（12）：91-93.

④ 乔文良，李志平. 民族高校学生思想政治教育特点及创新研究[J]. 青海民族学院学报，2008，136（04）：107.

个角度展开：

（1）民族院校课程思政整体建设的研究。研究大致可以分为两类：① 案例经验介绍类。如马惠兰从方法、态度、行为、主线四个层面总结了中华民族共同体教育特色课程思政的主要目标，介绍了北方民族大学开展课程思政建设的经验、不足，并就教师思政教学能力提升、课程思政体系制度、课程思政改革提出了一些建议。[①] 王诗渊指出了黔东南民族职业技术学院在课程思政内容认识、教师育人能力、教学实效性、教学方法创新等方面存在的不足，并从把握马克思主义理论指导地位、完善顶层改革方案、开展教师教育培训、组建教学团队等方面提出了改进课程思政建设的一些思路。[②] ② 课程思政建设体系建构类。如郑洲指出民族院校实施课程思政的目的在于将铸牢中华民族共同体意识教育相关内容渗透到专业课程中，提炼了"五个认同""民族团结进步教育""民族使命担当教育"三个核心知识内容，并以西南民族大学公共管理类专业本科人才培养方案为例，提出了旨在铸牢中华民族共同体意识的民族院校公共基础课程、专业教育和实践类课程的教学体系构建设计。[③] 冉春桃指出民族院校要"创新实施'思想政治+'计划，构建思想政治理论课、哲学社会科学课程、专业课程、通识教育课程、实践课程、隐性课程'六位一体'的思想政治教育融通课程体系"。[④] 上述民族院校课程思政整体建设类相关研究大都对民族院校课程思政培养目标进行了讨论，为本研究厘清民族类院校课程思政重点育人方向提供了一些启示。

（2）民族院校不同学科课程思政教学实践路径和举措的研究。研究涉及公关管理、医学、生物学、化学、经济学、物理学、建筑学、畜牧与动

[①] 马惠兰.中华民族共同体教育特色课程思政的经验与启示——以北方民族大学为例[J].北方民族大学学报，2021（06）：164-169.

[②] 王诗渊.高职院校"思政课程"到"课程思政"转变路径探析——以黔东南民族职业技术学院为例[J].文化创新比较研究，2019，3（35）：126-127.

[③] 郑洲.铸牢中华民族共同体意识视域下民族院校课程思政建设[J].民族学刊，2022，13（07）：33-40，141.

[④] 冉春桃.民族院校中华民族共同体意识培育的路径[J].中南民族大学学报（人文社会科学版），2019，39（04）：73.

物医学、舞蹈、体育学、英语等不同学科。如辛颖等人对内蒙古民族大学"药物化学"课程挖掘思政元素的途径进行了探讨，指出可以从理论知识讲授、实验教学、校企互动实践及线上线下教学等方面融入思想政治教育。① 杨晓琴等人对甘肃民族师范学院"小学教育学"课程思政的现状进行了分析，指出当前存在课程教学大纲缺乏对思政育人的整体规划，课程思政目标落实度不高，课程思政教学方法无法激发学生情感体验与学习热情，缺乏课程思政价值评价体系等问题。此外，该研究还对课程思政实践路径进行了探讨，指出应从学校层面管理机制、现有课程内容思政元素挖掘、创新课程思政教学方法、完善课程思政教学评价体系四方面进行整体改进。② 秦四勇等人就中南民族大学"高分子化学"课程思政教学存在的优势和问题进行了探讨，指出当前"高分子化学"课程享有"天时、地利、人和"的课程思政实施优势，但同时存在理科自然知识难以联系思政教育、教育政策导向不明确、专业课教师思政意识不强、学生学习功利化的问题。该研究还提出了提升教师课程思政意识和能力、挖掘课程思政资源、优化课程设置、了解结合民族资源等改进课程思政建设的相关建议。③ 郑琦等人就民族院校英语专业课程思政建设进行了探讨，指出民族院校英语专业教育要突出培养学生用英语讲好"中国故事"的能力，在坚持中华民族共同体意识的基础上讲好各民族故事，展示各民族守望相助的交融景象。该研究还从教师队伍培养、课程内容建设、教学方法选取、教学模式选用等方面提出了相关建议④。需要指出的是，现有文献中尚未发现民族院校大学英语课程思政教学研究。上述课程思政教学类相关研究主要还是结合相关专业培养目标探讨当前课程思政教学的现状、问题和路径，

---

① 辛颖，王青虎，杨立国，等.民族高等院校"药物化学"课程思政的设计[J].教育教学论坛，2021（31）：172-175.

② 杨晓琴，白洁.民族师范院校"小学教育学"课程思政的实践路径[J].甘肃高师学报，2021，26（06）：62-65.

③ 秦四勇，江华芳，程盎家.民族院校"课程思政"在《高分子化学》中的初探[J].广州化工，2021，49（08）：193-195.

④ 郑琦，张淑娥.民族院校英语专业课程思政建设路径探索[J].和田师范专科学校学报，2021，40（05）：87-90.

对民族院校课程思政的院校特色属性探讨还未涉及或还不够深入。

总体而言,尽管我国高校课程思政研究取得了很多关注、研究也不断深入,但当前民族院校课程思政相关研究尤其是民族院校大学英语课程思政教学研究还非常匮乏。现有研究也多基于思辨演绎或为经验介绍,缺乏比较深入、系统的教学实证研究,这也为本研究提供了研究空间。

3. 大学英语课程思政研究

民族院校大学英语课程思政兼具民族院校的院校属性和大学英语课程的学科属性,因此大学英语课程思政相关研究也可以为民族院校大学英语课程思政教学提供参考和借鉴。因很多研究将大学英语课程思政纳入"外语课程思政"的范畴进行整体讨论,故以下文献梳理也将涉及"外语课程思政"中部分"大学英语课程思政"相关研究。整体看来,大学英语课程思政相关研究较为丰富,研究内容大致可以分为以下方面:

(1)关于大学英语课程思政目标的研究。很多研究者对大学英语课程思政的教学目标进行了解读。如梅强认为大学英语课程思政应强调社会主义核心价值观、中华优秀传统文化价值观,帮助学生坚定"四个自信"。[①] 夏文红等人认为大学英语课程思政应培养民族文化自信,构筑中国精神、中国价值、中国力量,向世界"讲好中国故事,传播好中国声音,阐释好中国特色"。[②] 刘正光等人指出大学英语课程思政应注重中华优秀传统文化、世界优秀文化、时代精神与人类命运共同体思想。[③] 潘海英等人认为外语课程思政应注重培养学生辩证、客观地看待西方语言及文化,增强学生的思辨能力和国际视野,帮助学生保持对外国文化的尊重和对本国文化的自信,树立正确的文化观念和价值取向。[④] 王骞等人指出外语课程思政应当做好国际理解教育与爱国主义教育相结合、跨文化教育与文化自信教

---

① 梅强.以点引线以线带面——高校两类全覆盖课程思政探索与实践[J].中国大学教学,2018(09):22.

② 夏文红,何芳.大学英语"课程思政"的使命担当[J].人民论坛,2019(30):108-109.

③ 刘正光,岳曼曼.转变理念、重构内容,落实外语课程思政[J].外国语(上海外国语大学学报),2020,43(05):21.

④ 潘海英,袁月.大学外语课程思政实践探索中的问题分析与改进对策[J].山东外语教学,2021,42(03):54.

育相结合、使命教育与美育相结合。① 文秋芳认为外语课程应发挥与其他国家文化进行比较,从而坚定文化自信,加强文明交流互鉴和人类命运共同体意识的作用。② 毛和荣等人认为大学英语课程思政应发挥传播文化,助力文化强国建设的功能。③ 房洁认为大学英语课程思政应注重国家意识的培养。④

通过对以上文献的分析,不难发现众多学者对大学英语课程思政目标的观点基本可以归纳为以下几类:一是要弘扬中华优秀传统文化,建立文化自信;二是要交流世界优秀文化,培养国际视野、服务人类命运共同体;三是要辩证看待西方文化,增强思辨能力、批判性思维;四是要承担时代使命,讲好中国故事、传播中国声音;五是要融入社会主义核心价值观,实现价值引领和国家认同。

(2)关于大学英语课程思政原则的研究。很多学者还提出了大学英语课程思政建设及实施的相关原则,主要可以分为以下两个角度:① 从课程建设角度出发。如梅强提出大学英语课程思政应坚持整体规划,注重协同性;坚持问题导向,突出前瞻性;坚持循序渐进,保证可行性。⑤ 张敬源提出外语课程思政设计应注重融合性、目标强调潜隐性、过程崇尚自然性、方式凸显暗示性。⑥ 胡杰辉认为外语课程思政应该体现教学目标的精准性、内容组织的体系性、流程设计的渐进性和评价反馈的整合性。⑦ 向明友指出大学英语课程思政建设要凸显价值引领性、协同性、系

---

① 王骞,邓志勇.论当前高校课程思政建设策略[J].江苏高教,2021(05):96-97.
② 文秋芳.大学外语课程思政的内涵和实施框架[J].中国外语,2021,18(02):48.
③ 毛和荣,杨勇萍,周莉.大学英语课程思政建设的价值与路径[J].学校党建与思想教育,2021(16):47.
④ 房洁.大学英语课程思政中的国家意识培养[J].外语电化教学,2021(06):51-56,8.
⑤ 梅强.以点引线 以线带面——高校两类全覆盖课程思政探索与实践[J].中国大学教学,2018(09):20.
⑥ 张敬源,王娜.外语"课程思政"建设——内涵、原则与路径探析[J].中国外语,2020,17(05):18.
⑦ 胡杰辉.外语课程思政视角下的教学设计研究[J].中国外语,2021,18(02):53.

统性。① ② 从思政教育与专业教育之间关系的角度出发。如成矫林提出外语课程思政必须基于外语课程内容，尊重课程自身的特征和规律。② 向明友认为外语课程思政应结合语言文化知识、外语交际能力、外语教学方法、外语教学能力，协同发展。③ 成矫林认为外语课程思政目标设定必须基于语言素材的深度挖掘，应当与语言教学目标有机衔接。④ 可见在发展大学英语课程语言知识能力的基础上融入思政元素已成为广大研究者的共识。

基于以上观点，民族院校大学英语课程思政教学过程中也应该遵循以下原则：① 厘清思想政治教育与大学英语课程的主次关系。大学英语课程思政应基于英语课程内容展开，以大学英语课程学科培养目标为主，不可本末倒置，不可喧宾夺主。② 思想政治教育应该有机融入大学英语课程教学。思想政治教育与大学英语语言教学之间是盐溶于水的关系，要避免简单加法，出现思想政治教育、大学英语语言教学"两层皮"的误区，要使用更为隐性的方式，避免说教、宣讲等直接的思想政治教育方式。③ 强调思想政治教育的协同性。民族院校大学英语课程思政教学要注重教学目标、内容、方法、实施、评价等环节之间的协同。

（3）关于大学英语课程思政教学实践优化的研究。许多研究者从不同角度出发，就如何改进大学英语课程思政教学实践提出了自己的观点：① 从教学内容建构的角度出发。如刘正光等人提出应该重构教学内容，将"思政主题"贯穿教材单元，使思想政治教育与课文、练习、产出等紧密结合；强调中西文化内容并重；并以语言文化学习为基本内容。⑤ 徐锦芬指出思想政治教育内容应兼顾学生发展及学习情境，结合学科属性与

---

① 向明友.基于《大学外语课程思政教学指南》的大学英语课程思政教学设计[J].外语界，2022（03）：20-27.

② 成矫林.以深度教学促进外语课程思政[J].中国外语，2020，17（05）：30.

③ 向明友.基于《大学外语课程思政教学指南》的大学英语课程思政教学设计[J].外语界，2022（03）：16.

④ 成矫林.以深度教学促进外语课程思政[J].中国外语，2020，17（05）：56.

⑤ 刘正光，岳曼曼.转变理念、重构内容，落实外语课程思政[J].外国语（上海外国语大学学报），2020，43（05）：24-26.

学校类型、定位，体现学校办学特色。[1] ② 从具体教学手段的角度出发。如梅强提出大学英语课程思政教学应该就现实问题通过思辨式讨论默化思政教育。[2] 孙有中提出应强调跨文化比较、价值观思辨，通过体验式语言学习，提高道德素养。[3] ③从具体融入渠道的角度出发。如蒙岚提出可以通过故事、合作和评价促成课程思政的实现。[4] 叶俊认为应该结合系统化传授与碎片式植入开展思想政治教育。[5] 杨华提出可以将"讲述中国"作为内嵌模块与教材内容深度结合，并结合课外跨文化实践活动，践行立德树人。[6] ④ 从具体教学环节的角度出发。如黄国文从如何挖掘思政元素的角度提出了价值取向、问题导向和语言为本三原则。[7] 黄凌云从如何进行课程思政评价的角度提出应该突出背景、输入、过程与成果环节，注重过程性和终结性评价。[8] 杨冬玲等人从如何进行教材建设的角度提出了文化内容层级分析框架。[9] ⑤从教师课程思政教学能力的角度出发。如高玉垒建构了大学英语教师课程思政教学能力模型，指出教师应具备全球、科研、教学、学科、育人五大素养，并从共享机制、教师培训、团队合作、示范表率、研究体系五个方面提出了教师课程思政教学能力培养策略。[10]

---

[1] 徐锦芬.高校英语课程教学素材的思政内容建设研究[J].外语界，2021（02）：20.

[2] 梅强.以点引线 以线带面 —— 高校两类全覆盖课程思政探索与实践[J].中国大学教学，2018（09）：22.

[3] 孙有中.课程思政视角下的高校外语教材设计[J].外语电化教学，2020（06）：46.

[4] 蒙岚.混合式教学下大学英语课程思政路径[J].社会科学家，2020（12）：140.

[5] 叶俊,盘华."四个自信"视域下大学英语课程思政功能的实现路径[J].学校党建与思想教育，2020（20）：46.

[6] 杨华.我国高校外语课程思政实践的探索研究 —— 以大学生"外语讲述中国"为例[J].外语界，2021（02）：11.

[7] 黄国文.挖掘外语课程思政元素的切入点与原则[J].外语教育研究前沿，2022，5（02）：10-17，90.

[8] 黄凌云.基于CIPP模型：大学英语课程思政成效评价研究[J].教育学术月刊，2022（02）：57-63.

[9] 杨冬玲，汪东萍.外语教材思政建设研究：文化分析内容、方法与理论视角[J].外语电化教学，2022（03）：16-22，104.

[10] 高玉垒，张智义.大学英语教师课程思政教学能力的结构模型建构[J].外语电化教学，2022（01）：8-14，102.

张文霞等人基于全国性的问卷调查，系统考察了全国大学外语教师的课程思政教学能力现状和发展需求，并从教师个人与院校管理角度出发探讨了教师能力提升路径。①

以上学者的观点对民族院校大学英语课程思政教学具备一定的借鉴意义。"教学有法、教无定法、贵在得法"，民族院校大学英语课程思政教学应该结合院校特色及课程学科属性，分析具体学情，并在教学过程中，根据学生的心理变化、学习进展、任务难度、学生反馈等选择适合的方法并进行灵活调整。此外，民族院校大学英语课程思政教学还应关注教师课程思政能力的提升。

（4）关于大学英语课程思政教学理论建构的研究。很多学者还尝试从更为宏观的角度对大学英语课程思政教学进行理论建构。如张敬源建构了一个由"顶层设计 — 挖掘素材 — 细化过程 — 创新评价"构成的四位一体外语"课程思政"闭环教学框架。② 刘建达提出了"BIPA"（Background 课程背景、Input 课程内容、Process 教学过程和 Assessment 教学评价）大学英语课程思政模型，从目标、教材、教学、效果四个方面规划和建设大学英语课程思政。③ 黄国文等人构建了"6W"思政体系，认为应该围绕回答为什么（Why），是什么（What），谁来做（Who），何时做（When），何处做（Where）和怎样做（How）进行英语课程思政建设。④ 杨华基于叙事理论、跨文化交际理论等提出了大学生外语数字化叙事能力的理论框架。⑤ 文秋芳从纵向和横向两个维度建构了大学英语课程思政理论框架，将思政融于教学内容、环境、评价及交往之中。其中纵向维度由思政范围、主要任务和关键策略组成；横向维度由内容链、管理链、评价链和教

---

① 张文霞，赵华敏，胡杰辉.大学外语教师课程思政教学能力现状及发展需求研究[J].外语界，2022（03）：28-36.

② 张敬源，王娜.外语"课程思政"建设 —— 内涵、原则与路径探析[J].中国外语，2020，17（05）：19.

③ 刘建达.课程思政背景下的大学外语课程改革[J].外语电化教学，2020（06）：38-42.

④ 黄国文，肖琼.外语课程思政建设六要素[J].中国外语，2021，18（02）：1，10-16.

⑤ 杨华.大学生外语数字化叙事能力的理论与实践研究：课程思政的新探索[J].外语教育研究前沿，2021，4（04）：10-17，91.

师言行链组成。① 厉彦花等人提出了"支架性教学模式",主张从支架理论的"搭建脚手架、进入情境、独立探索、协作学习和效果评价"五个环节出发,分别搭建合适的支架,输入思政元素。② 许葵花等人提出了"国家语言政策、教学内容、教师、学生"四要素联动的"四位一体"大学英语教学模式。③ 李睿提出了混合式环境下的大学外语课程精准思政教学模式,强调课程思政目标、内容、策略、评价的精准化。④ 温颖茜提出了大学英语教学中讲好中国故事"三阶六步"翻转课堂+混合式教学模式。⑤

以上文献均能体现整体性视角和系统性思维,能比较全面地考虑理论框架内各个元素的内在逻辑关系,为民族院校大学英语课程思政教学研究提供了参考。但总体而言,当前大学英语课程思政理论建构研究大多为宏观的理论构建,对具体操作未进行详述,对所建构的理论效果检验或不涉及,或涉及不多;实效性如何还有待进一步验证。

(三)研究述评

从研究文献梳理情况来看,当前关注民族院校大学英语课程思政教学的研究极度匮乏,其他与民族院校大学英语课程思政教学研究主题比较相关的研究也还存在以下问题:

(1)实证研究少。首先,大多数相关研究主要是从宏观、抽象的角度对课程思政的"应然"进行讨论,对于课程思政的微观、具体的"实然"情况的研究还比较少。此外,虽然很多研究者从不同角度、不同层面、不同专业出发对高校课程思政教学进行了探讨,但大多是通过归纳、分析、

---

① 文秋芳.大学外语课程思政的内涵和实施框架[J].中国外语,2021,18(02):47-52.

② 厉彦花,解华,段梅青,等.大学英语课程思政支架式教学模式探究[J].外语电化教学,2022(03):12-15,103.

③ 许葵花,张雅萍,王建华.大学英语课程思政"四位一体"模式建构及评价研究[J].外语教学,2022,43(05):48-54.

④ 李睿.混合式环境下大学外语课程精准思政模式构建与实证研究[J].语言与翻译,2021(04):67-74.

⑤ 温颖茜.大学英语教学中讲好中国故事的理论逻辑与教学实践[J].社会科学家,2022(08):148-154.

推理、演绎的方法探讨相关策略及原则等，教学实践类研究成果还很匮乏。研究者提出的建议、策略、模式等多未经一线教学的充分检验，其效果、可行性、可操作性缺乏足够的实证支持。

（2）操作参考性不强。大多数既往研究往往止步于抽象建构，未落实到具体实践操作方案、具体实施流程。对课程思政教学中如何融合语言教学与思政育人、如何选择教学内容、如何确定教学目标、如何选用教学方法与手段、如何挖掘与补充思政元素及材料、如何进行教学评价等问题，很少提出具体操作策略和方法。多集中于对教师"需要怎么做"的抽象探讨，对教师"具体怎么做"的实践指引涉及较少。因此，对于一线教师而言，这些研究更加类似于"纸上谈兵"，对教师的具体教学实践支持效果有待提高。

（3）研究系统性不足。当前研究大致可以分为三类，一是经验总结介绍，多未结合理论探讨，也未进行效果验证说明，缺乏理据与实证支持，学理性不足。二是教学案例推导，多集中于个别案例设计阐述，未充分阐述教学原理及教学实践原则，也未进行充分的效果论证。三是理论建构，多注重宏观建构，未充分阐明具体操作流程，未进行效果检验。整体而言，研究的系统性还有待提升。

综上，本研究将以民族院校大学英语课程思政教学为研究的立足点，并将针对已有相关研究的局限性，试图在以下方面丰富、拓展现有研究：

（1）教学研究实证化。首先，本研究将开展调查研究，通过对民族院校大学英语一线教师进行访谈，了解民族院校大学英语课程思政教学现状，诊断存在的问题。其次，还将通过对民族院校学生进行问卷调查，了解他们对民族院校大学英语课程思政教学的需求。调查研究发现有利于聚焦实际问题并回应学生需求，提高民族院校大学英语课程思政教学的针对性、适切性、可行性。此外，本研究还将基于调查研究发现的问题和需求，构建民族院校大学英语课程思政实施方案，并开展三轮迭代的行动研究，在民族院校大学英语课程的一线教学实践中改进、完善实施方案，基于具体行动实践总结、提炼实践性理论知识。

（2）教学研究具体化。本研究将聚焦民族院校大学英语课程思政教学实践，旨在解决教师在实施课程思政教学中存在的具体问题，如课程思政元素如何挖掘、课程思政材料如何选取、课程思政教学活动如何安排、课程思政教学如何组织、课程思政教学如何评价等，并提出具体的操作建议，使课程思政教学更具参考性。

（3）教学研究系统化。本研究旨在结合民族院校大学英语课程思政的院校属性和课程学科属性，提出比较系统的民族院校大学英语课程思政教学实施方案。不同于现有文献中常见的或"经验总结"或"案例推导"或"思辨演绎"等的"单维度"研究路径，本研究试图将理论建构与实证研究相结合，既尝试进行民族院校大学英语课程思政教学理论建构，又重视为理论建构提供实证依据，还强调将构建的理论应用于教学实践中观察效果，并进一步改进、完善。整体研究更为系统、完整。

六、研究设计

（一）研究思路

本研究围绕"如何开展民族院校大学英语课程思政教学"这一核心问题展开，研究拟采取以下步骤进行：第一，梳理现有民族院校大学英语课程思政教学相关文献，从中获得启示和研究空白点，确立本研究的方向。第二，以Z民族大学为个案研究点开展民族院校大学英语课程思政教学现状调查。通过对Z民族大学一线大学英语教师的深度访谈，了解当前民族院校大学英语课程思政教学实施情况，诊断存在的问题。通过对正在修习大学英语课程的大一、大二年级学生的问卷调查，了解学生对民族院校大学英语课程思政教学的需求。第三，基于文献分析、现状调查结果，构建民族院校大学英语课程思政教学实施方案，旨在解决现有问题，并回应学生的需求。教学实施方案将包括民族院校大学英语课程思政教学的理论支点、育人目标、操作流程和评价理念，以为后续行动研究提供指导框架。第四，按照行动研究的方法，以Z民族大学2021级大学英语×班作为行动对象，基于民族院校大学英语课程思政教学实施方案开展三轮教学行动，在行动过程中改进、完善教学实施方案，探索民族院校大学英语课程思政教学具体策略方法。第五，回顾三轮行动研究，对研究进行反思总结，并形成研究结论。整体研究思路如图0-1所示。

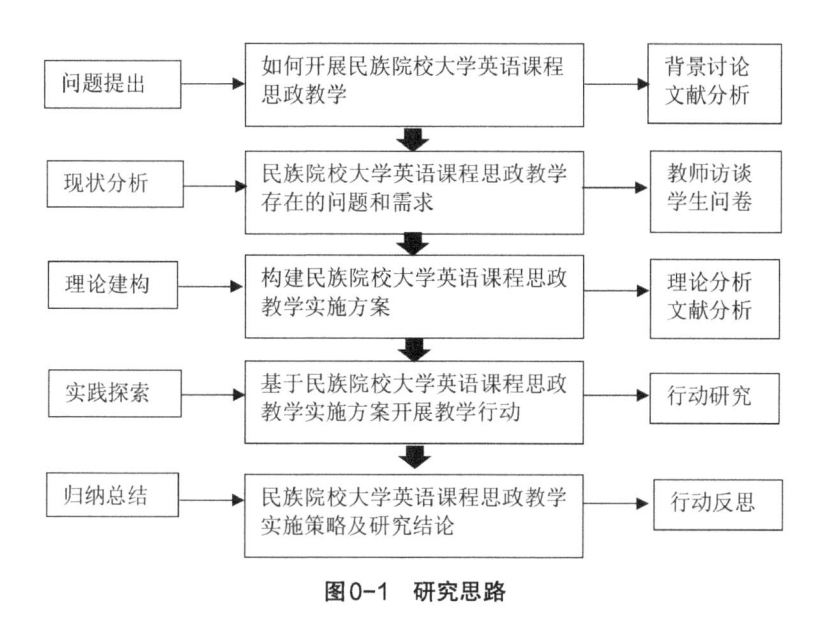

问题提出	→	如何开展民族院校大学英语课程思政教学	→	背景讨论 文献分析
现状分析	→	民族院校大学英语课程思政教学存在的问题和需求	→	教师访谈 学生问卷
理论建构	→	构建民族院校大学英语课程思政教学实施方案	→	理论分析 文献分析
实践探索	→	基于民族院校大学英语课程思政教学实施方案开展教学行动	→	行动研究
归纳总结	→	民族院校大学英语课程思政教学实施策略及研究结论	→	行动反思

图0-1 研究思路

（二）研究场所

1. Z民族大学基本情况介绍

Z民族大学是一所综合性的民族院校。Z民族大学现一校两址，老校区占地面积为38万平方米，新校区占地面积81万平方米。学校拥有各类纸质图书和电子图书500余万册，民族学、中国少数民族语言文学图书文献资料藏量居国内高校前列。现有1个学部、23个学院，67个本科专业、27个一级学科硕士学位授权点、6个一级学科博士学位授权点、5个博士后科研流动站，国家级重点学科3个、省部级重点学科26个、省部级交叉重点学科4个，国家级一流本科专业建设点22个。教职工总数为1945人，其中专任教师1159人，高级职称教师占比60.2%。Z民族大学面向全国34个省、自治区、直辖市和港澳台地区招生，现有在校生21759人，其中本科生13729人、少数民族预科生185人、硕士研究生6494人、博士研究生1351人；本预科生中，少数民族学生占比将近50%。建校以来，Z民族大学已为国家输送了20余万名各民族毕业生，为国家的民族团结与发展事业做出了突出的贡献，已成为培养少数民族杰出人才和民族团结表率的摇篮、民族理论政策研究的重要基地，以及传承和弘扬中华优秀传统文化的重要基地。①

2. 选取Z民族大学的原因分析

（1）个案点的典型性。Z民族大学是党和国家为解决民族问题，培养少数民族干部和高级专门人才而创立的一所具有鲜明特色的民族院校。来自全国56个民族的学子为校园带来了丰富多彩、特色鲜明的多元文化。Z民族大学被誉为"党的民族政策的成功典范"和"56个民族大家庭的生动缩影"②。Z民族大学的大学英语课程具备以下特点：①修课时间长，总计学分较多。大学英语课程作为一门公共必修课，目前修课时长为两年。每学期共修课18周，前9周每周4学时，后9周每周两学时，总计8学分。②面向学生群体广。大学英语课程面向全校大学一、二年级非英语专业本科生开设，是学生群体较为广泛的课程之一。③学生学情复杂。大学英语课程修课学生具备民族院校"多民族、多语言、多文化"的典型特征，而且学生的英语水平基础也因生源地高考政策、民族语言文化背景、个人英语学习经历等各种主客观原因存在较大的差异性。以上特点是民族院校大学英语课程教学的典型特征，可以为民族院校大学英语课程思政建设提供典型案例。

（2）个案点的便利性。研究者在Z民族大学从事大学英语教学工作已近20年，选取Z民族大学作为个案点具有以下两点便利条件：一是研究者在多年的共事中，与从事大学英语教学的同事结下了深厚的情谊，整体工作氛围友好、融洽。同事们对他们在实施课程思政教学中的困惑和难点都能坦诚相告，对他们的经验与收获都能倾囊相授。这不仅有利于深入了

---

① Z民族大学.学校概况[EB/OL].（2022-03-10）[2022-12-15]. https：//www.muc.edu.cn/gk1.htm.

② Z民族大学.校史[EB/OL]. [2022-12-15]. https：//yx.muc.edu.cn/liaojiexuexiao/xiaoshi/

解民族院校大学英语课程思政教学的实施现状，有利于对当前民族院校大学英语课程思政教学存在的问题进行诊断研究，也有利于获得同事们的相关建议和支持。二是研究者作为Z民族大学的一线大学英语教师可以在自己任教的大学英语班级开展教学行动研究，便于将教学工作与研究结合在一起，有助于"以教促研"和"以研促教"。

（三）研究方法

本研究主要采用行动研究法，行动研究并不是一种独立的研究方法，而是一种综合运用各种有效的研究方法以改进教育工作的教育研究活动[①]。在本研究的开展过程中，还结合了调查研究法、文本分析法等研究方法。

1. 行动研究法

美国社会心理学家库尔特·勒温（Kurt Lewin）被誉为行动研究的开创者，他将行动研究定义为"关于行动结果的一系列计划、行动和发现事实的循环"。[②] 斯蒂芬·科里（Stephen Corey）等人将行动研究引入了教育研究领域。20世纪70年代开始，越来越多的研究者对传统教育研究提出批评，认为传统教育研究遵循由上而下的"类推—演绎"的研究范式及"经验—分析"的研究方式，[③] 忽略了直接面对学生的一线教育工作者对教育情境的解读、对教育问题的反思、在实践中形成的实践性知识等的研究价值。"教师即研究者""教学应该以教师自己的研究为指导，课堂是教育研究的理想场所"[④] 的观点开始得到更多更广泛的支持，教育行动研究也随之兴起。迄今教育行动研究已成为重要的教育研究方法。

很多学者对行动研究的内涵进行了定义。如卡尔（Carr）等人认为行

---

① 袁振国.教育研究方法[M].北京：高等教育出版社，2000：206.

② LEWIN K. Action Research and Minority Problems[J]. Journal of Social Issues，1946，2(4)：38.

③ 王攀峰.行动研究的理论与方法[M].北京：首都师范大学出版社，2013：2-4.

④ STENHOUSE L. An Introduction to Curriculum Research and Development[M]. London：Heinemann，1975.

动研究是"参与者为了提高他们自己的社会或教育实践的合理性和公正性以及他们为提高对这些实践情境的理解而进行的自我反思性调查"。① 伊略特（Elliot）认为行动研究是"对社会状况的研究，以提高其中行动的质量"。② 伯恩斯（Burns）认为行动研究是"一种自我反思的、系统的和批判性的方法，研究者即参与者。目的是确定参与者认为值得调查的情况或问题，以便在实践中带来批判性的知情变化"。③ 麦克尼夫（McNiff）等人认为行动研究是"寻找改进实践的方法，也是创造知识的过程。教师创造的知识是实践性知识"。④ 总体而言，行动研究主张将"行动"和"研究"结合，旨在改进实践、理性认识实践。行动研究要探究的是行动者的"实践理性"和"实践智能"，追求的是"善"，而不是逻辑上的"真"。⑤ 教育行动研究认为教师是研究的设计者、实施者、评价者和使用者，强调教师对自己的教育理念、教育实践和方法进行不断的质疑和反思，⑥ 在不断循环且螺旋上升的研究过程中改进教学实践，解决教育中存在的现实问题，同时通过行动"赋能"，促进教师专业能力发展。⑦

很多学者还就开展行动研究的具体操作程序进行了讨论。其中凯米斯（Kemmis）和麦克塔加特（McTaggart）对行动研究的具体操作程序进行了精辟的总结，将行动研究视为一个按照"计划—行动—观察—反

---

① CARR W, KEMMIS S. Becoming Critical：Education, Knowledge, and Action Research[M]. London：The Falmer Press, 1986：220.

② ELLIOTT J. Action Research for Educational Change[M]. Milton Keynes：Open University Press, 1991：69.

③ BURNS A. Collaborative Action Research for English Language Teachers[M]. Cambridge：Cambridge University Press, 1999：5.

④ McNiff J, Whitehead J. You and Your Action Research Project（3rd ed.）[M]. London and New York：Routledge, 2010：7.

⑤ 陈向明.质的研究方法与社会科学研究[M].北京：教育科学出版社, 2019：453.

⑥ 王蔷.英语教师行动研究：从理论到实践[M].北京：外语教学与研究出版社, 2013：12.

⑦ SUSMAN G I, EVERED R D. An Assessment of the Scientific Merits of Action Research [J]. Administrative Science Quarterly, 1978, 23（4）：599.

思"四个环节不断螺旋式上升的过程(图0-2)。① 其中计划(Planing)指制订行动计划以改进现状；行动(Action)指采取行动、实施计划；观察(Observation)指在行动发生的背景下观察行动过程及影响；反思(Reflection)指尝试理解行动中表现出来的过程、问题和不足，判断效果和思考改进措施，作为改进下一轮行动的基础。在每一轮研究的基础上反思并改进，通过不断螺旋式上升的行动研究，最终解决问题。本研究将参照这一经典行动研究流程，按照"确定问题—制定行动计划—实施行动—观察行动效果—反思总结"的步骤开展三轮教学行动研究。在教学行动中不断改进、完善民族院校大学英语课程思政教学实施方案，并总结提炼行动实践中获取的实践性教学理论，以为民族院校大学英语课程思政教学的有效实施提供方案和建议。

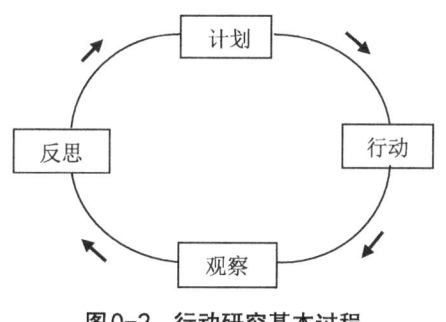

图0-2 行动研究基本过程

2. 调查研究法

调查研究法是教育研究中应用最为广泛的研究方法，是指在教育理论指导下，通过访谈、问卷、观察等方式搜集材料，分析认识教育现状，并提出相关建议的研究方法。② 本研究综合采用了访谈、问卷、观察三种方式。访谈法也称"访问法"，依照对话方式可以分为"面谈""笔谈"和"电话访谈"。笔谈可以是"笔纸"的交谈，也可以是"通信""电子网络

---

① KEMMIS S, MCTAGGART R. The Action Research Planner[M]. Victoria：Deakin University Press，1982.

② 和学新，徐文彬. 教育研究方法[M]. 北京：北京师范大学出版社，2015：218.

交谈",以利于受访者安静、系统地进行自我思考。① 本研究分别对同行教师和学生进行了访谈。在研究前期通过教师访谈,了解教师实施民族院校大学英语课程思政教学的具体情况和存在的问题。在行动研究进行中和结束后通过访谈,了解相关教师对研究者教学行动效果的看法和建议。学生访谈则在每轮教学行动结束后进行,旨在获取学生对该轮教学实施的反馈。问卷是研究者用预先准备的问题来搜集资料的一种技术。② 本研究在研究前期,通过问卷了解民族院校学生对民族院校大学英语课程思政教学的需求。在行动研究结束后,通过问卷了解行动班级学生对教学行动效果的反馈。观察法是一种"观其行"的方法,是在教育研究过程中,借助一定的工具对自然状态下的客观事物进行观察,获得经验事实的研究方法。③ 在本研究的三轮行动教学过程中,研究者对自己的教学过程进行了全程录像,以全面观察教学过程中的事件及细节,避免遗漏与片面性。研究者还注重观察学生在课堂内外的具体表现,如课上的互动反应、课下完成作业的情况等,并及时记录归档。

3. 文本分析法

文本分析的理论源自阐释学和人文主义。④ 本研究中的文本分析主要用于对三轮行动研究中的学生阶段性作业、任务产出文本和学习小组学习记录文本等进行分析。通过分析文本内容了解学生的英语语言知识能力学习进展情况和学生的思想政治价值理念、态度及其发展情况等,从而更为全面地观察教学行动效果,并为行动改进提供依据和参照。

(四)数据收集与分析

1. 数据收集

本研究采取了多角度数据来源形成数据"三角验证",以保证数据的可靠性。研究数据来源包括:从学生角度出发的学生问卷、学生访谈、学习

---

① 刘良华.教育研究方法:专题与案例[M].上海:华东师范大学出版社,2007:171.
② 杨晓萍.教育科学研究方法[M].重庆:西南师范大学出版社,2006:146.
③ 和学新,徐文彬.教育研究方法[M].北京:北京师范大学出版社,2015:238.
④ 冯春艳.指向生命观念形成的高中生物学概念教学行动研究[D].东北师范大学,2021:61.

小组学习记录、学生产出作品（包括书面、口头、录制作品等）；从教师角度出发的教师访谈、反思日志等；还包括三轮教学行动过程中在线写作批阅系统机器评阅数据、课堂录像、微信信息文本、照片等（表0-1）。

表0-1 研究数据收集方法

收集方法	学生				教师		其他
	问卷	访谈	学习记录	产出作品	访谈	反思日志	机器评阅/课堂录像/微信信息文本/照片
行动前	√				√		
第一轮		√	√	√	√	√	√
第二轮		√	√	√	√		√
第三轮		√	√	√			√
行动后	√				√		

（1）学生角度数据收集。① 学生问卷。本研究共进行了两次学生问卷调查。第一次是在研究前期，向Z民族大学大学英语课程在修的大一、大二学生发放《民族院校大学英语课程思政教学需求调查》问卷（附录2），共回收问卷1898份，其中有效问卷1872份，有效率为98.6%。被试者具体分布情况如下（表0-2）：男生626人，占比33.4%，女生1246人，占比66.6%；大学一年级1250人，占比66.8%，大学二年级622人，占比33.2%；汉族1134人，占比60.6%，少数民族738人，分别来自39个民族，占比39.4%；来自民族地区学生795人，占比42.5%，非民族地区1077人，占比57.5%。

表0-2 被试学生分布情况

类别		人数	百分比/%
性别	男	626	33.4
	女	1246	66.6
年级	本科一年级	1250	66.8
	本科二年级	622	33.2

续表

类别		人数	百分比/%
民族	汉族	1134	60.6
	少数民族	738	39.4
专业	文史哲类	504	26.9
	经管法类（包括民社类、政治学类、马克思理论类等）	670	35.8
	教育学类（含体育类）	44	2.4
	理工类	590	31.5
	农学类	0	0
	医学类	0	0
	艺术类	64	3.4
来自区域	民族地区	795	42.5
	非民族地区	1077	57.5

第二次问卷调查是在三轮教学行动结束后在行动班级2021级大学英语×班进行，全班共61人，发放学年教学效果调查开放式问卷（附录9）61份。有59名学生提交了问卷，回收有效问卷59份，整理学生回答部分文本总计3.4万余字。59份回收问卷编码分别为"SQ01""SQ02""SQ03"……，以此类推。

② 学生访谈。三轮行动研究都要求学生组建学习小组，进行合作学习。每轮教学行动结束之后，研究者从每个学习小组各选取1名学生进行访谈。第一轮教学行动后访谈采取面谈、微信电话访谈、笔谈三种方式，学生根据意愿进行选择。第二轮和第三轮教学行动开展时，因新冠疫情影响采取的是线上教学方式，学生未返校，为学生提供微信电话访谈和笔谈两种方式供选择。面谈、微信电话访谈时间在15—20分钟。访谈内容主要包括该轮行动研究中学生对教师教学的感受、学生感知的难点和问题、学生的收获和建议等。在访谈之前，研究者向学生说明研究目的，并保证会对访谈内容保密，学生的反馈不会对学生的成绩造成任何影响。在访谈

之后，研究者就面谈、微信电话访谈录音数据进行文本转录，并对笔谈数据中存在疑问或需要进一步了解的地方，进行不同形式的追问、补问。第一轮行动中组建了9个学习小组，随机访谈了9名学生（访谈提纲见附录4），其中6名选择了笔谈，3名选择了面谈。整理笔谈及转录文本总计0.9万余字。第二轮行动组建了13个学习小组，随机访谈了13名学生（访谈提纲见附录7），其中9名选择了笔谈，4名选择了微信电话访谈。整理笔谈及转录文本总计1.3万余字。第三轮行动组建了13个学习小组，随机访谈了13名学生（访谈提纲见附录8），其中10名选择了笔谈，3名选择微信电话访谈。整理笔谈及转录文本总计1.2万余字。受访学生编号为"S+学生小组组号"，如"S3"代表受访学生来自第三学习小组。学生访谈编码方式为"F+学生编号+访谈日期"，如"FS3 2021-12-18"，代表接受访谈的是来自第三学习小组的学生，访谈日期是2021年12月18日。

③ 学习小组学习记录。三轮行动研究都要求各学习小组提交学习记录，以通过学习记录了解学习小组合作学习开展过程、组员参与情况、难点及需求、收获和不足等方面的反馈。第一轮行动共组建9个学习小组，收集三次学习记录（附录3），每次9份，总计收集学习记录27份。第二轮行动共组建13个学习小组，收集两次学习记录（附录6），每次13份，总计收集学习记录26份。第三轮行动共组建13个学习小组，收集两次学习记录（附录6），每次13份，总计收集学习记录26份。学习小组编号方式为"ST+学习小组组号"，如"ST1"代表第一学习小组，"ST2"代表第二学习小组。学习记录编码方式为"第几次学习记录+学习小组编号+提交日期"，如"1ST2 2021-11-27"代表是第二小组第一次小组学习记录，提交日期是2021年11月27日。

④ 学生作品。在三轮行动研究中还收集了学生的书面、口头、视频产出作品资料。第一轮行动收集演讲写作练习作品（前测）61份，演讲文稿终稿（后测）61份，演讲录制视频61份。第二轮行动中收集跨文化交际案例分析练习书面作业61份，跨文化交际案例分析小组作业13份，跨文化交际短剧小组提纲（短剧提纲模板见附录12）13份，跨文化交际短剧小组初稿13份，跨文化交际短剧小组终稿13份。第三轮行动中收集

各学习小组阶段性英文调查计划（调查计划模板见附录13）13份，英文调查报告提纲（调查报告提纲见附录14）13份，英文调查报告终稿13份。

（2）教师角度数据。① 教师访谈。本研究进行了三次教师访谈：第一次在研究前期进行，研究者对Z民族大学的23位一线大学英语教师进行了教师访谈（访谈提纲见附录1），旨在了解民族院校大学英语教师实施课程思政教学的具体情况，诊断教师实施课程思政教学中存在的问题，作为后续行动研究的重点问题解决方向。访谈形式为一对一的半结构访谈。受访教师中男教师3人，女教师20人。教授1人，副教授11人，讲师11人。博士11人，博士在读3人，硕士9人。45岁（含）以下的中青年教师18人，占总人数的78.3%；45岁（不含）以上的教师5人，占总人数的21.7%，受访教师背景信息详见表0-3。被访者都是研究者很熟悉的同事，双方在长期交往交流的过程中，结下了深厚的情谊。在访谈前，研究者告知了访谈目的，并说明将会在研究中匿名呈现被访者的数据。被访者对研究者的研究工作非常支持，表示会坦诚地分享交流他们在实施大学英语课程思政教学中的做法、心得和困惑。访谈采取面谈、笔谈、微信电话访谈相结合的方式，受访教师根据意愿进行选择。在面谈、微信电话访谈过程中，研究者并未严格按照访谈提纲的顺序，而是根据具体情况进行调整、追问，在访谈过程中也会回答被访者提出的问题，甚至与被访者就民族院校大学英语课程思政的实施方法、困惑和难点互相交流，以营造更为轻松、安全的访谈氛围，让被访者畅所欲言，尽可能保障访谈数据的真实性和可靠性。面谈、微信电话访谈录音文本当日进行转录和编码存档。研究者还就笔谈数据中存在疑问和需要进一步了解的地方进行了追问、补问，并及时编码存档。有12位教师选择了面谈，4位教师选择了微信电话访谈，访谈时长在30—60分钟，整理转录文本7.3万余字。另有7位教师选择了笔谈，整理笔谈文本1.1万余字。本次教师访谈整理数据文本总计约8.4万字。23位受访大学英语教师分别编号"T01""T02""T03"……，以此类推。教师访谈编码为"F+教师编号+访谈日期"，如"FT01 2021-06-06"代表受访教师为编号T01的教师，访谈日期是2021年6月6日。

表0-3 受访教师背景信息

编号	性别	学历	职称	年龄	教龄
T01	女	硕士	讲师	51—55	30年以上
T02	女	博士在读	讲师	41—45	15—20年
T03	女	博士	副教授	41—45	15—20年
T04	女	硕士	讲师	41—45	15—20年
T05	女	硕士	讲师	41—45	15—20年
T06	女	硕士	副教授	41—45	15—20年
T07	女	博士	副教授	41—45	15—20年
T08	女	硕士	副教授	51—55	15—20年
T09	女	博士	讲师	41—45	15—20年
T10	女	硕士	副教授	41—45	15—20年
T11	男	博士在读	讲师	41—45	15—20年
T12	女	硕士	讲师	41—45	15—20年
T13	女	博士	副教授	51—55	21—25年
T14	女	博士在读	讲师	41—45	15—20年
T15	男	博士	教授	41—45	15—20年
T16	女	博士	副教授	41—45	21—25年
T17	女	博士	副教授	51—55	21—25年
T18	女	硕士	讲师	41—45	15—20年
T19	女	博士	讲师	36—40	5—10年
T20	女	博士	副教授	41—45	15—20年
T21	男	博士	讲师	41—45	15—20年
T22	女	博士	副教授	41—45	15—20年
T23	女	硕士	副教授	51—55	30年以上

第二次访谈是在第一轮行动研究结束后,对教师互助小组一位参与学生任务作品评阅的同行教师进行了面对面访谈(访谈提纲见附录5),旨在了解该教师基于作品评阅结果对行动教学效果的评价及感受。时长约20分钟,整理转录文本0.1万余字。该教师编号为"T+教师姓氏首字母",教师访谈编码方式为"F+教师编号+访谈日期",如"FTL 2021-12-20"指对L老师进行的访谈,访谈时间是2021年12月20日。

第三次访谈是在三轮研究结束后对教师互助小组的两位同行教师进行微信电话访谈(访谈提纲见附录11)。两位教师基于对研究者课堂教学的观摩(课堂教学观察记录表见附录10),对研究者的课程思政教学行动实践进行评价,并提出建议。两位同行访谈时长在25—35分钟,整理转录文本0.5万余字。编码方式同上,为"F+教师编号+访谈日期"。

② 教师反思日志。麦克南(McKernan)将教师日志称为研究日志。[1] 奥特里赫特(Altrichter)等人认为教师日志不仅是收集数据的工具,还应成为研究过程中的伴侣。[2] 调查日志不仅是"数据宝库",也是研究者与自己的对话,最能体现"研究者本身就是研究工具的思想"。[3] 研究者在每轮行动研究过程中及结束后,均对教学实施情况进行回顾与反思,并撰写教师反思日志。主要记录的内容包括教学亮点与不足、亮点与不足产生的原因、教学中得到的经验、反思以及下一步教学计划等。三轮行动研究分别记录了4篇、3篇、3篇教师反思日志,共计10篇。

(3)其他数据。① 机器评阅数据。研究者在学生书面文本语言产出质量分析过程中引入"iWrite在线英语写作教学与评阅系统",收集了iWrite的自动机器写作评阅数据。从而可以从机器评阅、教师评阅、同行评阅三方视角,更为客观地观察学生语言知识能力的发展情况。② 课堂录像。研究者对三轮教学行动的课堂教学进行了全程录像,共录制22节课。第一轮教学行动为线下授课,采用了智慧教室的自动教学录像功能。

---

[1] 王蔷,张虹.英语教师行动研究[M].北京:外语教学与研究出版社,2013:130.

[2] ALTRICHTER H, POSCH P, SOMEKH B. Teachers Investigate Their Work: An Introduction to the Methods of Action Research[M]. London: Routledge, 1993: 10.

[3] 刘润清.论大学英语教学[M].北京:外语教学与研究出版社,1999:284.

第二轮和第三轮教学行动按照Z民族大学新冠疫情防控政策要求，采取的是线上授课方式。研究者采用腾讯会议App的会议录制功能记录了整体教学情况。课堂录像主要用于以下两个目的。一是同行教师通过课堂录像进行课堂观摩。这样一方面能够方便同行教师，另一方面也可以避免同行教师亲自到课堂听课可能引起的课堂气氛或学生心理的改变。二是研究者在完成课程思政教学后，通过教学录像回顾课堂以更好地掌握课堂教学情况。③ 微信记录、照片等。行动过程中，研究者还收集了学生小组线下互动、学生课堂表现、师生互动等不同方面的微信记录、照片等资料，以丰富数据来源，更为全面地展现行动过程及效果。

2. 数据分析

整体研究数据收集以质性数据为主、量化数据为辅。在分析质性数据的过程中，主要根据自下而上的扎根理论，[①] 对收集的资料进行逐字逐句的文本细读及分析，形成三级编码。一级编码采用被访者的"本土概念"。[②] 二级编码是通过反复阅读、比对一级编码，并总结提取一级编码之间的共同点，将具有共同点的一级编码进一步归类，以形成二级编码。三级编码则是在二级编码的基础上进一步比对归类，上升为更理论化的编码。以下以民族院校大学英语课程思政教学实施情况调查中教师访谈收集的部分访谈数据分析为例进行说明。如在分析"教师如何看待民族院校大学英语开展课程思政的必要性？"这一问题收集的数据时，研究者采用被访者使用的本土概念"学生思想也很活跃，确实有些学生会钻牛角尖"等作为一级编码。然后，将具有共同点的一级编码"学生思想也很活跃，确实有些学生会钻牛角尖""学生接收的信息多，如抖音脸书，他看了可能会觉得外国哪儿都好"等进一步归纳为二级编码"学生思想状态特点"。最后，将"学生思想状态特点""学生行为管理问题"等二级编码进一步比对，并归纳为三级编码"学生层面"。

本研究还运用SPSS25.0统计工具进行了量化分析。具体采用描述统

---

① STRAUSS A, CORBIN J. Basics of Qualitative Research: Grounded Theory Procedures and Techniques[M]. Newbury Park, CA: Sage, 1990.

② 陈向明.质的研究方法与社会科学研究[M].北京：教育科学出版社，2000：284.

计的思路对第一章中民族院校大学英语课程思政教学需求调查学生调查问卷进行分析；采用差异检验对第三章演讲融合性任务写作文本前后测进行分析。

（五）研究的效度

在研究的过程中主要采取以下方法保证了研究的"结果效度"（Outcome Validity）、"过程效度"（Process Validity）以及"民主效度"（Democratic Validity）[①]。

（1）原始数据的可回溯性。在本研究中，研究者收集了丰富的原始材料。如对访谈资料进行了及时的转录、编码及保存；对课堂教学进行了全程录像，以便回顾分析；通过U校园在线教学平台、iWrite英语写作教学与评阅系统，将学生各个阶段的作业进行了电子存档，方便随时提取；对于课堂教学互动中发生的相关事件，在课下第一时间进行了记录和反思；对学生课堂精彩表现或课下相关活动进行拍照并留存；等等。这些丰富的原始材料不仅可以更好地还原真实教学场景，也为研究的结论提供了有效的依据。

（2）行动效果的三角检验。三角检验法强调通过尽可能多的渠道对现有结论进行检验，以保证结果效度。本研究通过问卷、访谈、学生产出作品、教师反思日志、同行访谈、iWrite在线英语写作教学与评阅系统报告等不同形式收集了来自不同视角的数据，以对照检验对同一现象的分析结果，避免"单一视角"，依据更为全面、充分，结论更为真实、可信。

（3）研究过程力求客观、真实。如在对学生作品进行评价时，邀请具有丰富教学经验及相关理论基础的"专家型"教师共同制定评价标准，并通过试测，保证前后测的评价标准一致。课堂观摩采取观看课堂录像的形式，避免"霍桑效应"，即那些意识到自己正在被别人观察的个人具有改变自己行为的倾向，力求呈现真实的教学场景。学生不会因为有听课教师在场观摩，而有更为积极的表现。此外，在本研究中，研究者还邀请了两

[①] HERR K, ANDERSON G L. The Action Research Dissertation: A Guide for Students and Faculty[M]. California: Corwin Press, 2015.

位同行 W 老师和 L 老师共建教师互助小组。两位教师均为党员，政治立场坚定；他们的教龄在 15—28 年，具备丰富的教学和科研经验。两位同行对本研究非常感兴趣，积极参与了研究过程。她们作为"批判性朋友"（Critical Friend），将对研究者的教学计划和教学实践提出"批判性"的意见和建议，帮助研究者克服"局内人"视角局限，更为全面地看待问题，做出更为合理的判断，更好地保障民族院校大学英语课程思政教学研究的进行。

（4）创建平等、民主的研究氛围。在研究过程中，研究者把自己和学生放在平等的位置，保证学生的充分参与和话语权，聆听学生心声，及时回应学生反馈。保证研究在融洽、互信、互相促进的氛围中展开。同时，研究者在与教师互助小组的同行教师协作过程中，秉持谦逊、有礼、分享的态度，开放、积极地对待同行教师的不同观点，以更好地保证研究的民主效度。

（六）研究的伦理

本研究主要遵循了"自愿"原则、"保密"原则、"在自然情境下开展"原则和"互惠互利"原则。

（1）遵循"自愿"原则。研究在研究对象知情同意的前提下开展。问卷调查和访谈都已获得调查对象的同意，并经调查对象许可之后才进行录音记录。

（2）遵循"保密"原则。数据收集遵循"保密"原则，对于涉及教师、学生个人信息及观点的数据采用了编号方式保证隐私，对于调查对象的照片等都做了技术处理。

（3）遵循"在自然情境下开展"的原则。三轮行动研究始终按照 Z 民族大学的 2021 级大学英语课程年级统一教学计划进行。教学单元、教学内容、教学进展均与年级教学计划保持一致，以期在最真实的一线教学环境中，检验教学效果并改进民族院校大学英语课程思政教学。

（4）遵循"互惠互利"的原则。本研究旨在提高民族院校大学英语课程思政教学的有效性，坚持在英语语言知识能力框架内融入思想政治教育，以做到知识传授与立德树人并行。不存在"非此即彼"的问题，也不会因为融入思想政治元素而影响学生大学英语学习效果。在行动研究中始终关注学生反馈及学生英语语言知识能力和思政素质方面的发展，研究本身对学生是有利的。此外，对于参与研究的教师而言，研究者将与她们分享本研究中的心得和相关数据，也将协助她们现在及将来的研究和教学，与各位同人一起学习进步。

第一章　民族院校大学英语课程思政教学现状调查与分析

2020年5月教育部发布《高等学校课程思政建设指导纲要》以来，课程思政建设相关研究已进入快速产出阶段。但当前研究中对各大高校开展课程思政的"实然"情况的研究还比较少，尤其尚未发现民族院校大学英语课程思政教学现状相关研究。本部分内容将基于对Z民族大学所有在职大学英语教师的深入访谈，了解民族院校大学英语课程思政教学实施的具体情况，并对民族院校大学英语课程思政教学存在的问题进行诊断，以聚焦行动研究需要解决的具体问题。同时还将对Z民族大学修习大学英语课程的学生进行问卷调查，以了解各民族学生对民族院校大学英语课程思政教学的需求，为后续构建民族院校大学英语课程思政教学实施方案和拟定具体行动措施提供一定的参照，以提高民族院校大学英语课程思政教学的适切性。

第一节　教师访谈结果及分析

《高等学校课程思政建设指导纲要》明确指出，课堂教学是课程思政建设的"主渠道",教师是课程思政建设的"主力军"。[①] 一线教师作为实施课程思政的第一责任人,是课程思政建设的关键。为了更好地了解民族院校大学英语课程思政教学现状,诊断当前教师在实施民族院校大学英语课程思政教学中存在的问题,本研究以Z民族大学的23位一线大学英语教师为调查对象,于2021年6月6日到6月18日进行了民族院校大学英语课程思政教学实施情况调查教师访谈(访谈提纲见附录1)。访谈内容主要包括"教师对实施民族院校大学英语课程思政教学的态度""教师如何开展民族院校大学英语课程思政教学""教师实施民族院校大学英语课程思政教学的困难""教师对实施民族院校大学英语课程思政教学有哪些建议"等。教师访谈数据收集完毕后,研究者扎根理论对访谈数据进行了归纳分析,形成了以下结果:

一、民族院校大学英语教师普遍认同实施课程思政教学的必要性

研究发现23位受访教师都认为民族院校大学英语课程融入思想政治教育是完全有必要的。教师们主要从院校层面、学科层面、教师层面及学生层面表达了对实施民族院校大学英语课程思政教学必要性的认可。

(一)民族院校的必然政治使命

教师们认为开展大学英语课程思政教学是民族院校的必然使命,认为民族院校建校之本即具有鲜明的政治属性,应该坚持响应国家教育政策和导向,坚持和国家、党中央的方针政策保持一致。教师们指出民族院校是"又红又专的院校"[②](FT19 2021-06-16),"更应该强调民族团结相关的这些方面"(FT04 2021-06-07)。有的教师还从民族院校各少数民族学子汇聚的角度出发,指出民族院校学生来自不同民族,具有不同的文化

[①] 教育部.关于印发《高等学校课程思政建设指导纲要》的通知[EB/OL].(2020-05-28)[2022-05-22]. http://www.gov.cn/zhengce/zhengceku/2020-06/06/content_5517606.htm.

[②] 本书所引用访谈、演讲、反思日志等内容均已获得原作者授权。

背景。大学英语课程应该帮助各民族学生"以更广阔的视野、更包容的心态面对多元文化"（FT20 2021-06-16），应该"牢牢把握民族团结的大局观"（FT23 2021-06-18），促进各族学生之间的多元文化交流，增进理解，让每一个学生都能意识到"我们是一个中华民族共同体，我们是一个大家庭，要紧紧团结在这个大家庭里"（FT11 2021-06-11）。还有教师提出民族院校大学英语课程应在各民族文化传承方面起到一定的作用，如T09老师指出："如果作为民族院校学生，他们都不传播民族文化，那人家其他院校可能就更不会进行，其实这方面（的教育）我们是欠缺的。"（FT09 2021-06-10）

（二）大学英语课程属性的必然要求

教师们主要从大学英语课程的人文属性、交际属性、语言学习特性和课程性质四个角度指出了开展民族院校大学英语课程思政教学的必要性。

从人文属性角度来看，教师们认为语言承载文化，大学英语课程教材内容主要承载的是英语国家文化价值观，因此需要教师引导学生辩证地看待英语国家文化，以批判的眼光学习西方文化，"取其精华，弃其糟粕"（FT23 2021-06-18）。教师们还指出大学英语课程应该通过中外文化对比，让学生意识到文化各有不同，"应该学会欣赏别人的文化，但是更应该认同自己的文化"（FT09 2021-06-10）。

从交际属性角度来看，教师们认为英语作为国际交流最重要的工具，应该在传播中国文化、讲述中国故事方面发挥积极作用。如T17说道："英语作为一种语言，它传载的很大一部分内容确实是比较西化的东西。所以学生可能就会认为学英语等同于学西方文化，这个我是不认同的。我觉得应该在实施课程思政中纠正一下这种趋势。英语作为一种传载工具，它也可以传载中国故事。英语现在有个称呼叫'通用语'（lingua franca），并不是光传载西方的东西。如果学生会用英语来介绍中国的东西，这对他来说也是一种对中国的认同、对中国文化的认同。我觉得如果一个学生仅会用英语说外国的东西其实挺尴尬的。比方说他在跟外国人交流的时候，他跟外国人讲他听过华盛顿的故事，知道美国的'Founding

Fathers'（开国国父）。但是要是人家问他'你们中国最大的诗人是谁？他做过什么？'这些很基本的东西如果他不会用英语表达的话，我觉得好像也是教育教学上的一种缺失。英语作为一门语言工具，也有一个向外表达自我的功能。"（FT17 2021-06-15）

从语言学习特性角度看，教师们认为大学英语课程不同于其他的很多专业课程，并不是以传授知识点为主，而更关注的是英语语言词汇、句型、篇章的输入以及综合应用英语进行口、笔头的输出，"不像专业课有那么密集的知识点，更多的是有启发性的教学，引发学生思考"（FT09 2021-06-10），因此在融入思政元素方面更具灵活性。

从大学英语课程性质看，教师们指出大学英语课程是面向全校学生的公共必修课，作为全校面对学生群体较为广泛、学生人数较多的课程之一，"课时量也不少，跟学生接触的机会非常多"（FT15 2021-06-13），大学英语课程是进行思想政治教育不可或缺的有效渠道。

（三）教师职业的必然职责

23位教师均认为"教书育人"是教师的职业之基，认为教师除了传授知识之外，还"应该指导学生分辨是非，引导学生爱国、爱我们自己的文化"（FT08 2021-06-09），"大的方向应该是有意识地去给学生做一些引导"（FT01 2021-06-06）。教师们还从教师职业特征的角度指出教师具有与学生交互的直接性，"能掌握学生思想活动的第一手资料"（FT18 2021-06-15），"是直接和学生接触的，有先天性的优势，也有这个舞台"（FT16 2021-06-14）。综上可见，教师们认为教师作为实施思想政治教育最为重要的排头兵，理应承担思想政治教育的责任。

（四）学生"全人发展"的必然条件

教师们还从学生"全人发展"的角度提出实施课程思政教学的必要性。教师们持"思想指导行动"的观点，认为必须保证学生正确的思想导向，才能保障他们的正确发展方向。如T16认为："光教知识，学生充其量就是一个承担知识的机器，没有思想就没有灵魂。我觉得还是要从思想上给他解决问题，就像内因带动外因一样，学生思想正确了，再给他传授知识，这样才能是一个健全的人。"（FT16 2021-06-14）

教师们也指出绝大多数的各民族学子有着非常高的思想政治觉悟，因此也可以进一步引领学生的正确思想发展方向。如T09指出："我自己觉得咱们学校的学生真的比一般院校的学生在思想政治方面要强很多，有很大优势。像我教的民考民班级的学生就特别具有爱国情怀。他们大学毕业以后基本上回新疆去找工作，都马上能分到房子，收入也很高。所以他们感谢党，也很爱国，因为他们知道这些都是国家给予他们的。我记得有一次我们讨论如果有地震了的话怎么样，然后我就记得特别清楚。当时两方都争论不休，就突然有一个人站起来说，'我们根本就不需要保险，因为如果我们新疆地震的话，国家一定会帮助我们的。'然后其他人就特别热烈地鼓掌，特别认同他说的话。类似这种的场景应该不止出现了一次，所以就给我很深的印象，他们对国家的信任感很强。我觉得我们老师应该更好、更合理地引导学生。既然学生不排斥，我们就多增加一些这些内容。"（FT09 2021-06-10）

教师还从学生思想状态特征的角度提出了课程思政教学对学生发展的重要作用。教师认为当代大学生接收信息的来源呈多维化、碎片化、网络化的状态，接收的信息来源过多，但缺乏理性辨析能力，融入思想政治教育可以"让他们不要走歪了"（FT18 2021-06-15），培养学生客观、辩证看待问题的能力。如T22说："现在的学生和我们那时候不一样，我们那时比较老实一点。现在学生思想很活跃，确实有些学生会钻牛角尖，对学生的国家观肯定得引导。在教学中适当地加入一些中外文化的对比，引导学生还是应该的。我觉得不管在哪个教学环节，发现了问题，还是要及时纠正，学生思想政治的这种大方向不能错。"（FT22 2021-06-17）

还有教师从学生自我行为管理能力不足的角度出发指出课程思政教学的必要性，认为大学生中还存在积极性不高、迷茫于找不到定位、沉迷于网络游戏等问题，所以在课程中融入思想政治教育可以给学生更好的引导。如T23说："我的班上有迟到、逃避作业任务的情况。比如说以我们做的iTEST（在线测试平台）模拟考试为例，我都布置三场了，还有学生找理由逃避这种现象。比如说'哎呀，我上厕所耽误了''我进不去考试系统'什么的，就找各种理由推脱。还比如说学生课堂上的小组活动，同样是一个小组的成员，有的学生特别积极，有的学生只往后拖，我觉得拖延的学生很缺乏这种集体意识。"（FT23 2021-06-18）

综上可见，不同于很多研究指出的当前课程思政教学实施过程中存在教师"缺乏课程思政的教学理念"[①]"认识不足"[②]"意愿不强"[③]"责任淡薄"[④]等现象，Z民族大学的大学英语教师能够充分认识到开展课程思政教学的必要性和重要性，具备积极的课程思政实施意识。教师教学理念指导着教师的教学决策与课堂行为。[⑤]大学英语教师作为实施民族院校大学英语课程思政教学的第一责任人，其积极的课程思政意识有利于民族院校大学英语课程思政教学的开展。

二、民族院校大学英语教师开展课程思政教学的方法呈多样性

23位受访大学英语教师均已采取不同方式尝试将思政育人融入大学英语课程教学之中。教师采取的融入方法主要有三种：第一种是"基于教材法"，即通过分析教材内容，寻找思政育人的切入点，融入思想政治教育。第二种是"增补法"，即基于学情与具体教学情境增补教学内容及活动，融入思想政治教育。第三种是"形象引领法"，即通过教师的言谈举止以及教师的专业精神、人格魅力起到榜样引领作用。

---

① 蒲清平,何丽玲.高校课程思政改革的趋势、堵点、痛点、难点与应对策略[J].新疆师范大学学报（哲学社会科学版），2021,42（05）：105-114.

② 张彧凤,孟晓萍.大学英语教师课程思政教学能力研究[J].教育理论与实践,2021,41（21）：33-35.

③ 肖敏.高校课程思政的特点、难点及对策[J].学校党建与思想教育,2022（14）：5.

④ 刘清生.新时代高校教师"课程思政"能力的理性审视[J].江苏高教,2018（12）：92.

⑤ 袁芳远.基于课堂的第二语言习得研究[M].北京：商务印书馆,2016：57-58.

（一）基于教材融入思政育人

访谈中有18位教师指出他们开展课程思政教学的方法主要是基于教材内容融入思想政治教育。具体融入方法主要包括以下三种：

1. 通过文化对比融入思想政治教育

以文化为"抓手"是Z民族大学的大学英语课程融入思想政治教育最主要的方式。有14位教师在访谈中分享了自己从中外文化对比的角度出发进行思想政治教育的方法。如T23分享她在讲解课文"The way to success"的时候，从课文中西方国家名人成功榜样主题展开，引导学生讨论中国的榜样案例，并通过注意筛选榜样案例的热门度、时代性及语言材料的丰富性、新颖度，保证了"榜样力量"这种比较常规的话题的吸引力。学生一方面能了解中国语境下的成功榜样事迹，培养国家自豪感、民族自豪感。另一方面，也在分析、讨论的过程中学习用英语讲述中国故事。

T08也分享了在听说课中融入思政育人的实例，说道："听力材料有一段涉及西方婚礼步骤，我就引导学生讨论中式婚礼步骤中的'一拜天地、二拜高堂'的传统文化及原因。实际上我就是引导学生的感恩之心。现在学生很多都是独生子女，有的孩子非常独立，有的孩子从小就离开父母，这种观念可能也就淡化了。所以，我通过英文帮助学生把这些过程表达出来。作为一个中国的大学生，中国传统文化是必须了解的。"（FT08 2021-06-09）

习近平总书记指出"中华优秀传统文化是中华民族的精神命脉，是涵养社会主义核心价值观的重要源泉，也是我们在世界文化激荡中站稳脚跟的坚实根基"。[1] 中华优秀传统文化蕴含着宝贵的精神财富，如"天人合一"的自然观、"崇德向善、孝悌忠信"的道德观、"自强不息"的奋斗观、"和而不同"的交际观等等，具有普适的价值，是中国文化软实力的根基所在，也是世界文化不可缺少的浓墨重彩的篇章。教师在大学英语教学中融入中华优秀传统文化，不仅可以增进学生的民族文化认同感，还可以帮

---

[1] 人民网-中国共产党新闻网.习近平：中华优秀传统文化是中华民族的精神命脉[EB/OL].（2014-10-16）[2021-12-22]. http：//cpc.people.com.cn/n/2014/1016/c164113-25845591.html

助学生学习如何用英语传播中华文化，具备重要的思想政治教育价值。

2. 通过生词例句融入思想政治教育

有8位教师提及会通过生词例句融入思想政治教育。教师们在备课的时候，会主动根据课文生词查找是否有蕴含思政元素的例句，认为可以通过学习含有思政元素的例句增加词汇学习的厚度。如T06说："在讲单词时，我会特意选用一些习近平总书记谈治国理政的金句作为例句。"（FT06 2021-06-08）T19说："比如说遇到diversity（多样性）这个词，我就会讲到我们的校训。我会把diversity（多样性）和community（社区）、unity（团结）结合起来讲词根词缀，然后再讲讲我们的校训是怎么来的。"（FT19 2021-06-16）有的教师还会增加与课堂主题相关的蕴含思政元素的英语表达，如T18说："在口语课上我们进行环保主题的讨论时，我在给学生补充拓展词汇和表达的时候就增加了习近平主席的金句'绿水青山就是金山银山'的英文翻译。"（FT18 2021-06-15）

教师们在通过生词例句融入思想政治教育时，主要是选用包含思政元素的名言警句、政府公告、中国特色政治理论原文等来作为例句，讲解生词的用法。但通过这种方法融入思政元素，需要掌握好"量"和"度"。过多的此类思政素材，可能会导致融入过于生硬，影响英语语言教学效果和学生学习体验。

3. 通过联系学生生活体验融入思想政治教育

有4位教师还谈到比较重视结合学生生活体验融入思想政治教育。如T16分享道："在做英语口语活动的时候，经常会聊到'What is your plan for your future?（你未来有什么打算？）'，那么我就会接着再问他一句'Have you ever thought about going back to your hometown?（你想没想过回家乡啊？）'。比如说有一些来自边远地区享受各种优惠政策的学生，我就会跟他说，你想你能够从那么遥远的地方到北京来上学，有多少人都没有办法实现你这个梦想，对不对？你看你享受了这么多国家对你的关怀和照顾，那么你是不是应该把自己的所学，回馈家乡，回馈祖国，对吧？很多学生也给出了很多正面的反应。例如他觉得小山村里边就他一个孩子出来读书，然后他需要用他的知识，用他的能力回去建设家乡之类的。"

（FT16 2021-06-14）

有的教师还会结合校园文化、学生社会实践活动等融入思想政治教育的元素。如T02分享说："当课文主题讲到友谊与合作的时候，正好学校在进行'宿舍文化节'，我就让学生尝试联系这个活动进行一些分享。我觉得这个也不是有意地去做思政教学，但是的确达到了思政教学的目标。"（FT02 2021-06-06）T02认为通过引导各民族学生对友谊和协作进行讨论，有利于增进民族理解、促进民族团结。

还有教师认为思想政治教育应该从小事着眼，从学生生活交际着眼，关心学生的心理健康，引导学生增进互相之间的理解和交融，从而有利于创建更为积极、友好、互助的生活和学习环境，促进学生身心健康发展。如T01说："我觉得教学的思政内容要跟他们生活相关，要结合他们现在比较迫切的需求、他们有切身体会的方面。比如很多新生适应学校环境的能力有所欠缺，那么让他们怎么跟周围同学交往，怎样扩大社交圈子，人和人交往之间应该注重什么？可能从他们自身目前的状态出发的思政内容教育，他们更容易接受，也愿意听，比较能感兴趣。"（FT01 2021-06-06）

（二）增补教学材料和活动融入思政育人

1. 通过增补课外教学材料融入思想政治教育

（1）增补时事政治热点新闻材料。有13位教师谈到在教学中比较注重通过联系时事政治热点开展思想政治教育。教师们认为通过补充时事政治热点新闻，不仅可以让学生学习英文新闻报道词汇、文体，培养学生用英语表达观点的能力；与此同时还能通过讨论等方式，引导学生深入、辩证地看待西方价值观，起到培养学生国家认同、文化认同、批判性思维的作用。如T16分享道："我有时会把国内的一些情况或者说是我能感同身受的一些事情给他们进行分享。比如说最近9月25日孟晚舟回国的事情，我就提前让他们在China Daily（《中国日报》英文网站）上面去搜与孟晚舟有关的一些报道。然后大家知道事情的来龙去脉，并且储备了一些知识点和英语词汇之后，我会让他们进行一个口语的活动，在课堂上讨论这个事情。我也会用英语提一些有引导性的问题，比如说美国肯定是宣扬他们所谓的民主，那么我就会跟他们说，他们宣扬的这种民主并不是真的民主，或者说他们所谓的这种自由也并不是真正的自由。我会拿他们这种喜欢干涉他人的内政，或者说见到中国这样发展的时候去'卡脖子'，这样的一些事情跟学生分享。"（FT16 2021-06-14）

T07也很注重在课堂中补充中国时事新闻热点的英文材料。T07指出当前大学英语常用的听力材料通常是VOA、BBC等外国媒体对外国时事社会的报道，这其实是一种课堂的"中国文化缺位"，T07说道："我觉得学生应该对自己的国家、自己的生活有了解。有时候我会讲讲中国的一些新闻，如前一阵开两会，我就会把里面的一些东西跟他们说一说，还有扶贫攻坚会议之类的偶尔也会给他们讲，其实都是有思政元素在里面。你不能光去听美国的新闻，光知道美国发生什么了，应该关注中国发生什么了。比如发射火箭了，包括那会儿袁隆平去世就希望都给他们讲。这些东西我觉得他们应该知道，因为这跟他们息息相关。学生平时可能也知道中文的新闻，但是用英文怎么表达，怎么向为祖国做出贡献的人致敬，他们不一定知道。咱们把英文的关键词跟他说一下，学生就掌握了表达方法。我觉得他们对听课外补充的新闻是很感兴趣的。学生平时听四、六级新闻，经常讲的美国、伊拉克之类的事，其实离学生很遥远，他并不是那么在意。只听这种新闻的话，其实他只是为了学习而学习，为了考试而考试。"（FT07 2021-06-09）

（2）增补中国叙事英语材料。除了补充时事政治热点新闻之外，教师们还会补充其他中国文化、中国叙事相关英语材料，以加深学生对中国文化的了解，促进对中国文化的欣赏和认同，提升用英语讲述中国故事的能力。如T17说："我们的目的是英语教学，不是说单纯讲解教材对吧？我现在很注意观察学生课堂，有时咱们听教材上的听力材料的时候，我觉得不专注的学生可多了，有些学生在玩手机。教材里有些材料语言并不难，但是背景噪声大、发音也不清楚，它说的我都听不清，更不要说学生了。我有时候会放一些中国故事（Chinese Story）的英语视频，学生在学这方面词汇的时候，有一种情感在里面，激发他们非常专注地去学。反正我自己还觉得挺成功的，感觉学生上课时特别专注。看完之后，我们还会讨论一些问题，比方说中国文化为什么有这种韧性（resilience），然后有些学生还回答得挺精彩的。这些问题都是真问题，它不像有时候英语教学里面的一些假问题。"（FT17 2021-06-15）

2. 通过增加教学活动融入思想政治教育

有三位老师提到会采取课前做口语展示（presentation）的方式，鼓励各民族学子交流不同地区、不同民族的风土人情。老师们认为可以利用民族院校学生的多民族、多语言、多文化背景的特点，布置一些相应任务，让各民族学子之间互相交流、开阔视野，达到一定的思政育人效果。如T17说道："比方说民族大团结什么的，可能学生以前听到的东西是很抽象的。但现在坐在他身边的同学就来自各个民族。我有时会让同学上去讲自己民族的一些风俗习惯，比方说侗族的大歌等，学生对文化多样性就有非常深刻的理解了。"（FT17 2021-06-15）

T01也认为这种融入思想政治教育的方式很受学生的欢迎，说道："学生挺喜欢的，我觉得他们各个民族对自己家乡、对自己的信仰还都是有一种挺热爱的感受，挺有热情的。要求他们做课前口头展示（presentation）的话，除非你制止他们，不然他们会永远地谈论自己的家乡、美食、当地文化什么的，就会比较重复这种话题，给我印象蛮深刻的。"（FT01 2021-06-06）

还有教师提到会鼓励学生报名参加外语教学与研究出版社、高等教育出版社等大型校外机构组织的"跨文化能力大赛""用英语讲中国故事比赛"等蕴含思想政治教育目标的各级赛事，并会提供一定的指导。教师认为学生参赛、备赛的过程，也能实现一定的思想政治教育效果。

此外，还有四位教师认为通过大学英语四、六级考试翻译题型教学也可以起到一定思想政治教育的作用。认为大学英语四、六级考试的翻译题型涵盖中华传统文化、中国社会发展、中国重要政治事件等方面的内容。学生在学习翻译的过程中，可以更多地了解中国传统文化、中国社会发展、中国政治体制等。

（三）基于教师形象引领融入思政育人

教师们还认为教师的身体力行本身就具备思想政治教育的效果。大学英语教师应做好本职工作、严格要求自己、关心爱护学生，做到"自己要正"（FT16 2021-06-14），通过自身的"示范"作用，引导学生的正确发展方向。如T15说："英语老师主要还是应该拿自己的课去感染学生。用你的专业素质，你自己的修养，你独有的魅力去感染他。让学生觉得这个老师是值得他尊敬的，这样其实很多东西就耳濡目染了。像我和所有学生都加了微信好友，经常看看他的微信朋友圈发什么，了解他们的思想动态，这都是思政教育。我觉得思政教育还需要延伸到课上的引导加课外的关注，教师与学生有更多的沟通和交流。"（FT15 2021-06-13）

三、民族院校大学英语课程思政教学存在的问题

虽然Z民族大学的大学英语教师表现出了积极的思政育人意识、责任意识和实施课程思政教学的主观愿望，也都在大学英语课程教学中尝试了融入思想政治教育。但通过教师访谈结果分析发现，民族院校大学英语课程思政教学实施还存在以下问题：

（一）思想政治教育融入的系统性有待加强

《高等学校课程思政建设指导纲要》指出课程思政要"落实到课程目标设计、教学大纲修订、教材编审选用、教案课件编写各方面，贯穿于课堂授课、教学研讨、实验实训、作业论文各环节"，[①] 可见课程思政应该融入教学的各个环节，系统地开展。但在教师访谈中发现，当前Z民族大学的大学英语教师通常是以比较"零散"的方式融入思想政治教育，系统性还有待加强。如T23说道："有时课堂上跟学生的互动过程当中，学生可能会提到某些事例，我就随机结合一下思政引导。"（FT23 2021-06-

---

① 教育部.关于印发《高等学校课程思政建设指导纲要》的通知[EB/OL].（2020-05-28）[2022-05-22]. http：//www.gov.cn/zhengce/zhengceku/2020-06/06/content_5517606.htm.

18）T19也指出："虽然在备课的时候有时候会去关注，有意识地找一些素材去融入。但我觉得我的教学可能还是没有什么系统，主要还是集中在单词讲授方面。"（FT19 2021-06-16）整体看来，大多数教师在融入思政元素的时候，还没有考虑思政育人的系统性，思政育人融入通常集中体现在课堂教学的某一个微观环节。如联系课文内容中的某个有一定思政价值的"点"简单提问；基于生词例句讲解；增补时政新闻或中国叙事材料；布置与课文中思政元素相关的任务作业等。思想政治教育还没有系统地融入民族院校大学英语课程教学的各个环节。

（二）思想政治教育融入的深度有待提升

《高等学校课程思政建设指导纲要》指出课程思政要"坚持学生中心"，要"提升学习效果""引导学生深入思考"。① 可见，课程思政教学需要重视发挥学生主体性，引导学生深刻理解思政育人内容，并将积极价值观念"内化为精神追求、外化为自觉行动"。但在教师访谈中发现，当前Z民族大学的大学英语教师融入思想政治教育主要还是停留在"浅尝辄止"的阶段，未引发学生的深度参与，还不够深入。如T14说道："一般都是结合课文，提两个问题。"（FT14 2021-06-13）此外，大多数教师采取的是"教师讲，学生听"的单向思政信息传播方式。如T04说道："一般是结合我们讲解的内容进行思政教学，如果学生有类似问题的话，我会给他们进行分析，也会通过自己的经历和感悟影响他们，给他们传播一些比较积极的能量。"（FT04 2021-06-07）由教师主导的单向传输方式，只能做到思政信息的"入眼、入耳"，思想政治价值观的"入脑、入心、入行"乃至最终的主体建构都离不开学生的积极参与。教师们对这种浅层融入的思想政治教育效果也持"怀疑"态度，如T19指出这种思想政治教育的效果"不过是'水过地皮湿'，孩子们也就是听一听而已"。（FT19 2021-06-16）如何激发学生积极参与思想政治价值观构建，充分发挥学生的主体性，提升思想政治教育的深度，是民族院校大学英语课程思政教学

---

① 教育部.关于印发《高等学校课程思政建设指导纲要》的通知[EB/OL].（2020-05-28）[2022-05-22]. http：//www.gov.cn/zhengce/zhengceku/2020-06/06/content_5517606.htm.

需要思考的重要命题。

（三）思想政治教育融入的有机性有待改善

《高等学校课程思政建设指导纲要》指出思想政治教育需要"解决好专业教育和思政教育'两张皮'问题"，"有机融入课程教学，达到润物无声的育人效果"。① 其中"有机性"强调的是思政育人与专业课程教学之间的融合关系，思政育人是自然、切合地融入，而不是生硬地"贴标签"。从教师访谈来看，当前Z民族大学的部分英语教师在实施课程思政教学时，还存在思想政治教育融入方式"生硬"、有机性不够的问题。如T06分享了她融入思想政治教育的方法，说道："在词汇与短语学习这个环节，我会把本单元出现在党政文件中的重点词汇挑选出来，引入习近平总书记谈治国理政金句。比如在讲到deviate（背离）这个词时，所选用的例句是'背离或放弃马克思主义，我们党就会失去灵魂、迷失方向'，通过学习含有思政元素的词汇与句子，增加词汇学习的厚度。"（FT06 2021-06-08）T06老师采取的这种思政育人融入方式有一定的合理之处，但刻意增加的党政文件等思政内容与英语语言教学之间并未形成深入联系，在一定程度上还存在"为思政而思政"的"硬融入"问题。T19也采取了类似的思政融入方法，T19指出她在平时备课的时候会花费大量的时间寻找思想政治育人材料，但该老师坦言："我有的时候自己也感觉有点生硬。比如说讲单词举例子的时候，为了体现思政元素，我选取得可能比较多的是在政府工作报告、领导人讲话当中出现过的句子，有时候学生就会笑，这说明确实是比较生硬，学生觉得比较搞笑。"（FT19 2021-06-16）综上可见，有的教师对"思想政治教育应该融入什么"还存在一定的误解，认为思想政治教育主要是进行"政治性"引领，因此陷入了"语言教学"和"政治宣讲"难以交融的困境，出现了"硬融入"的误区。《高等学校课程思政建设指导纲要》明确指出，应该"结合不同课程特点、思维方法和价

---

① 教育部.关于印发《高等学校课程思政建设指导纲要》的通知[EB/OL].（2020-05-28）[2022-05-22]. http：//www.gov.cn/zhengce/zhengceku/2020-06/06/content_5517606.htm.

值理念，深入挖掘课程思政元素"①。可见，民族院校大学英语课程中的思政育人并不是仅限于对"政治性"思政元素的探讨，而是应该和大学英语课程学科逻辑紧密联系，符合大学英语课程特点，以做到有机、自然地融入。民族院校大学英语课程思政教学研究还需重点关注如何寻找思政育人与英语语言教学的契合点，以将思政育人有机融入语言教学。

四、民族院校大学英语课程思政教学问题原因剖析

从教师访谈数据分析来看，影响民族院校大学英语课程思政教学实施的主要因素包括以下方面：

（一）教材内容思政元素不足，不够切合中国叙事、院校特色

访谈中有15位教师提及教材内容思政元素不足限制了课程思政的实施。如T03说道："教材材料的选取决定了你在课堂上是什么样的一个状态。不能说教材主题都不具备思政元素，咱们就要去'融'，我觉得很难融进去。"（FT03 2021-06-07）T16说道："咱们的教材毕竟是从国外引进来的，和自己开发的教材还是有一定的区别。国外的东西他不可能把咱们想要的思政内容体现出来……，除非单独开发一套基于本土文化及观念的思政教材。"（FT16 2021-06-14）T22坦言因为没找到合适的思想政治教育切入点，担心"硬加上思政元素就有点不伦不类"（FT22 2021-06-17），所以在教学中融入思想政治教育还做得很少。T08也指出因为教材思政元素不足，当前思想政治教育的融入"做得比较肤浅，学生主要还是停留在学思政类资料的英语表达方法这个层面"。（FT08 2021-06-09）T10还从院校特色的角度出发，指出当前采用的通用类大学英语教材"没有特别考虑我们民族院校的特殊性"（FT10 2021-06-11），不能体现民族院校特色，也不利于教师结合民族院校办学使命和培养目标开展思想政治教育。总之，老师们反映当前大学英语教材思政元素还非常匮乏，存在不够

---

① 教育部.关于印发《高等学校课程思政建设指导纲要》的通知[EB/OL].（2020-05-28）[2022-05-22]. http：//www.gov.cn/zhengce/zhengceku/2020-06/06/content_5517606.htm.

切合中国叙事、院校特色等种种问题，对课程思政教学的实施造成了不利影响。教材是大学英语课程教学实施的基础，对教师"教什么"和"如何教"起着至关重要的作用。如果能开发适合民族院校大学英语课程思政教材无疑将是最优解，但这一做法还有待集合多方力量协商运作。当前如何挖掘教材潜在思想政治教育素材，如何开发课程思政补充资源，以解决教材"显性"思政元素不足的问题将是亟待解决的重要问题。

（二）课堂教学时间不足，兼顾语言教学和思想政治教育存在困难

访谈中有16位教师提及教学时长不足限制了课程思政的实施。教师们认为目前大学英语课程课时不够充足，现有课时安排仅能勉强完成语言教学任务，很难兼顾思想政治教育。如T01说："因为课堂时间比较有限，即使讨论一个思政话题也没办法展开，也就是让学生简单地讲讲自己的理解，或者给他们一些建议，只是点到为止。"（FT01 2021-06-06）T07说："时间不足，这是主要的，你看这一学期到现在还没实施（融入思想政治教育）。因为课本东西还得讲，我现在每天都想给他们分享有思政元素的新闻，但没时间做。"（FT07 2021-06-09）T09也说："主要还是因为教学任务重，有的时候会觉得思政教育融入了以后，可能会耽误了教学。所以有时候想得挺好，但是真实施起来就有难度，时间不够分配。"（FT09 2021-06-10）从以上观点可见，一方面有的教师对课程思政的内涵了解还不够深入，存在将"思政育人"和"语言教学"割裂进行理解的问题。教师还需要转换思维，探索"思政育人"和"语言教学"的契合点；另一方面，课堂时间的限制对教师实施课程思政的深度、广度、系统性等造成了一定的阻碍，促进民族院校大学英语课程思政教学的有效开展还需要寻求解决课堂教学时间不足问题的方案。

（三）对学生接受态度还存在疑虑，担心学生存在抵触情绪

一些教师对学生能否接受在民族院校大学英语课程中实施思想政治教育还存在一些疑虑。如有的教师反映在实施课程思政教学的过程中发现一些学生在上课过程中"只注重与考试相关的内容，对思政相关内容不是太

关心"（FT12 2021-06-12）；有的教师担心学生对融入的思政元素不感兴趣，"反正我担心很多"（FT09 2021-06-10）；有的教师指出"担心学生对思想政治教育会有一些抵触情绪，认为那只是一种说教"（FT20 2021-06-16）。这些疑虑和担忧也影响了教师在民族院校大学英语课程中融入思想政治教育的积极性和融入的深度与广度。如何增进大学英语语言教学与思政育人的结合度与有机性，以提高学生对民族院校大学英语课程思政教学的接受度，还需要在后续研究中进一步进行探讨。

（四）教师课程思政教学能力有待提升

访谈发现有21位教师认为自己的课程思政教学能力还有待进一步提高，只有2位教师认为实施课程思政没有任何困难。如T16说道："我的工作年限在这儿摆着，这个课往哪儿走我是有数的，走到哪个点儿，这个点儿该朝哪儿挖（思政元素），我基本上也还是能知道的。"（FT16 2021-06-14）从访谈数据分析来看，教师主要在以下三个方面存在困难：

1. 进行课程思政教学设计存在困难

教师们认为大学英语教材的编排一直以来遵照语言学习输入的规律，如果教师只需要进行语言教学都能够做到"驾轻就熟"，而如果要融入思想政治教育则存在一定的难度。如T17说："你看咱们教材上的听力材料、练习题目、怎么教都给你弄得好好的，你只要follow（跟着来）就行了。但如果补充一个有思政元素的听力材料的话，你一切都得自己来create（创造），材料得自己找，怎么去融入、怎么去教，都得自己去想。这样的话其实还是有一定挑战性的。"（FT17 2021-06-15）

2. 缺乏实施思想政治教育的相关理论方法的储备

教师们反映大学英语教师都是英语语言学科专业背景，对思想政治教育相关的知识、理论、方法掌握不多，因此对实施课程思政教学缺乏信心。如T01说道："我自己对于政治上的把握可能也没有上升到一定高度，有一些大的东西我自己也不知道该不该讲。"（FT01 2021-06-06）T12说道："现在咱们对于思政这方面的优势教学方法理论什么的，也都不太了解。"（FT12 2021-06-12）这说明大学英语教师还需要加强相关理论方法学习，才能增强课程思政教学的"信心"，才能更有"底气"地开展课程思政教学。

3. 对如何进行课程思政教学评价尚不明晰

教师们认为当前并不确定自己实施的课程思政教学究竟效果如何，认为目前还处在"蒙着来"（FT09 2021-06-10）的状态。如T20说："还没有找到特别高效、切实可行的思政效果评价手段。"（FT20 2021-06-16）T23也指出："就我自己而言，我是不知道该如何进行课程思政效果的评价的。因为这个效果不是量变的，而是质变的。这个东西不是说在课堂上我就能够看出通过引入思想政治教育实现的学生思想量的变化、质的变化。如何看到效果，如何来评价它，这个确实对我来说是一个难点。"（FT23 2021-06-17）

综上所述，教师们能够积极响应国家层面对实施高等院校课程思政要求的号召，认同实施课程思政教学的必要性。认为实施课程思政教学是民族院校政治使命、大学英语课程属性、教师育人职责、学生全面发展的必然要求。教师们不仅主观上认同实施民族院校大学英语课程思政，而且都已经在教学实践中通过挖掘教材内容、增补教学材料、设计教学活动、彰显教师人格魅力等方法，将思想政治教育融入大学英语课程教学。但当前民族院校大学英语教师在实施课程思政教学过程中还存在"思想政治教育融入的系统性有待加强""思想政治教育融入的深度有待提升""思想政治教育融入的有机性有待改善"的问题。其主要原因包括"教材内容思政元素不足""教学时间不够充分""对学生接受态度有疑虑""教师课程思政教学能力有待提升"。后续研究将尝试解决以上问题，探索能够促进民族院校大学英语课程思政教学有效开展的实施方案和策略。从而使民族院校大学英语课程能更好地与专业思政课程"同向同行"，共同助力学生形成正确的思想政治价值观念，促进各民族学生的全面发展。

第二节 学生问卷调查与分析

学生作为民族院校大学英语课程思政教学实施的直接对象及课程思政"立德树人"目标的直接体现者，其对民族院校大学英语课程思政教学的需求也应该是课程思政教学的重要参照。了解并回应各民族学生的需求，有利于提高民族院校大学英语课程思政教学的认可度和接受度，提高课程思政教学效果，促进学生的全面发展。鉴于此，本研究向Z民族大学正在修习大学英语课程的大一、大二学生发放了民族院校大学英语课程思政教学需求调查学生问卷（附录2）。问卷回收时间为2021年9月1日到9月24日，共回收1898份问卷，其中有效问卷1872份，有效率为98.6%。旨在从学生的角度深入了解学生对民族院校大学英语课程思政教学的需求，为后续民族院校大学英语课程思政教学实施方案构建和行动研究提供一定的依据和参考。

一、学生对民族院校大学英语课程思政教学目标的认识

（一）学生对民族院校大学英语课程教学目标的认识

问卷调查结果（表1-1）显示，高达97%的学生认为民族院校大学英语课程的首要任务是"培养学生英语综合应用能力"，这就要求教师在实施民族院校大学英语课程思政教学的时候一定要坚持以"英语语言知识能力提升"为本。思想政治教育的实施必须紧密结合学生英语综合水平的提高，不可混淆思政课程与课程思政的区别，要把握好民族院校大学英语课程中思想政治教育融入的"量"和"度"。此外，78.9%的学生认为民族院校大学英语课程应该"进行跨文化教育"，这说明民族院校大学英语课程思政教学应多结合中外文化比较，在提升学生国际视野、培养能够胜任

跨文化交际的国际化人才的同时，增强学生的中华文化认同和文化自信。74.7%的学生认为民族院校大学英语课程应该"服务中国文化对外传播"，这说明民族院校大学英语课程思政教学还应培养学生向世界传播中国文化、讲好中国故事的能力，为提升中国软实力发挥作用。需要注意的是，有75.4%的学生认为大学英语课程应该"帮助学生通过各种英语考试"。这说明当前很多学生还是持"应试型"的英语学习态度，这就要求一方面教师在实施课程思政教学的过程中应该考虑结合学生的工具性动机，以达到更好的课程思政教学效果；另一方面，教师也应引导学生转变"应试型"学习态度，更多地关注英语学习的"应用型"功能。相较以上四个方面而言，认为民族院校大学英语课程应该"承担思想政治教育任务"的学生最少，但也有66.9%的学生对此表示认可。这一方面说明大多数学生认为民族院校大学英语课程应该承担思想政治教育功能，另一方面也说明还是有很多学生对民族院校大学英语课程的思想政治教育功能认识不足。这就要求民族院校大学英语教师在融入思想政治教育时注意方法和手段的灵活性、自然性、隐形性，以提升学生对民族院校大学英语课程思政的接受度。

表1-1 学生对民族院校大学英语课程教学目标的认识

多选题选项	N（频次）	样本比例（%）
A.培养学生英语综合应用能力	1815	97.0
B.进行跨文化教育	1477	78.9
C.帮助学生通过各种英语考试	1412	75.4
D.服务中国文化对外传播	1398	74.7
E.承担思想政治教育任务	1253	66.9
F.其他	12	0.6

（二）学生对民族院校大学英语课程思政育人目标的认识

问卷调查结果（表1-2）显示，学生认为民族院校大学英语课程思政育人目标排在前三位的应该是："增强国家认同"（88.8%），说明在民族院校大学英语课程中实施国家认同教育具有良好的学生认可度和接受度；"铸牢中华民族共同体意识"（85.6%），说明民族院校各族学子具有积极自觉维系中华民族共同体的认识；"培养国际视野"（85.1%），说明学生认为民族院校大学英语课程思政教学需要紧密切合英语学科特色，培养学生成为全球公民所需要的素质和能力。此外，学生对民族院校大学英语课程"提升中华文化自信"（84.9%）、"促进民族团结"（84.0%）、"提升政治认同"（78.6%）、"树立社会主义核心价值观"（78.6%）、培养学生"讲好中国故事，传播中国声音"的能力（78.4%）目标方面也都有较高的认可度。因此，在民族院校大学英语课程思政教学中，教师可以根据具体学情及教情，灵活融入不同方面的思想政治教育内容，更全面地发挥民族院校大学英语课程的思想政治教育功能。

表1-2 学生对民族院校大学英语课程思政育人目标的认识

多选题选项	N（频次）	样本比例（%）
A.增强国家认同	1663	88.8
B.提升政治认同	1472	78.6
C.铸牢中华民族共同体意识	1603	85.6
D.促进民族团结	1573	84.0
E.提升中华文化自信	1589	84.9
F.树立社会主义核心价值观	1471	78.6
G.培养国际视野	1594	85.1
H.培养学生"讲好中国故事，传播中国声音"的能力	1467	78.4
I.其他	3	0.2

二、学生对民族院校大学英语课程思政教学内容的需求

问卷调查结果（表1-3）显示，认为民族院校大学英语课程思政教学可以结合"时事社会热点"（90.5%）开展的学生最多。这就要求民族院校大学英语教师在实施课程思政的过程中，应注意结合时事社会热点，将

蕴含思政元素的时事社会热点新闻融入大学英语教学。排在第二位的是结合"中华优秀传统文化"（85.8%），这说明民族院校的学生具有了解中华优秀传统文化的意愿。这就要求民族院校大学英语教师在实施课程思政的过程中，采取多种方式"用好、用活、用精"民族院校独特的多元文化资源，使学生在了解各民族优秀传统文化的同时，提高多元文化素养，并在各民族文化交流融汇中，增进民族团结、铸牢中华民族共同体意识。排在第三位的是结合"中外文化对比"（83.8%）。这说明教师在民族院校大学英语课程思政教学过程中，应注意结合中外文化异同的比较，在培养学生跨文化交际能力的同时，引导学生辩证看待外国文化，提升中华文化自信、文化认同，乃至国家认同。

表1-3 学生对民族院校大学英语课程思政教学内容的需求

多选题选项	N（频次）	样本比例（%）
A.中华优秀传统文化	1607	85.8
B.时事社会热点	1695	90.5
C.中外文化对比	1569	83.8
D.英雄模范事迹	1185	63.3
E.校园文化	1400	74.8
F.学生生活实践	1348	72.0
G.其他	2	0.1

三、学生对民族院校大学英语课程思政教学途径的需求

问卷调查结果（表1-4）显示，大多数学生认为民族院校大学英语课程中的思想政治教育应该融入"课堂教学"（86.9%）和"第二课堂活动"（82.1%）。这说明民族院校大学英语课程思政教学应把握好课堂和第二课堂活动这两个重要环节。学生对思想政治教育融入教学评价环节的接受度较低（56.7%），这就要求教师在对民族院校大学英语课程思政进行教学评价时，不能生硬地就思想政治教育方面效果进行评价，应该采取"隐

性"评价的方式,将思想政治教育效果评价巧妙地融合于英语语言知识能力评价中。所有选项中,学生认可度最低的是将思想政治教育融入"作业、考试"环节(38.1%)。这就要求教师在设置思政育人内容作业、考试时,应以英语语言任务的形式布置,灵活设置蕴含思政元素而又符合大学英语课程内在逻辑及英语语言知识能力发展的作业和考核,使学生在完成英语语言作业和考核任务的同时,"润物细无声"地受到思想政治教育。

表1-4 学生对民族院校大学英语课程思政教学途径的需求

多选题选项	N(频次)	样本比例(%)
A.课堂教学	1626	86.9
B.第二课堂活动	1537	82.1
C.教学评价	1062	56.7
D.作业、考试	713	38.1
E.其他	3	0.2

四、学生对民族院校大学英语课程思政教师教学的需求

(一)学生对民族院校大学英语课程思政教学关注重点的需求

从学生关注的课程思政教学重点来看,问卷调查结果(表1-5)显示,学生最为注重教师教学中"与学生互动方式的灵活性"(84.9%)以及"教育手段的多样性"(84.5%)。因此教师在民族院校大学英语课程思政教学实施过程中应该避免"教师—学生"的单向传播式教学,应该尝试运用多种方式,构建学习共同体,促进师生、生生之间的多维、有效互动。此外,还应该充分利用网络、多媒体、社交媒体等多种媒介,拓展课程思政教学实施的时空环境。相较而言,选择"思政内容与教材内容紧密结合"(61.4%)这一选项的学生人数最少。这说明很多学生认为民族院校大学英语课程中思政元素的融入不必受限于教材内容。这也呼应了教师访谈中的很多教师所持的观点,认为大学英语课程作为一门语言学习课程,除了教材之外,往往还需要大量补充语言材料输入。因此教师在不生搬硬

套、不强行加入的前提下，可以适当增补蕴含思政元素并能促进英语语言知识能力发展的教学材料及教学活动等。

表1-5 学生对民族院校大学英语课程思政教学关注重点的需求

多选题选项	N（频次）	样本比例（%）
A. 教育手段的多样性	1581	84.5
B. 与学生互动方式的灵活性	1589	84.9
C. 课程思政内容的丰富性	1451	77.5
D. 教师的教学艺术	1441	77.0
E. 教师的言传身教	1355	72.4
F. 思政内容与教材内容紧密结合	1149	61.4
G. 其他	2	0.1

（二）学生对民族院校大学英语课程中思想政治教育融入形式的需求

问卷调查结果（表1-6）显示，有56.4%的学生认为"思想政治教育应该隐性融入英语教学"。这与当前高等院校课程思政建设相关指导意见一致。教师在民族院校大学英语课程思政教学过程中，应始终坚持以英语语言知识能力发展为核心任务。思想政治教育应灵活、有机地融入英语语言教学内容及各环节，而非本末倒置，将大学英语课程视为思政课程的分支。需要指出的是，有38.6%的学生认为大学英语课程思政教育可以采取"直接灌输和'润物细无声'地融入相结合"的方式。这说明有很多学生并不反对在民族院校大学英语课堂中适度进行直接灌输型的思想政治教育。因此，在有必要的情况下，根据具体学情和学境，教师也可以尝试在以"'润物细无声'地融入"为主的基础上，适时、适度、适量地辅以一定的直接型思想政治教育。

表1-6 学生对民族院校大学英语课程思政教学融入形式的需求

单选题选项	N（频次）	样本比例（%）
A. 直接灌输思想政治教育内容	46	2.5

续表

单选题选项	N（频次）	样本比例（%）
B.思想政治教育应该"润物细无声"地融入英语教学	1055	56.4
C.直接灌输和"润物细无声"地融入相结合	723	38.6
D.无所谓	48	2.6

（三）学生对民族院校大学英语课程思政教学组织形式的需求

问卷调查结果（表1-7）显示，学生最认可的是"师生互动式学习"（77.5%）及"学生小组的协作式学习"（70.0%），选择"学生个体的自主式学习"（51.5%）、"学生自主学习为主、教师指导为辅"（57.5%）选项的学生较少。这说明学生更加倾向于互助、互动、协作的民族院校大学英语课程思政教学，不太认可自主学习形式。这就要求教师在民族院校大学英语课程思政教学实施过程中，加强师生交互，创建更为民主、和谐、积极的教学气氛；并通过协助学生组建学习小组等方式充分发挥学习共同体的功能，使各民族学生在合作互动、共同学习的过程中，更好地达成思想政治教育的目标。

表1-7 学生对民族院校大学英语课程思政教学组织形式的需求

多选题选项	N（频次）	样本比例（%）
A.学生个体的自主式学习	964	51.5
B.学生小组的协作式学习	1310	70.0
C.师生互动式学习	1450	77.5
D.学生自主学习为主、教师指导为辅	1077	57.5
E.无所谓	40	2.1

（四）学生对民族院校大学英语课程思政教学方法的需求

问卷调查结果（表1-8）显示，学生认可的民族院校大学英语课程思政教学方法排第一位的是"情景模拟"（75.6%）。这就要求教师在实施课程思政教学时，注重教学呈现的情境性并注重布置具备情境性的任务作业等，通过更加真实的交际性问题，引导学生开展有意义的探究活动。排名第二位的是"教师讲解"（75.0%），这说明学生非常重视教师在课堂教学中的直接知识传授。这就要求教师在民族院校大学英语课程思政教学中要科学把握"何时教师为主，何时学生为主"的尺度，充分发挥教师在知识、能力、品德等各方面的传授、引导、监督等功能。排在第三位的是"小组讨论"（70.5%），这说明学生也非常认可学习小组讨论的功能。因此，教师在民族院校大学英语课程思政教学中，可以多设置小组讨论类的活动任务，使来自不同民族、地域的学生之间能通过更为多元的观点的碰撞与交流，互通有无、增长知识、开拓视野；并在小组活动的过程中，提升交际能力、协调能力、团队意识，增进各民族学子的交往交流交融、促进民族团结。相对而言，学生对"任务驱动"（56.8%）的认可率最低。这就要求教师在设计任务活动的时候，注意将思想政治教育任务融入英语语言知识能力学习任务之中，在提升英语语言知识能力的同时达成思想政治教育目标，以提升任务的认可度和接受度。

表1-8 学生对民族院校大学英语课程思政教学方法的需求

多选题选项	N（频次）	样本比例（%）
A.小组讨论	1319	70.5
B.案例分析	1260	67.3
C.教师讲解	1404	75.0
D.任务驱动	1064	56.8
E.情景模拟	1416	75.6
F.启发式教学	1226	65.5
G.其他	16	0.9

五、学生对民族院校大学英语课程思政教学评价的需求

（一）学生对民族院校大学英语课程思政教学评价类型的需求

问卷调查结果（表1-9）显示，大多数学生认为民族院校大学英

课程思政教学评价应该采取"形成性和终结性相结合的评价"（79.2%）。形成性评价关注的是正在进行的教育活动过程，主要对学生的发展起到观察、跟踪、诊断、反馈的作用，其目标主要指向改进教学。终结性评价关注的是教育活动的结果，其目标主要指向对教学效果的鉴定。因此教师在进行民族院校大学英语课程思政教学评价时，不仅要关注并评价学生达成教学目标的情况，还应该关注学生知识、能力、品德形成与发展的全过程，并对此做出及时的评价和反馈，以改进课程思政教学。

表1-9　学生对民族院校大学英语课程思政教学评价类型的需求

单选题选项	N（频次）	样本比例（%）
A.形成性评价	237	12.7
B.终结性评价	70	3.7
C.形成性和终结性相结合的评价	1482	79.2
D.无所谓	83	4.4

（二）学生对民族院校大学英语课程思政教学评价方式的需求

问卷调查结果（表1-10）显示，学生对民族院校大学英语课程思政教学评价方式认可度由高到低依次为"师生合作评价"（82.2%）"教师对学生进行评价"（50.9%）、"学生自评"（40.0%）、"生生互评"（39.8%）。可见学生最认可的课程思政教学评价方式是"师生合作评价"，这充分体现了学生主体性意识的增强。因此教师在对民族院校大学英语课程思政教学进行评价时应该充分引入学生主体参与评价，使教学评价不再是教师的"一言堂"，而是师生双方共同交流、共同分析、协作共进的过程。教学评价主体的多元性有利于教学评价的全面性、客观性，有利于激活学生的主体性，有利于以评促学、以学促评。

表1-10　学生对民族院校大学英语课程思政教学评价方式的需求

多选题选项	N（频次）	样本比例（%）
A.教师对学生进行评价	952	50.9

续表

多选题选项	N（频次）	样本比例（%）
B.师生合作评价	1538	82.2
C.学生自评	749	40.0
D.生生互评	745	39.8

（三）学生对民族院校大学英语课程思政教学效果评价内容的需求

问卷调查结果（表1-11）显示，学生认可的民族院校大学英语课程思政教学效果评价内容排在前三位的分别是"是否有助于学生提高文化自信"（81.9%）、"学生是否能用英语弘扬中华文化、讲好中国故事"（81.0%）、"是否有助于学生铸牢中华民族共同体意识"（74.3%）。这体现了学生对民族院校大学英语课程的人文性功能、交际性功能的认可，也再次体现了民族院校各族学子具有铸牢中华民族共同体的积极认识和意愿。这说明教师需要重视在民族院校大学英语课程思政教学中融入中华优秀传统文化、社会主义先进文化、革命文化，并在此过程中提高学生文化自信，还需要重视培养学生用英文讲好中国故事、服务中华民族优秀文化传播的能力。此外，铸牢中华民族共同体意识不仅是新时代党的民族工作的主线及民族工作高质量发展的基石[①]，也是民族院校长期以来承担的重要政治性任务。教师应充分利用民族院校各族学子对铸牢中华民族共同体的积极认识，在民族院校大学英语课程教学中进一步铸牢学生的中华民族共同体意识。

表1-11 学生对民族院校大学英语课程思政教学效果评价内容的需求

多选题选项	N（频次）	样本比例（%）
A.是否有助于培养学生社会主义核心价值观	1310	70.0
B.学生是否能用英语弘扬中华文化、讲好中国故事	1517	81.0
C.是否有助于学生提高文化自信	1534	81.9

---

① 光明网.以铸牢中华民族共同体意识为主线 推动新时代党的民族工作高质量发展[EB/OL].（2018-08-29）[2021-12-05]. https://m.gmw.cn/baijia/2021-08/29/35120475.html.

续表

多选题选项	N（频次）	样本比例（%）
D.是否有助于学生铸牢中华民族共同体意识	1390	74.3
E.是否有助于促进民族团结	1312	70.1
F.是否能够促进国家认同	1240	66.2
G.其他	4	0.2

六、学生对民族院校大学英语课程思政教学的开放性需求

问卷调查最后一题设置了开放性回答"关于在民族院校大学英语课程中融入思想政治教育，您还有哪些建议"，共收到了588份有效数据。通过仔细阅读学生回答，并进行编码分析，共归纳出学生对民族院校大学英语课程思政教学原则、教学方法、教学目标、教学载体、教师角色行为五个维度的建议（表1-12）。（1）从教学原则维度来看。25.7%的学生认为应注重教学形式的灵活性、丰富性、趣味性，提高学生的参与感；19.4%的学生认为在民族院校大学英语课程中进行思想政治教育，不能生硬、突兀、过于形式主义；有2.4%的学生表达了不希望在民族院校大学英语课堂中开展思想政治教育的观点。（2）从教学方法维度来看。14.6%的学生认为民族院校大学英语课程思政教学应该结合演讲、比赛、小组合作实践等各类活动开展；11.7%的学生认为应该结合时事政治热点；2.4%的学生认为应该结合与其他国家的文化对比。（3）从教学目标维度来看。12.1%的学生认为民族院校大学英语课程思政教学目标是要用英语讲好中国故事、民族故事、弘扬中国文化。（4）从教学载体维度来看。5.4%的学生认为应该利用多媒体、互联网、新媒体平台等增强课程思政教学感染力及效果。（5）从教师角色行为维度来看。5.1%的学生认为教师应该增强与学生的沟通交流、聆听学生的需求；1.2%的学生提出教师应该以身作则，通过言传身教进行思想政治教育。

表 1-12　学生对民族院校大学英语课程思政教学的开放性需求

序号	维度	建议	频次	需求比例（%）
1	教学原则	教学形式灵活多样、生动活泼有趣，提高学生参与感，寓教于乐	151	25.7
		融入不要生硬、突兀、过于形式主义	114	19.4
		不应该加入	14	2.4
2	教学方法	增加实践活动，如演讲、举办比赛、开展社会活动、小组合作	86	14.6
2	教学方法	结合时事政治热点	69	11.7
		与其他国家文化对比	14	2.4
3	教学目标	用英语讲好中国故事、民族故事，弘扬中国文化	71	12.1
4	教学载体	利用多媒体、互联网、新媒体平台等	32	5.4
5	教师行为	教师增强与学生的沟通交流、聆听学生的需求	30	5.1
		教师要以身作则、做到言传身教	7	1.2
	总计		588	100.0

综上，学生对民族院校大学英语课程思政教学需求主要包括以下方面：第一，就课程思政教学目标而言，学生认为民族院校大学英语课程最应该关注增强国家认同、铸牢中华民族共同体意识和培养国际视野等。第二，就课程思政教学内容而言，学生认为民族院校大学英语课程思政教育最应该结合时事社会热点、中华优秀传统文化、中外文化对比等进行。第三，就课程思政教学途径而言，学生认为民族院校大学英语课程除了将思想政治教育融入课堂教学之外，还应该充分利用第二课堂活动。第四，就课程思政教师教学实践而言，学生最为看重教师与学生的互动方式、教育手段的多样性。从思政育人融入形式来看，大多数学生认为思想政治教育应该"润物细无声"地融入英语教学。从教学组织形式来看，学生更为认可师生互动和生生互动的学习方式。从教学方法来看，学生更为强调课程思政教学的情境性，认同教师讲解和小组讨论的课程思政教学方法。第

五,就课堂思政教学评价形式而言,学生更为认可形成性和终结性相结合的师生合作评价。在教学评价内容方面,学生认为民族院校大学英语课程思政评价最应该关注是否能做到提高文化自信,讲好中国故事以及有助于铸牢中华民族共同体意识。此外,从开放性回答统计结果可见,学生认为民族院校大学英语课程思政教学应该灵活融入、形式多样,并增强体验感、参与感、获得感;认为民族院校大学英语课程思政教学应体现学科特色,用英语讲好并传播中国文化,并通过中外文化对比增进中华文化认同和多元文化素养等;认为民族院校大学英语课程思政教学是师生双向互动的过程,教师应该增强与学生的沟通交流、聆听学生的需求。

民族院校大学英语课程思政教学实施的直接对象是学生,课程思政教学需要考虑学生的需求,才能更好地提升学生的认可度,提高课程思政教学传播内容的接受度,提升课程思政教学效果。因此,后续民族院校大学英语课程思政教学实施方案建构和行动研究过程中的教学设计也将综合考虑以上需求,以增强课程思政教学的适切性、有效性、认可度。

第二章　民族院校大学英语课程思政教学实施方案建构

　　研究者在对上一章现状调查中发现的民族院校大学英语课程思政教学中存在的问题、原因剖析、学生需求的深入思考基础上，尝试构建了民族院校大学英语课程思政教学实施方案，旨在解决民族院校大学英语课程思政教学中存在的问题，并回应学生的需求。本章将详细阐述民族院校大学英语课程思政教学实施方案的理论支点、育人目标、操作流程和评价理念。

第一节　民族院校大学英语课程思政教学的理论支点

　　马克思主义人的全面发展理论、建构主义理论、信息传播与态度转变理论和情感领域内化层次理论是民族院校大学英语课程思政教学实施方案建构的主要理论支点。

一、马克思主义人的全面发展理论

人的全面发展理论是马克思主义关于培养人、塑造人的根本指向。①马克思主义还论述了人的全面发展与教育的关系,认为教育"不仅是提高社会生产的一种方法,而且是造就全面发展的人的唯一方法"②。高校课程思政旨在将思政育人融入所有课程,发挥所有课程的育人作用,让学生通过学习"努力成为德智体美劳全面发展的社会主义建设者和接班人"③。马克思人的全面发展理念与高校课程思政目标高度契合,能够为民族院校大学英语课程思政教学厘清育人目标、解构育人实践方法提供指导。

(一)马克思主义人的全面发展理论观点

马克思主义认为人的全面发展是"人以一种全面的方式,就是说,作为一个完整的人,占有自己的全面的本质"④。强调人的一切属性的充分、自由、和谐和统一的发展。⑤马克思主义人的全面发展理论的基本内容包括人的能力的全面发展、人的社会关系的全面发展、人的需要的全面发展和人的自由个性的全面发展。

1.人的能力的全面发展

马克思指出"任何人的职责、使命和任务就是全面地发展自己的一切能力,其中也包括思维的能力"⑥。马克思认为劳动能力是"人的身体即活的人体中所存在的、每当人生产某种使用价值时就运用的体力和智力的总和"⑦。可见,马克思强调的人的能力的发展是人的综合能力的发展,包括

---

① 赵达远,臧宏.思想政治教育根本目标探究[J].思想教育研究,2017(10):4.
② 马克思,恩格斯.马克思恩格斯全集:第9卷[M].北京:人民出版社,2009:340.
③ 教育部.关于印发《高等学校课程思政建设指导纲要》的通知[EB/OL].(2020-05-28)[2022-05-22].http://www.gov.cn/zhengce/zhengceku/2020-06/06/content_5517606.htm.
④ 马克思,恩格斯.马克思恩格斯全集:第1卷[M].北京:人民出版社,2009:189.
⑤ 李爱国,林亚梅.人的全面发展理论对高校思想政治教育的启示[J].西南大学学报(社会科学版),2010,36(01):100.
⑥ 马克思,恩格斯.马克思恩格斯全集:第42卷[M].北京:人民出版社,2016:132.
⑦ 马克思,恩格斯.马克思恩格斯全集:第5卷[M].北京:人民出版社,2009:195.

体力的增强、智力的提升、技能的进步、思维的发展等各方面的全面发展，追求的是人的综合素质的整体提升。

2. 人的社会关系的全面发展

马克思指出"人的本质在其现实性上是一切社会关系的总和"。① "作为历史前提的人，不是处在某种幻想的、与世隔绝、离群索居状态的人，而是处于一定条件下现实的，可以通过经验观察到的发展过程中的人"。② 可见，马克思认为人不是独立的个体，而是关系中的个体，个体总是处于一定社会关系中，人的本质属性是其社会性。

3. 人的需要的全面发展

马克思提出要"培养社会的人的一切属性，并且把他作为具有尽可能丰富的属性和联系的人，因而具有尽可能广泛需要的人生产出来——把他作为尽可能完整和全面的社会产品生产出来"。③ 马克思认为人不仅有物质需要，还有精神需要和社会需要。人的各种需要共同推动个体从事实践活动，进而推动了人类社会的发展。

4. 人的自由个性的全面发展

马克思认为人终将"成为自身的社会结合的主人，从而也就成为自然界的主人，成为自己本身的主人——自由的人"。④ 自由个性的全面发展是指每一个个体的人能够完全按照自己的意愿自由地发展自己想要发展的素质和能力，是马克思主义对未来社会人的全面发展的理想模式。⑤ 马克思认为只有每个人都得到了自由发展，社会才能最终得到解放。个体的自由个性的全面发展与社会的发展是统一的关系。

---

① 马克思，恩格斯.马克思恩格斯全集：第1卷[M].北京：人民出版社，2009：139.
② 马克思，恩格斯.马克思恩格斯全集：第2卷[M].北京：人民出版社，1995：48.
③ 张立鹏.马克思人的全面发展理论及其在当代中国实现条件研究[D].苏州大学，2014：60.
④ 马克思，恩格斯.马克思恩格斯全集：第3卷[M].北京：人民出版社，2009：566.
⑤ 吴德刚.关于马克思主义人的全面发展学说的再认识[J].教育研究，2008（04）：5.

（二）马克思主义人的全面发展理论对本研究的启示

马克思主义关于人的全面发展理论的价值内涵，从以下方面为民族院校大学英语课程思政教学指明了方向：

1. 民族院校大学英语课程思政教学要关注学生全面素质的提升

从人的能力的全面发展来看，全球化时代对人的能力的发展提出了更高的要求。不仅强调体力和智力的发展，还包括人的心理、道德、人文、价值等整体素质的发展。民族院校大学英语课程思政教学不仅需要进行英语语言知识能力的教学，使学生能够在未来的工作中有效地运用英语进行交际，迎接经济全球化带来的机遇和挑战；还需要培养学生的人文精神、道德情操、价值信念、家国情怀等，从而更好地满足国家、社会和个人发展的需要。民族院校大学英语课程应该通过深入挖掘课程中的思政元素、合理补充适切的思政育人资源等方式，在教学中融入对学生思想、价值等内在精神世界的塑造，拓宽语言教学的内涵。帮助学生通过大学英语课程学习，萃取教学内容中丰富的人文精神和价值底蕴；帮助学生陶冶道德情操、建构积极价值体系、坚定理想信念、提升人生境界、形成健全人格，最终实现人的全面发展。

2. 民族院校大学英语课程思政教学不能脱离社会关系

从人的社会关系的全面发展来看，马克思主义认为人不可能独立地完成个体的发展，人的发展必须是在一定的社会关系中的发展，要受其生存环境中社会关系的制约。民族院校大学英语课程思政教学还要注重在教学中促进学生社会关系的发展。如通过小组讨论、合作学习等形式，促进各民族学生交往交流交融，发展其合作精神、团队精神、责任意识等，促进其作为社会中的人的全面发展，为民族院校大学生未来走上社会，打下良好的基础。此外，人不仅是社会活动的主体，也是社会关系的承担者和体现者。① 民族院校大学英语课程思政教学还要引导学生将个人发展和社会发展结合起来，将个人理想信念与民族地区建设和国家建设需要结合起来，以实现个人价值和社会价值的统一。

---

① 居峰.高校主体间性思想政治教育研究[M].北京：清华大学出版社，2015：4.

3. 民族院校大学英语课程思政教学应聚焦学生的多层次需要

从人的需要的全面发展来看，马克思主义认为人的需要除了物质需要，还包括精神需要、社会需要等。人的需求具有不同层次。民族院校大学英语课程思政教学不仅应该满足学生求知的需求，还应该满足学生情感的需求，满足学生全面提高自己能力的需求，满足学生自我实现的需求等。教师应该注重在民族院校大学英语课程思政教学中建立起教学内容与学生现实需求之间的情感联结。通过回应各民族学生的各种现实需求，激发学生情感共鸣，使学生获得良好的情感体验，以提升课程思政教学实施效果。

4. 民族院校大学英语课程思政教学应发挥学生的能动作用

从人的自由个性的全面发展来看，马克思主义强调人的发展的自主性、独特性和个别性，[1]认为人的自由发展，实质上就是作为主体的人的自觉、自愿、自主的发展。[2]因此，民族院校大学英语课程思政教学应该充分发挥学生个体的主体性、能动性、创造性，使学生积极参与思政育人过程，并为学生个体独特的人格、理想、能力等的发展提供更为适切的引导。此外，人的自由发展不能离开整体人类的自由发展而孤立存在，还需要在人的差异性中寻找共同性，建立共识。[3]民族院校大学英语课程思政教学还需要引导学生形成以共同理想为核心引领的社会关系，将个体发展与社会的发展统一起来，使两者相得益彰。

二、建构主义理论

（一）建构主义理论观点

建构主义理论在20世纪80年代兴起，皮亚杰是建构主义理论的奠基人。皮亚杰驳斥了西方哲学传统中认为"知识应该表征一个现存的、孤

---

[1] 扈中平."人的全面发展"内涵新析[J].教育研究，2005（05）：7.
[2] 石书臣.人的全面发展的本质涵义和时代特征[J].河北大学学报（哲学社会科学版），2002（02）：13.
[3] 赵达远，臧宏.思想政治教育根本目标探究[J].思想教育研究，2017（10）：4.

立的、独立于认识者的真实世界"①的观点，认为认识起因于"主客体之间的相互作用"②，"主体所完成的一切建构都以先前已有的内部条件为前提"。③ 皮亚杰认为个体通过"同化"和"顺应"发展认知结构。"同化"指利用已有的图式把刺激整合到自己的认知结构中。"顺应"指改变认知结构以处理新的信息。皮亚杰强调学生的积极参与、学习自主性和主动性，认为教师应该协助学生在已有图式的基础上，发展并建立新的图式。维果茨基认为人的认识是以语言、符号等工具为中介的，认为"思维发展是由思维的语言工具和儿童的社会文化经历决定的"④，思维发展的方向遵循由社会思维向个人思维发展的路径。人所特有的被中介的心理机能不是从内部自发产生的，而是产生于人们的协同活动和人与人的交往之中；人所特有的新的心理过程结构最初必须在人的外部活动中形成，随后才可能转移至内部，"内化"为人的内部心理过程的结构。⑤ 维果茨基还提出了"最近发展区"的观点，认为教师应该关注学生现有水平和潜在水平之间的差距，提供适切的"支架式"教学，帮助学生超越其最近发展区，促进学生的发展。杜威的经验性学习理论对建构主义的发展也产生了重要的影响。他强调教育必须建立在经验的基础上。教育就是经验的生长和经验的改造，是在经验中、由于经验和为着经验的一种发展过程。学生从经验中产生问题，而问题又可以激发他们去探索知识，产生新观念。⑥ 总的说来，建构主义理论的知识观、学生观和教师观的主要观点如下：

1. **知识观**

建构主义理论认为知识是发展的，而非客观存在的，不存在对客观世界的唯一解释。知识只能存在于人类的头脑中，并且不必与任何现实世界

---

① [美]莱斯利.P.斯特弗等.教育中的建构主义[M].高文，等译.上海：华东师范大学出版社，2002：6.
② [瑞士]皮亚杰.认识发生论[M].北京：商务印书馆，1987：21-22.
③ [瑞士]皮亚杰.认识发生论[M].北京：商务印书馆，1987：104.
④ [俄]维果茨基.思维与语言[M].李维，译.杭州：浙江教育出版社，1997：57.
⑤ 高文，徐斌艳，吴刚.建构主义教育研究[M].北京：教育科学出版社，2009：10.
⑥ 陈琦，刘儒德.当代教育心理学[M].北京：北京师范大学出版社，2013：182.

的现实相匹配。① 知识具备主观性、多元性、变化性、发展性。每个人对客观世界的理解都基于自己附加于客观世界的意义建构。个体的人因其知识体系和经验的不同，对事物的认识也不同。建构主义理论还认为"个体不是内容和理性的占有者，而是他们的分享者……。知识需要在不断进行的社会交流中进行整合"②。知识的发展离不开社会文化互动，通过在社会文化互动中新旧观点的结合以及不同观点的协商而得到发展。建构主义主张构建学习共同体，"在共同体中通过协商进行知识建构"③。此外，建构主义还提出了情境性认知（situated cognition）的观点，认为知识蕴含在情境性的活动之中，而非独立存在的。因此，学习也应该发生在真实的情境中，并着眼现实情境问题的解决。

2. 学生观

建构主义理论认为学生是知识建构的主体，是学习的主人。学生学习的过程不是"教师—学生"的单向知识传递，而是学生自行建构意义的过程。这种意义建构不仅依靠学生与客观世界的互动，还来自社会文化互动过程中的协商建构。学生在学习过程中不是被动地接受知识，而是主动地建构知识。知识的接收不是简单的刺激与反应的过程，而是学生基于自身已有经验，在互动过程中，不断选择、分析、重组、改造、建构而成。建构主义理论认为每个学生个体对事物都有不同的理解，应该尊重学生的不同观点和理解，引导学生通过新旧知识的联系，生发新的知识。建构主义理论还强调学生在教学过程中的积极参与和对知识的主动探究，认为学生应该从事有意义的探究活动，在不断的社会性的互动中积极、主动地完成知识的建构。

3. 教师观

建构主义理论关注的不是教师的教学行为本身，而是关注教师如何促进学生的学习和学生知识的建构。建构主义理论认为教师应该关注学生的

---

① DRISCOLL M. Psychology of Learning for Instruction[M].Boston: Allyn & Bacon, 2000.

② [美]莱斯利.P.斯特弗, 等.教育中的建构主义[M].高文, 等译.上海: 华东师范大学出版社, 2002: 27.

③ 高文, 徐斌艳, 吴刚.建构主义教育研究[M].北京: 教育科学出版社, 2009: 20.

"最近发展区",提供适宜的认知工具、丰富的学习资源,引导学生积极参与意义建构;应该创造真实情境,激活学生已有知识经验,使学生在有意义的真实任务中,完成知识的理解、更新、发展及建构;应该保持与学生的对话机制,鼓励学生与教师进行民主对话,注重良好的师生关系的培养,创造安全、民主、开放的教学气氛;应该协助搭建合作学习机制,创建良好的社会文化互动环境,协助学生在积极的社会互动中完成知识的主动建构。

(二)建构主义理论在本研究中的应用

1. 民族院校大学英语课程思政教学应该强调师生协作、生生协作

维果茨基认为学生在协作环境中工作时比单独工作时有更高的智力水平上的表现,[①] 概念需要经由社会交互而被内化。民族院校大学英语课程思政教学认同学习发生在个体的社会互动过程中,知识的建构和价值体系的形成有赖于包括教师、其他学生等人组成的学习共同体内部各因素之间的互动交流而完成。因此特别强调教师、学生个体、学生群体之间的协作。其中师生协作主要指教师需要关注学生的发展过程,并提供适切的"支架"支持和思政引领,创造条件,支持和促进学生的知识、能力以及思想政治价值观体系的有效建构。生生协作主要指通过加强生生互动、开展合作学习等方式,促进各民族学生在交流互动中,实现知识、能力、思政素质的发展。

2. 民族院校大学英语课程思政教学应该设计有意义的探究活动,"在做中学"

建构主义理论认为学习是一个主动而不是被动的过程,学习者通过积极社会互动建构意义,而意义的建构来自已有知识、新知识和学习过程之间建立的有意义的联系。因此民族院校大学英语课程思政教学应设置有意义的探究活动,引导学生积极参与探究,在社会互动过程中完成知识及价值观体系的建构。

---

① VYGOTSKY L. Mind in Society: The Development of Higher Psychological Processes[M]. Cambridge: Harvard University Press, 1978.

3. 民族院校大学英语课程思政教学应该强调教师的"促进者"作用

建构主义理论认为教师应该是学习的促进者（facilitator）。民族院校大学英语课程思政教学应该充分发挥教师的促进作用。首先，教师应该基于对学生的具体学情分析，开展教学设计，提供更具适切性的教学支持；在教学过程中关注学生"最近发展区"的动态变化及时提供、撤出或调整"支架"。此外，教师还应该创建能激发学生动机的适宜的课程思政学习情境，促进学生参与探究的积极性和主动性，引导学生通过深度探究、积极思辨等达到知识、能力、价值观体系的多维建构。

三、信息传播与态度转变理论

课程思政教学要求教师引导学生形成正确的世界观、人生观、价值观，实质上即教师通过有意图地传播积极思政育人信息，促进学生形成所期望的"三观"并指导其行为。个体表露的态度往往是其"三观"的外显表征。霍夫兰的信息传播与态度转变理论讨论的是"某种信源做出的有意图的传播，以在接受者方面造成效果"[①]，该理论对民族院校大学英语课程思政教学具有重要的指导意义。

（一）信息传播与态度转变理论观点

霍夫兰认为传播是一个信息传播者通过传递刺激改变信息接收者（受众）的过程。传播过程应关注四个要素：传播者、传播内容、受众的特性和反应。[②] 受众的态度是否能发生改变受到传播者的可信度，传播内容呈现的方法和顺序，受众的动机、能力及反应等因素的影响。

1. 传播者的可信度越高，态度改变效果越好

霍夫兰认为传播者的可信度受其身份背景的可信度与专业性、其信息传送的意图和传播者的人格魅力及传递技巧等因素的影响。如果传播者具

---

① [美]罗杰斯.传播学史：一种传记式的方法[M].上海：上海译文出版社，2002：378.
② [美]霍夫兰，贾尼斯，凯利.传播与劝服：关于态度转变的心理学研究[M].张建中，等译.北京：中国人民大学出版社，2015：11.

备专业的学科背景、享有较高的声望、受人欢迎等，则其信息传递效果也更好，容易"引导观点朝自己提倡的立场发生变化"。① 但如果传播者的说服意图明显，其传播动机则会引起受众的怀疑和防卫心理，其可信度也会被质疑。

2. 传播内容呈现的组织方式会影响态度改变效果

霍夫兰认为如果信息接收者的初始态度是赞同，直接单方面呈现信息结论的方式可以起到强化所传播的信息的作用。对态度未决的受众来说，在基于双方面呈现的信息综合考虑后得出的观点态度比仅接受单方面信息的方式更为稳定持久。由受众自己得出结论的说服形式也更具态度转变效果。② 此外，信息本身的吸引力，如其内容对受众的意义、号召力、生动性、趣味性、逻辑性等也对态度转变造成影响。

3. 受众接受所传播观点的动机是态度改变的关键

霍夫兰认为动机因素包含个人需求、情绪困扰、防御机制、挫折承受力、刺激水平等等。③ 受众动机的激发通常会表现在受众对传播信息内容的关注，对传播信息的理解以及对传播观点表示接受。④ 传播者可信度越高，受众越愿意关注所传递信息等内容并试图理解其含义，接受所传递观点的动机越强。此外，受众的注意力、理解力及对观点的接受程度也起着维系或促进动机的作用。

4. 受众的反应也能影响态度转变的效果

霍夫兰认为通过"角色认定"（assuming a role）引起的个体的主动参与也会引起态度的转变。即使个体并未从内心接受某一观点，但通过角色扮演、辩论、演讲等方法引入显性口头认同（overt verbal conformity）、

---

① [美]霍夫兰，贾尼斯，凯利.传播与劝服：关于态度转变的心理学研究[M].张建中，等译.北京：中国人民大学出版社，2015：23.
② [美]霍夫兰，贾尼斯，凯利.传播与劝服：关于态度转变的心理学研究[M].张建中，等译.北京：中国人民大学出版社，2015：105.
③ [美]霍夫兰，贾尼斯，凯利.传播与劝服：关于态度转变的心理学研究[M].张建中，等译.北京：中国人民大学出版社，2015：146.
④ [美]霍夫兰，贾尼斯，凯利.传播与劝服：关于态度转变的心理学研究[M].张建中，等译.北京：中国人民大学出版社，2015：59.

呈现"表面一致性"的方法也可以修正或改变其态度。其原因是这种方法可以激发个体对传播信息的注意力和关注度，有利于加深个体对观点信息的理解，降低个体对信息传播的操纵性意图的质疑。而个体在角色扮演的过程中，需要提出有力的论据、例证、建议或呼吁。在此过程中，个体往往会将观点自我归因，有助于"接受该观点的期待"①的生成。

（二）信息传播与态度转变理论在本研究中的应用

1. 民族院校大学英语课程思政教学应该增强信息传播者的信度

根据霍夫兰的信息传播理论，信息传播者的可信度将影响传播对象态度转变的效果。民族院校大学英语课程思政教学中的思政育人，实质上也是教师（传播者）向学生（受众）传送相关思想政治教育内容信息的过程。民族院校大学英语教师可以通过以下方法增强自己作为信息传播者的可信度。第一，建立专业性。民族院校大学英语教师应联系大学英语课程的学科属性，如可以更多地从中外文化对比、培养学生跨文化视野、增强学生用英语传播中华文化的能力等角度出发，体现思想政治教育融入角度的语言学科专业性。第二，采用"隐性说服"法。民族院校大学英语课程中的思想政治教育不同于专门的思想政治教育课程，必须将思政育人"润物细无声"地融入英语语言教学的各环节，避免直接讲授、讨论思想政治价值观念相关内容，否则将产生明显的"信息传送意图"，引起学生的反感和抵触，同时也会产生大学英语课程语言教学本体任务与思政育人任务的"倒挂"现象。第三，创建良好的师生关系。社会学家米尔斯提出了"重要他人"这一概念，即对个体成长具有重要影响的人物。②教师作为教学中学生的"重要他人"，是否受欢迎也是其思政育人信息传播效果的重要影响因素。《礼记·学记》有云"亲其师，信其道"。民族院校大学英语教师应通过其优秀的专业素养、勤勉的工作态度，以及对学生的关爱等赢得学生的信赖，从而更为有效地传播思政价值信息，更好地发挥教师思政育

---

① [美]霍夫兰，贾尼斯，凯利.传播与劝服：关于态度转变的心理学研究[M].张建中，等译.北京：中国人民大学出版社，2015：238.

② 马多秀.学校情感教育论[M].北京：人民出版社，2019：96.

人的作用。

2. 民族院校大学英语课程思政教学应该注重传播内容的选择和呈现方式

第一，民族院校大学英语课程传播的思政育人内容，应该联系学生生活体验、切合大学英语课程的语言教学特性，避免过于明显的政治化说教和灌输。教师应该基于大学英语课程体系逻辑，通过选取适宜的课程思政教学材料、组织教学活动、设计作业任务等方式，引导学生形成预期的特定态度倾向，并维持态度转变的效果。第二，民族院校大学英语课程传播的思想政治教育内容可以根据具体传播内容采取"单方面呈现"或"双方面呈现"的方式。如传播内容旨在强化学生的价值认知体系，教师可以通过"单方面呈现"的方法，基于丰富的教学材料及相关教学活动等，引导学生就特定思政价值观点深化认知、巩固观念并内化于价值体系。对于学生观点多元的思政信息内容，如涉及中外文化及价值观差异的内容，教师则可采取"双方面信息呈现"的方法，选择具有"思政倾向引领"的教学材料，引导学生基于双方面观点的剖析和比较，通过深入思考形成预期观点，以达到更为稳定、持久的思政育人效果。

3. 民族院校大学英语课程思政教学应该注重"角色认定"对态度转变的作用

民族院校大学英语课程思政教学基于霍夫兰对于"角色认定"能引起个体态度转变的观点，主张民族院校大学英语教师在课程思政教学实施过程中通过组织辩论、演讲、短剧、调查研究等不同活动，给学生创造"角色"扮演机会。学生通过参与不同的实践体验活动，代入不同角色。教师在设计活动"角色"的时候，应综合考量思想政治教育目标，将思想政治教育元素融入"角色"设计。学生因其"角色扮演"，需要关注"角色"所持的观点，并根据"角色"的立场调整其言语内容，增进"显性口头认同"的频率和深度，有利于其在"角色认定"的过程中不断强化并内化"角色"所承载的思想政治价值观点。正如迈尔斯所说，"有时候我们确实坚持我们所相信的,但同样我们也会逐步相信我们所坚持的东西"。① 民族院校大学英语教师通过任务或活动设计等,给予各民族学生代入特定身份角色的机会,学生在为其"角色"代言的过程中,"言语会变成信念"②,从而影响个体的态度。此外,通过角色认定的实践活动参与还有助于学生有意识地审视自己的态度,增强"自我觉知";而基于自身实践参与的经验获得的态度往往也更具有"稳定性、持久性、易获取性"③。综上,民族院校大学英语课程思政教学应该创造丰富的实践体验机会,通过"角色认定"赋予各民族学生更多的价值体验机会,拓展价值认知的深度和广度,强化并巩固"角色认定"承载的积极思想政治价值观点。

四、情感领域内化层次理论

布卢姆的情感领域（affective domain）教学目标讨论范围包括"价值观""欣赏""兴趣""动机""态度"等。其提出的情感领域内化层次理论描述了个体从觉察的外部表现,一直到完成价值体系内化,并用来指导他们未来的行为的过程。民族院校大学英语课程思政教学也是期望通过教学帮助学生将目标价值观念内化,形成积极态度及行为倾向以指导其行为。因此,布卢姆的情感领域内化层次理论对民族院校大学英语课程思政教学也具有重要的借鉴作用。

（一）情感领域内化层次理论观点

"内化"是布卢姆教育目标分类法中情感领域的核心概念。"内化"是指个体完全接受相关规范、概念或价值等,使之成为个体自己的观点并指导个体行为。布卢姆认为情感连续体"内化"的不同层次按从低到高分别包括接受、反应、价值的评价、组织和由价值或价值复合体形成的性格化五个层次。

---

① [美]迈尔斯.社会心理学[M].11版.侯玉波,等译.北京：人民邮电出版社,2016：126.
② [美]迈尔斯.社会心理学[M].11版.侯玉波,等译.北京：人民邮电出版社,2016：128.
③ [美]迈尔斯.社会心理学[M].11版.侯玉波,等译.北京：人民邮电出版社,2016：125.

第一层次是接受（Receiving），即学习者愿意接受或注意某些刺激。这一层次根据个体是被动接受还是主动接受可以进一步分为：觉察（Awareness），即学习者意识到某种刺激，但没有表现出兴趣；愿意接受（Willingness to receive），即学习者不产生回避或抵触某种刺激的行为，持有宽容的态度，愿意观察并集中注意；有控制的或有选择的注意（Controlled or selected attention），即学习者可以控制自己的注意，能选择并注意自己所喜欢的刺激，对刺激的觉察也更为清晰和明确。这个连续体表现的是学习者从完全被动地接受教师施加的刺激，发展到学习者开始注意他所喜欢的刺激的过程。

第二层次是反应（Responding），即学习者积极关注特定现象并对特定现象做出反应行为。这一层次的亚类别层次由低到高又分为：默认的反应（Acquiescence in responding），即学习者遵照要求或规则等做出顺从或服从的反应，往往缺乏热情或兴趣；愿意的反应（Willingness to respond），即学习者自愿做出的反应行为，表现出对正在进行的事情的兴趣，如自愿去搜寻资料、广泛阅读、参与讨论等；满意的反应（Satisfaction in response），即学习者给刺激赋予了某种满意、乐趣、享受等积极情绪反应。

第三层次是价值的评价（Valuing），即个体对特定对象、现象或行为进行价值评价。这一层次的亚类别按内化的深入程度，由低到高又分为：对某一价值接受（Acceptance of a value），即学习者此时的价值信念尚未牢固，但已具有反应的一致性特征；对某一价值的偏好（Preference for a value），如自愿对某一客体或现象进行更多的探究、比较、反思，更为偏好某些价值信念等；信奉（Commitment），即学习者对某一价值理念形成了强烈的情绪，高度赞同这一价值，并形成了受这一信奉的价值驱使的行为动机或倾向。

第四层次是组织（Organization），即个体对不同价值进行比较、关联和综合，确定价值之间的相互关系以及占主导地位的价值，开始建立一个内在一致的价值观体系。这一层次的亚类别包括：价值的概念化（Conceptualization of a value），即学习者对客体现象形成了评判性判断并将该客体的价值加以泛化；价值体系的组织（Organization of a value system），即学习者把各种价值进行整合，形成一个价值复合体。

第五层次是基于价值或价值复合体的性格化（Characterization by a value or value complex），即个体已建构起具有个性特征的价值观体系，能控制个体行为对各种情境做出稳定统一的反应。这一层次的亚类别包括：泛化心向（Generalize set），即一种在任何特定时候都存在的与一系列态度、价值和信念相联系的内在一致性的心向；性格（Characterization），即学习者全面完成了价值体系的内化，形成一种稳定不变的个性化特征。①

布卢姆内化层次阶段描述了学习者从仅觉察到某种现象或价值这一相对简单的低级层次出发到表现出兴趣与关注，再到做出反应，进行价值评价，将价值体系系统化，直至最终完成内化建构并指导个体行为的过程。在这一过程中，个体完成了从简单到复杂，从外部控制到内部控制（external to internal control）的转变。② 布卢姆还认为要达到内化程度较高的目标，必须先从比较简单的、外显的行为开始，通过循环往复的过程逐渐上升，最终形成高度内化的、始终如一的复杂的价值体系。③

（二）情感领域内化层次理论在本研究中的应用

布卢姆的情感领域内化层次理论将价值内化的内隐心理过程"外显化"。④ 教师在民族院校大学英语课程思政教学中可以借鉴布卢姆提出的"接受—反应—评价—组织—性格化"的情感内化发展层次，引导各民族学生完成思政价值观的内化建构。第一，从接受层面来看，教师可以

---

① [美]克拉斯沃尔，布卢姆.教育目标分类学（第二分册）：情感领域[M].施良方，等译.上海：华东师范大学出版社，1989：34-36.
② [美]克拉斯沃尔，布卢姆.教育目标分类学（第二分册）：情感领域[M].施良方，等译.上海：华东师范大学出版社，1989：30.
③ [美]克拉斯沃尔，布卢姆.教育目标分类学（第二分册）：情感领域[M].施良方，等译.上海：华东师范大学出版社，1989：85.
④ 魏宏聚.价值教育在课堂——英美两国有关教学中实施价值教育研究的述评[J].外国教育研究，2012（3）：105.

通过具有吸引力的教学材料激发学生的学习动机和兴趣，让学生从被动的觉察转向主动、有意识的关注思政信息内容或相关现象观点等。第二，从反应层面来看，教师可以通过设置具体情境、布置学生感兴趣的任务练习等，引导学生积极参与蕴含思政元素的课堂讨论等活动，引导学生对情境或任务等中所体现出的思政元素信息、价值或观点等进行自愿探究等具体行为，进而生成赞许、认可、欣赏等积极情绪反应。第三，从评价层面来看，教师可以引导学生对思政元素内容材料或现象等进行价值评价。在此过程中，学生将赋予相关对象或现象价值，如能就中外文化差异体现出的价值进行评价，发表价值态度等。第四，从组织层面来看，教师可以引导学生对不同价值进行比较、关联和综合，将价值进一步概念化和组织化。如通过从不同角度呈现中外文化价值观点，引导学生将价值进行整合，对某一现象或对象做出价值判断。第五，从性格化层面来看，教师可以通过蕴含思政元素的任务，引导学生在完成任务的过程中，不断巩固、内化相关价值观念，使其形成稳定的价值体系，让这种价值体系成为学生看待事物的一种具有普遍特征的"惯常方式"①，表现出基于这一价值的行为倾向，从而为学生在未来对相同价值情境做出始终如一的反应奠定基础。

第二节　民族院校大学英语课程思政教学育人目标

一、民族院校大学英语课程思政教学特殊性分析

民族院校大学英语课程是一门面向全校来自不同民族、不同专业学生开设的公共必修课程。具有教学对象覆盖面广、修课时间长的独特思政育人优势，是课程思政建设不可或缺的重要环节。相比其他普通院校、其他课程，民族院校大学英语课程思政教学因其院校属性、课程属性不同，体

---

① [美]克拉斯沃尔，布卢姆.教育目标分类学（第二分册）：情感领域[M].施良方，等译.上海：华东师范大学出版社，1989：71.

现出以下特殊性：

（一）民族院校生源构成特点

民族院校是各民族优秀人才汇集之地，56个民族的学生在这里汇聚一堂。民族院校作为各族学生的"聚集地"，相较普通高等院校而言，具有少数民族学生数量较多、少数民族学生占比较高、各民族学生文化差异较大等特点。民族院校学生因其多民族、多文化、多宗教的复杂背景，往往面临中华民族认同、国家认同与本民族认同"三重"价值观念的整合。[①]秦汉以来，中国就是一个统一的多民族国家，各民族的发展相互关联、相互补充、相互依存，包含着不可分割的"一体"性。[②]"中国"与"中华民族"是统一的整体。[③]民族院校大学英语课程思政教学需要关注如何引导学生把握好中华民族共同体意识和各民族意识的关系，正确处理共同性与差异性的辩证关系，"增进共同性、尊重和包容差异性"[④]。此外，具有不同民族身份和民族文化背景的各民族学生来到多元民族文化交融的民族院校之后，因自身民族母体文化和其他文化的差异[⑤]，他们在文化适应方面也体现出一定的民族差异性、个体差异性。中华民族文化是千秋万代各族人民交往交流交融、共同缔造的"和合"文化，[⑥]"保护差异是需要的，差异性丰富多彩，共同体才能展示出包容性和活力。"[⑦]民族院校大学英语课程思政教学应该重视增进各民族学生的交往交流交融，增进共有的情感

[①] 郑洲.铸牢中华民族共同体意识视域下民族院校课程思政建设[J].民族学刊，2022，13（07）：34.

[②] 费孝通.中华民族多元一体格局[M].北京：中央民族大学出版社，2018：268

[③] 孙学玉.担负起铸牢中华民族共同体意识的时代使命[J].政治学研究，2022（02）：24.

[④] 新华社.习近平出席中央民族工作会议并发表重要讲话[EB/OL].（2021-08-28）[2022-01-06]. http://www.gov.cn/xinwen/2021-08/28/content_5633940.htm.

[⑤] 赵丹.社交媒体对少数民族大学生中华文化认同引导研究[J].民族学刊，2018，9（03）：84.

[⑥] 苏德，薛寒.民族院校铸牢中华民族共同体意识：时代方位与具体路向[J].教育研究，2022，43（06）：126.

[⑦] 尤权.做好新时代党的民族工作的科学指引[EB/OL].（2021-11-02）[2022-12-22]. https://www.neac.gov.cn/seac/c103237/202111/1154579.shtml.

和心理认同；重视引导学生正确认识中华文化、本民族文化、其他民族文化之间共同性与多元性的关系，增强各民族大学生的中华文化认同，构筑中华民族共有的精神家园。此外，民族院校大学英语课程思政教学还应该强调民族尊重、民族理解和民族关怀，关注各民族学生的文化适应情况，持积极肯定的态度关注学生的发展，体现人文关怀[1]。

（二）民族院校人才培养目标特点

民族院校是党和国家为解决我国国内民族问题而创建，为执行党的民族政策及方针服务，"因党而生，为党而立"。民族院校自创立伊始，其人才培养目标就凸显政治性取向的特点。表2-1梳理了部分民族院校人才培养目标相关重要文件及会议精神。从表中可见，尽管随着历史沿革，不同时期民族院校人才培养目标有一定的不同，但始终坚持"为党和国家战略服务，为少数民族和民族地区服务"这一工作主线，政治使命也始终是民族院校工作核心。

表2-1 民族院校人才培养目标重要文献及会议

文献及会议	人才培养目标
中央人民政府政务院《培养少数民族干部试行方案》（1950年11月）	设立中央民族学院及分院等，大力培养各少数民族干部，并以培养普通政治干部为主
第一次全国民族学院院长会议（1955年6月）	民族学院要提高在职少数民族区、乡级干部和部分县级干部的政治水平
国家民委、教育部《关于印发〈关于民族学院工作的基本总结和今后方针任务的报告〉的通知》（1979年11月）	民族学院要大力培养具有共产主义觉悟的政治干部和专业技术人才
国家教委、国家民委《关于加强民族教育工作若干问题的意见》（1992年10月）	民族教育必须坚持党的领导，加强党的基本路线、民族团结、维护祖国统一和近现代史以及国情教育，增强学生热爱党、热爱社会主义的感情和信念
国务院《关于深化改革加快发展民族教育的决定》（2002年7月）	大力加强民族团结教育和学校德育工作，维护发展平等、团结、互助的新型社会主义民族关系，增强各族师生"三个离不开"的观念，牢固树立自觉维护国家统一、反对民族分裂的思想意识

---

[1] 陈喜玲.基于人本思想的民族院校思政教育关怀体系创建[J].贵州民族研究，2016，37（11）：225-228.

续表

文献及会议	人才培养目标
国家民委、教育部《关于进一步办好民族院校的意见》（2005年6月）	为少数民族和民族地区服务：提高学生思想政治素质，加强世界观、人生观、价值观以及民族观、宗教观教育；加强学生维护祖国统一和民族团结教育
国务院《关于加快发展民族教育的决定》（2015年8月）	以立德树人为根本，打牢各族师生中华民族共同体思想基础；弘扬社会主义核心价值观，促进各民族文化交融创新，维护民族团结和社会稳定
教育部等四部门《深化新时代学校民族团结进步教育指导纲要》（2021年4月）	通过扎实有效的民族团结进步教育，引导各族师生切实铸牢中华民族共同体意识，树立正确的国家观、历史观、民族观、文化观、宗教观，不断增强"五个认同"
习近平在中央民族工作会议上的讲话（2021年8月）	以铸牢中华民族共同体意识作为新时代党的民族工作的主线

党的十八大以来，以习近平同志为核心的党中央创造性地提出了"铸牢中华民族共同体意识"这一重大论断。2021年8月，中央民族工作会议将"铸牢中华民族共同体意识"确定为新时代民族工作的主线，强调要推动各民族坚定对伟大祖国、中华民族、中华文化、中国共产党、中国特色社会主义的高度认同，不断推进中华民族共同体建设。[①] 当前"铸牢中华民族共同体意识"已成为各民族院校人才培养工作主线。以Z民族大学为例，该校制定的《本科专业人才培养方案修订指南》（2022年版）将"思政铸魂"列在人才培养工作原则首位，指出要构建以铸牢中华民族共同体意识教育为主线的"点—线—面"相结合的课程思政体系（表2-2），并提出了思想政治教育培养的"五观""四感""一意识"内容框架。旨在培养政治素质过硬、业务水平高超、综合素质优异，具有强烈社会责任感、深厚家国情怀、宽广国际视野，堪当民族复兴大任、勇于维护国家统一和民族团结的各民族优秀人才。民族院校大学英语课程思政教学作为民族院校人才培养中的重要环节，应该遵循国家需要、学校人才培养需要，共同助力各民族优秀人才的培养工作。因此，民族院校大学英语课程思政

---

① 新华社.习近平出席中央民族工作会议并发表重要讲话[EB/OL].（2021-08-28）[2022-01-06] http://www.gov.cn/xinwen/2021-08/28/content_5633940.htm

教学也需要回应民族院校人才培养目标的政治性特点，在教学中注重融入铸牢中华民族共同体意识、推进民族团结等价值引领。

表2-2　Z民族大学《本科专业人才培养方案修订指南》（2022年版）要求

培养目标	内容
政治素质	"五观"（祖国观、民族观、历史观、文化观和宗教观）， "四感"（中华民族归属感、中华文化认同感、伟大祖国自豪感，维护民族团结和祖国统一的使命感）， "一意识"（中华民族共同体意识）
综合素养	社会主义核心价值观，品德及公德，信息技术、国际视野和跨文化交流能力等
专业能力	专业知识，实践能力等
创新能力	探究性学习和创新性思维习惯，"敢闯会创"

（三）大学英语课程语言教学特点

民族院校大学英语课程思政教学因其语言课程属性，还具有以下特点：

1. 大学英语课程是特殊的价值观培养途径

大学英语课程是一门兼具工具性和人文性的语言课程。语言不仅是一种符号系统，当作用于人和客观世界的关系的时候，它是认知事物的工具；当作用于文化的时候，它还是文化信息的载体。[1] 语言学家斯特恩（Stern）认为语言学习还会相应影响到学生的思维、情操、价值观、态度等各个方面。[2] 大学英语课程以西方语言文化学习为主，人文属性突出。语言文化背后往往承载一定的价值内涵，在教学中渗透思政元素具有许多其他课程所不能比拟的优势。因此，民族院校大学英语课程教学需要从传统语言输入型教学转变为培养兼具家国情怀和国际视野的新时代人才教育，以期实现"立德树人"的根本育人目标。民族院校大学英语教师在教

---

[1] 中国大百科全书总编辑委员会.中国大百科全书（语言文字）[M].北京：中国大百科全书出版社，2002：475.

[2] 张敬源，王娜.外语"课程思政"建设——内涵、原则与路径探析[J].中国外语，2020，17（05）：17.

学中，应坚定育人理念，将大学英语课程教学中的知识导向、技能导向与价值引领有机结合，帮助学生客观认识、评价与对待中西文化的差异。通过中西文化价值差异性比较，帮助学生树立科学的世界观和价值观，引导学生深刻理解新时代中国特色社会主义思想和实践、理解社会主义核心价值观、热爱中华优秀传统文化等。这不仅为思政育人提供了良好途径，而且还能让思政元素"活起来"。

2. 大学英语课程提供国际视野下的课程思政教学契机

大学英语课程思政教学的特殊性还集中表现在大学英语教学所具备的"国际视野"。《大学英语教学指南》中对大学英语课程教学的"国际视野"提出了两个要求。不仅要求培养学生的世界眼光、国际意识和跨文化交际能力，还要求"培养学生对中国文化的理解和阐释能力，服务中国文化对外传播"[①]。党的二十大报告强调要"讲好中国故事、传播好中国声音，展现可信、可爱、可敬的中国形象。加强国际传播能力建设，全面提升国际传播效能，形成同我国综合国力和国际地位相匹配的国际话语权。深化文明交流互鉴，推动中华文化更好走向世界"[②]。大学英语课程作为高等院校英语人才培养的重要途径，需要发挥好"让世界读懂中国"的重要作用，为向世界传播中华文化、讲好中国故事，塑造积极的国际形象，传播中国声音做出应有的贡献。"服务中国文化对外传播"需要大学英语课程在人才培养的过程中培养学生用英语讲述中国故事的能力，还需要激发学生"传播中国文化"的责任意识，并在传播中国文化的过程中坚定中国立场。传统大学英语课程教学以英语语言与文化教学为主，存在"中华文化失语"的问题。不仅表现在教材内容缺失中华文化部分，也表现在忽略了对学生的中华文化认同及传播能力的培养。如何补足中华文化教学，处理好英语语言文化教学与中国文化传播的关系；如何解构调整当前以体现西方文化价值为主的大学英语教材及课程体系，激发学生的国家认同、文化

---

① 教育部高等学校大学外语教学指导委员会主编.大学英语教学指南：2020版[M].北京：高等教育出版社，2020：2-4.

② 习近平.高举中国特色社会主义伟大旗帜 为全面建设社会主义现代化国家而团结奋斗——在中国共产党第二十次全国代表大会上的报告[N].人民日报，2022-10-26（1）.

认同，培养"兼顾中国情怀与国际视野"①的人才，也是民族院校大学英语课程思政教学的重要命题。

二、民族院校大学英语课程思政教学重点育人目标

教育部发布的《高等学校课程思政建设指导纲要》（以下简称《指导纲要》）是当前我国高校课程思政建设的总领性方案。《指导纲要》指出课程思政建设内容要紧紧围绕坚定学生理想信念，以爱党、爱国、爱社会主义、爱人民、爱集体为主线，围绕政治认同、家国情怀、文化素养、宪法法治意识、道德修养等重点优化课程思政内容供给，系统进行中国特色社会主义和中国梦教育、社会主义核心价值观教育、法治教育、劳动教育、心理健康教育、中华优秀传统文化教育。②民族院校大学英语课程思政教学首先应该回应《指导纲要》要求，此外还需结合其特殊的民族院校属性和语言教学属性，体现出一定的重点发展方向。总的来说，民族院校大学英语课程思政教学育人目标应凸显政治性、民族性、交际性、人文性、现实性五大重点方向，具体应包括以下方面：

（一）政治性层面

民族院校作为党和国家为解决国内民族问题而专门建立的高等院校，是民族工作的重要承担者，是少数民族高素质人才培养的重要基地。民族院校做好思想政治工作，关系到国家长治久安、社会和谐稳定，关系到少数民族和民族地区繁荣发展，关系到民族院校立校之本和办学方向。③"课程"是高等院校课程思政建设的"主战场"，民族院校大学英语课程

---

① 王会花，施卫萍.外语专业课程思政教学改革实践路径探析[J].外语界，2021（6）：38-45.
② 教育部.关于印发《高等学校课程思政建设指导纲要》的通知[EB/OL].（2020-05-28）[2022-05-22]. http：//www.gov.cn/zhengce/zhengceku/2020-06/06/content_5517606.html.
③ 闵伟轩.筚路蓝缕写华章 继往开来铸辉煌——写在民族院校创办60年之际[EB/OL].（2010-10-22）[2022-01-06].https：//www.neac.gov.cn/seac/xwzx/201010/1007951.shtml

作为民族院校人才培养的重要环节，在融入思政育人时，应该关注党和政府的相关民族教育方针、政策，紧密结合民族院校人才培养目标，为党和国家的民族工作大局做出应有的贡献。当前，民族院校大学英语课程思政教学的政治性目标主要包括加强各民族学生的"五个认同"（即对祖国、中华民族、中华文化、中国共产党以及对中国特色社会主义的认同）、"四个自信"（即中国特色社会主义道路自信、理论自信、制度自信、文化自信），引导学生树立正确的国家观、民族观、宗教观、历史观、文化观；增强学生对铸牢中华民族共同体意识的理论自觉、历史自觉、认同自觉和行动自觉[①]等。

（二）民族性层面

民族院校大学英语课程思政教学应该强调帮助学生提高对民族多样性及文化多样性的理解，增进民族文化交流，促进民族团结。中国是一个多民族统一的国家，中华文化是56个民族共同创造的。中华文化的基因内核里蕴含着各民族的优秀文化元素。各民族在交往交流交融中共同创造的中华文化不仅是维系国家统一稳定和各民族手足之情的纽带，也是中华民族生生不息，不断发展的精神动力。习近平总书记指出各民族优秀传统文化都是中华文化的组成部分，中华文化是主干，各民族文化是枝叶，根深干壮才能枝繁叶茂。[②] 这强调各民族要相互了解、尊重、包容、欣赏和学习。[③] 民族院校大学英语课程作为一门公共必修课，课堂中汇集了来自全校不同专业、不同文化背景的各民族学生，具有天然的便利条件。应该充分体现思政育人的民族性特色，促进各民族优秀文化的交流，促进民族团结。因此，在民族院校大学英语课程思政教学中，教师应该善于利用学生

---

① 吴月刚，张红.铸牢中华民族共同体意识背景下民族院校思政课程建设研究[J].民族教育研究，2020，31（04）：41-47.

② 新华社.习近平出席中央民族工作会议并发表重要讲话[EB/OL].（2021-08-28）[2022-01-06]. http://www.gov.cn/xinwen/2021/08/28/content_5633940.htm.

③ 木拉提·黑尼亚提.文化认同是筑牢中华民族共有精神家园之基[J].新疆大学学报（哲学·人文社会科学版），2021，49（04）：53.

的多元民族文化背景，通过精心的教学安排、活动设计，将丰富多彩的民族文化作为课堂讨论、课后作业、小组任务等的素材融入教学之中，增加民族院校大学英语课程思政育人的鲜活性、生活性、具体性[1]，拓展思政育人视域及空间，提升实效性、吸引力。教师还应创造更多的合作学习机会，通过各族学子之间共同学习、共同探讨，促进中华各民族优秀文化的碰撞融合，增进学生对民族多样性、文化多样性的理解和尊重，形成各民族和谐共生意识，构建"各美其美，美人之美，美美与共"的文化生态。促进各民族学子在多元文化的交流互动中，通过文化之间不断的交融，增进中华文化认同，进而以中华文化认同作为一种"社会整合、国家整合的巨大的社会心理资源"[2]，增强各民族凝聚力，促进民族团结，构建和谐的民族关系。[3]

（三）交际性层面

语言是交际的工具。语言交际与思政育人之间存在"同生共长"的关系。[4]民族院校大学英语课程教学应强调培养学生用英语传播中华文化、讲好中国故事的能力，维护中国国际话语权，提升中国文化软实力。"软实力"这一概念由美国政治学家约瑟夫·奈（Joseph Nye）在20世纪80年代后期提出，他将国家实力分为"硬实力"和"软实力"，指出软实力是"一个国家通过发挥自身的文化和意识形态吸引力、国际规范和制度等资源，在国际社会形成一种吸引力和影响力，使其他国家及其人民仿效或者遵从其价值倾向和利益规则的能力"[5]。提升中国文化软实力，与提升中

---

[1] 郑家成，郑大俊.民族院校思政教育中民族文化资源的开发利用[J].贵州民族研究，2016，37（12）：234-237.

[2] 陈达云，等.少数民族大学生国家认同教育创新研究[M].北京：民族出版社，2010：189.

[3] 包华军.少数民族优秀传统文化融入民族地区大学生思想政治教育研究[D].中国地质大学，2017：81-91.

[4] 张敬源，王娜.外语"课程思政"建设——内涵、原则与路径探析[J].中国外语，2020，17（05）：17

[5] 王光荣.新时代提高国家文化软实力研究[D].东北师范大学，2020：23.

国国际话语权，改变世界权力格局息息相关。基于此，民族院校大学英语课程思政教学的交际性目标主要可以分为以下两个方向：第一，树立国家正面形象，维护中国国际话语权。系统功能语言学创始人韩礼德（M. A. K. Halliday）认为："现实并非事先存在，并非等着被赋予意义；现实必须被主动构建；语言在构建过程中演化且作为构建中介。"[①] 当前国际舞台上，西方媒体掌握了绝对的话语权，中国形象很大程度上仍是"他塑"而非"自塑"。[②] 讲好中国故事、传播中国声音、增强中国的国际话语权无疑具有重要性和必要性。但中文传播范围受众有限，很难造成全球舆论影响，导致中国国际话语权微弱。英语作为一门语言工具，是西方媒体的主要传播语言。因此，应该充分发挥英语的交际性功能，在正本清源、打造中国积极国际形象、赢得世界和平力量的支持等方面发挥更为重要的作用。第二，传播中华文化，增进中国软实力。习近平总书记指出"提高国家文化软实力，要努力展示中华文化独特魅力"[③]。中国拥有五千多年的灿烂文明史，中华文化博大精深。中华文化所传达的价值体系具有完整的逻辑性，包含"普世"的价值理念。中华文化的传播有助于世界各国文明的相互交流、相互学习，能为世界文明的发展注入珍贵的能量，增进各国人民的互相理解、尊重，消除隔阂和误解，共建人类文明共同体。此外，中华文化的传播也将扩大中国的国际影响力，打破西方国家国际话语垄断，有利于世界格局的和平、稳定，有利于中华民族的复兴伟业。

（四）人文性层面

民族院校大学英语课程思政教学的人文性目标主要包括以下两个方

---

① HALLIDAY M A K. New Ways of Meaning: The Challenge to Applied Linguistics[C]. WEBSTER J. On Language and Linguistics, vol. 3 in The Collected Works of M A K Halliday. London: Continuum/Beijing: Peking University Press, 2003: 145.

② 习近平.让全世界都能听到并听清中国声音[EB/OL].（2019-01-10）[2022-11-04]. http://cpc.people.com.cn/xuexi/n1/2019/0110/c385474-30514168.html.

③ 人民网-中国共产党新闻网.习近平：建设社会主义文化强国 提高文化软实力[EB/OL].（2014-01-01）[2022-09-05]. https://china.huanqiu.com/article/9CaKrnJDMmX.

向：第一，民族院校大学英语课程思政教学应该强调生发文化自觉、增强中华文化自信。文化自信是一个民族对自身文化的自觉认同。① 习近平指出"坚定中国特色社会主义道路自信、理论自信、制度自信，说到底是要坚定文化自信。文化自信是更基本、更深沉、更持久的力量。"② 文化自信的底蕴扎根于五十六个民族的灿烂文明，扎根于五千年来的中华民族一体历史传承，也扎根于中华文化兼收并蓄、去伪存真的实践过程。文化自信因"文化自觉"而生，必须明白母文化的形成过程、意义和所受其他文化的影响及发展的方向。③ 民族院校大学英语课程必须把生发中华文化自觉纳入教学目标体系，通过对中华优秀民族文化的探究与讨论、情感的激发，增强各民族学生对中华文化的自信感、认同感。第二，民族院校大学英语课程需要培养学生的文化思辨能力，引导学生辩证地看待中外文化异同，提高对西方文化的分析、鉴别能力。主要原因有两点：一是大学生主要通过网络、电影、音乐等大众传媒渠道了解西方所谓的"普世价值"。这种"普世价值"往往都是戏剧化、理想化后的带有政治目的的文化殖民产品。西方媒体刻意理想化的西方社会和中国现实社会可能存在的某些不尽如人意的客观现实之间存在的"信息差"（information gap）无疑会误导部分学生，造成价值观偏移，甚至政治立场不稳的严重后果。二是语言的学习并不仅是简单学习语言符号，一旦语言符号转化成说出来的话和写下来的文字，就"代表说者或写者的立场和观点，有着鲜明的价值导向"④。民族院校大学生在英语学习过程中，往往采取的是积极的"我要学"的心态，更容易受到语言承载的西方文化价值观的影响。因此，在民族院校大学英语课程教学中提高学生文化思辨能力，正确看待中西文化异同，谨防西方文化及价值观的渗透显得格外重要。民族院校大学英语课程思政教学应该有意识地引导各民族学生，通过探究、分析、比较，提升文化敏感

---

① 邹广文,王吉平.论文化自信的社会心理基础[J].河北学刊,2021,41(04):20.
② 习近平.在哲学社会科学工作座谈会上的讲话[N].人民日报,2016-05-19.
③ 费孝通.论文化自觉[M].呼和浩特：内蒙古人民出版社,2009:5.
④ 文秋芳.产出导向法：中国外语教育理论创新探索[M].北京：外语教学与研究出版社,2021:33.

性，增强对不同文化价值的批判性吸收、理解的能力，剖析西方社会现实、辩证看待中外文化异同，坚定中国立场。

（五）现实性层面

民族院校大学英语课程思政教学的现实性目标主要强调对时代社会现实的关注和对民族院校各族学子学习生活现实的关注。第一，民族院校大学英语课程思政必须结合社会实际与现实基础，做到与时俱进。马克思主义人的全面发展理论指出，人的本质是一切社会关系的总和。人的全面发展都一定是时代发展的产物[①]，与其所处的社会环境息息相关。当前全球化时代信息来源纷繁复杂，价值文化多元杂糅。民族院校大学英语课程思政教学应关注时代焦点命题，结合国内外社会现实热点的讨论，培养顺应时代发展、切合时代需求，能够正确认识时代责任和历史使命的各民族优秀人才。应引导学生"自觉将个体的理想追求融入国家和民族事业中"[②]，寻求个体发展目标与时代社会需求的有机融合，形成正确的人生观、青年观、奋斗观等。第二，民族院校大学英语课程思政教学应该融入对各民族学生现实生活的关照，直面各民族学生的需求与困惑。马克思主义人的全面发展理论指出人的发展还包括其需要的发展和自由个性的发展。民族院校大学英语课程思政教学需要处理好全面发展与个性发展的关系，并关注学生不同层次需求的发展。要坚持"以人为本"，增强思政育人的亲近感、针对性。在大学英语语言知识能力教学过程中以动态性、发展性的视角全面观察学生的思想状态、个性特点，把握学生的现实需求，融入对学生思想状态发展的正向引领，引导学生正视成长过程中的现实困难与挑战。将"抽象"的思政育人概念与"具象"的学生学习生活体验结合起来，体现思想政治教育的"深度"和"温度"，提高思政育人的说服力和感染力。通过对"现实的人"的"现实生活"的关注，促进教学共同体各因素的多

---

① 吴德刚.关于马克思主义人的全面发展学说的再认识[J].教育研究，2008（04）：6.
② 人民网.习近平：把思想政治工作贯穿教育教学全过程 开创我国高等教育事业发展新局面[EB/OL].（2016-12-09）[2021-09-01]. http://cpc.people.com.cn/n1/2016/1209/c64094-28936173.html.

向互动与情感共鸣，打造更为和谐、有效的民族院校大学英语课程思政育人生态。

第三节　民族院校大学英语课程思政教学的操作流程

民族院校大学英语课程思政教学操作流程的设计，借鉴了格兰特·威金斯（Grant Wiggins）和杰伊·麦克泰格（Jay McTighe）提出的"逆向设计"（Backward Design）理念。"逆向设计"强调"以终为始"，围绕学习想要达成的结果倒推教学设计，[①]认为教学只是达到目的的一种手段，必须首先关注对学习想要达到的结果的期望，才有可能产生适合的教学行为。[②]格兰特·威金斯和杰伊·麦克泰格在《追求理解的教学设计》（*Understanding by Design*）一书中提供了一个按照"确定预期结果 — 确定合适的评估证据 — 设计学习体验和教学"流程进行的逆向设计模板。其中"确定预期结果"指确定教学需要达到什么教学目标。"确定合适的评估证据"指确定不同类型的评估方法，以收集证据证明达到了预期结果。"设计学习体验和教学"则是思考如何通过教学和提供学习体验使学生达到预期结果。本研究借鉴了该模板的设计理念，并结合大学英语教学在学生任务完成后进行评价总结的常规做法，设计了一个由"预设结果 — 教学实施 — 效果评估"三阶段组成的教学流程，具体可分为"确立融合性目标 — 设置融合性任务 — 教师课堂教学基础促成 — 学生课下探究拓展促成 — 融合性任务作品评价 — 融合性目标达成整体评估"六个步骤（图2-1）。以下将对这一操作流程进行详细介绍。

---

① [美]格兰特·威金斯，杰伊·麦克泰格.追求理解的教学设计[M].闫寒冰，宋雪莲，赖平，译.2版.上海：华东师范大学出版社，2017：7.

② [美]格兰特·威金斯，杰伊·麦克泰格.追求理解的教学设计[M].闫寒冰，宋雪莲，赖平，译.2版.上海：华东师范大学出版社，2017：19.

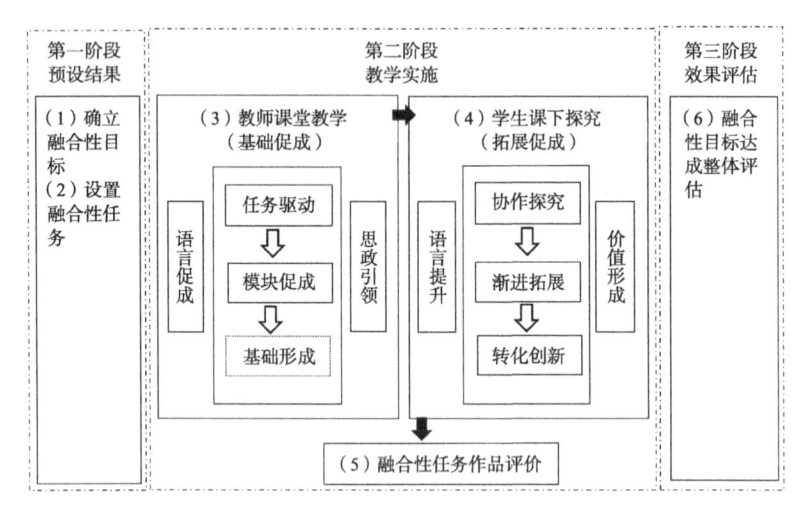

图2-1 民族院校大学英语课程思政教学操作流程

一、预设结果

"预设结果"阶段由"确立融合性目标"和"设置融合性任务"两个步骤组成。其中"融合性目标"指民族院校大学英语课程思政教学总体目标,这一目标由英语语言教学目标与思政育人目标两部分组成;"融合性任务"是基于"融合性目标"设计的"以英语语言作品为载体,以思政育人元素为内核"的产出任务。

(一)确立融合性目标

教学目标指向预期可达到的教学结果,是教学的出发点和归宿。确立教学目标是教学设计的首要步骤,对教学活动发挥着导向、激励和检测作用。"确立融合性目标"指教师需要以教学单元(按照教材单元或主题教学活动等划分)为单位,明确本教学单元的具体英语语言教学目标和思政育人目标,即"学生的语言知识能力得到哪些提升""思政素质得到哪些发展"。在前期民族院校大学英语课程思政教学实施情况调查教师访谈中,研究者了解到大多数大学英语教师在教学时并未将思想政治教育纳入教学目标。因此，思想政治教育融入比较随意，多为零散、随机的浅层融入，影响了课程思政实施的深度、广度和效果。本研究按照逆向教学设计理念，先确立融合性目标，以预期想要达到的目标结果倒推教学设计，以此来起到教学"指向"作用，促进教师有意识、有目的地将思政育人系统地融入大学英语课程教学。

（二）设置融合性任务

"设置融合性任务"是指教师基于对民族院校大学英语语言教学目标和思政育人目标的分析，确立本教学单元的具体"语言+思政"融合性任务。融合性任务以英语语言作品为载体，以思政育人元素为内核，以此将思政育人自然融入英语语言知识能力教学，旨在有效解决前期民族院校大学英语课程思政教学实施情况调查中发现的思政育人"硬融入"问题，促进思政育人与英语语言教学的有机融合。融合性任务作品的语言质量和蕴含的思政价值理念及态度将是检验融合性教学目标是否达成的重要评估证据。融合性任务也将是后续教师教学和学生探究活动的显性"驱动"。以融合性任务为驱动，既符合英语语言学习逻辑，也符合思政育人逻辑。从语言学习目标来看，英语学习的最终目标就是获取用英语解决实际生活中的问题、用英语进行交际的能力。通过设计融合性任务，让学生用英语解决现实交际问题，可以提供充分的英语语言输出机会，引导学生注意（noticing）语言形式，假设测试（hypothesis testing）目的语知识以及反思（reflection）语言输出并做出修正，[1] 能够有效促进语言习得。[2] 从思想政治价值观形成路径来看，学生价值观体系的建构是接受主体基于自身选择，借助中介对接受客体进行的"反映、选择、整合、内化和外化"[3]的过程。价值观无法靠教师的灌输而直接获得。通过设计蕴含思政元素的融合性任务，可以引导学生在完成任务的过程中，通过对任务蕴含的思政

---

[1] 袁芳远.基于课堂的第二语言习得研究[M].北京：商务印书馆，2016：74.

[2] SWAIN M, DETERS P. "New" Mainstream SLA Theory: Expanded and Enriched[J]. The Modern language Journal, 2007, 9（5）：820-836.

[3] 张耀灿，郑永廷.现代思想政治教育学[M].北京：人民出版社，2001：135.

元素内容的分析、讨论、比较、评价、判断等，加深对思政元素内容的理解，形成积极价值态度和行为倾向，并最终内化于自身价值体系。融合性任务完成的过程，不仅是学生英语语言知识能力提高的过程，也是学生思政素质发展的过程。

二、教学实施

教学实施阶段由"教师课堂教学基础促成""学生课下探究拓展促成""融合性任务作品评价"三个步骤组成。马克思主义人的全面发展理论强调，人的自由个性的全面发展离不开人的主体性的充分发挥。建构主义理论也认为学生是知识建构的主体，在社会文化互动过程中主动建构知识。民族院校大学英语课程思政教学应该是教师和学生作为多元教育主体间双向建构和双向整合的"对话性"[①]过程。基于以上观点，本研究将促成融合性任务的过程设计为"教师课堂教学基础促成""学生课下探究拓展促成"两个连续性的阶段。一方面旨在通过学生课下探究，激发学生的深度参与，以解决前期调查研究中发现的学生主体性未充分发挥的问题，提升民族院校大学英语课程思政教学的效果；另一方面也旨在扩展教学时空，以解决前期调查研究中教师反映的民族院校大学英语课堂时长不足，导致难以兼顾思政育人的问题。

本部分的教学步骤设计借鉴了文秋芳提出的"产出导向法"外语教学理论的"驱动—促成—评价"三阶段教学流程。认同"产出导向法"提出的教师应该设计产出任务作为教学"驱动"，围绕产出任务提供恰当教学输入以"促成"产出[②]，使学生所学必有所用[③]，并通过师生合作"评价"产出任务完成情况以达到"以评促学"的目的。但在本研究中，"促成场

[①] 白臻贤.外语课程文化自觉价值取向的后现代视角[J].外语与外语教学，2009（03）：38-39.

[②] 邱琳."产出导向法"促成环节设计标准例析[J].外语教育研究前沿，2020，3（02）：13.

[③] 文秋芳.产出导向法：中国外语教育理论创新探索[M].北京：外语教学与研究出版社，2021：46-48.

域"由"课堂"延伸至"课上课下联动","促成主体"由"教师"转向"教师、学生协同","促成内容"也不再限于"内容、语言和话语结构"[①],而是基于民族院校大学英语课程思政教学的具体需要,不仅包括语言促成,也包括思政价值观点促成,促成内容更为多元。

(一)教师课堂教学基础促成

"教师课堂教学"并非指课堂是教师的"一言堂",而是强调教师主导课堂教学,包括课堂教学材料的选取、教学活动的设计、师生互动的形式及相关教学管理等。教师课堂教学需要秉持"以学生为中心"的教学理念。教师基于对具体学情的分析和研判,为学生完成融合性产出任务提供"基础促成"。"基础促成"是指教师课堂所教并不能为学生完成融合性产出任务提供全部所需知识、能力或价值观点,只是提供必要的基础。融合性产出任务的完成还需学生进一步拓展探究。"教师课堂教学"阶段设计了一个由"任务驱动—模块促成—基础形成"三步骤组成的内嵌教学流程(图2-2)。"任务驱动"指教师在教学之初即告知学生本教学单元需要完成的融合性产出任务,起到聚焦学生关注度、促进学生参与度、激发学生学习动机的"驱动"作用。"模块促成"是指教师根据对学生学情(包括英语学情和思想状态/思政素质学情)的预判、教学观察及学生反馈,分析学生完成融合性产出任务需要掌握的语言知识能力及需要的思政引领。并基于以上研判,把教师促成融合性任务产出的过程分解成若干模块,如围绕融合性产出任务所需要的语言基础、思政观点、文体结构等,提供"聚焦性"促成,以提高促成效率,提升促成效果。"基础形成"是指教师教学为学生最终完成融合性产出任务所需英语语言知识能力打好基础,并为达成预期思政育人目标起到方向引领、促成内化等作用。

---

① 文秋芳.产出导向法:中国外语教育理论创新探索[M].北京:外语教学与研究出版社,2021:51.

```
任务驱动  →  模块促成  →  基础形成
```

图 2-2　教师课堂教学基础促成流程

（二）学生课下探究拓展促成

"学生课下探究"是指学生在教师指导下，以"学习小组合作学习"的形式在课下继续围绕如何完成融合性产出任务进行协同探究，完成学生合作拓展促成。"学生课下探究"不同于传统教学中教师完成教学后，要求学生完成对应教学内容的课后作业，以检验课堂所学知识的掌握程度的惯常做法。"教师课堂教学"阶段只为学生完成融合性产出任务起到"筑基"的作用，"学生课下探究"是"教师课堂教学"的延续，是学生围绕产出任务进行"拓展"促成的阶段。学生的任务产出将高于教师课堂传授知识，学生的探究过程中也将继续杂糅教师指导。教师在课堂教学中围绕"如何完成融合性产出任务"提供必要的基础性教学支持和思政价值引导。学生在课下以学习小组协同探究的形式进行合作拓展促成，并在此过程中进一步发展英语语言知识能力和建构思想政治价值观念。旨在通过这种师生"课上""课下"的联动，打破民族院校大学英语课程教学时间和空间的限制，充分发挥教师、学生个体、学生群体的主体间性。引导学生在学习共同体多维互动中完成主体建构，使英语语言知识能力提升和思想政治价值观发展更为系统、深入。学生课下探究阶段采取的是"协同探究 — 渐进拓展 — 转化创新"的发展路径（图 2-3）。

```
协同探究  →  渐进拓展  →  转化创新
```

图 2-3　学生课下探究拓展促成路径

"协同探究"是指学生在教师的指导下，组建学生学习小组，充分发挥学生的主体性，进一步围绕"完成融合性产出任务"进行拓展探究。在完成融合性产出任务的过程中，逐步完成英语语言知识能力发展和思想政治素质提升的主体建构。学生促成既包括学生个体促成，也包括学生群体促成。学生个体促成是指学生个体分析自身水平与融合性任务目标之间存在的差距，聚焦探究方向，有意识、有目的、有针对性地进行任务相关英语语言知识能力和思政元素内容的输入、探究。学生群体促成是指学生学习小组成员之间通过群体协商、任务分工等方式共享信息、互通有无、协作探究。在此过程中发挥"合作学习"的功能，在组员协作探究共同促成产出任务的过程中，获得"1+1>2"的学习效果，在社会化互动过程中完成认知体系和价值观体系的建构。"渐进拓展"强调的是任务的"渐进"开展和认识的"拓展"深化。任务的"渐进"开展是指学生促成融合性任务产出的过程被分解成不同阶段，学生按照不同阶段的具体产出目标逐级深入、循序渐进。研究者之所以这样设计是因为在传统大学英语教学中，通常采取"教师发布任务 — 学生完成任务 — 教师检查任务"的任务布置方法。任务为一次性发布，任务作品为一次性收集。这种做法导致很多学生会在临近任务截止期限时才开始着手完成任务，往往因学生时间仓促、准备不充分，导致任务完成质量较差，教学效果也欠佳。通过阶段性任务的"渐进"开展方式，将任务分解为不同阶段，每一阶段对应具体的任务、时限要求，有利于学生按时、保质、保量地完成单元产出任务，进一步促进学生的深度参与。认识的"拓展"深化是指学生围绕"融合性产出任务"制订探究计划、搜索资料、分析讨论、交流观点、比较综合等的过程，是一个循序渐进、螺旋上升的过程。在此过程中，学生不断发展与融合性任务相关的英语语言知识能力，不断深化对融合性任务蕴含的思政价值命题的理解，并逐渐形成积极价值观念。"转化创新"是学生经由前期协同探究、拓展深化过程，将教师传授知识、个体探究所得和小组协同探究收获进行转化，最终"创造"出融合性产出任务作品。

（三）融合性任务作品评价

融合性任务作品评价指学生公开呈现融合性产出任务的最终作品，并由师生共同对任务作品进行评价。通过师生协作评价，再次引导学生强化相关英语语言知识能力认知及思政价值观点态度，以起到"以评促学"的作用。融合性产出任务作品的呈现可以根据具体需要采取"课上+课下"的多元呈现方式。通过课堂公开呈现，可以创造一个即时互动交流的机会，有利于激发学生的积极性和参与性。通过课下在"线上学习平台""微信班级群"等线上平台发布的形式呈现，则可以节省课堂时间，弥补民族院校大学英语课堂教学时间相对不足的缺点。民族院校大学英语课程思政教学强调思政育人的"有机性"，因此对融合性任务作品的师生合作评价采取的是显隐结合的综合性评价方式。以英语语言知识能力评价为主，思政育人评价为辅。英语语言知识能力评价采取"显性"评价方式；思政育人评价则采取"隐性"评价方式，融入融合性任务作品评价。如通过评价融合性任务作品的"立意"维度等方式进行评价，以提升民族院校大学英语课程教学中思政融入的"有机性"。

三、效果评估

效果评估即对融合性目标是否达成进行整体评估。在完成单元教学之后，教师需要回顾整个教学过程，寻找更多证据检验融合性教学目标达成情况，对学生的英语语言知识能力和思政素质的发展情况进行整体评价，并不断反思、改进教学。整体评价呈现多维性：第一，证据来源多维。评价证据不仅包括融合性产出作品，还包括学生自评材料、学生互评材料、阶段性作业材料、学生各阶段不同形式的书面或口头反馈、教师课堂观察等多种数据来源。第二，评价视角多维。不仅评价学生英语语言知识能力的发展情况，而且评价学生的思想政治素质发展情况。

第四节　民族院校大学英语课程思政教学的评价理念

教学评价是指依据一定的客观标准，对教学活动及其结果进行测量、分析和评定的过程，主要包括对学生学习结果的评价和对教师教学工作的评价。[1] 民族院校大学英语课程思政教学评价应该采取多元评价体系，以更为全面地评估教学效果。多元评价体系指评价主体多元、评价方法多元、评价目的多元和评价内容多元。

一、评价主体多元

评价主体多元指将教师、学生个体、学生群体均作为评价主体引入评价体系。学生不再是评价的客体，而是评价的积极参与者。教师主体评价包括教师评学生、教师自评。学生主体评价包括学生评教师、学生自评和生生互评。通过多元主体评价不仅能够加强民族院校大学英语课程思政教学场域内部主体间的积极交互，达到"以评促教，以评促学"的效果，而且能够促进多元主体的自我反思，修正、培养学生元认知，促进教、学双方的协同发展。

二、评价方法多元

评价方法多元指评价采取的方法呈多样性。从评价学生的角度来看，可以采取教师评价、学生自评、生生互评、机器评价等方式。其中教师评价能够提供有针对性的评价信息，有助于激励、引导学生发展；学生自评有助于学生自我审视，培养自我管理能力；生生互评有助于促进同辈学

---

[1] 扈中平.教育学原理[M].北京：人民教育出版社，2008：372.

习，培养协作能力和责任意识；机器评价则指充分利用在线批阅系统功能，提供更为方便、快捷、及时的评价信息。从评价教师的角度来看，主要可以采取教师自评、学生评价的方法。教师自评指教师基于教学观察，进行反思性自我评价并撰写教师反思日志。学生评价指通过学生书面或口头反馈、问卷、访谈等方式，让学生对教师的教学内容、教学方法、教学管理、教学效果等进行评价。此外，还可以引入同行评价，即指邀请其他教师观摩课程思政课堂教学，并对教师的课程思政教学设计、教学实施及教学效果等进行评价并提出建议。通过采取多元方法评价可以收集来自不同视角的评价数据，评价结果更为客观、全面。

三、评价目的多元

评价目的多元指评价集诊断性、形成性、总结性评价于一身。诊断性评价指在开展民族院校大学英语课程思政教学之前，基于预期语言教学目标和思政育人目标对学生的相关英语语言知识能力学情与思想状态进行教学前诊断，明确学生的准备状态，为课程思政教学设计、教学重点、具体实施等提供参照信息。形成性评价指在开展民族院校大学英语课程思政教学的过程中，观察学生的英语语言知识能力和思想政治素质发展的过程，收集教学过程中学生课堂表现、阶段性作业完成情况、学习小组合作情况、师生互动中的学生反馈等多种信息，掌握动态的教与学目标达成状况，以评估课程思政教学发展并及时进行调整或改进。总结性评价指完成民族院校大学英语课程思政教学之后，评估英语语言教学目标和思政育人目标的达成效果。目的多元的评价能够关注到学生发展全程，充分发挥评价的诊断问题、改进教学、检验效果等功能。

四、评价内容多元

评价内容多元指对学生的评价和对教师的评价，应结合不同内容开展。通过多元内容评价整体考查教师的教学有效性、学生认知及情感价值观建构发展情况。

（1）从学生的角度出发，主要评价内容包括学生的获得感、学生的投入情况及学生的任务作品质量。获得感指学生自我感知的收获，主要包括英语语言知识能力方面和思想政治素养发展方面的获得感，体现在知识、能力、素质、意识、态度等不同维度。投入度（engagement）主要指学生在课程思政教学中的参与情况。包括教师课堂教学阶段中的互动参与情况和学生课下探究阶段付出的努力和对学习的重视程度。[1] 任务作品质量主要评价任务产出作品的语言质量、交际功能性以及作品体现出的情感价值观态度等。

（2）从教师的角度出发，主要评价内容包括思想政治教育融入的系统性、有机性、深入性和有效性。①思想政治教育融入的系统性，主要观察点包括思政育人是否融入教学目标、教学任务、教学活动、教学评价、教学产出等各环节。②思想政治教育融入的有机性，主要观察点包括思想政治教育融入是否符合英语语言教学内在逻辑、是否与英语教学主题相关、是否易于被学生接受、是否遵循认知发展及情感发展逻辑等。③思想政治教育融入的深入性，主要观察点包括是否能引发学生对思政育人信息的深度思考[2]；是否能促进学生对思政育人信息的"理解与反思"[3]；是否能产生思政育人相关信息输入的"迁移与应用"[4]，就新的情境"做出决策和解决问题"[5]。④思想政治教育融入的有效性，主要观察点包括师生课堂互动气氛、学生表现出的认知与价值观态度发展情况、思政育人目标是否达成等。

---

[1] FREDERICKS J A, BLUMENFELD P C, PARIS A H. School Engagement: Potential of the Concept State of the Evidence[J].Review of Educational Research, 2004, (74) 1: 60-65.

[2] [美]詹森.深度学习的 7 种有力策略[M].温暖,译.上海：华东师范大学出版社, 2010: 11.

[3] 伍远岳.论深度教学：内涵、特征与标准[J].教育研究与实验, 2017（04）: 63.

[4] 何玲,黎加厚.促进学生深度学习[J].现代教学, 2005（05）: 30.

[5] 刘倩.深度学习视野下高中文言文教学设计与实施策略研究[D].东北师范大学, 2020: 24.

第三章 民族院校大学英语课程思政教学第一轮行动研究：尝试与探索

研究者将上一章构建的"民族院校大学英语课程思政教学实施方案"作为行动研究的行动指引和理论参照，按照教学实施方案中的操作流程开展了接下来的教学行动。第一轮行动研究是基于该教学实施方案进行的初步尝试和探索，旨在将该实施方案具象化，探索操作流程各步骤的具体操作措施，在行动研究中观察教学效果，发现不足并加以改进。本轮行动研究于2021年11月3日到12月17日展开，共六周。课堂教学用时共计8课时，每次2课时，每课时45分钟。其中教师课堂授课6课时（11月10日，11月17日，11月24日）。学生任务作品展示及评价2课时（12月15日）。

第一节 行动研究方案与实施

一、行动研究对象

三轮行动研究皆在研究者所执教的Z民族大学2021级大学英语课程×班中展开。其中第一轮行动在大学一年级的第一学期开展，第二轮和第三轮行动在第二学期开展。Z民族大学的2021级大学英语课程采取"混合平行编班"形式。大学英语课程分为"读写"和"听说"两个课型，由同一位教师担任教学，两个课型共同纳入大学英语课程期末考核。每学期前九周为"听说"课型，每周两次课，周一、周三上课，每次2课时，每课时45分钟。每学期后九周为"读写"课型，每周一次课，周三上课，每次2课时，每课时45分钟。行动班级2021级大学英语×班学生分别来自中国少数民族语言学院、历史学院和经济学院。共有61人，其中男生14人，女生47人；汉族16人，少数民族45人。共有13个少数民族成分，包括朝鲜族、汉族、彝族、苗族、白族、布依族、瑶族、壮族、藏族、水族、蒙古族、黎族及回族。来自全国15个省区市，包括云南、贵州、广西、四川、内蒙古、甘肃、福建、新疆、陕西、海南、宁夏、天津、黑龙江、辽宁及吉林。来自民族地区41人，非民族地区20人。

  从英语学情来看，×班学生存在多民族、多文化、多语言背景。部分少数民族学生的民族语言文化背景对英语学习会产生一定的干扰迁移影响；且因生源地高考英语政策及当地英语教学条件不同，英语基础也存在一定的差异。但从学生高考成绩、入学英语考试成绩来看，×班学生的英语基础属于中等到中等偏上水平，适用于《大学英语教学指南（2020版）》提出的提高目标和发展目标的相关教学要求。从日常教学观察来看，×班整体英语学习气氛比较积极，但存在英语应用能力不强的情况。如口语交际表达存在中式思维导致的"中式英语"及不自信的情况；对英语国家文化的了解比较片面且比较浅显，跨文化交际能力还有待培养；英语写作存在应试的"套路式"写作情况，只关注单词、语法等的准确性，不注重内容的丰富性和实际交际意义等。此外，大多数学生对教师的依赖性也比较强，希望教师就他们的英语学习规划、作业、任务做出非常细致的安排，自主学习能力、合作学习能力、思辨精神还有待进一步培养。

  通过对×班学生填写的民族院校大学英语课程思政教学需求调查问卷数据进行单独分析，发现×班学生对民族院校大学英语课程思政的需求和建议与Z民族大学全校调查总体结果情况基本一致。主要发现如下：学生认为民族院校大学英语课程目标应包括培养学生英语综合应用能力（100%），进行跨文化教育（87.1%）、服务中国文化对外传播（87.1%）、承担思想政治教育任务（80.6%）；认为民族院校大学英语课程思政教育应主要结合中外文化对比（93.5%）、中华优秀传统文化（93.5%）、时事社会热点（93.5%）；认为应该注意通过课堂教学（91.9%）和第二课堂活动（88.7%）融入思想政治教育；认为教师在课程思政中应关注与学生互动方式的灵活性（91.9%）、课程思政内容的丰富性（90.3%）和教育手段的多样性（85.5%）；学生认为可以采取"'润物细无声'地融入英语教学"（48.4%）与"直接灌输和'润物细无声'地融入相结合"（46.8%）的方式融入思想政治教育；认为课程思政评价方式应形成性和终结性相结合（83.9%），采取师生合作评价（83.9%）形式；推崇学生小组协作式学习（85.5%）和师生互动式学习（79.0%）的课程思政教学活动形式；最为认可小组讨论（90.3%）、教师讲解（82.3%）、情景模拟（80.6%）的课程思政教学方法；认为大学英语课程思政教学效果评价应关注学生是否能用英语弘扬中华文化、讲好中国故事（90.3%），提升文化自信（90.3%）。

　　但与全校调查数据相比，×班调查数据也体现出一定的差异。主要表现在就民族院校大学英语课程思政育人目标而言，×班学生选择人数排名前四位的是铸牢中华民族共同体意识（96.8%）、提升中华文化自信（95.2%）、促进民族团结（93.5%）、培养国际视野（93.5%）；而全校总体数据排名前四位的是增强国家认同、铸牢中华民族共同体意识、培养国际视野、提升中华文化自信。可见×班学生更为关注铸牢中华民族共同体意识和民族团结。这可能与×班少数民族学生占比（73.8%）较全校整体占比更大，对民族团结和铸牢中华民族共同体意识更为敏感有关。在接下来三轮行动研究中，研究者在开展课程思政教学时将结合学生具体学情和对民族院校大学英语课程思政教学的需求，以提升课程思政教学的适切性，将思想政治教育更好地融入大学英语课程教学，处理好英语语言教学目标和思想政治教育目标的关系，使两者之间形成"相辅相成"而非"此消彼长"的关系。

二、行动研究背景与问题

第一轮行动研究在2021级大学英语 x 班的大学英语课程"读写"课型中进行。使用大学英语课程教学年级统一教材《新视野大学英语（读写教程）》（以下简称《读写教程》）第一册。《读写教程》着重培养学生的"读、写、译"英语应用能力，跨文化交际意识和人文素养，[①] 未将思政育人纳入核心教学目标，教材思政育人元素也不明显。但从教材选材来看，因其主题涵盖社会、经济、哲学、科技、文化等不同领域，主题覆盖面广，时代性较强，为融入思政育人提供了一定的空间。

本轮研究主要旨在让民族院校大学英语课程思政教学实施方案在一线教学实践中落地，需要探究的问题是如何将教学实施方案操作流程的各步骤转化为具体操作措施，使课程思政教学得以实现。具体主要包括以下三个问题：

（1）如何确立单元融合性教学目标和融合性产出任务？
（2）如何在民族院校大学英语课程教学中融入思想政治教育？
（3）如何管理并支持学生课下探究，充分调动学生参与性？

三、行动研究计划

（一）确立融合性目标和融合性任务

研究者在与教师互助小组的两位同行教师商讨后，认为确立"语言＋思政"融合性单元教学目标应该基于对大学英语课程培养目标、教材内容、学生英语知识能力学情和思想政治素质学情、民族院校大学英语课程思政重点育人目标等的综合分析，以寻找思想政治教育与大学英语语言知识能力教学的最佳契合点。研究者将在对以上内容进行深入分析的基础上，确立融合性目标，并基于融合性目标设计以英语语言作品为产出形

[①] 丁雅萍，吴勇.新视野大学英语读写教程：第一册[M].北京：外语教学与研究出版社，2015：V.

式，同时蕴含思政引领价值的融合性任务。

（二）进行融合性任务前测

研究者在与教师互助小组的两位同行教师商讨后，决定以英文演讲写作与口头呈现作为本教学单元融合性任务的产出形式。计划在教师开始课堂教学前一周，将融合性任务作为课前练习任务发布，要求学生完成演讲写作练习，并提交iWrite在线英语写作教学与评阅系统获取机器自动评分及修改意见。研究者基于对学生的演讲文本及机器评分的分析，了解学生当前英文演讲写作水平与预期英语教学目标之间的差距，并分析学生在文本中表露出的思想政治价值观点与预期思政教育目标之间的差距，作为后续调整、改进教学设计的参照。学生演讲写作练习还将作为前测数据，在行动结束之后用以与融合性任务最终作品（后测）对比，以检验教学行动效果。

（三）进行课堂教学设计

研究者将结合融合性任务前测结果，围绕学生完成融合性英文演讲产出任务所需要的支持和输入，对教师课堂教学促成内容进行具体设计并准备相关材料。同时思考不同教学环节的思政融入切入点。

（四）对学生课下探究阶段的管理进行安排

研究者将协助学生按照自主原则组建学生学习小组。在学生课下探究阶段中，要求学生通过小组学习会议的形式进行组内交互反馈，要求召开三次小组学习会议，以此促进学生在课下探究阶段的参与，促进学生在课程思政教学中主体性的发挥。此外，还要求学生学习小组提交三次小组学习记录，汇报课下探究过程中的学习进展、收获、难点、教学建议等，作为师生交互反馈的渠道。研究者还将设计演讲评价自评表提供给学生课下参考，作为学生课下进行融合性演讲任务文本质量自评和互评的参照。

（五）对学生任务作品的呈现及评价方式进行安排

研究者计划采取两种学生任务作品呈现方式。一是在学习小组内评选一位最佳演讲人，代表本小组参加班级演讲比赛，师生对班级演讲比赛参赛作品进行合作评价。二是其他学生通过U校园学习平台提交个人演讲录制视频和演讲文本。演讲录制视频采取教师评价，演讲文本采取机器评价和教师评价相结合的方式。

四、行动研究实施

做好计划安排和前期准备工作之后，研究者按照民族院校大学英语课程思政教学实施方案操作流程"确立融合性目标 — 设置融合性任务 — 教师课堂教学基础促成 — 学生课下探究拓展促成 — 融合性任务作品评价 — 融合性目标达成整体评估"的六个步骤，实施了第一轮教学行动。其中第六步"融合性目标达成整体评估"是完成整体教学后，研究者回顾整个教学实施过程，基于融合性任务作品及学生访谈、学习小组学习记录、学生阶段性作业情况、教师体验等其他相关证据，对学生的预期英语语言知识能力提升和预期思政素质发展情况进行整体评估，检验融合性教学目标的整体达成情况并反思教学。这一步骤与本章第二节"行动研究结果与反思"内容存在重合，不再赘述（第四章、第五章行动研究汇报也采取同样处理方法）。以下将介绍其他五个步骤的具体实施情况。

（一）确立融合性目标

确立融合性目标是民族院校大学英语课程思政教学的首要环节。这一环节旨在确立民族院校大学英语课程教学想要达到的英语语言知识能力提升目标和思想政治教育目标。后续教学将围绕"如何实现融合性教学目标"展开，以实现民族院校大学英语课程中语言教学与思政育人的有机融合。在本轮行动中，研究者采取以下步骤（表3-1）分别确立了思想政治教育目标和英语语言教学目标。

表3-1 第一轮民族院校大学英语课程思政育人目标确立操作步骤

步骤	内容
分析教材	分析课文：课文《奔向更加光明的未来》主题是"如何度过有意义的大学生活" 分析练习：中外校训赏析，讨论本校校训含义 提炼思政元素："校训""如何度过有意义的大学生活"
联系学生思想状态	来自全国15个省区市的13个民族的大一新生，正在适应大学生活，对Z民族大学的多元民族校园文化有较强的探求动机
结合课程思政育人目标	民族院校大学英语学科课程思政育人目标应重点彰显政治性、民族性、交际性、人文性、现实性
确立单元思想政治教育目标	①培养民族院校大学生的多元文化意识，促进民族团结，铸牢中华民族共同体意识；②树立积极的学习观、奋斗观

1. 思想政治教育目标的确立

（1）分析教材。本轮研究选取的教学单元是《新视野大学英语（读写教程）》第一册第一单元"Fresh Start"（大学生活伊始），本单元主要学习任务是课文"Toward a brighter future for all"（奔向更加光明的未来）。这是一篇大学校长在新生开学典礼上发表的演讲，核心内容是"引导大学生充分利用大学时光提供的机遇与挑战，尝试新的可能，承担责任"。通过分析单元主题及课文内容，挖掘思政元素点"充分利用大学时光，度过有意义的大学生活"，可以用于引导学生珍惜时光、树立正确的学习观、奋斗观。此外，课后练习"校训及讨论"部分列举了中外若干名校校训并要求讨论本校校训内涵和意义。校训往往不仅体现学校的办学方向和培养目标，还反映校园文化、人才培养核心理念，蕴含着丰富的人文思想价值和思想政治教育价值，是能引起学生共鸣、移情、效仿、追随的精神旗帜，具备良好的思政引领作用。Z民族大学的校训"美美与共、知行合一"是民族院校办学方针和人才培养目标的核心体现，为本轮教学提供了不可多得的思想政治教育切入点。

（2）分析学生思想状态。×班学生为来自全国15个省区市的13个民族的大一新生。一方面，他们刚入校园不久，对Z民族大学的多元校园文化表现出较强的探求动机；另一方面，他们还在适应高中生活到大学生活转变的差异。对大学的学习、交际、生活、文化等都还处于适应阶段,对大学这一重要人生阶段的规划还不是很清晰。对校训的探究有利于他们更好地了解校园文化,融入校园生活。对如何"充分利用大学时光,度过有意义的大学生活"这一问题的探讨则有助于他们早做规划,平稳度过"大学伊始"这一过渡阶段,切合他们当前实际生活体验。在教学开始之前,研究者还将预先设计好的单元演讲产出任务作为平时写作练习布置下去,让学生在iWrite英语写作教学与评阅系统上传写作文本(文本收集后作为前测)。通过对学生课前演讲作业文本进行分析发现,部分学生对校训蕴含的价值观点理解还有一定的偏差,对如何践行校训还没有进行深入思考,积极的行为态度观点形成还有待进一步引导。

(3)结合民族院校大学英语课程思政重点育人目标。民族院校大学英语课程思政育人目标应重点彰显政治性、民族性、交际性、人文性和现实性。Z民族大学校训"美美与共、知行合一"体现出鲜明民族院校特色,作为思政切入点,能够深度契合民族院校大学英语课程思政"政治性、民族性"的重点育人方向,能够有效地弥补当前大学英语课程使用的通用类教材不能回应民族院校的院校属性问题。从校训出发,可以引导各民族学子展开对民族院校多元校园文化的讨论,并在此过程中铸牢中华民族共同体意识,促进民族团结。

(4)确立思想政治教育目标。综上,本单元主要思想政治教育目标确立为,培养民族院校大学生的多元文化意识,促进民族团结,铸牢中华民族共同体意识;引导学生树立积极的学习观、奋斗观。

2. 英语学科教学目标的确立

(1)分析教材。本单元的主要学习任务是课文"Toward a brighter future for all"(奔向更加光明的未来),文章具备鲜明的英文演讲文体语言特点。演讲是非常重要的应用性文体,可以起到传播知识、激励引导、表达观点、活跃气氛等各种功能,广泛见于各种正式、非正式场合。良好的演讲能力不仅有利于学生的个人发展,也具备重要的社会功能。可以将课文作为演讲写作教学的基础材料,结合课文内容精讲演讲文体、演讲语言使用特征、演讲呈现策略等。

（2）分析英语学情。研究者通过对学生课前提交的演讲作业文本（前测）进行分析，发现大部分学生尚不了解演讲的写作范式、语言特点。如没有使用问候语，结构不合规范；逻辑性不强；写作练习作品"应试化"倾向严重，内容存在"形式主义""喊口号""套话"等问题；只注重词汇、语法等语言方面的正确性，忽视篇章的逻辑关系、观点的明确性、语言的丰富性以及文本内容的真实交际意义，不能做到"言之有物、言之有理、言之有序"[①]。因此，有必要进行演讲写作教学，并培养学生口头演讲的能力。

（3）确立英语语言教学目标。综上，本单元的主要英语语言教学目标确立为以下三点：①掌握并运用课文中学习的"大学生活"相关词汇、句型、表达方法。②掌握演讲文体撰写范式及语言特征。包括劝说类文体的话语策略，比喻、重复、排比、设问等修辞手法的应用，连接词和词组的应用等。此外，还需关注写作的篇章逻辑关系、观点的明确性、语言的丰富性以及真实交际意义。③掌握演讲口头呈现技巧并完成口头演讲。

（二）设置融合性任务

研究者基于对融合性目标的分析，将本单元融合性产出任务确立为：假设你将作为Z民族大学的学长代表在新生开学典礼上发表演讲，请基于对"美美与共，知行合一"（Unity in Diversity, Theory in Practice）校训的相关理解，写一篇演讲稿号召同学们共同践行校训，度过更为有意义的大学生活。这一英文演讲产出任务兼具融合性与交际性。

（1）其"融合性"体现在产出任务不仅切合英语语言教学目标，而且与思想政治教育紧密结合。①产出任务切合英语语言教学目标。产出任务是大学生活开学典礼演讲，与教材课文主题一致，有利于盘活课文所学"大学生活"相关词汇、词组、句型等。产出任务要求撰写演讲文稿，与课文文体一致，可以将课文作为重要的演讲文体分析资料，将语言学习与语言运用紧密结合，做到"学有所用"。②产出任务与思想政治教育紧密

---

① 教育部高等学校大学外语教学指导委员会主编.大学英语教学指南：2020版[M].北京：高等教育出版社，2021：16.

结合。产出任务通过设定演讲主题，将思想政治教育有机融入英语语言教学。为高质量地完成产出任务，学生需要了解校训"美美与共，知行合一"的意义并对校训进行具有开放性的解读，还需对"如何度过有意义的大学生活"这一具有明显积极价值取向的问题进行探讨。在此过程中，学生需要进行复杂的分析、比较、论证、演绎等高阶思辨活动，进一步加深了产出任务的思政育人厚度。

（2）其"交际性"主要体现在以下两个方面：①该产出任务要求给民族院校新生提供大学生活相关建议。符合行动班级学生作为民族院校大一学生的现实学习生活体验，具备一定的真实交际意义。②演讲产出任务需要学生联系目标受众，综合选取特定演讲策略，以完成"吸引受众注意力""维持受众关注度""传播特定信息""进行互动反馈"等具体交际行为，本身具有重要的交际价值。

（三）教师课堂教学基础促成

研究者按照本阶段的"任务驱动—模块促成—基础形成"子流程，开展了以下具体课堂教学环节。

1. 任务驱动

在任务驱动部分，研究者按照以下教学步骤（表3-2）发布了单元融合性产出任务，目的是激发学生的关注度和在接下来的课堂教学和学习小组课下探究过程中的参与度。

表3-2 教师课堂教学任务驱动步骤

教学内容	思政融入点	语言教学目标	思政育人目标
英文视频"美国大学生活"导入与理解	对视频中蕴含积极价值观点的内容进行提问、听写	了解外国文化，扩展国际视野；训练听力"信息提取"，口语"复述""总结"技能。学习视频中"大学生活的相关体验"和"大学生如何面对挑战"方面的词汇、词组、句型	接受视频中"积极面对挑战"等价值观点

续表

教学内容	思政融入点	语言教学目标	思政育人目标
观点交流：你将如何丰富你的大学生活？如何让你的大学生活有更多的收获？	设置具"正向"价值意思政引领取向的讨论问题	锻炼用英语表达观点的能力；运用视频中相应英文词汇、词组、句型	接受同辈交流中的积极价值观点
完成教材课后练习"感悟世界名校校训"和"讨论本校校训"	讨论校训蕴含的思政价值内涵	"校训"英汉互译练习	理解并接受校训蕴含的积极思政价值观点
发布产出任务			

（1）视频导入与理解：选择有思政引领意义的视频。首先，研究者联系单元主题补充了一段讲述"美国大学生活"的英文视频。视频里几位美国大学生分享了美国大学生活中的机遇和挑战，并为如何度过大学生活提出了建议。视频里的大学生包括非裔、亚裔、西班牙裔等，不仅讨论了美国大学的生活，还涉及了多元文化背景的学生如何看待大学生活的话题等。研究者通过"提问""复合式听写"等方式，引导学生"注意"（noticing）视频材料中的积极价值观点及重要英语语言知识点，并通过要求学生"复述""总结"等方法，帮助学生将"输入"（input）转化为"吸收"（intake）[①]。不仅帮助学生积累了"大学生活的相关体验"和"大学生如何面对挑战"方面的英语词汇、词组及句型，还起到帮助学生理解多元文化、积极面对大学生活中的挑战等思政引领的作用。

（2）观点探讨与交流：提出有思政引领意义的问题。基于以上视频内容，研究者提出两个拓展问题"How do you enrich your campus life?"（你将如何丰富你的大学生活？），"How do you make the most out of your campus life?"（如何让你的大学生活有更多的收获？），引导学生联系在Z民族大学的现实校园生活体验进行讨论。通过"如何丰富""如何更有收获"这样带有积极思政引领导向的问题，引导学生基于正向价值进行观点交流。学生的回答包括"There are so many ethnic activities in our school. I also met many classmates of different ethnic groups. I want to take

---

① 陈亚平.二语的外显学习和内隐学习[M].北京：外语教学与研究出版社，2020：3.

advantage of the diverse culture, participate in more social activities and make more friends."（我们学校有各种民族活动，我也遇到了很多来自不同民族的同学。我想要充分利用这样的多元文化环境，多参加活动，多交朋友），"My classmates are so smart and hardworking, I need to study hard to catch up."（我的同学都既聪明，又勤奋，我要好好学习不能落后）（课堂录像 2021-11-10）等。通过以上学生间蕴含"加强民族交流，增进民族团结""努力学习"等正向价值观点交流，有利于学生强化积极价值观念和行为倾向。

（3）主题联系与练习：结合课后练习材料分析任务主题中的思政元素内涵。研究者结合单元课后练习材料的"感悟世界名校校训"和"讨论本校校训"两个任务环节，联系单元融合性任务主题要求，引导学生尝试翻译并简要讨论Z民族大学校训"美美与共，知行合一"所蕴含的观点。从学生对校训观点讨论情况来看，学生对校训所蕴含的价值观点的理解还不是很全面，学生用英语翻译及阐释校训的内涵也还存在很大困难。通过对校训的翻译尝试和观点讨论，可以使学生预测自己与完成融合性产出任务需求之间存在的"信息空白点"和"语言缺失"，起到促进学生参与的作用。

（4）发布演讲产出任务。研究者就Z民族大学校训的英文翻译进行了讲解，并随即布置了单元演讲产出任务，要求学生以"践行校训，度过更为有意义的大学生活"为主题撰写英文演讲稿并发表口头演讲。要求学生组建学习小组，基于组员间的讨论交流完成个人演讲文稿，并在学习小组内推选一位组员，代表本小组参加班级演讲比赛。研究者还指出演讲任务成绩将计入学生平时成绩，占期末总评的10%，以激发学生的学习动机。

2. 模块促成

为了使教学促成更具针对性，降低融合性演讲产出任务完成的难度，研究者将英语演讲产出任务所需要的教学支持大致分解为语言促成、文体促成、观点促成三个模块（表3-3），进行相关讲解，并融入思政育人。需要指出的是，在本研究中，教师课堂教学阶段的模块促成分类都只是基于主要促成目标进行的大致分类（后续两轮行动研究也将沿用同样的分类方式）。事实上，促成模块之间很大程度上存在交织性。如本轮研究中语言促成部分的课文材料语言分析，不仅为演讲主题中"如何度过有意义的大学生活"这一部分提供了相关词汇、词组、句型等基础语言知识输入，而且课文材料内容所体现的"承担责任，不负韶华"等观点也能为演讲起到观点促成的作用。观点促成中提供的英文校训解读材料等，不仅能引导学生进一步理解校训蕴含的观点，生成对演讲任务主题的见解；同时也能为融合性任务提供语言材料，起到一定的语言输入促成作用。

表3-3 教师课堂教学模块促成步骤

促成模块	教学内容	思政融入点	语言教学目标	思政育人目标
语言促成	基于课文讲解重点词汇、词组、句型；while引导的对比句型；"主题句+拓展句+总结句"的段落写作方式；排比、比喻、重复等演讲写作常用修辞手法	设计能引导学生注意文章思政引领内容的篇章理解问题	练习阅读理解技巧；掌握与演讲主题相关的词汇、词组、句型，段落写作方法，修辞手法等	接受课文中所蕴含的积极学习观、奋斗观
文体促成	分析课文、补充演讲相关知识PPT及TED英文演讲视频片段，讲解演讲文体结构、语言特征	选择"励志""引领大学生奋斗"等主题的演讲视频	掌握演讲文体结构、语言特征	接受教学材料中蕴含的积极学习观、奋斗观
观点促成	民族/家乡文化"课前陈述"活动；"美美与共、知行合一"校训内涵理解英语短文1篇，双语短文1篇，英语语言知识讲解及翻译练习	基于课前陈述内容增进对校训内涵的理解；基于校训短文了解、巩固相应积极价值观点	掌握校训内涵相关英文表达	了解多元民族文化，铸牢中华民族共同体意识等

（1）语言促成：教师就完成演讲任务所需要的语言基础知识进行输入教学，并融入思政引领。

① 语言基础知识输入——基于课文语言点讲解。研究者以课文"Toward a brighter future for all"作为主要教学材料，讲授与演讲任务相关的大学生活相关词汇、词组、表达方式等。如讲授单词pursue, explore, sample, yield, triumph, pledge, rewarding, routine, resource, comprehensive, community, unique, emerge, available, overwhelm, virtually, abundant, responsibility, inheritor, transmit, acquire, prosperous等；讲授词组 attain one's best, cry tears of joy, future is built on a strong foundation of the past, get by on, pursue passions, pair ⋯ with, turn ⋯ into a passion for, stand a better chance for, enrich one's life, take pleasure /delight in, open the door to, make the most of, reap the benefits (of) 等；讲授while引导的对比句型及"主题句+拓展句+总结句"的段落写作方式。

② 思政引领融入 —— 基于聚焦积极价值内容的篇章理解问题。除学习单词、词组、句型等之外，研究者还基于语言教学及思政引领双重目标设计课文内容理解问题，如"According to the president, how should the students utilize the great resources on campus?"（文中校长呼吁大学生应该如何利用大学的各种设施？）"What could be the consequences if students are afraid of taking challenges?"（文中写道大学生如果不勇于面对挑战，会产生什么样的后果？）"How should students deal with new and unpleasant experiences in college?"（文中建议学生应该如何面对大学生活中的挑战或是不愉快的经历？）等。课文中以上问题的对应答案均体现积极的"学习观""奋斗观"等价值观点。学生在分析文章、回答问题的过程中，不仅可以训练"跳读""略读""信息定位"等英语阅读技巧；学习课文中相关词汇、词组、句型，进行语言基础知识的积累；还能进一步吸收内化课文相关语言材料所负载的积极"学习观""奋斗观"等价值观念。

（2）文体促成：教师引导学生分析课文文体并讲解演讲文本特征和口头演讲策略，同时融入思政育人。

① 文体知识输入 —— 基于课文文体分析及补充材料。文体促成的主要教学材料包括教材课文、研究者自编"演讲文体分析及呈现"课件及精选英文TED演讲视频片段。首先，研究者要求学生"结对"（pair work）分析课文文体，讨论总结演讲文体的行文规范，并当堂进行全班交流。随后，研究者补充讲解了演讲文体相关知识及口头演讲策略等。讲授部分主要包括以下四个方面的内容：第一，讲解演讲的不同类型。如本单元课文属于特殊场合（Special Occasion）劝说型演讲（Persuasive Speech）。第二，

讲解演讲写作的展开顺序。介绍了演讲写作六步法，即确定演讲目标、定位演讲受众、分析研究主题及罗列观点、确立基调及重要观点、开始写作、修改润色。第三，讲解演讲文体结构。结合课文讲解了演讲文体常见的"引入（introduction）——正文（body）——结尾（conclusion）"三段式写作结构。强调演讲文体中引入部分的重要作用，讲解引入部分如何吸引受众注意力、建立演讲者可信度、阐明演讲者观点等；强调正文部分阐述的观点之间必须具备逻辑关系，善于使用连接词和信号词；讲解结尾部分的常见方法（如使用引文、问句等），如何呼应主题，如何加强劝说性效果等。第四，讲解演讲文体的语言风格。如讲解会话性自然风格的语言要求；讲解比喻、拟人、设问、对偶、排比、重复、引用等演讲写作常见修辞手法。这部分的教学同时采取了"学生探究"和"教师讲授"两种教学方法。首先，学生发挥主体性，联系已有"结构""语用""修辞"等英语语言基础知识，通过课文文本分析，梳理演讲文体特征。随后，通过教师讲授，肯定并强化学生正确的认知，修正学生理解误区，最终帮助学生掌握演讲文体结构及语言特征，并内化于个体认知体系。

② 思政引领融入 —— 基于演讲示例视频的积极价值主题。研究者选取英语TED演讲视频片段作为补充，让学生更深入、直观地了解讲授的演讲相关知识在真实演讲交际中的应用。如通过联系视频进一步分析了口头演讲的策略，如放慢速度、运用情感、有效停顿、保持视线交流、注意肢体语言、善用视觉辅助工具等技巧的具体应用。此外，研究者选择演讲示例视频材料时，关注视频内容的思政引领价值，选取了"励志""引领大学生奋斗"等演讲视频主题，起到了"润物细无声"地融入思政元素的作用。

演讲文体知识对学生来说属于新知识，在教学中可以观察到学生注意力能够高度集中。尤其是在结合TED演讲视频的讲解阶段，我选用了与大学生活相关的大学学长、演员等或幽默或严肃或煽情等不同风格的英文视频片段进行讲解。学生能始终关注并做出回应，参与感很强。（教师反思日志2021-11-17）

（3）观点促成：教师进行"校训理解"促成，为英文演讲任务提供观点内容，并融入思政育人。通过前期"任务驱动"阶段的教学观察及对学生课前演讲练习文本分析发现，学生对"美美与共、知行合一"这一校训内涵理解还存在不够充分的问题。因演讲主题要求探讨如何践行"校训"，所以对"校训"内涵的理解将是完成演讲任务的重要前提。为了更好地帮助学生理解"校训"内涵，从而更好地掌控演讲主题，研究者采取了"英语口头陈述活动"和"英汉翻译练习"两种方式进行了"显隐结合"的"校训理解"促成。因"校训"本身具有积极的思政引领价值，其观点促成的过程也是思政育人的重要过程。

① 基于英语口语"课前陈述"活动——对校训思政价值元素理解的隐性促成。行动班级×班生源具有民族成分多、地方文化及民族文化资源丰富的特点。因此研究者利用"课前陈述"（Pre-class Presentation）活动版块（为全学期教学的常规版块，每次课前均邀请四位同学，每位同学进行3—5分钟主题课前陈述）邀请四位学生进行民族或家乡文化分享。本次课前陈述中，一位白族同学讲解了白族调文化，一位歪梳苗族同学分享了歪梳苗族的头饰及节日文化，一位布依族同学介绍并现场演唱了本民族的敬酒歌，还有来自四川的同学介绍了四川的方言及饮食文化。

研究者希望通过"课前陈述"活动，让学生更为直观、生动地了解到丰富、多样的地域文化和民族文化，以此加深学生对"美美与共"校训文化的理解。从课堂教学观察来看，这一次的"课前陈述"活动的内容受到了学生的欢迎，起到了一定的活跃课堂气氛、促进民族文化交流等作用。

今天学生在"课前陈述"中介绍了白族调文化、歪梳苗族的服饰节日文化、布依族敬酒歌以及四川方言饮食文化等。其他同学对此表现出浓厚的兴趣，还有同学在文化介绍过程中进一步地追问细节。我本人也是第一次知道歪梳苗族的相关文化。这个教学环节给师生提供了不同民族文化交流、理解、欣赏的良好机会！以后这个"课前陈述"活动可以多鼓励大家交流民族或地方文化！（教师反思日志 2021-11-24）

② 基于"校训"英文语言材料的学习——对校训思政价值元素理解的显性促成。研究者补充了两篇英文材料，以引导学生更好地理解"校训"的内涵观点。一篇是Z民族大学美籍外教基于Z校"校训"相关文献

撰写的"美美与共、知行合一"英语短文。一篇是由研究者和教师互助小组成员W老师共同撰写的校训内涵双语短文，介绍了校训"美美与共，知行合一"（Unity in Diversity, Knowledge in Practice）的由来，以及"美美与共""知行合一"分别所蕴含的哲学思想。这两篇材料不仅能促进学生对校训所蕴含的思政价值观点的理解，起到一定的思政引领作用，而且提供了良好的英语语言学习素材。研究者带领学生学习材料中的相关英文词汇及表达，并进行了英汉互译练习。学生强化了对相关英语语言知识点的掌握，锻炼了英语翻译能力。这部分的活动为学生撰写演讲文稿提供了观点促成及语言促成，降低了演讲产出任务的难度。

（四）学生课下探究拓展促成

教师课堂教学阶段完成基础促成后，进入了学生课下探究拓展促成阶段。教学实施从课上转到课下，由教师主导转为学生主导。在此过程中，教师需要跟踪学生课下探究阶段全程，管理学生课下探究的进程，并根据学生任务促成进展情况和学生具体需求，为学生提供学习"支架"和补充性教学。

在本轮研究中，学生基于"自主"原则组建了9个学生学习小组（编号为ST1-ST9），每个学习小组5—8人。以学习小组的形式围绕如何完成融合性演讲产出任务，开展课下探究。研究者将演讲产出任务分解为三个"连续性"的阶段性子任务（表3-4），要求学生举行三次及以上学习小组会议（线上/线下均可）对应完成三个子任务，通过全体组员的协同探究补全促成输入环节。每个子任务完成时间约为一周，规定了具体的任务截止日期，轮值小组长（三次会议由不同的轮值小组长主持，小组自行协商轮值顺序）需按要求在阶段任务截止期限前提交本阶段学习小组学习记录（附录3）。研究者对各学习小组提交的学习记录做出及时反馈，并提供相应的教学支持。需要指出的是，各学习小组提交学习记录的时间因小组任务进展情况不一，并不一致。为了提高反馈效用，研究者对学习记录采取了"随交随批"的反馈方式，以保证教师批阅的时效性，更好地发挥教师的支持作用。

表3-4　学生课下探究阶段拓展促成步骤

促成子任务	思政融入点	语言教学目标	思政育人目标
演讲主题分析及撰写思路讨论	学生讨论、分析演讲主题中的思政元素"校训""如何度过有意义大学生活"并交流价值观点；教师点评强化阶段性作业中的积极价值观点；教师就校训价值内涵解读提供补充资料	捋顺演讲写作论点、论据、段落内容之间的逻辑	接受演讲主题的思政价值观点；通过比较组员价值观点，修正个人价值观念，形成积极的价值判断；形成尊重多元民族文化、促进民族团结、铸牢中华民族共同体意识等价值观点
演讲初稿撰写及互评		运用课堂讲解的演讲写作结构、语言特征、修辞手法等撰写初稿；就初稿的语言、内容、结构、逻辑、立意等进行组内互评并修改	
演讲终稿撰写、评选及呈现		完善演讲文本；应用口头演讲策略进行口头呈现	

1. 子任务1：演讲主题分析及演讲稿撰写思路讨论（2021年11月24日—11月28日）

学生探究：学生通过学习小组会议形式集合本组组员，共同分析演讲主题，讨论演讲任务的切入点以及演讲稿撰写思路，并提交学习小组学习记录反馈本阶段子任务进展情况、难点与收获、对教师支持的需求等。因演讲主题蕴含丰富的思政引领价值，这一阶段的子任务不仅是丰富演讲内容、捋顺演讲结构脉络的过程，也是融入思想政治教育的关键环节。从学生提交的学习记录可见，学生在促成演讲主题任务的过程中，进行了"有选择的注意"（注意与校训相关的信息），做出了"愿意的反应"（主动就校训内涵及如何践行校训收集相关材料并进行讨论），并在协同探究中形成了积极的价值观念。如从ST2小组学习记录可见，该组追溯了"美美与共，知行合一"校训的由来，从费孝通的"文化自觉"理论和中国古代哲学"知行合一"认识论出发确立了对校训的概念理解，获取了更多的事实性知识。该组还联系在民族院校的日常学习生活体验，拓展了对校训的理解。该组在学习记录中写道："我们民大有最多的生活习俗。也许上一秒你还在琢磨专业知识，下一秒就被'拐'到多彩的民族文化中去；也许上一刻你还在纠结地背诵英文单词，下一分钟你就琢磨着藏文、蒙古文、韩文的写法；也可能上一秒你还在图书馆自习室奋笔疾书，下一秒就已经混迹在锅庄的队伍中载歌载舞；也许你上一分钟还在为陌生的校园环境而忧伤，下一瞬间你就为不同的民族习惯而惊喜……"（1ST2 2021-11-27）ST2小组还在对"校训"这一思政切入点的探讨过程中发展了"应该如何做"的行为态度，写道："'美美与共，知行合一'是美人之美，敬人之美。美在不管来自何地、不管说何种语言都能乐于接受并尊重他人，而知行合一则是不仅在思想上美人之美，还要在生活中、学习中切切实实地与各族同学敞开心扉，互帮互助，同时也是对自己的追求与理想脚踏实地！"（1ST2 2021-11-27）可见，该组体现出尊重多元民族文化、加强与各民族同学交流、促进民族团结等积极思政价值观点。

教师支持：研究者批阅学习小组提交的学习记录，点评学生演讲切入点及撰写思路，为本阶段学生反馈的任务进展难点提供必要支持，并对学生学习记录里表现出的积极思政价值观点给予表扬性点评，以强化积极价值观点。本阶段教师反馈采取了三种形式，分别是"一对一"特殊问题反馈、"一对多"普遍问题反馈和"推荐式"反馈。"一对一"反馈指就各学习小组提出的本小组特殊问题进行批复，给出一对一的建议和支持。例如，研究者对ST7小组的批复为："本小组列出的这几条演讲稿撰写思路非常好，通过联系自己在民大入学之初感受到的各民族学生互相帮助的故事引入校训，能联系生活实践，也容易与演讲目标受众产生情感共鸣，符合演讲需要与受众建立联系这一要求。"（1ST7教师反馈 2021-11-28）在以上批复中，研究者通过联系演讲要求，表扬了学生"以各民族学生互相帮助为切入点引入校训主题"这一演讲内容设计，强化了"各民族学生互相帮助"这一彰显"民族团结"的积极思政价值观点。"一对多"反馈是指研究者就各组提出的具有共性的难点，通过班级微信群给予统一解答，提供补救性教学支持。如研究者针对多个小组提出的对校训还存在理解难点的问题，补充了Z民族大学校训由来相关材料，帮助学生进一步理解校训蕴含的思想政治价值观念。"推荐式"反馈则是研究者收集学生关于"演讲切入"及"校训理解"的精彩观点，通过班级微信群在全班进行推荐性分享。以上反馈有助于学生拓展对演讲主题蕴含思政价值内涵的理解，因而均具备一定的思政引领意义。

2.子任务2：演讲初稿撰写及互评（2021年11月29日—12月5日）

学生探究：首先，学习小组组员分头撰写演讲初稿，应用iWrite写作评阅系统的机器即时评价功能，对自己的演讲初稿进行多次修订；并参考教师提供的演讲自评表（表3-5），对自己撰写的演讲文稿进行自评、完善。随后，学习小组组员进行演讲初稿互评，互相就语言、内容、结构、逻辑、立意等进行评价并提出修改建议。学生通过演讲写作将前期学习的演讲文本写作知识、演讲主题及切入点的相关讨论观点等行诸笔端，并在组内互评中发现不足、进行改进。学生在写作过程中还进一步代入"民族院校学长代表"这一"角色认定"，就"如何号召新生践行校训，度过有意义的大学生活"提出有力的呼吁、建议、例证等。这种基于"角色认定"的主动参与有助于学生巩固并内化相关积极价值态度。此外，学习小组组内各组员演讲初稿的互评，也有助于学生进一步拓展演讲撰写思路、深化对主题负载的思政元素的理解。如ST8小组的组员反馈说："通过组员互评，我意识到我对于校训的理解方面有欠缺，写作篇幅也过于向实践部分倾斜，应更多结合自身经历或想法理解校训，从而再去引出如何做这部分"（2ST8 2021-12-03），可见在小组互评的过程中学生通过同辈学习，不仅就改进演讲写作进行了探讨，还达到了深化理解、修正价值态度的效果。

教师支持：研究者基于学习小组提交的学习记录，了解本阶段学生任务开展难点并提供必要支持，选取三篇有代表性的学生演讲初稿进行细致评价，作为范例供学生参考。范例评价同样注重对学生体现出来的积极价值观点进行强化性点评，以起到一定思政引领效果。本阶段进行的教师反馈包括回答各小组提出的"如何使用更多更好的修辞""如何使用排比""演讲开头称呼语怎么用""如何总结提炼观点""开场白大概多少个词合适""如何增加演讲时的互动性""如何增强文章连贯性使逻辑性更强"等各种"一对一"具体问题。此外，研究者还就学生反映得比较多的问题，如"如何做到文章段落间或者观点间的自然转折""演讲文体的引入部分如何与观众建立联系""演讲风格如何选择"等，通过班级微信群补充了自编相关教学文档及视频讲解，就英文演讲的结构和语言进行了课下补充教学（表3-5）。

表3-5 学生演讲自评

Structure 结构	Requirements 要求	Check 完成（√）
Introduction 开头	Gain attention? 是否能引起观众注意？	
	Thesis statement? 是否提出了论文论点？	
	Create bond with audience? 是否能与观众建立联系？	
	Transition into body? 与下文衔接是否自然？	
Body 正文	Main points well selected and supported? 主要观点是否合理，论据是否充分？ Support material appropriate? 支撑材料是否合理？	
Conclusion 结尾	Review main points? 是否总结了主要观点？	
	Restate main points? 是否呼应前文？	
	Close with impact? 结束是否产生影响？	

3. 子任务3：演讲终稿撰写及组内评选（2021年12月5日—12月12日）

学生探究：首先，学生基于教师对三篇演讲初稿示例的评价及小组互评意见，修改润色并完成个人的演讲终稿。其次，学习小组组织组内演讲终稿互评并评选本组最佳演讲稿，代表本组参加班级演讲比赛。最后，组员就本组参赛演讲作品的具体呈现交流意见、提出建议。从学习小组的学习记录可见学生在本阶段的交流互动过程中，对英文演讲有了更好的掌握。如ST1小组学习记录里记录了组员就"演讲的停顿技巧""如何加入适当修辞使演讲稿更为出彩""官方性质的话语如何口语化""演讲开场白如何设计"等提出了精彩建议。不仅可见学生在课下探究中，进一步拓展生成了新的知识、理解；还可看出学生逐渐脱离了"应试型"英语写作思维，能够从多种角度关注演讲的"交际性""意义性"和"丰富性"。ST1小组还反映在交流互动的过程中，"从更为广泛的视角理解了校训的内涵，也对怎样践行校训有了更为可行的思路"。（3ST1 2021-12-11）可见学习小组在互动协作中，不断地深化了对校训内涵的理解，并基于一定的价值判断形成了"如何去做"的行为策略，有助于学生将相关积极思政价值观念"外化于行"。此外，ST1小组学习记录中还写道："演讲人还是会紧张，小组成员表示会在接下来的时间里帮助他共同练习。"（3ST1 2021-12-11）可见该学习小组还发展了良好的"团队意识"，能够充分发挥协同探究的作用。

教师支持：研究者对各学习小组提交的学习记录中反映的问题及难点给予建议或答复。如就各组提出的"演讲的节奏和时间把控不熟练""演讲稿中引出校训的语句较为生硬""如何在有限时间内表述内容"等问题进行了具体反馈。研究者还收集了学习记录中学生表达的精彩观点，通过班级微信群在全班进行了"推荐式"分享。"推荐式"分享内容包括学生提出的积极思政观点和学生在课下探究过程中发展的演讲相关知识、策略等。如分享了ST4学习小组提出的观点"临场即席演讲时，说话人的心理因素十分重要。说话人往往不敢停顿，总想把内容赶紧讲完。学会停顿，适度的停顿是演讲的一部分。演讲过程中，如果你要表达一个鲜明的观点，那么在这之前一定要先停顿一下。演讲最简单的四个节奏要素是：快、慢、轻、重。只有把这四个节奏调配好，演讲才能充满张力"（3ST4 2021-12-11）等。从以上观点可以看出，学生在课下协同探究完成任务的过程中，拓展了课堂所学知识，对如何进行英文演讲形成了更为深入的了解。

（五）融合性任务作品评价（2021年12月15日—12月17日）

1. 课上展示与评价：演讲比赛与师生协作评价（2021年12月15日）

本轮研究对参加班级演讲比赛学生的现场演讲采取了师生协作评价的方式，并融入了思政引领（表3-6）。

表3-6　演讲比赛师生合作评价安排

作品评价	思政融入点	语言教学目标	思政育人目标
班级演讲比赛师生合作评价	演讲比赛评分中设置"立意"维度，要求作品"格调进取向上，具有较强思想引领性"	学生掌握演讲评价标准；强化演讲文体范式及呈现策略相关知识	注意并接受参赛演讲作品中的积极价值观点

9个学生学习小组共推选9位代表参加班级演讲比赛，进行公开口头演讲展示。每个学习小组推选一位代表作为学生评委，与研究者进行合作评价，以发挥学生主体性及增强学生参与感。9个学习小组共产生9位评委，评委不参与本小组演讲打分，每次参与评分的学生评委为8人。演讲比赛总分为100分，其中研究者（教师）评分与学生评委平均分各占最后成绩评定的50%。学生评委参与评分之前，研究者给学生评委提供了演讲比赛评分表（表3-7），并就评分标准进行培训，以保障评价有章可循、客观公正。研究者还通过在演讲比赛评分表中设置"立意"维度，要求就演讲作品是否达到"格调进取向上，具有较强思想引领性"进行评价，将对演讲作品中体现的思政价值观点的讨论融入了评价环节。

表3-7　演讲比赛评分表

维度	描述	分值
结构	开头：吸引注意，与观众建立联系，陈述论点 正文：要点清晰，证据充分，连接词使用得当 结尾：衔接自然，呼应主题	20
语言	词汇、语法、句型使用正确、得当；语言生动，能运用适当的修辞手法	20
内容	言之有物；能够紧扣主题，联系实际解读校训，并提出践行校训的具体建议，主题鲜明	25
立意	格调进取向上；具有较强思想引领性	15
表现	仪态大方；语音语调自然；能够恰当运用身体语言；能够恰当使用音频、视频、图片等辅助材料	20

评委评分结束后，研究者对演讲比赛情况进行整体评价，点评分析参

赛学生演讲内容及展示的优点及不足之处。点评范围主要包括演讲整体效果、英语语言应用的准确性和恰当性、内容的逻辑性与交际性、演讲策略使用的有效性和恰当性、演讲立意的思想引领性等。通过点评分析可以使学生进一步了解演讲文体范式与呈现策略，强化相关语言知识及能力，深化对积极价值观点的理解并吸收内化。之后，研究者还为获得前三名的参赛选手颁发了小奖品，选手所属小组成员也将获得同样奖品，希望通过这种方法能够起到一定的激励团队合作、调动学生积极性的作用。

2. 课下评价："教师评价+机器评价"组合评价方式（2021年12月14日—12月17日）

课后，研究者对学生在U校园在线学习平台上提交的个人演讲终稿和演讲录制视频给予评价，并通过U校园平台进行反馈。对个人口头演讲视频采取的是教师评价，主要关注点在于检验学生是否能恰当应用口头演讲相应策略。对个人演讲终稿文本评价采取的是"iWrite机器评价"与"教师评价"相结合的评价方式。当前民族院校大学英语教学普遍存在班额大、教学任务繁重的问题。以Z民族大学为例，本年级大学英语课程班额大多在60—70人，每位教师承担三个班级的教学任务。如果仅靠教师批阅所有学生的作文，教学负担过于繁重，且无法做到快捷、及时地评价和反馈。iWrite评阅系统不仅可以就学生演讲文稿的语言、内容、篇章结构、技术规范、文本内容的切题度和连贯性给予整体评价，还可以就语言层面给出具体的评价及修改建议，包括标出句法错误（如流水句、语序错误等）、词法错误（如形容词错用、动词时态错误、限定词缺失、限定词冗余、动词错用等）、技术规范类错误（如标点缺失、拼写错误）及其他语言错误并给予修改建议等。因此，研究者采用iWrite评阅系统作为辅助评价手段，对学生的语言、结构问题给出评阅意见，研究者则就演讲立意、演讲的交际功能性等进行评价。

第二节　行动研究结果与反思

一、行动研究结果

研究者收集了来自学生、产出文本、教师三个角度的数据进行分析，以更为全面地评估本轮教学行动研究的整体效果。

（一）学生反馈

本轮研究通过两种方式收集了学生的反馈数据。第一种是收集了学生课下探究阶段九个学习小组（编号为ST1—ST9）的学习记录，以了解学生任务开展过程中的行为、收获、反思等方面的形成性数据。第二种是行动结束之后，从九个学生学习小组中各随机抽选一名学生（编号为S1—S9）进行了单元教学效果访谈（附录4），收集学生对本轮教学行动的总体反馈。访谈内容主要包括"本单元的学习收获""对本单元融合性任务设置的评价""对学生学习小组协作完成任务形式的评价""对教师教学的评价和建议"四个方面。

1. 学生收获

（1）英语语言知识能力方面的收获。从学生反馈数据分析结果来看，学生在英语学科知识能力方面取得了以下收获：

① 提高了英语演讲写作能力和口头表达能力。9个学习小组学习记录中均反馈演讲写作能力和口头表达能力得到了提升。如ST3小组指出："学习了很多演讲稿中可用的构思技巧和句型。"（2ST3 2021-12-04）ST4小组指出："熟悉了演讲稿的格式，积累到了很多美词美句。"（2ST3 2021-12-05）ST5小组指出："仔细研究了多篇演讲稿范例，总结了演讲稿的写作特点及写作经验。"（2ST5 2021-12-04）ST7小组指出："互相学习，收获了关于演讲稿撰写的很多建议，积攒了经验。"（2ST7 2021-

12-04）ST8小组指出："提升了演讲能力、写作能力和逻辑思维能力。"（2ST8 2021-12-03）行动结束之后的教学效果访谈中，受访学生也表达了同样的观点。如S1指出："在之前虽然一直对演讲感兴趣，但说到该如何写出一篇好的演讲稿，怎么做出一场完美的演讲，我实在是知之甚少，感谢英语课，我可以补充这方面知识的空白。"（FS1 2021-12-18）S3指出："在高中阶段，英语作文的形式以书信体、通知体为主，对演讲稿这一文体涉及较少，因此我的英语演讲稿写作能力较弱。本次任务使我对英语演讲稿的认识更加清晰、具体、全面，提高了我的英语演讲稿写作能力。"（FS3 2021-12-18）S4指出："在撰写演讲稿的过程中，我不断思考该怎样写出一份具有说服力的，能够感染大家的优秀的稿子，在不断的思考、修改与练习的过程中写作能力得到了提升。在口头演讲准备过程中，不断探讨怎样能够获得最大的互动效果，怎样才能更加吸引观众，怎样运用能够增色的肢体动作等，大大提升了我的表现力及临场发挥能力。"（FS4 2021-12-18）

② 学生开始改变"应试型"英语学习的态度，更加关注英语的交际功能。如ST4小组指出："我认识到要学的是'活'的英语，虽然笔试很重要但怎么利用外语去表达自己的想法是更重要的。"（3ST4 2021-12-11）ST7小组指出："以前的英语学习，就是拼命地记背，目的也是在高考时得分。现在我的学习态度有了改观，还是要学会怎么在不同场合去应用英语。"（3ST7 2021-12-12）S5在学生访谈中也指出："我从高中时期套固定模板写英语作文提升到在老师的指导和自己的探索下用英语思维进行写作；从单纯的朗读提升到结合幻灯片进行幽默、贴合实际的专业的演讲。"（FS5 2021-12-11）

③ 增强了英语学习的自信心。如ST4小组指出："用汉语演讲也是一个不容易的事，况且是英语呢。功夫不负有心人，我们通过充分的准备，取得了不错的结果，相信自己是最棒的。"（3ST4 2021-12-11）ST7小组认为："增加了英语学习的信心感和成就感，对不断努力提升自己更有了决心。"（3ST7 2021-12-12）ST8小组反映："我更加勇于用英语表达自己的想法。"（3ST8 2021-12-12）行动结束后的学生访谈中得到了同样的反馈，

如S1指出："我能更加大方从容地站在大家面前说英语了。"（S1 2021-12-18）S3指出："作为演讲者，我在练习过程中逐渐克服紧张，克服社恐，能够更自然地与观众建立联系。"（FS3 2021-12-18）S6指出："锻炼了勇气，让我敢于开口说英语。"（FS6 2021-12-19）

（2）思想政治教育方面的收获。通过分析学生反馈数据材料，可见本轮教学行动取得了以下思想政治教育方面的效果：

① 树立了铸牢中华民族共同体意识、维护民族团结的观点。演讲任务要求学生代入"民族院校学长代表"这一"角色"，承担号召新生"践行校训，度过有意义的大学生活"这一任务。因此，学生对校训所承载的思政价值观点给予了持续的关注，形成了"铸牢中华民族共同体意识""维护民族团结"的积极价值判断。如ST4小组提出："不仅各民族之间要团结互助，来自不同地区的同民族间也应如此。且单单在网络上发表看法或理论还不够，要同时体现在日常的言行中。要以求同存异为基准，互相关爱。"（1ST4 2021-11-27）ST5小组提出："各民族学生之间要多融合和包容，学会借鉴。把铸牢中华民族共同体意识当作融于校训的指导，而不是一句口号。"（1ST5 2021-11-27）ST8小组提出："作为民族大学的学生，我们应该发展好各民族关系，为民族团结贡献力量。"（1ST8 2021-11-27）在行动结束后的教学效果访谈中，受访学生也认为通过完成融合性演讲产出任务，"对民族团结的重要性有了更深的认识"（FS4 2021-12-18），"深化了对民族团结的认同感"（FS6 2021-12-19），"对不同民族有了深度了解，化解开一些民族偏见和误解，在小组协作中与其他民族的朋友们有了深厚的友谊"（FS5 2021-12-19），"认识到民大各族兄弟姐妹一起生活、学习，其乐融融，是在事实上践行了中华民族共同体意识"（FS9 2021-12-19）。

② 形成了对不同民族文化包容、欣赏的态度和行为倾向。学生发展了对校训的拓展性理解，形成了"兼收并蓄、交流借鉴、尊重欣赏、和谐互动"的多元文化价值观点及行为态度。如ST2小组提出："身处民族院校要学会和不同民族的同学和谐相处，领略不同民族的风俗、习惯和文化，了解不同民族的美；不排斥不歧视非本民族同学，不带有狭隘的民

族观。应主动了解不同民族之美,学会理解和尊重。"(1ST2 2021-11-27)ST3小组提出:"对世界各民族优秀文化都应该抱有包容、尊重和借鉴的态度;应该在日常学习生活中尊重各族同学的信仰、生活习惯、民族文化;学习彼此的民族文化;要美人之美,敬人之美。"(1ST3 2021-11-27)ST5小组提出:"众多民族犹如盛开着的美丽的花,这些花儿聚集在一起,共同形成了民大这个大花园。美美与共代表的并非花儿的争奇斗艳,比一比哪一枝花是最美的,而是一幅和谐美丽的风景画,这幅画的美丽是由每一枝花贡献出来的。"(1ST5 2021-11-27)可见,学生形成了用包容的胸襟悦纳差异,用欣赏的眼光求同存异的多元文化价值观念。

③ 形成了积极的学习观、奋斗观。通过教材内容的学习和讨论以及融合性任务分析与探究,学生还表现出了"认真学习""做出贡献""承担责任"等积极的行为倾向及观点态度。如ST1小组认为民族院校学生应该"具有高远的创新精神,做到明知笃行,为社会的发展贡献自己的力量,从而实现自己的人生价值"(1ST1 2021-11-26)。ST2小组认为民族院校学生应该"好好学习,天天向上,用知识武装自己,做好一个学生该做的事"(1ST2 2021-11-27)。ST6小组也提出:"在学校中,每一个民族的每一个学子都应认真学习知识,积极参与学校组织的各项活动,为将来进入社会、建设祖国做准备。"(1ST6 2021-11-27)

2. 教学实施评价

(1) 融合性产出任务具有交际意义和思政引领意义。整体而言,学生对这次演讲产出任务表示认可和欢迎。学生反映在高中阶段,对英文演讲文体了解很少,且过去英语写作多以"应试"作为目的,多注重英语语言的正确性,忽视写作内容的丰富性及真实交际意义。学生认为此次教师设置的英文演讲任务,"有助于改变过往的'应试写作'套路,关注英文写作的实际交际功能。"(FS2 2021-12-18)学生还认为这一融合性任务具备良好的思政引领价值,"有助于更快地熟悉和适应校园,找到归属感、使命感;演讲内容很积极向上,有很好的价值观的引导"(FS1 2021-12-18),"有助于提升对学校发展的使命感;激发了我对校训现实意义的深入思考,有效地避免了校训的教诲流于形式"(FS3 2021-12-18)。

（2）教师课堂教学对完成融合性产出任务起到较好的促进作用。从学生反馈分析来看，教师课堂教学起到了较好的基础促成作用。学生认为教师在教学中引导学生对校训进行了讨论和思考，"加深了对演讲主题的理解和把握"（FS7 2021-12-19）。学生还认为教师对演讲文本的写作方法和口头演讲策略的相应讲授为学生的英语演讲写作和口头演讲呈现起到了很好的促进作用。学生反馈"对写演讲稿有很大的帮助"（FS1 2021-12-18），"在演讲稿撰写和演讲过程中学有所得、学有所用"（FS3 2021-12-18），"以往对英语演讲涉及很少，这次学到了从撰稿到上台演讲的许多知识"（FS4 2021-12-18），"提高了课本知识学习的趣味性，使我们既能学习英语知识又能通过实践提高各方面英语能力，提高我们对英语的热爱程度"（FS5 2021-12-19），"老师的讲解让我在看别人的演讲视频时更加有着重点"（FS8 2021-12-19）。

（3）学习小组协同探究形式有利于促进学习效果及民族团结。学生反馈数据分析结果表明，大多数学生很认可采取学习小组课下协同探究的形式进行拓展促成。学生认为这种形式具有以下优点：第一，有利于把握演讲主题及开拓思路。学生认为这种学习形式可以让大家"更好地抓住演讲主题，写出更切题的文本"（1ST1 2021-11-26）；可以通过"组员之间想法的碰撞，获得一些新思路、新想法、新技巧"（1ST5 2021-11-27），"让个体的思维变得更加具体敏捷、开阔"（3ST5 2021-12-11）。第二，有利于提升演讲文本语言质量。如ST6小组反映："通过演讲稿互评，取长补短，见贤思齐，发现了各自的亮点。"（3ST6 2021-12-10）S2在访谈中也说道："在与组内各位英语'大佬'积极交流中，锻炼并提升了自己的口语表达能力，同时也在同学的帮助下掌握了许多高级词汇和语法知识。"（FS2 2021-12-18）第三，有利于增强英语学习兴趣和信心。如S5认为："能相互带动形成学术性的学习氛围，让学生在小组协作中各抒己见，求同存异，激发创新创意能力。"（FS5 2021-12-19）S9也说道："大家可以在一个小平台交流、互动，互相学习，互相帮助和合作，可以优势互补，具有一定的创新性和趣味性，提高了对英语的学习兴趣。"（FS9 2021-12-19）第四，对思政价值引领起到了促进作用。如ST3小组认为学习小组协作探究的过程是进一步巩固民族团结价值观念的过程,"促进不同民族学生的团结合作,实际上就是在践行'美美与共,知行合一'校训"(1ST3 2021-11-27)。ST5小组认为在学习小组协作探究中改变了旧有的片面观点,通过组员的交流合作,能够"从更具体、全面的角度体会团结合作的重要性"(2ST5 2021-12-04)。

(4)教师课下支持与管理比较有效。学生认为教师在学习小组协作探究过程中比较充分地发挥了管理和支持的作用。认为教师及时批复各阶段小组学习记录,成功地"解决了演讲准备中的许多困惑,提了很宝贵的建议"(FS7 2021-12-19),"将小组学习记录分享到群里并做出指导,让我们小组受益匪浅"(FS8 2021-12-19)。认为教师"规划了小组会议的时间线,使讨论环节能够高效进行"(FS3 2021-12-18),有助于学生按时、高质量地完成英文演讲单元任务。认为教师提供的各种辅助性学习材料具有针对性,起到了较好的"支架性"教学作用。如"老师给的演讲范文给我们提供了很多帮助"(FS1 2021-12-18),"从老师推荐的演讲视频资源学到了演讲(策略)"(FS5 2021-12-19),"在写演讲稿的时候,老师的资料来得及时又有用"(FS9 2021-12-19)。此外,学生还认为教师的反馈支持有利于激发学生的英语学习信心。如S5分享道:"老师认真与我们互动交流的努力和热情鼓舞了我们学习英语的信心。"(FS5 2021-12-19)

3. 教学建议

虽然总体上,学生对本轮教学行动比较认可,但学生认为本轮教学仍存在不足之处。有的学生提出融合性演讲产出任务的主题过于固定,如S5指出:"这可能会导致学生主观能动性发挥不够充分,建议任务主题留'如何践行校训'这一半,后半句则由各组发挥主观能动性填写,使我们发挥创造力,提高演讲稿的新颖度、创新性。"(FS5 2021-12-19)有的学生反映在演讲写作过程中,遇到了不知道如何用英语表达相关概念的问题,希望教师能给予更多的语言支持。如S9指出:"高中没有写过类似的比较难理解的题目,有的想说的内容难于写到实处。"(FS9 2021-12-19)有的学生反映每个学习小组只能选取一位代表参加演讲任务课堂展示,公开展示机会不足,影响了大家的积极性。如S1指出:"只能派一个代表,不能让每个人都充分展示自己，有的时候会发生矛盾。"（FS1 2021-12-18）S3也提出："希望老师能给对学习英语较没有自信的学生们一些展示的机会。"（FS3 2021-12-18）还有的学生提出学习小组协同探究这一合作学习形式还存在一些问题，有待改进。如S2指出："组员会议时间协调会比较麻烦、效率较低。"（FS2 2021-12-18）学生还反映有些组员不认真，缺乏自控力，存在"摸鱼"现象。如S6指出："实话实说，有些同学在小组里就仿佛一个凑数的透明人，根本不惦记任务也什么事情都不管。不过在任何组织中都会存在这样的角色，毕竟总有人想'摸鱼划水'，习以为常了。"（FS6 2021-12-19）以上问题在一定程度上影响了民族院校课程思政教学效果，研究者将就以上问题进行反思，并寻求改进方案。

（二）产出文本分析

为了更为客观地观察本轮行动的教学效果，研究者除了收集学生反馈意见之外，还对学生的单元演讲任务产出文本进行了对比分析。单元教学开始之前，研究者将预设的单元融合性演讲任务题目作为写作练习，要求学生撰写作文并提交。学生共提交61份作文，作为前测数据。单元教学结束之后，研究者收集了学生的单元演讲任务终稿文本，共收集61份，作为后测数据。研究者及一位同行教师（L老师）对前后测演讲文稿进行了评分。作文从语言、结构、内容三方面进行考查，每项计分5分（其中1=very poor，2=below average，3=average，4=above average，5=excellent）（演讲文稿评分标准见表3-8），总分为15分。正式评阅前，两位评阅教师就前测文稿、后测文稿分别试阅8份，就评分标准达成一致。皮尔逊r相关性分析结果显示，61份演讲前测文稿总评分的Cronbach α系数为0.966，61份演讲后测文稿总评分的Cronbach's α系数为0.935。前测"语言""结构"和"内容"的Cronbach's α系数分别为0.904、0.912、0.918，后测的Cronbach's α系数分别为0.775、0.843、0.909，说明两位评阅教师评分的一致性良好。通过分析文本的语言质量和蕴含的观点态度，同样发现本轮教学行动实现了促进英语语言知识能力提升与思政引领的双重教学效果。

表3-8 演讲文稿评分标准

评价项目	评分依据	分值
语言	考查词汇、语法、修辞、语用方面是否准确、切合、丰富	1—5
结构	考查是否符合演讲文体写作范式；各部分之间逻辑是否紧密；过渡衔接是否自然等	1—5
内容	考查内容是否切合主题；呈现有意义的观点；论证是否充分等	1—5

1. 演讲写作水平得到了提高

运用SPSS25.0统计软件对演讲写作前测、后测文稿就总分及"语言""结构"和"内容"三个子项目的得分进行了独立样本t检验分析。从演讲前后测成绩对比（表3-9）可见，演讲前测文稿和演讲后测文稿总分之间存在显著差异（$t = -17.644$，$p < 0.05$）；"语言""结构"和"内容"三个子项目的得分之间也存在显著差异（$t = -14.836$，$p < 0.05$；$t = -15.354$，$p < 0.05$；$t = -17.009$，$p < 0.05$）。演讲后测文稿得分明显高于演讲前测文稿。后测总分比前测提高了2.9345分，增长了约31.3%；"语言"子项比前测提高了0.6229分，增长了约18.7%；"结构"子项比前测提高了1.0122分，增长了约32.4%；"内容"子项比前测提高了1.2992分，增长了约44.4%，进步最为明显。可见，通过本轮行动教学，学生的演讲写作质量有显著提高。

表3-9 演讲前后测成绩对比

	前测（$n=61$）		后测（$n=61$）				
	平均分	标准差	平均分	标准差	MD	t	p
总分	9.3852	1.10734	12.3197	0.99909	−2.9345	−17.644	.000***
分项：语言	3.3361	0.33505	3.9590	0.28203	−0.6229	−14.836	.000***
分项：结构	3.1230	0.45098	4.1352	0.34331	−1.0122	−15.354	.000***
分项：内容	2.9262	0.44801	4.2254	0.47369	−1.2992	−17.009	.000***

注：***$p < 0.001$；**$p < 0.01$；*$p < 0.05$

此外，数据分析结果还发现演讲文稿词数由前测平均214.93词增加到后测平均的455.43词（表3-10）。篇幅的大幅度增加，不仅说明学生应用英语表达观点的能力得到了提升，也可以从侧面说明学生演讲文本内容更为丰富。

表3-10　演讲文本前后测字数对比

	前测（M）	后测（M）	MD
词数	214.93	455.43	−240.50

从成绩分析结果来看，学生英语演讲写作质量提升效果是"内容>结构>语言"。在"内容"方面，学生对"如何践行校训，度过有意义的大学生活"这一演讲主题的探讨更为深入，观点更为多元、鲜明、真实。相比前测文稿内容中呈现的"形式主义""喊口号""套话"问题，文稿更加"言之有物、言之有理、言之有序"，文稿内容的逻辑性、交际意义性明显提升，撰写的文稿更具有"可读性"。在"形式"方面，学生基本掌握了演讲文体的"三段式"写作范式。"引入""正文""结尾"部分符合逻辑、过渡自然，并能够注意运用"劝说性""吸引观众注意力"等演讲策略。"语言"方面的提升低于"内容"和"形式"两方面，这主要是因为"语言"反映了学生英语语言能力的整体水平，"语言"的全面提高要求学生英语学习的日积月累。尽管本轮行动研究持续时间仅六周（含教师课堂教学时间和学生课下探究时间），仍可见学生取得了较为明显的英语语言知识、能力方面的提升。学生在演讲文稿中能够综合应用课堂讲授的相关词汇及表达方法，并尝试应用了更为丰富的句型结构和修辞手法，说明学生能有效吸收课堂所传授的知识，并能在课下合作探究中不断丰富拓展知识体系，并转化为更高质量的"输出"。

以下以学生（SW1）演讲文稿前、后测中结尾段落为例，通过对比可见SW1学生在语言、结构、内容三方面均有明显进步：

SW1前测结尾段落原文

As a student of …, we had better practice the motto in high spirits. I have some suggestions to you. We should devote ourselves to studying hard and unite schoolmates.（作为Z民族大学的一员，我们应该热情高涨地践行校训。我的建议是我们应该认真学习，团结同学）

SW1后测结尾段落原文

Well, don't hesitate, don't flinch, don't give up, just do it! We are all in the position of the farmers. If we plant a good seed, we reap a good harvest. If we plant nothing at all, we harvest nothing at all. In …, We should explore the excellence of each nationality actively and learn from each other, aiming to pursue common progress by embracing the diversity of civilization.（不要犹豫，不要退缩，不要放弃，去做吧！我们正如农夫一样，如果我们播下好种子，就会收获好收成。如果什么都不种，就什么也收获不到。在Z民族大学，我们应该积极探索各民族的优点，相互学习，欢迎文明的多样性并追求共同进步）

通过对比以上学生SW1演讲前测及后测文稿的结尾段落可见，SW1演讲前测文稿质量较差。从语言来看，前测文稿基本使用简单句型，动词选择多为弱动词（weak verb）；从形式来看，没有凸显演讲文体特征；从内容来看，属于"口号性"套话，传达信息有限，交际意义不强。与此相对的是，SW1演讲后测文稿质量大幅提高。从语言来看，能够使用教师讲解的教材课文中的重点词汇（画横线部分），词汇更加丰富；能够使用教师讲解的演讲常用的"排比""重复"修辞手法（画波浪线部分），加强了演讲的劝说力；此外还采取了"虚拟语气""祈使句""复合句"等多种句式，增强了文本语言的高阶性。从结构来看，开始关注演讲"结尾"部分的作用，结尾能够再次呼应主题。内容整体也更加具体，能够呈现更多细节信息，交际意义更强。

2. 树立了积极的思政价值观点

拉思斯（Louis E. Raths）在其《价值与教学》一书中提出了价值指示（value indicators）的概念，认为与"目标或目的""抱负""态度""兴趣""情感""信仰与信念""活动""苦恼、问题和障碍"等相关的表述都属于价值指示，建议教师倾听学生表达出来的价值指示，作为澄清对话的丰富机会。① 通过分析价值指示词语可以将"内隐"的价值观以"外显"的形式表现出来。②

如学生SW2在后测文稿中写道：

Besides, … is a big family with a variety of nationalities. Different nationalities should respect, appreciate and understand each other's culture and advance together. First, we can participate in ethnic minority activities, such as Yi New Year, Mongolian songs and dances, so that everyone can enhance their sense of identity in the activities. Second, we can also learn more about different national cultures and characters, spread and carry forward different cultures while respecting them, which can broaden our horizons. Last but not least, we should enhance the sense of community for the Chinese nation and always keep national unity in mind.（此外，Z民族大学是一个多民族的大家庭。不同民族应相互尊重、欣赏和理解对方的文化，共同进步。首先，我们可以参加少数民族活动，如彝族新年、蒙古族歌舞等，让大家在活动中增强自己的认同感。其次，我们也可以多了解不同的民族文化和特征，在尊重不同文化的同时传播和弘扬不同的文化，可以开阔我们的视野。最后，要增强中华民族的共同体意识，始终牢记民族团结。）

SW2文稿中出现的价值指示词语（画横线部分）包括"互相尊重、欣赏、理解""加强民族团结""铸牢中华民族共同体"等。可见学生体现出了积极的多元文化观、正确的民族团结观和铸牢中华民族共同体意识的行为价值观。

学生SW3在后测文稿中也写道：

As college students, we should study hard and make the most of our time here. On the one hand, learning can improve our self-cultivation and increase our knowledge reserve. On the other hand, learning can prepare us for serving our motherland in the future.（作为大学生，我们应该努力学习，充分利用我们在这里的时间。一方面，学习可以提高我们的修养，增加我们的知识

---

① [英]拉思斯.价值与教学[M].谭松贤, 译.杭州：浙江教育出版社, 2003：5.
② 魏宏聚.新课程情感目标评价工具及课堂应用[J].中国教育学刊, 2012（05）：48.

储备；另一方面，学习可以给我们将来为祖国服务做好准备。）

SW3文稿中出现的价值指示词语（画横线部分）包括"努力学习""充分利用时间""提高修养""增加知识储备""为祖国服务"等。可见学生不仅具备积极的学习观和奋斗观，而且形成了积极的"报效祖国"的责任意识。

（三）教师反馈

1. 行动教师教学体验

本轮研究中研究者撰写了四篇教师反思日志。其中三篇记录了研究者在教学实施过程中的感受，一篇记录了教学行动结束后对教学实施的整体回顾和反思。反思日志为观察教学效果提供了来自实践教师个人角度的数据。整体而言，研究者作为实践教师，对本轮民族院校大学英语课程思政教学行动的实施效果有以下感受：

（1）融合性任务发挥了较好的驱动效果，能够促进学生参与。基于课堂师生互动的观察、对学生阶段性作业和学习小组学习记录等的分析，可以看出这种以融合性任务"输出"引导"输入"、以"产出"倒推教师课堂教学设计与学生学习探究的教学操作流程，能够起到较好的驱动效果。学生在课堂教学阶段能做到与教师的积极互动，较好地积累了演讲产出任务所需要的语言知识，并对演讲主题蕴含的思政价值观点有了一定的理解。学生在课下探究阶段能与学习小组成员积极开展协同探究，较好地完成不同阶段的子任务，实现了对演讲写作知识的应用发展以及对演讲主题蕴含的思政价值观点的拓展生成。以下教师反思日志记录了研究者本人的感受：

今天评阅了第一次学生学习小组学习记录，欣喜地发现学生们课下协同探究开展得比较扎实。各学习小组不仅对校训进行了追本溯源以获得事实性知识，还能基于"民族大学学生"的身份定位进行深入解读。学生还就演讲主题如何切入，演讲如何展开，如何吸引目标受众提出了很有见解的观点。学习记录中学生分享的价值观点与预期的思政教育目标也呈现出一致性。我现在感觉充满信心，本轮教学行动应该能够取得不错的效果！

（教师反思日志 2021-11-28）

（2）学生写作质量有较大提高，能够较好地掌握并应用课堂讲授的知识，对任务主题蕴含的思政价值观点有了更为深入的理解并能转化为演讲写作观点，形诸笔端。如以下教师反思日志记录了研究者完成学生演讲文稿评价后的感受：

通过评阅学生演讲练习文稿和演讲任务终稿，可以发现学生写作质量有明显的提升。在练习文稿中，学生写作大多按照应试英语写作套路，且没有注意到英文演讲写作文体风格。在终稿写作中可以明显看出，很多同学注意到了演讲写作和其他写作文体的区别；能够尝试通过各种方式建立自己演讲的"可信度"，与受众形成联系，吸引受众的注意力；能够尝试使用课堂教学中讲过的"引用""设问""重复""排比""比喻"的修辞写作方法，语言、句式也更为丰富、生动；等等。此外，在练习文稿中，虽然文稿主题将校训纳入其中，但很多学生对校训的解读往往一笔带过，或仅停留在对校训的字面解释，"假、大、空"情况比较明显，真实的所思所想传达不足。而在终稿中很多学生基于演讲主题进行了更多的分析，对校训的理解更为深入、拓展。学生能够联系自己作为一名民族院校大学生的生活实际，分享生活琐事中体现到的"美美与共、知行合一"的实例，提出更为真实、具体的"践行校训，珍惜大学生活"的方法策略，不仅体现出积极、健康的价值观点，演讲文稿内容也更具实际意义。（教师反思日志 2021-12-18）

（3）参加班级演讲比赛的学生整体表现比没有参加比赛的学生更好。研究者发现各学习小组推选参加班级演讲比赛的学生均具备自信的态度、良好的台风，能够用较为流利的英语进行演讲；演讲紧扣主题，语言质量较高；能够注意到现场观众的反应，能够较好地运用"提问""停顿""肢体语言""语音语调变化"等各种口头演讲技巧。但从其他没能参加班级比赛的学生提交的个人演讲视频作业来看，虽然大多数学生基本能用比较流利的语言进行英语口头演讲，并能够注意到节奏把控。但相对参加班级演讲比赛的选手来说，整体逊色很多，主要表现在演讲风格整体比较沉闷、与观众互动意识不强等方面。研究者反思除了存在个人表现能力差异的原因之外，还有可能是因为这部分学生因缺乏公开呈现其演讲作品的机会，"成就性动机"相对比能够参加班级演讲比赛的学生要低，重视程度也较低。此外，这部分学生是通过录制演讲视频提交任务作品，缺乏公开演讲的氛围、缺少目标观众互动，也导致忽视了演讲的呈现效果。在今后的教学中，研究者需要注重给学生提供更多的公开呈现的机会，以更好地激发学生动机，提升学生的学习效果。

2. 其他教师评阅反馈

本轮教学行动结束后，研究者还对参加演讲文稿前后测评阅的L老师进行了访谈，听取了其他教师对文稿评阅的感受。L老师对学生英语写作水平的提高比较认可，同时认为学生通过完成蕴含思政元素的融合性任务，能起到一定的思政引领效果。以下为L老师访谈摘录：

学生这两次作文整体上是有进步的。在语言上，学生的单词拼写错误和语法错误相较第一次作文少了很多，增加了长难句和其他句式；在形式上，学生对演讲形式有了更深的理解，会有意识地使用疑问句引起听众的思考和兴趣，增加和听众的互动感，开头语和结束语也更为正式和完整；在内容上，终稿明显比第一版的字数更多，内容更加丰富。学生会增加一些例子和自己的故事经历使演讲更打动人心。整体看来，学生的作文中体现的价值态度还是很积极向上的。我感觉这种主题的任务，能让学生深入思考，还是能起到不错的思政育人效果的。（FTL 2021-12-20）

二、行动研究反思

（一）主要成效

（1）达到了预期"语言+思政"教学效果。本轮行动研究教学围绕如何促成以"践行校训，度过有意义的大学生活"为主题的融合性演讲产出任务开展。从多角度数据分析结果来看，学生在对演讲产出任务主题的思政元素理解、探究、阐释、发展的过程中，逐步接受了思政元素传达的价值信息，而且形成了相应的积极价值观点。学生掌握的信息及形成的观点进而又为英文演讲文稿提供内容及观点促成，使演讲文稿内容更为言之有物，更具可读性和现实交际意义。"语言教学"与"思政育人"之间形成了良性互促的关系。具体而言，从思想政治教育效果来看，学生体现出铸牢中华民族共同体意识、维护民族团结的观点；形成了对不同民族文化包容、欣赏的态度和行为倾向；形成了积极的学习观、奋斗观。从语言教学效果来看，学生在本轮行动中提高了英文演讲写作能力，使英文写作跳出了常见的模板式应试写作框架；基本掌握了英语口头演讲的呈现策略，能够运用恰当的交际策略进行公开展示；转变了"应试型"英语学习态度，开始关注英语的真实交际意义；增强了英语学习的信心和积极性。

（2）较好地具备了思政育人融入的"有机性"和"系统性"。在本轮研究中，研究者将思想政治教育融入了产出任务、教学材料、课堂活动、课下探究、教学评价五个环节。通过五个思政"环"，打造了思政育人"链"，使思想政治教育能够比较系统、有机地融入民族院校大学英语课程教学的各个环节。第一是产出任务"环"，即将思政育人融入融合性产出任务设置。通过设置以"如何践行校训，度过有意义的大学生活"为主题的融合性英文演讲任务，融入对"校训""有意义的大学生活"这两个蕴含积极思政引领价值的思政元素的讨论和探究。为寻找演讲切入点，丰富演讲文稿内容，优化演讲整体构思等，学生必然需要对以上思政元素所包含的价值观点以及相应践行路径等进行探究。在探究的过程中自然而然地起到了思政引领的作用。第二是教学材料"环"，即将思政育人融入教学材料。如在选取演讲视频材料给学生讲解演讲"引入"部分写作技巧时，注重选择与教材主题相关、立意高、体现积极价值观念的 TED Talks 英文演讲视频，以此达到思政引领的作用。还补充了"校训内涵"英文资料，学生学习资料中的词汇、句型、英汉互译方式等语言基础知识的同时，能够不断强化对校训蕴含的相关积极价值理念的记忆、理解、吸收，有助于引导学生接受相关价值观点。第三是课堂活动"环"，即将思政育人融入不同课堂教学活动。如在"课前陈述"活动中，邀请来自不同民族、地区学生就本民族、本地区的多彩文化进行英文陈述分享。不仅给学生创造英语语言交际的机会，同时也有助于增进学生对"美美与共"校训蕴含的思政价值观念的感悟。在课文讲解中，通过设计具有思政引领导向的问题或情境引导学生关注积极价值信息，并强化积极价值观念。如基于课文内容设计了"文中写道大学生如果不勇于面对挑战，会产生什么样的后果""文中建议学生应该如何面对大学生活中的挑战和不愉快的经历"等阅读理解问题，学生不仅锻炼了"信息定位""跳读""略读"等阅读理解策略，通过口头表达应用了课文中相关词汇、词组、句型等，还在基于语言能力提升的理解、应用过程中，巩固了课文教学内容承载的积极价值理念。第四是课下探究"环"，即将思政育人融入学生课下探究的过程。学生在教师的支持下围绕融合性任务进行协同拓展探究，在此过程中拓展了对校训等含有思政元素的事实性知识的理解，并经由学习小组协同探究，发展了"如何践行校训"的程序性知识。第五是产出评价"环"，即将思政育人融入学生作品评价过程。教师评价学生各阶段产出作品时通过范文推荐、观点点评、立意评价等方法，就学生作品中体现出的积极价值观点给予肯定，对有所偏颇的观点提出怀疑，借此起到一定的思政引导作用。通过隐性思政五"环"关联教学过程中的多个思政"触点"，引发叠加效应，有助于提升民族院校大学英语课程思政教学效果。

（二）改进方向

本轮行动研究中还存在一定的不足之处，在下一轮行动中还需就以下方面进行改进：

（1）加强融合性产出任务主题的灵活性。在本轮行动中，尽管研究者设置的演讲主题"践行校训，度过有意义的大学生活"，可以引导学生深入探究校训"美美与共、知行合一"所蕴含的"民族团结""铸牢中华民族共同体""实践出真知"等思政价值观点，以及"度过有意义的大学生活"所蕴含的"努力学习""珍惜时光"等积极思政价值态度，起到了引导学生联系主体生活体验，形成预期思政价值观点和态度的作用，但本轮研究设计的融合性演讲产出任务主题过于固定，学生缺乏"自主度"，对学生能力的充分发挥及价值观点探索的广度等造成了一定的限制。针对以上问题，在下一轮的行动中，研究者将改进融合型产出任务设计，增进产出任务的灵活性，以更好地发挥学生主体性功能，提升思政育人效果。

（2）完善学生学习小组的管理机制。本轮行动研究中，全班共组建9个学习小组，各小组组员为5—8人不等。部分小组组员人数过多，虽然组员人数多有益于集思广益，但也导致少数组员消极怠工，依赖其他组员完成任务，不主动参与学习小组活动，从而影响了课程思政实施效果。在下一轮行动研究中研究者将尝试通过限制学习小组组员人数、调整对学习小组课下探究过程的监督管理加以改进。

（3）增加融合性作品公开展示的机会。本轮行动研究中，每个学习小组只能推选一位代表参加班级演讲比赛进行公开呈现，其他学生则通过U校园学习平台单独向教师提交演讲文本和演讲录制视频，不进行公开呈现。这种方法未能公平地顾及学生公开展出作品的机会，导致学生反映组内推选出现意见不一、推选结果影响学生积极性等问题。研究者基于教学观察，也发现参加班级演讲比赛的学生整体表现比没有参加比赛的学生更好。针对以上情况，在下轮行动研究中将通过设计能够集体展示的融合性任务加以改进。

（4）在学生课下探究过程中提供更为充分的语言支持。在课下学生学习小组协同探究的过程中，研究者通过对学习小组提交的学习记录进行批复，作为师生交互反馈渠道。主要就学生演讲切入点、演讲撰写思路、演讲呈现策略等提供了"支架"反馈，忽视了为学生不同阶段的演讲任务相关产出作品提供有针对性的语言支持，教师的支架作用发挥还不够全面。在下一轮教学行动中，将进一步扩大教师支持反馈的维度，关注学生在课下协同探究不同阶段语言作品的质量，更好地发挥教师在学生课下探究中的支持作用。

（5）拓展课堂教学中思政育人融入的"深度"。在本轮行动研究中，研究者主要采取了"选取蕴含思政元素的视频及提问""指向课文思政教育点的篇章理解题目设计""民族文化及地方文化分享课前陈述""校训英文短文语言学习及翻译"等方法将思想政治教育融入民族院校大学英语课堂教学的不同环节。以上方法虽然注意了师生之间的交互，能够引发学生的参与行为，但研究者基于反思发现教学中关注的大多还是"事实性"的思政育人信息，主要引导学生辨识信息、提取信息、表述信息。研究者在课堂教学中，在引导学生深入思考，促进学生对思政育人信息的"深度加工"方面做得还不够，在下一轮行动研究中还需要进行改进，以进一步拓展课堂教学中思政育人融入的"深度"。

第四章　民族院校大学英语课程思政教学第二轮行动研究：调整与改进

在第一轮行动研究中，研究者基于民族院校大学英语课程思政教学实施方案开展了教学行动，将教学实施方案操作流程转化为具体的教学实践，实现了将思政育人比较有机、系统地融入民族院校大学英语课程教学的各个环节，达到了预期的英语语言知识能力教学目标和思想政治教育目标。整体看来，基于民族院校大学英语课程思政教学实施方案的教学取得了较好的效果，学生也对教学实施给予了认可。但在第一轮行动研究中，操作流程中的"融合性任务设置""教师课堂教学""学生课下探究""融合性任务作品评价"四个教学步骤的教学实践还存在不够合理的地方。因此，研究者实施了第二轮行动研究，旨在进一步改进民族院校大学英语课程思政教学。第二轮行动研究于2022年3月14日到4月25日展开，共6周。课堂教学用时共计8课时，每次2课时，每课时45分钟。其中教师课堂授课6课时（3月21日，3月23日，3月28日），学生任务作品展示及评价2课时（4月25日）。在此期间按照Z民族大学新型冠状病毒肺炎疫情防控政策要求，学生未返校，课程思政教学采取线上教学形式。

第一节　行动研究方案与实施

一、行动研究背景与问题

第二轮研究开始之时，按照Z民族大学的2021级大学英语课程年级统一教学计划，大学英语课程教学进入了"听说课型"教学，使用外语教学与研究出版社出版的《新视野大学英语（视听说教程）》第二册。该教程编写原则强调"提高学生的听说能力与跨文化交际能力"[①]，未明确将思想政治教育纳入教程编写目标，教程也没有明显的思想政治教育元素。从教程单元选材来看，主要包括外国文化情境下的长短对话、简短访谈及外国文化人物等介绍性短文，存在"中华文化缺失"的现象。虽然同一单元的各部分材料探讨同一大类主题，如旅游、城市生活、科技时代、职业生涯等，但各部分材料篇幅短小、互相独立、联系性不强，无法采取第一轮行动研究的从"读写"课型课文主题内容中挖掘思政元素的方法。在前期民族院校大学英语课程思政教学实施情况调查教师访谈中，教师们也普遍反映在听说课型中融入思想政治教育难度更大。教师们通常采用"联系听说教材中涉及的某一外国文化现象引导学生进行简单的中外文化对比"，或者"就某一具备思政引导意义的'点'进行简单提问"的"提及式教学"方法融入思想政治教育。思想政治教育融入系统性不强，融入层次较浅，思政引领效果也不理想。因此，本轮行动首先要解决的问题是"如何在现有教材思政元素非常匮乏的情况下更好地融入思想政治教育？"

此外，上一轮的行动研究还存在以下问题有待解决：第一，融合性任务设置灵活性不足，限制了学生的思辨及能力的发展；提供的任务作品公开展示机会有限，影响了学生参与任务的积极性。第二，学生课下探究阶

[①] 金霞.新视野大学英语视听说教程教师用书：第二册[M].北京：外语教学与研究出版社，2016：V.

段的管理和支持有待改进。包括学习小组合作学习机制和管理不够完善，部分学生存在消极怠工现象；教师提供的语言"支架"反馈还不够全面。第三，教师课堂教学在引发学生对思政信息深度加工方面做得还不够。教师在课堂教学阶段的思政引领作用发挥还不够充分，思政育人有待进一步深入。

综上，本轮行动研究将主要解决以下四个问题：

（1）如何在教材思政元素非常匮乏的情况下更好地融入思想政治教育？

（2）如何改进融合性任务设置以更好地发挥学生的主体性？

（3）如何在课堂教学中进一步拓展思政育人的深度？

（4）如何改进学生课下探究阶段的管理机制和教师支持？

二、行动研究计划

（一）采取"联合第二课堂，拓展教学主题"的方法融入思想政治教育

《大学英语教学指南》指出大学英语课程应帮助学生掌握英语这门语言工具，适应全球化时代的机遇和挑战，获得"跨文化交际能力"，并服务"中国文化对外传播"[1]。其中"跨文化交际能力"是大学英语语言知识能力教学目标，"服务中国文化对外传播"是大学英语课程思想政治教育重点方向。事实上，两者之间构成逻辑因果关系，学生只有具备"跨文化交际能力"才能做到"中国文化对外传播"。"跨文化交际能力"也并不是一个"价值中立"的培养目标，而是具有很强的政治性和意识形态性。[2]《新视野大学英语（视听说教程）》选取的材料主要是"展现各国风土人

---

[1] 教育部高等学校大学外语教学指导委员会.大学英语教学指南：2020版[M].北京：高等教育出版社，2021：4.

[2] 文秋芳.对"跨文化能力"和"跨文化交际"课程的思考：课程思政视角[J].外语电化教学，2022（02）：11.

情和文化传统"①。虽然选材有助于开拓学生的视野,增强学生对世界多元文化的认知,但对"跨文化交际能力"的培养局限于较"浅"的现象展示和语言表达层面。基于教材材料的教学对学生跳出"母文化定式""深刻理解、认识、接纳差异"②等能力的培养还不够;对学生在真实交际场合运用恰当的交际策略和目的语进行交际的能力培养作用还比较有限。此外,当前教材提供的语料主要旨在通过外国语言文化的输入培养学生的国际视野,忽视了中国文化及价值观的输入。仅通过教材学习,学生主要学习的是以英语国家文化为主的外国文化,没有深度探究母文化的机会,不能很好地培养学生更高层次的辨别、分析、解释中外文化差异的跨文化沟通能力,服务"中国文化对外传播"效果不佳。

为了解决当前"听说"课型教材对学生跨文化交际能力培养支持力度不足和思政元素缺乏的问题,研究者计划采取"联合第二课堂,拓展教学主题"的方法,在进一步培养学生的跨文化交际能力的同时融入思政育人。第二课堂一直是大学英语教学中常用的补充教学方式,将第一课堂和第二课堂结合起来被认为是提升外语教育质量的有效途径。③前期民族院校大学英语课程思政教学需求调查学生问卷结果也发现第二课堂实践活动是学生除课堂教学之外最为认可的民族院校大学英语课程思政教学途径。Z民族大学的大学英语教学部每年均组织学生参加"外教社杯"全国高校学生跨文化能力大赛、"国才杯"全国英语演讲/写作/阅读比赛等各大赛事,丰富学生的英语第二课堂实践活动。以"外教社杯"全国高校学生跨文化能力大赛为例,其举办宗旨即推动中外人文交流;加强中国文化国际传播能力建设,讲好中国故事,传播好中国声音,展示真实、立体、全面的中国。本年度赛事主题是"坚定文化自信,增进国际理解",具有鲜明

---

① 金霞.新视野大学英语视听说教程教师用书:第二册[M].北京:外语教学与研究出版社 2016:II.

② BENNETT J M, BENNETT M J, ALLEN W. Developing Intercultural Competence in The Language Classroom [C]// LANGE D, PAIGE M（eds.）. Culture as the Core: Perspectives on Culture in Second Language Learning. Greenwich, CT: Information Age Publishing, 2003:252.

③ 王守仁.高校外语专业学生跨文化能力的培养[J].西北工业大学学报（社会科学版）, 2019（04）:48.

的思想政治教育导向。基于以上考虑，研究者决定以本学期"外教社杯"全国高校学生跨文化能力大赛校内选拔为契机，对《新视野大学英语（视听说教程）》第二册第二单元"Journey into the Unknown"（探索未知之旅）的主题进行拓展。设计中国人到外国旅行（或外国人到中国旅行）过程中发生的跨文化交际冲突场景，将教程单元的"探索未知的旅程"这一主题扩展为"跨文化交际之旅"。开展以培养学生"在跨文化交际中讲好中国故事"（Tell Chinese Stories in Cross-cultural Communication）的能力为目标的教学。一方面实现培养学生跨文化交际能力这一重要英语教学目标，另一方面基于"讲好中国故事"这一主题培养学生的家国情怀，增强文化自信、文化认同等，实现思想政治教育和跨文化交际能力教学的有机融合。

（二）改进融合性任务主题设置及任务作品展示方式

第一轮行动研究设置的"固定式"融合性任务主题限制了学生思辨及能力的发挥。因此，在本轮研究中，研究者将融合性任务主题修改为"教师确定大主题+学生确定具体主题"的"半开放式"主题设置方式。研究者将融合性产出任务主题设置为"在跨文化交际中讲好中国故事"这一大主题，对具体的跨文化情境和跨文化冲突主题不再做具体设定。学生可以基于对兴趣、专长、语言能力、民族文化背景等的综合考虑，自主决定具体任务主题，更好地发挥学生的主体性。此外，将融合性任务的呈现形式设置为学习小组集体进行跨文化短剧表演。一方面通过"合作性目标结构"，在学习小组内部建立起"利益共同体"的关系，促进合作学习；另一方面，让所有小组成员都能通过集体呈现的方式，获得在全班进行公开展示任务作品的公平机会，以此激发学生的个体成就动机，进一步促进学生的参与。

（三）教师课堂教学注重引发学生深层信息加工，拓展思政融入的深度

上一轮行动研究中，研究者在课堂教学活动设计中主要以对"事实性"思政信息的辨识、提取、表述为思政育人融入手段，在引发学生对思政信息内容的深入思考方面做得还不够，课程思政的"深度"还有待提升。情感领域内化层次理论认为"要使实践和反应发生任何重大改组，个体必须能够考察自己对于这个问题的感受和态度，让它们显现出来，把它们与别人的感受和观点相比较，并从对某一具体行为或实践的理性意识上升到实际信奉这种新的实践"[①]。基于以上理论观点，在本轮研究中，研究者将通过呈现蕴含思政元素的教学材料、提出具有"思辨开放性"和"价值引导性"的问题、开展案例分析等方式，引导学生积极交流观点，充分调动学生的认知结构和思维参与，引发学生深层信息加工。注重引导学生基于深入思考，经由组织、加工、分析、比较等思维过程，形成"价值判断"，以使思政育人效果更为持久、思想留痕更为深刻。

（四）改进学生课下探究阶段的管理机制和教师支持

（1）学生课下探究阶段学习小组管理的改进措施。研究者将采取以下两项措施：一是缩小学生学习小组规模，将每个小组人数控制在4—5人。通过减少小组组员人数保证组员之间沟通的效率，增进组员之间的互动联系，促进组员之间的合理分工和协作。二是在小组学习记录中增设小组组员分工和贡献记录部分，并在评价赋分上体现差距，以增强学生在任务促成过程中的合作精神与责任意识，激发学生工具性动机，减少消极怠工现象。

（2）学生课下探究阶段教师支持的改进措施。在本轮行动研究中，研究者将扩展学生课下探究阶段的教师反馈维度，细化对学生课下探究不同阶段的产出作品的语言质量评价，坚持"语言教学"本位目标，提供更为深入的语言"支架"支持，促进学生语言应用水平的提高。

（五）实施跨文化交际能力学情检测

研究者还将设计跨文化交际冲突案例分析练习，在课堂教学开始前一

---

① [美]克拉斯沃尔，布卢姆等.教育目标分类学（第二分册）：情感领域[M].施良方，等译.上海：华东师范大学出版社，1989：86.

周通过U校园线上学习平台发布，要求学生完成。通过学生完成练习的情况了解学生当前跨文化交际能力的基本学情以及学生对中外价值观念的态度观点，以提供更有针对性的语言教学支持及思政引领。

三、行动研究实施

（一）确立融合性目标

1. 分析教材

在新型冠状病毒肺炎疫情防控期间，Z民族大学的大学英语课程听说课型教学采取的是"学生U校园在线平台自学+教师线上课堂补充教学"的混合教学形式。学生按照要求在U校园自行完成"听说"课型教材单元学习任务，教师进行线上答疑及组织其他听说实践活动。本轮研究开始之时，学生已在教师"导学案"的辅助下通过U校园自学完成了《新视野大学英语（视听说教程）》第二册第二单元"Journey into the Unknown"（探索未知之旅）的视听内容及配套练习。本轮行动研究不涉及学生线上自学阶段的具体教学安排，主要讨论线上课堂补充教学阶段教师如何在"听说"课型教材主题及内容的基础上，更好地达成教材所要求的"提高学生听说能力和跨文化交际能力"的语言教学目标并同时有机融入思想政治教育。如前所述，《新视野大学英语（视听说教程）》选材主要以"展现各国风土人情和文化传统"为目的，各单元由若干短小且联系性不强的语言材料组成，思政元素很难挖掘。以第二单元为例，视听材料依次包括BBC节目关于旅游经历和喜好的采访视频、威尼斯简介音频、曼谷旅游采访视频、问路和指路对话音频、亚马孙雨林旅游经历对话音频、观看电视旅游节目的弊端观点类音频、旅游意义观点类音频。虽然教材选材都与旅行主题相关，但各部分各自独立，没有意义上的连贯关系。教材规定的本单元教学目标也仅为"能够谈论旅行经验，能够问路并指路，能够计划一次旅行"。可见教材的编排只侧重英语听说能力训练，没有涉及语境、语用等深层次的跨文化交际能力培养，更没有涉及思想政治教育教学目标。但通过进一步分析教材文本，发现听力短文材料讲道："Experience is the best teacher and knowledge is power. The things traveling can teach you are beautiful because you learn to trust in what you see rather than what you are told"（经历是最好的老师，知识就是力量。旅行可以教会你美好的东西，因为你学会相信你所看到的，而不是你被告知的），"Travel is fatal to prejudice, bigotry and narrow-mindedness"（旅行将终止偏见、偏执和心胸狭隘）等内容。教材蕴含一定的跨文化交际观点，即通过旅行，加强不同文化背景人们之间的交流、交往，可以增进理解，形成开放、包容的多元文化意识。由于文化差异和意识形态差异的存在，跨文化交际场景中往往会出现一定程度的不解、误解甚至纷争，影响国际沟通与交流，不利于人类命运共同体的构建。因此，可以联系当前"外教社杯"全国高校学生跨文化能力大赛校内选拔的需要，尝试将"探索未知的旅程"这一单元主题扩展为"中外跨文化交际之旅"，从而引导学生在跨文化交际的过程中客观、辩证地比较中外文化价值差异，运用恰当的跨文化交际策略有效捍卫并传播中国优秀文化价值观念等。加强对学生跨文化交际能力的培养和思想政治教育引领，解决当前教材编排中存在的重语言基础、轻交际技能，重国外文化输入、轻本土文化输出，重知识传输、轻思辨激发的问题。

2. 学情分析与诊断

基于研究者平时的教学观察，行动班级×班学生对外国文化有一定的了解，能够较好地运用学过的英语词汇、词组、句型进行一般日常对话和表达。但学生文化敏感度还不高，对文化现象折射的文化价值观理解还非常浅显，还不能根据具体场合运用恰当的交际策略，跨文化交际能力整体还较弱。为了更好地了解学生现有跨文化交际能力以及对中外价值观点的看法，研究者在本轮教学行动研究开始前，在U校园网络学习平台布置了跨文化分析个人作业，作为学情检测。作业由两个跨文化交际冲突案例组成：

案例一是一则中外跨文化情景对话。在一家中国纺织公司工作了15年的美国高管史密斯（Smith）讲述了他与一名中国员工的谈话，内容如下[①]：

Mr. Smith: It looks like some of us are going to have to be here on Sunday to host the client visit.

Mr. Chen: I see.

Mr. Smith: Can you join us on Sunday?

Mr. Chen: Yes, I think so.

Mr. Smith: That would be a great help.

Mr. Chen: Yes, Sunday is an important day.

Mr. Smith: In what way?

Mr. Chen: It's my daughter's birthday.

Mr. Smith: How nice. I hope you all enjoy it.

Mr. Chen: Thank you. I appreciate your understanding.

研究者要求学生分析这一案例，并回答以下问题：①Will Mr. Chen join Mr. Smith to host the client visit?（陈先生是否会和史密斯一起招待客户的来访？）②Is the message successfully conveyed?（交际信息是否得到有效的传递？）③What are the reasons for the cultural conflicts?（跨文化冲突产生的原因是什么？）。

案例二是视频材料分析，选取电影《喜福会》(*The Joy Luck Club*)中的经典跨文化交际片段，要求学生分析以下问题：①What are the cultural conflicts presented in the video?（影片中出现了哪些中美文化冲突？）②What are the causes of these cultural conflicts?（产生文化冲突的原因是什么？）③How do you explain the Chinese behavior from the perspective of Chinese cultural values?（您如何从中国文化价值观的角度解释影片中中国人的行为？）④How do you explain the American behavior from the perspective of American cultural values?（您如何从美国文化价值观的角度解释影片中美国人的行为？）

---

① 改编自 High Context Culture v.s. Low Context Culture: Communication Design For Avoiding Uncertainty[EB/OL]. [2022-03-07]. https://www.techtello.com/high-context-culture-vs-low-context-culture/.

研究者基于对学生课前跨文化分析个人作业的文本分析，得出以下结论：

（1）学生辨别中外文化差异的能力有待提高。如在第一个案例中，文化冲突内容是陈先生（中国人）说话"婉转"引起史密斯先生（美国人）对陈先生是否参加招待客户信息表达的误解。这一跨文化冲突点并不难辨别，但从课前案例分析情况来看，提交作业的61名学生中有8名学生得出了错误的结论，认为这一跨文化交际案例中"不存在文化冲突"，"交际信息得到了有效的传递"。可见这部分学生存在非常强的"母文化定式思维"，不能站在目的语语用角度正确理解对话情境，对跨文化交际效果造成了误判，文化辨识能力还非常薄弱。这就要求教师在教学中引导学生脱离母文化单向视角，从母文化、异文化双向视角分析文化现象，提升跨文化沟通能力。在第二个案例中，学生能较好地辨别中美文化差异的显性部分，如辨别用餐礼仪差异、对长者的称呼差异等。但对中美文化差异中的隐性成分，如价值观念、权力理念等方面则了解很少。教师还需要培养学生辨识隐性文化差异的能力。

（2）学生阐释和评价中外文化现象的能力有待提升。学生对跨文化冲突产生的原因判断也还不够准确。如有学生在对案例一进行分析时，写道："Because the two sides have different choices about family and career, different cultural backgrounds also make their priorities different"，认为跨文化冲突是由"中美文化对于家庭和工作取舍差异决定的"，这与案例相关性不大。学生在对案例二中的中外文化价值现象进行解释的时候，也表现出明显困难或"片面"看待的问题，对中华文化的价值判断还存在过于"片面"及"负面化"的问题。这说明教师在培养学生国际视野和跨文化交际能力的同时，还需要引导学生深入了解中华文化，在此过程中提升文化认同和文化自信，从而基于对中华文化的深入理解，更好地实现用英语进行"中华文化对外传播"的功能。

3. 确立目标

综上，本轮教学行动的主要英语语言知识能力教学目标确定如下：①能够辨别和理解中西方文化差异；②能够分析和评价中西方文化差异的原因；③能够应用恰当的跨文化交际策略讲述中国故事，传播中国文化。本轮教学行动的主要思政育人目标确定如下：①尊重世界文化多样性，批判、辩证看待中外文化差异。需要指出的是，这一点也是英语语言知识能力教学目标中培养跨文化能力的重要指标，①但跨文化能力具有"很深的政治性和意识形态性"②，为后续分析讨论方便起见，本章暂将其归入思政育人目标。②深化文化认同和文化自信。深化对中华民族文化的理解和认识，培养家国情怀，增强文化自觉，坚定文化自信和民族自豪感。③形成传播中华文化价值观的责任感和行为倾向。认识对外话语权的重要性，树立起民族复兴的使命感，具备"讲好中国故事，传播中华文化"的责任感和行为倾向。以上确立的思政育人目标彰显了民族院校大学英语课程思政教学的"交际性"和"人文性"重点思政育人方向。

（二）设置融合性任务

研究者基于对以上融合性教学目标的分析，并结合"外教社杯"跨文化能力大赛的具体要求，将本单元融合性产出任务确立为：以学习小组为单位创作英文短剧，参加班级"在跨文化交际中讲好中国故事"（Tell Chinese Stories in Cross-cultural Communication）的英文跨文化交际短剧展演。研究者希望通过这一任务创建中外跨文化交际场景，为学生提供"本族文化和目的文化交融的第三空间"③，打破语言交流中的二元对立性（即个人与社会、我者与他者、本族语者与非本族语者、第一与第二文化）。④学生在促成融合性任务的学习探究过程中，学会调动英语语用能力、选择适宜的英语语用策略，借用"他者"的语言作为媒介传播中国文

---

① 教育部高等学校教学指导委员会.普通高等学校本科专业类教学质量国家标准（上）[M].北京：高等教育出版社，2018：95.

② 文秋芳.对"跨文化能力"和"跨文化交际"课程的思考：课程思政视角[J].外语电化教学，2022（02）：11.

③ 顾晓乐."第三空间"视域下的跨文化交际能力培养实践探索[J].外语界，2019（04）：68.

④ 李茨婷，任伟.第三空间理论下二语语用能力和语用选择研究[J].外语与外语教学，2018（02）：69.

化、讲好中国故事，并基于"为中国代言"这一角色认定，形成相应积极价值观点。这一融合性任务设置能够将培养跨文化交际能力这一重要的大学英语语言教学目标与思想政治教育目标紧密结合。跨文化交际短剧任务要求如下：①跨文化交际短剧任务场景设置为"中国人到外国旅行或外国人到中国旅行的跨文化交际情境下的文化冲突"，尝试应用第二单元U校园自学内容的相关词汇、词组、句型，口语交际策略等。②短剧展演包括两个部分。第一个部分是案例展示（Acting），即各组进行跨文化交际冲突表演展示，应包括以下要素：呈现中外跨文化交际冲突，解释中外文化差异，讲好中国故事，进行成功的跨文化交际。第二个部分是跨文化分析部分（Analysis），应包括以下要素：阐述跨文化交际冲突中中方和外方各自的立场或观点；结合跨文化交际理论或中外文化价值观点，分析文化冲突产生的原因；提出解决文化冲突、讲好中国故事的建议和方案。③短剧任务采取口头表演形式，总长度为5—8分钟，记口语考评成绩10分，占期末总评10%。教师特别指出"讲好中国故事"包括讲好中国56个民族的故事，各小组可以通过跨文化交际情境设计，尝试传播中华各民族的优秀文化。以此更好地发挥民族院校大学英语课程在"民族文化传播"方面的重要作用。

（三）教师课堂教学基础促成

在本轮行动研究的课堂教学阶段，教师将更注重引发学生的深入思考，创造更多的价值分析、价值比较、价值判断机会，使学生在认知逐步深入的过程中，基于更为理性的价值思辨过程，形成更为稳定、深刻的价值观点和态度，从而获得更加持久、深刻的思政育人效果，拓展思政育人的深度。

1. 任务驱动

学生在U校园学习平台完成教材单元线上自学任务及课前跨文化交际案例分析学情检测之后，进入了"教师线上补充教学"阶段。在任务驱动阶段，研究者结合对教材单元听力材料内容的理解与讨论，采取以下步骤（表4-1）发布了跨文化交际短剧融合性产出任务。

表4-1 教师课堂教学任务驱动步骤

教学内容	思政融入点	语言教学目标	思政教育目标
1.教材短文听力材料理解	引导学生注意材料中的价值观点	理解文本，并能解释观点	尊重文化多样性；增进民族文化交流及对民族文化多样性的理解
2.引导学生联系生活体验，讨论文化冲突现象	学生讨论校园生活中多元民族文化、地域文化差异带来的文化冲突	领会文化差异与文化冲突的联系	
3.引导学生交流讨论避免偏见、偏执和狭隘的策略	学生联系多元民族文化、地域文化差异，交流文化冲突解决策略，形成积极价值观念	讨论跨文化交际策略	
4.发布产出任务			

（1）引起注意，理解价值观点。研究者带领学生就教材单元短文听力材料中讲到的"Experience is the best teacher and knowledge is power. The things traveling can teach you are beautiful because you learn to trust in what you see rather than what you are told."（经历是最好的老师，知识就是力量。旅行可以教会你美好的东西，因为你学会相信你所看到的，而不是你被告知的）和"Travel is fatal to prejudice, bigotry and narrow-mindedness."（旅行将终止偏见、偏执和狭隘）进行讨论，提出问题"How do you interpret these sentences?"（你如何理解以上句子？）引导学生"注意"听力材料中蕴含的"增进文化交流与沟通""避免刻板印象"等观点，形成尊重文化多样性的价值观点。

（2）联系生活体验，讨论价值观点。研究者继续提出问题"How can prejudice, bigotry and narrow-mindedness affect in our life?"（偏见、偏执和狭隘会给我们的生活带来什么影响？），引导学生联系生活体验，将价值观点与现实体验联系起来，积极参与讨论。在讨论中，学生分享了在Z民族大学校园生活中发现的一些地域、民族等文化差异，如"民族饮食文化差异"等。不仅起到多元民族文化交流的作用，也能进一步加深学生对多元文化的理解。

（3）比较价值观点，形成价值判断。研究者提出新的问题"How to get rid of prejudice, bigotry and narrow-mindedness?"（哪些方法能够避免偏见、偏执和狭隘？），引导学生基于对不同的价值观点进行分析、比较，生成一定的价值判断。学生们的回答包括"Don't just look at problems from your own perspective."（不要只站在自己的角度看问题），"Read more and learn more about different cultures."（多读书，多了解不同文化）（课堂录像2022-03-21）等。这些观点已经体现跨文化能力所要求的"走出本土文化定式""了解多元文化"等特征。有学生总结道："Students in our university may have quite different local cultures or ethnic cultures. We need to look at things from different angles."（我们学校学生有着不同的地域或民族文化。我们要从不同角度去看问题。）（课堂录像 2022-03-21）。可见学生基于在民族院校的真实生活体验，形成了从多元角度看待问题、加强不同文化之间的交流和沟通等积极价值观点。

（4）发布跨文化交际短剧产出任务，激活学生动机。研究者基于学生分享的民族院校生活中的跨文化交际冲突现象，引导学生进一步思考文化差异在中外跨文化交际场合可能导致的消极后果，让学生认识到提高跨文化交际能力的重要性和必要性，以激发学生在接下来学习探究中"了解与理解知识、阐明与解释问题"[①]的认知内驱力。随后，研究者发布了英语跨文化交际短剧展演任务，并指出班级跨文化短剧展演不仅是"外教社杯"全国高校学生跨文化能力大赛班级选拔的一部分，还将作为学期口语考试成绩记入期末总评，以此来激发学生的工具性动机，提高学生在后续学习中的关注度和参与度。研究者还播放了"外教社杯"全国高校跨文化能力大赛案例视频的片段并就视频进行了简要说明及点评，让学生预判自己现有能力与任务要求之间的差距，以激发学生"弥补能力盲点"的愿望，生成基于自我认知的"驱动"。

2. 模块促成

完成跨文化交际短剧融合性任务需要达到以下四点要求：一是需要学

[①] 邓惟佳，徐屹丰，姜智彬.战略拔尖外语人才培养机制与路径——基于上外卓越学院的个案研究[J].外语界，2022（04）：58.

生设计特定跨文化交际冲突场景；二是要求学生对场景中的中外文化冲突进行分析；三是需要学生针对该文化冲突提出有效跨文化交际策略；四是要求学生按照"外教社杯"全国高校学生跨文化能力大赛的参赛作品结构要求进行呈现。研究者首先通过对中外文化差异的讨论导入了主题，随后针对以上要求分别进行了模块促成，为学生完成跨文化交际短剧融合性任务打下相应基础。从而使任务难度处于可控范围，以保证任务的"可达成性"，避免学生因任务难度过大产生"畏难情绪"。四个模块促成分别是：跨文化交际理论及应用促成，为学生深入分析中外文化冲突做好准备；跨文化交际选题与分析促成，为学生设计跨文化交际短剧场景拓展思路；跨文化交际策略与方法促成，帮助学生了解有效跨文化沟通策略，为学生提出具体中外文化冲突解决方案打下基础；跨文化交际结构与语言促成，帮助学生掌握"外教社杯"全国高校学生跨文化能力大赛的参赛作品结构要求及呈现方法，并积累一定的语言素材。在模块促成过程中（表4-2），研究者还注意将思想政治教育融入模块促成的各个环节，以达到"深度"融入的目的。

表4-2 教师课堂教学模块促成步骤

教学步骤	教学内容	思政融入点	语言教学目标	思政育人目标
导入	中外文化差异讨论（中国文化vs西方文化视频）	联系生活体验，比较视频中的中外文化价值差异，并形成价值判断	拓展中外文化差异知识，提升国际视野	尊重文化多样性
模块1：跨文化交际理论及应用	1.文化冰山理论	思考跨文化冲突产生原因	掌握跨文化交际理论并能结合具体案例应用理论	批判、辩证看待中外文化差异；增进对中华文化的理解；形成中华文化认同与文化自信
	2.文化语境理论与案例分析（中外跨文化交际冲突文本案例）	站在"中国立场"，分析案例中的中国文化价值观点		
	3.文化维度理论与案例分析（《喜福会》电影片段案例）	进行"个人主义与集体主义"维度的中外文化价值讨论；基于"为中国文化代言"解释、澄清、辩护案例中的中国文化价值观点		

续表

教学步骤	教学内容	思政融入点	语言教学目标	思政育人目标
模块2：跨文化交际短剧选题及分析	1.刻板印象概念提出与案例讨论[《自从这群歪果仁（外国人）误解了中国以后》和《中国人对外国人的刻板印象》视频材料]	讨论视频中的中外刻板印象，做出价值评价	了解中外文化异同，提升国际视野	尊重文化多样性；认识讲好中国故事的重要性
	2.外国人对中国人的刻板印象案例分析（《中国人很委婉》视频及文本材料；《美国人想要表达什么》交际口语分析）	分析刻板印象案例，审视中外文化冲突，形成价值判断	辨别中外文化冲突；提高跨文化思辨能力	
模块3：跨文化交际策略与方法	1.跨文化交际策略讨论	学生联系旧知分享交流"如何在跨文化交际场景讲好中国故事"	讨论跨文化沟通策略	认识讲好中国故事的重要性；树立讲好中国故事的责任意识
	2.跨文化交际策略学习（霍夫斯泰德"觉察—了解—掌握"文化沟通策略）	学习习近平2015年号召"讲好中国故事"讲话选段的英文翻译	学习并掌握跨文化交际策略知识	
	3.跨文化交际策略案例分析（李子柒"中华文化输出"案例）	分析外国人对李子柒作品中描绘的中国的向往的真实评论	分析李子柒文化输出成功的原因，提炼跨文化交际策略	形成中华文化认同与自信；形成积极传播中华文化的价值态度
模块4：跨文化交际短剧语言与结构	"外教社杯"全国高校学生跨文化能力大赛的参赛视频分析及资源推介	参赛视频内容讨论"如何讲好中国故事、传播中华文化"	了解跨文化交际短剧的内容结构要求，学习相关词汇、词组、句型等	树立讲好中国故事、传播中华文化的责任意识

（1）主题导入。在进行模块促成之前，研究者先就中外文化差异进行了导入和拓展，旨在使学生顺利"进入"跨文化交际情境，增强对文化多样性的理解。研究者首先播放了英语动画视频《中国文化vs西方文化》，并组织了以下教学活动：

① 引发注意——了解中外文化现象差异。研究者要求学生观看视频后回答问题：What are the cultural differences mentioned in the video?（视频

中提到的文化差异有哪些？）一方面训练学生听力信息提取能力、口头综合复述能力，另一方面引导学生注意视频中呈现的中外文化现象差异。

②做出反应——基于旧知的分析讨论。研究者提出问题：Do you agree with the cultural differences presented in the video?（你赞同视频中提出的文化差异吗？）要求学生比较视频中提到的中西文化差异现象，激活个体生活体验和知识储备，对视频中的中外文化差异现象进行判断并提出理据和驳论。

③新知生成——中外文化差异知识拓展。主要采取三种方式进行拓展：a."头脑风暴"（Brainstorming）同辈交流。研究者提出问题"Do you know other cultural differences?"（你还知道哪些中西文化之间存在的文化差异？），引导学生就所了解的中西文化差异进行"头脑风暴"，通过同辈交流补充中西文化差异相关知识。b.文化差异观点"纠误"。研究者就学生分享的一些中西文化差异观点进行了"纠误"，纠正学生对外国文化理解中出现的部分"误解"或"片面"观点。c.文化差异补充教学。研究者就中外文化交际场景中常出现的"称呼问候""父母子女关系""会客礼仪""表达感情方式"等文化差异进行了拓展，增进学生对中西方文化差异的了解，以扩展学生的跨文化交际相关知识储备。

（2）跨文化交际理论及应用促成。学习并掌握一定的跨文化交际基础理论，有利于学生更为深刻地透视中外文化冲突背后的文化价值差异，有利于学生形成尊重、包容多元文化的价值观点，有利于发展学生文化思辨能力。按照"外教社杯"全国高校学生跨文化能力大赛的要求，学生也需要掌握一定的跨文化交际理论进行跨文化案例分析。基于以上考虑，在本部分的教学中研究者选用"文化冰山理论"英语视频作为导入，并补充了两个跨文化交际基础理论"文化语境理论"和"文化维度理论"及对应案例分析，帮助学生理解跨文化交际冲突产生的原因，并掌握如何恰当应用理论深入分析文化冲突现象。

①文化冰山理论。研究者选用"文化冰山理论"英语视频，引导学生思考跨文化交际问题产生的原因。爱德华·霍尔（Edward Hall）提出的文化冰山（cultural iceberg）理论认为文化现象和冰山一样，水面之上的

部分是可见的，如语言、食物、穿着、音乐、问候方式等是可以观察到的显性元素；但在水面之下隐藏着更大的部分，如潜在信念、价值观和思维模式等更重要的决定因素是非显性的。研究者设置了"信息填空"（Spot dictation）、"简答"两个题型，基于"文化冰山理论"视频材料训练学生"定位关键词""捕捉信息"的听力技巧，以及"总结陈述"的口头表达能力。学生分析跨文化交际问题产生原因的过程，有利于学生形成"不能仅仅根据表面现象判断一种新文化""世界文化存在多样性"的观点，进而形成"尊重包容文化多样性""辩证看待文化现象"等积极价值观念。

② 文化语境理论与案例分析。研究者采用了以下步骤：

步骤一：讲授新知——理论讲解。

研究者结合英语视频《高语境文化和低语境文化的区别是什么》（What is the Difference Between a High Context Culture and a Low Context Culture）讲解霍尔提出的文化语境理论。霍尔认为高语境文化（High Context Culture）中的交流在很大程度上依赖于非语言、语境和共享的文化意义。信息不仅通过文字传递，还通过非语言暗示（如手势、语调变化和面部表情等）、人际关系、社会环境等传递。低语境文化（Low Context Culture）中的交流则取决于所说的内容，即消息的字面内容。信息必须明确、详细、高效，不需要提供太多背景信息。研究者结合视频材料讲解了理论知识，并联系具体国家文化实例讲解了高低语境文化主要的特征及差异，帮助学生构建"理论"与"现实"的连接，让学生更好地掌握如何运用这一理论分析现实中的中外文化差异现象。此外，研究者还讲授了听力笔记记录方法（如采用缩略词、记录实词关键词），要求学生运用记录的"关键词"进行"信息重组"，并"总结陈述"视频中的关键信息，起到训练学生听力理解技巧的作用。

步骤二：文化语境理论案例分析与观点促成——基于"中国立场"的思政引领。

研究者要求学生运用文化语境理论，从高语境文化和低语境文化差异的角度再次分析课前跨文化交际分析案例一中的中外文化冲突，并要求学生尝试基于"中国立场"，解释跨文化冲突中的中国文化价值观点。以此作为思政引领手段，修正部分学生在跨文化分析练习前测中表现出的对中华文化现象过于"片面""负面化"的价值判断，深化学生对中华文化的认同。研究者基于对学生课堂讨论发言情况的总结，得出了以下结论：

第一，学生能够辨别文化冲突现象。学生发言观点可以大致总结为：案例中史密斯和陈先生都存在本国文化的刻板印象。陈先生来自中国的高语境文化，希望史密斯能够接受话里的暗示，而史密斯作为一个来自低语境文化的美国人则希望陈先生能直接说明。由此可见学生能够较好地联系理论辨别跨文化交际冲突。

第二，学生能够深入剖析中国文化观点。学生从不同角度解释了案例中的中国文化价值观点。如有学生从中国儒家思想的角度阐述了中国文化价值观念，分享说："It originates from the Confucianism in the ancient times. We now describe such culture as 'Li'. It encourages people to express themselves in an indirect way when it conflicts with the will of others."（中国人的委婉话术起源于古代儒家思想。我们现在把这种文化描述为'礼'，它鼓励人们在自己的想法与他人意志相冲突时，采取更加委婉的方式进行表达）（课堂录像 2022-03-21）。

第三，学生形成了积极价值判断。如有学生说道："Customs and geographical environment have caused differences between Chinese and foreign cultures. When Chinese refuse to do something, they will estimate others' feelings and use euphemism. Foreigners will express their wishes directly. Language is the carrier of culture. Euphemism embodies social norms such as politeness in communication, avoiding vulgarity and seeking elegance in Chinese culture. From a deeper perspective, it also reflects a kind of cultural literacy."（风俗习惯和地理环境造成了中外文化的差异。当中国人拒绝时，他们会估计别人的感受，说话委婉。外国人会直接表达自己的意愿。语言是文化的载体。委婉语体现了中国文化中的交际礼貌、避俗、求雅等社会规范。从更深层次看，它也体现了一种文化素养）（课堂录像 2022-03-21）。从以上观点可以看出，学生认为"文化差异是风俗、地理等原因引起的"，没有进行孰对孰错的评判，体现了积极的多元文化意识。与此

同时，学生能够站在中国文化价值观角度，积极解析中国文化价值，认为"委婉语体现了中国文化中的交际礼貌、避俗、求雅等社会规范及文化素养"，体现出积极的中华文化认同和文化自信观点。

综上可见，通过案例分析交流有利于培养学生将所学跨文化交际理论知识用于分析具体案例的能力，通过引导学生站在"中国文化立场"，有利于激发学生的文化自信与文化认同。

③ 文化维度理论与案例分析。研究者采用了以下步骤：

步骤一：讲授新知——理论讲解。

研究者介绍了霍夫斯泰德（Geert Hofstede）于1980年提出的文化维度理论（Cultural Dimensions theory）。这一理论将文化划分为六个维度：权力距离（Power Distance）、集体主义与个人主义（Collectivism and Individualism）、不确定性回避（Uncertainty Avoidance）、男性气质与女性气质（Masculinity and Femininity）、短期与长期导向（Short-term Orientation and Long-term Orientation）、克制与放纵（Indulgence and Restraint）。研究者按照"讲解各维度定义—介绍各维度的具体表现—联系实例说明—提问检验理解程度"四个步骤分别介绍了以上六个维度，并进行比较，列举了六个维度中高指数与低指数在家庭、教育、职场等场域的表现差异。研究者还介绍了中国、美国、英国、加拿大、日本、韩国、印度七个国家在这六个维度上的数值，引导学生进一步比较中外国家在文化维度倾向上的差异。

步骤二：文化维度价值讨论与判断——基于"中外比较"的思政引领。

在文化维度理论的讲授过程中，研究者主要采取"双方面呈现信息"和"维度价值讨论"两种方法融入思想政治教育。如在讲解"个人主义与集体主义"这一中外文化价值差异维度的时候，研究者基于霍夫兰提出的"双方面呈现信息有益于价值多元情况下的态度转变"这一观点，选取英国BBC视频 *individualism: Is it a good or bad thing*（《个人主义：好还是坏》）作为补充教学材料。引导学生基于多重视角批判性、辩证性地去看中外文化差异，并形成自己的价值判断。研究者还提出问题"What's your perspective on individualism and collectivism?"（你如何看待个人主义与集体主义?),引导学生就"个人主义与集体主义"这一文化维度进行了价值讨论。课堂讨论涉及的主题包括中外核心家庭和扩展家庭观念差异、独立与责任差异、师生交际行为差异等生活中常见的实例及网络热点话题,引导学生形成客观、辩证看待中外文化价值观差异的立场,并形成对中国文化及价值观的认同。

步骤三:文化维度案例分析与观点形成——基于"为中国文化代言"的思政引领。

研究者布置了课后作业,要求学生组成学习小组,共同就课前跨文化分析案例二《喜福会》影片片段中的文化差异再次进行分析,并撰写一篇小组分析短文提交U校园。要求学生结合跨文化交际理论解释文化冲突产生的原因,并就影片片段中体现的中国文化价值观进行解释、澄清和辩护。研究者还简单举例介绍了《礼记》《尚书》中记载的中国的"谦恭"文化的英文翻译及阐释,为学生分析及讲述中国文化价值观提供基础语料。从课后各学习小组提交在U校园的作业情况来看,"跨文化交际理论及应用"模块促成教学达到了以下三点效果。

第一,学生能更为深入地分析中外文化现象。学生掌握了课堂所学跨文化交际理论相关知识,并能恰当应用理论分析跨文化交际案例,为完成总任务打好了基础。如ST3小组写道:"In low-context cultures, people often express their meaning directly, rather than beating around the bush, where people focus more on self-expression, the presentation of opinions, and the ability to persuade others. Just like Richard in the video. Express his preference for shrimp directly and give suggestions for the hostess. But in a high-context culture, people's communication methods are more inclined to indirect verbal communication, relying more on context and emotion, so people will speak more gently and behave more politely. Just like in the video, the hostess said that the dishes she cooked were not delicious while looking forward to getting compliments from the guests."(在低语境文化中,人们经常直接表达他们的意思,而不是拐弯抹角。人们更关注自我表达、表达观点和说服他人的能力。就像视频中的理查德一样,直接表达对虾的喜好以

及对女主人的建议。但在高语境文化中，人们的交流方式更倾向于间接的口头交流，更多地依赖语境和情感，所以人们会说话更温和，举止更礼貌。就像视频中女主人自谦自己做的菜不好吃，同时却期待得到客人的赞扬）（ST3课后作业2022-03-26）。从以上观点可见学生能够较好地理解并运用课堂讲授的高语境文化与低语境文化差异理论，分析影片中的中美交际语言风格的差异。ST6小组还从"文化定式"的角度分析了文化冲突产生的原因，写道："The reason for the conflict is that the two sides do not understand each other's culture, but only blindly view each other with their own values and culture."（产生冲突的原因是双方不了解对方的文化，只是以各自的价值和文化盲目看待对方）（ST6课后作业2022-03-26）。

第二，学生形成了中华文化认同。学生在为中国文化"代言"的"角色认定"过程中，加深了对中国相关文化价值的理解，形成了积极的中华文化认同。如ST4小组写道："… Chinese society is a group society … Chinese people care more about other people in the community and attach great importance to collective interests rather than being selfish. This actually helps make the nation unite and become stronger and stronger."（中国社会是一个集体社会……中国人更关心社区中的其他人，重视集体利益而不是自私。这实际上有助于使国家团结起来，变得越来越强大），（ST4课后作业2022-03-26）认为中国的"集体主义"价值观念是社会进步、祖国团结的价值基石，基于价值比较对中国的"集体主义"价值观产生了积极的价值判断。

第三，学生形成了积极的多元文化意识。学生能够从不同文化的视角解读文化现象，尊重文化多样性，培养了国际视野。如ST7小组写道："Chinese culture brings people closer together, while Western culture allows enough space for individuals. There will never be two identical leaves in the world, and there will never be two identical cultures. Both Chinese and Western cultures are the treasures of human culture."（中国文化拉近了人与人之间的距离，而西方文化则为个人提供了足够的空间。世界上永远不会有两片完全相同的叶子，也不会有两种完全相同的文化。中西文化都是人

类文化的瑰宝）（ST7课后作业2022-03-26）。可见ST7小组能够站在中外不同文化立场上，对影片片段中的中外行为进行解读，并得出了"中西文化都是人类文化的瑰宝"的积极价值判断，具备尊重文化多样性的积极多元文化意识。

（3）跨文化交际短剧选题与分析促成。跨文化交际短剧任务要求学生设计中外文化冲突场景。为帮助学生拓展思路、寻找主题，同时培养学生辨识文化冲突的文化敏感性，研究者进行了跨文化交际短剧选题与分析促成。本模块促成主要旨在通过介绍跨文化冲突中常见的"刻板印象"（Stereotypes）现象及其表现方式、成因和影响等，拓展学生跨文化交际短剧选题的思路，并提高学生识别文化冲突、辩证看待文化冲突、深入分析文化冲突的能力。

① 刻板印象概念提出与案例讨论。刻板印象是指基于有限或不准确的信息对整个群体进行过度概括，是造成跨文化交际冲突的重要原因。其产生原因包括文化背景差异、信息差、民族中心主义等。首先，研究者选用了英语视频材料《刻板印象概念》（stereotype defined）进行导入，讲解并要求学生在应用"捕捉关键词""联系旧知""总结信息"等听力认知策略的基础上，"复述"刻板印象的概念，并就生活中的刻板印象进行简单讨论。随后，研究者播放了两个英语视频访谈材料《自从这群歪果仁（外国人）误解了中国以后》和《中国人对外国人的刻板印象》，并提出了四个问题：What are the stereotypes shown in the video?（视频中存在哪些刻板印象？）What are the reasons for these stereotypes?（造成这些刻板印象的原因是什么？）Why are stereotypes pervasive?（为什么刻板印象如此普遍？）What could be the result of stereotypes?（刻板印象可能会带来什么后果？）。

学生不仅了解了中外不同视野的刻板印象现象，而且在回答以上问题的过程中，由"注意"视频中的刻板印象，到就刻板印象的成因、影响等展开讨论分析，再到做出"评价"，形成一定的价值判断。这一过程引发了学生的深入思考，有利于培养学生文化思辨能力。如学生认为刻板印象可能造成的后果有"overly generalization of a culture group"（对特定文化群体以偏概全）、"cause conflicts"（引发冲突）、"some negative stereotypes may influence the image of a country in a bad way"（有些负面刻板印象会对国家形象造成不良影响）（课堂录像 2022-03-23）等。以上观点有助于学生认识到"破除刻板印象""讲好中国故事"的重要性，形成讲好中国故事的责任意识。

② 外国人对中国人的刻板印象案例分析。研究者选取了外国人对中国人的典型刻板印象"Chinese are indirect"（中国人很委婉），带领学生分析刻板印象对跨文化交际的影响。在案例分析中，研究者采取的是"检验旧知 — 引发认知冲突 — 分析审视冲突 — 形成判断"的路径，激活学生积极思维过程，以生成更加深入的思政引领效果。

步骤一：检验旧知。

首先，研究者采取了腾讯会议课堂聊天区即时回答的方法，要求学生即时回答"中国人很委婉"这一刻板印象判断会带来什么样的影响。答案选项包括"积极""消极"和"中立"，以此了解学生基于已有认知储备做出的判断。从课堂回答情况可见，大多数的学生选择了"中立"。

步骤二：引发认知冲突。

研究者通过两则素材，呈现有别于学生旧知的新信息，引发学生新旧知识之间的认知冲突。

素材 1：研究者播放了英文视频《那些老外无法理解的婉转的中国语言文化》（Conflict Resolution in China）。该视频以幽默、夸张的形式呈现了外国人眼中"婉转"的中国语言话术产生的影响。一方面起到了激活课堂气氛和训练听力理解技能的作用，另一方面则基于视频内容，引导学生讨论外国人对中国"婉转"话术的评价，了解刻板印象可能带来的负面影响。

素材 2：研究者呈现了社交媒体上一个美国人对中国人"不直接"（being indirect）的描述和评论的英文短文 Maybe today is my birthday — indirect communication in China（今天可能是我的生日 —— 中国的非直接交际）。引导学生对美国人的观点进行分析。短文中美国作者写道："… they sometimes withhold information or spin it a certain way, the Chinese come across to us as vastly indirect … and maybe even a little deceptive"（他

们有时隐瞒信息或以某种方式隐晦表达，中国人给我们的印象是非常间接……甚至可能有点欺骗性）。从画线字体可见，中国人的"委婉"话术被认为是"隐瞒""欺骗"。通过以上案例的讨论，可以进一步培养学生的文化敏感性，学会辨别"表面无害"的刻板印象可能会引起的跨文化冲突或误解。

步骤三：审视文化冲突。

研究者从"审视母文化"和"辩证看待异文化"两个角度引导学生进一步分析审视文化冲突现象。基于"双方面呈现"的信息，引发学生的深度价值分析、比较过程。首先，引导学生"审视母文化"。研究者提出问题"中国人总是委婉的吗？"，引导学生讨论生活实践中的中国人"委婉"的反例，如父母管教孩子的时候往往话语直接等，以此来驳斥这一刻板印象。随后，引导学生"辩证看待异文化"。研究者列举了美国交际口语中的八个常用句型，要求学生回答"What do the American really mean？"（美国人想要表达什么？），引导学生分析英文句子的字面含义与语用含义的区别，分析美国人交际中存在的"婉转"话术，以此驳斥"中国人委婉，美国人坦率"这一刻板印象。通过审视文化冲突，培养学生客观、辩证地看待文化现象，进一步培养学生的跨文化思辨能力。

步骤四：形成判断。

通过步骤二和步骤三中的素材呈现和分析，引导学生形成"刻板印象阻碍了积极的跨文化交际"的判断，认识到在跨文化交际场景中破除刻板印象、讲好中国故事的重要性。有学生在在线课堂评论区里打下了这样一句话，感叹道："我从来没有想到中国人因体谅他人，不愿伤害别人感情而采取的比较委婉的说话方式，会引发外国人这样负面的评论。"

综上可见，学生经由新旧认知冲突，并在分析与讨论的过程中形成了新的判断。这一过程有助于学生对价值加以概念化，形成辩证看待文化现象，增强跨文化沟通，尊重、包容文化多样性等价值观念，树立"讲好中国故事"的责任意识。

（4）跨文化交际策略与方法促成。在跨文化交际策略与方法促成模块，研究者采取了"激活旧知——讲授新知——分析案例——形成观点"的路径，激活学生积极思辨过程。

步骤一：联系旧知——跨文化交际策略讨论。

研究者要求学生就"如何在跨文化交际中讲好中国故事，做到有效跨文化沟通？"这一问题进行讨论，让学生基于已有知识进行分享交流，起到同辈学习的作用。学生们提出的跨文化沟通策略大致可以总结如下：①加强中外文化的交流；②避免概括性的讲述方式，用具体的描述，如联系讲述者亲身经历等；③注意故事讲述的视角，要有"共情"意识，分析受众文化背景，以异文化更能接受的方式讲述中国文化。从以上学生提出的策略可见，学生已逐渐形成积极的多元文化交流态度，具备从母文化和异文化双向角度寻求沟通方式的跨文化交际视野，并提出了"联系实例""基于共情"等讲述中国故事的策略。

步骤二：讲授新知——跨文化交际策略学习。

研究者引用了习近平总书记2015年的讲话："Tell Chinese stories and transmit the Chinese voice in the way that could be pleasantly accepted and in the language that could be easily understood, by foreign readers."（用容易被外国读者接受的语言，讲好中国故事，传递中国声音），引导学生树立"讲好中国故事，传播中华文化"的使命感，同时激发学生就如何"用容易被外国读者接受的语言"进行跨文化沟通开展学习探究。随后，研究者补充了霍夫斯泰德提出的"觉察—了解—掌握"三阶段跨文化沟通能力提升策略。第一步"觉察"，是指首先应该承认来自不同成长环境的人"携带着不同的心理软件"（即承认文化的多样性和文化差异的存在）；第二步"了解"，是指即使不能分享异文化的价值观，但也应了解异文化与自文化的差异；第三步"掌握"，是指能够辨别和应用其他文化中的符号解决问题。[1] 霍夫斯泰德还认为多元文化世界生存的基本技能是"首先要理解自己的文化价值观，然后理解合作方的文化价值观"[2]。通过补充新

---

① [荷]吉尔特·霍夫斯泰德，[荷]格特·扬·霍夫斯泰德，[保加利亚]迈克尔·明科夫.文化与组织：心理软件的力量：第三版[M].张炜，王烁，译.北京：电子工业出版社，2019：293.

② [荷]吉尔特·霍夫斯泰德，[荷]格特·扬·霍夫斯泰德，[保加利亚]迈克尔·明科夫.文化与组织：心理软件的力量：第三版[M].张炜，王烁，译.北京：电子工业出版社，2019：294.

知,旨在进一步提高学生的跨文化思辨能力和跨文化沟通能力。

步骤三:分析案例——李子柒"中华文化输出"案例讨论。

研究者选取了李子柒的中国文化传播案例,引导学生进一步分析及讨论在跨文化交际场景下讲好中国故事、传播中国文化的方法和策略。一方面为跨文化交际短剧任务要求的策略部分奠定基础,另一方面起到提高学生对中国文化的认同以及形成传播中国文化的内驱力和责任意识的作用。韩礼德的系统功能语言学认为语言有表意（Ideational）、人际（Interpersonal）和语篇（Textual）三个功能[1]。在尝试"讲述中国故事"的过程中,不仅要基于表意功能,讨论"讲什么"的问题;还应基于人际功能和语篇功能,探讨跨文化交际策略及如何使用目标语受众所能接受的方式讲好中国故事。李子柒被国外媒体誉为中国文化"顶级视频博主"。她制作了包括东方非遗传承、中国传统工艺、中国饮食文化等大量体现中华优秀传统文化的短视频作品,最高单视频作品观看量已超过一亿。研究者播放了李子柒制作的热门视频"A special program on New Year snacks"（中国新年零食特辑）的视频片段,并呈现了外国网友对李子柒作品的真实评论示例。引导学生基于对外国网友评论的分析,总结、提炼李子柒文化输出成功的原因。如以下评论:

例1:"She has puppies and lambs and other farm animals following her. She is one with nature. She's a Disney princess."（她有小狗、小羊和其他农场动物跟随着她。她与自然合而为一。她是迪士尼公主。）

例2:"The Chinese countryside is just WOW. This lady is awesome, besides, her cheerfulness seeps to us while watching her."（中国农村真是太棒了。这位女士真棒!当看着她,她的快乐能渗透到我们身上。）

例3:"What I like most about this brilliant, organized and energetic people who don't know laziness, I love this country so much that I hope to visit it one day, from Morocco"（我最喜欢的是这个国家聪明、有条理、精力充沛的人民,他们不知道懒惰为何物。我太喜欢这个国家了,希望有

---

[1] 文秋芳.国家话语能力的内涵——对国家语言能力的新认识[J].新疆师范大学学报（哲学社会科学版）,2017,38(03):70

一天能去这个国家看看 —— 来自摩洛哥的网友）

研究者在选择外国网友评论实例的时候，注重对评论语言进行"甄别"，以起到思政价值引领的作用。如例2和例3中，研究者选取的外国网友评论中的"中国农村真是太棒了""我非常喜欢这个国家，我希望有一天能去这个国家看看"等观点，有助于提升学生的国家自豪感，深化学生对中华文化的认同以及产生中华文化自信。

步骤四：形成观点 —— 跨文化交际策略建构。

在以上跨文化交际策略与方法促成教学过程中，教师引导学生建立新旧知识联系，基于对真实案例的分析、讨论，并经由推理、比较、判断等思辨过程，生成了新的观点。学生对跨文化交际策略有了更为深入的了解。学生基于李子柒文化传播案例总结的跨文化交际策略包括"寻求文化共通之处""讲述的方式要更有亲近感，不生硬，也不能高调""体现人类与自然的和谐""充分利用大众媒体平台"等等。以上策略涵盖跨文化沟通方法、路径、媒介等不同范畴，为学生的跨文化交际短剧任务起到了策略准备和思路拓展的作用。有学生还在评论区发言感叹道："Li Ziqi has done a great job, I hope I could do something like her."（李子柒太棒了，我也想像她那样），可见学生还形成了"主动传播中华文化"的行为倾向和责任意识。

（5）跨文化交际短剧语言与结构促成。在跨文化交际短剧语言与结构促成部分，研究者选取了"外教社杯"全国高校学生跨文化能力大赛的参赛视频作为主要教学材料。研究者将该视频材料分解为文化冲突（Conflicts）、理论阐述（Theoretical explanations）、建议方法（Resolution）三个部分，具体讲解了跨文化交际短剧的内容结构要求，并结合视频就呈现冲突、阐述冲突、分析冲突、解释冲突以及解决冲突的英语词汇、词组、句型等进行了输入。此外，研究者还提供了"外教社杯"全国高校学生跨文化能力大赛的参赛视频《中美对新冠肺炎防治的态度》《中国志愿者在肯尼亚》等视频链接，供学生课后学习及借鉴。"外教社杯"全国高校学生跨文化能力大赛的参赛视频均体现"在跨文化交际语境下如何讲好中国故事、传播中华文化"的主题，蕴含积极思政引领价值。因此参赛视频不仅能对跨文化交际短剧提供语言与结构促成,也能起到深化学生对中华文化的理解、培养文化认同、提升文化自信等思政引领作用。

(四)学生课下探究拓展促成

在课堂教学阶段,研究者围绕跨文化交际短剧任务进行了相关理论、结构、语言、策略等方面的基础促成。研究者并没有对学生短剧任务的具体选题及内容、跨文化分析理论选取、跨文化冲突解决的具体方法和策略等做出限定。学生还需要充分发挥主体性,就单元产出任务进行课下学生端的拓展"促成"。在本轮研究中,学生基于"自主"原则组建了13个学生学习小组(编号ST1—ST13)开展课下协同拓展探究(表4-3)。学习小组需要依次完成三个"渐进拓展"的阶段性子任务,推进整体任务的完成。教师关注学习小组任务推进全程,结合阶段性作业完成情况、学习记录、学生反馈等,研判学生学情、思想状态及需求,提供适宜的"支架"支持和"补救性"教学。与上一轮行动研究不同的是,研究者在本轮研究中加强了对学生课下探究阶段的语言支持。

表4-3 学生课下探究阶段拓展促成步骤

促成子任务	思政融入点	语言教学目标	思政育人目标
确定跨文化交际短剧主题并撰写提纲	讨论、分析如何"在跨文化交际中讲好中国故事"并交流价值观点;在跨文化交际短剧文本自评表中设置"捍卫中国文化,尊重其他文化"评价指标;教师反馈注重强化积极价值观点	能够辨识中外文化冲突,设计合适的跨文化冲突场景,并能初步形成跨文化冲突分析思路	尊重世界多元文化;促进民族文化交流;树立讲好中国故事、传播中华文化的责任意识;培养中国文化认同、文化自信
撰写跨文化交际短剧初稿		运用适切的跨文化交际理论、中外文化观点等分析中外跨文化冲突原因;运用适切的跨文化交际策略解决中外跨文化冲突;了解英文剧本写作基本范式	
撰写跨文化交际短剧终稿及排练短剧		完善短剧文本;能够运用恰当的口语交际策略进行呈现,语音、语调自然	

1. 子任务1：跨文化交际短剧选题及撰写提纲（2022年3月28日—4月3日）

学生探究：学习小组组员分头搜集中外文化冲突相关材料，经过学习小组组内意见汇总及协商，确定本小组跨文化交际短剧选题、设计短剧情境，并讨论短剧中跨文化交际冲突分析思路。要求学生参照教师发布的提纲内容要求（附录12），在U校园提交本组跨文化交际短剧提纲。考虑到跨文化交际短剧涉及复杂的中外文化思想、价值理念，可能会存在较大的翻译难度。因此，本阶段允许学习小组自主选择用英语或中文撰写短剧提纲，以更好地了解学生观点、分析学生需求。从学生提交的提纲和学习记录（附录6）来看，在完成本阶段任务的过程中，学生不仅确立了本组跨文化交际短剧的具体主题，而且强化了对主题所蕴含的中外价值底蕴的理解，并形成了积极的思政价值观点。如ST12小组选取了"美国人对中国人表达拒绝方式的疑惑不解"作为跨文化交际短剧主题，从西方"个人主义"价值观的角度设置了中外文化冲突场景；并从中国文化体系中的"重伦理"以及"中庸""仁""礼"等传统价值观念出发剖析了中外观点态度差异。可见，ST12小组不仅能够尝试应用课堂教学中讲授的文化维度理论，而且进行了积极的课下探究，能够深度挖掘中国传统文化价值观点解释中国文化立场。ST12小组在陈述本组选题原因时还写道："在这个全球化时代，世界各地的交流日益增加，我们在肯定和坚守本民族文化的同时，也需要做到尊重和理解其他文化，从'拒绝'这个主题以小见大，促进世界各文化间的相互理解，践行人类命运共同体理念。"（ST12跨文化交际短剧提纲 2022-04-02）。可以看出，ST12小组表现出了"尊重文化多样性""共建人类命运共同体"等积极思政价值观点。

教师支持：研究者就各学习小组提交的跨文化交际短剧提纲进行"一对一"点评，并就提纲中出现的问题和学习小组学习记录中学生提出的难点和需求进行反馈。点评主要关注跨文化交际短剧选题立意、跨文化冲突设计的合理性、跨文化交际理论或文化价值观点选用的适切性、跨文化交际策略的有效性等各方面。研究者还基于各学习小组拟定的短剧主题，提供了"预判式"语言材料支持，并对学生表现出的积极价值理念给予肯定，以起到进一步引导学生强化积极价值观念的作用。如ST3小组拟将"外国人在中国体会到的中外新型冠状病毒肺炎疫情防控措施差异"作为跨文化交际短剧主题，拟从"天下为公""得道多助、失道寡助""同舟共济，守望相助"等中国文化价值角度出发为中国抗疫措施"代言"，并提出了在全球抗疫进程中，中外各国应该"相互理解，相互借鉴，患难与共"的积极价值观念。研究者对ST3小组所持的积极价值观念给予了肯定，同时基于教学观察和对学习小组成员学情的预判，为ST3小组提供了儒家"天下为公"等相应文化价值理念的补充参考英文语言资料。研究者不仅为各小组提供了"一对一"的语言支持，还基于对各小组选题的预判，收集了与学生选题相关的英语语言资料汇集成《中国语言文化》文档上传至班级微信群，介绍了《中国日报》（双语）、中华思想文化术语库（双语）、"中国文化"英语对外宣传片等相关参考网站的链接，作为跨文化交际短剧任务英语语言材料补充来源。通过以上方法加强了对学生跨文化交际短剧任务的课下语言支持，不仅有利于提升学生用英语讲述中国故事的能力，也有利于加深学生对中国文化价值观的理解，生发文化认同与文化自信。

2. 子任务2：撰写跨文化交际短剧初稿（2022年4月4日—4月15日）

学生探究：学习小组结合中外文化价值观念、跨文化交际理论、跨文化交际策略等对本组选定的跨文化短剧主题进行分析，并撰写短剧初稿上传至U校园。初稿包括三个部分：一是呈现跨文化交际冲突；二是澄清事实或解释现象产生的原因，解决跨文化交际冲突；三是说明跨文化交际冲突解决方案的理据，并提出相应跨文化交际建议。各小组组员共同完成跨文化交际短剧初稿的场景设定、冲突介绍、问题分析、解决方案建议各部分的撰写及修改。

教师支持：研究者对各组提交的跨文化交际短剧初稿进行一对一批阅，并基于本阶段学习小组学习记录中学生提出的难点和需求进行反馈。反馈内容主要包括语言的准确性，短剧结构的完整性，理论应用及建议的联系性，价值观点的逻辑性等。从本阶段各小组提交的短剧初稿分析情况可见，各小组都还存在一定的问题。如有的小组剧本写作未考虑到"旁白"的重要性，缺少场景介绍，逻辑性不强；有的小组未脱离"主创者"

视野，未充分考虑剧本语言特征，选词偏"书面化"，不够"生活化"；有的小组对于文化冲突现象的价值分析还有失偏颇等。研究者就以上语言、结构等方面的问题给予了相应改进建议，对价值分析失之偏颇之处进行了适当的引导，以起到一定的思政引领作用。此外，研究者还根据各小组撰写的短剧初稿文本中体现的英语语言表达能力不足的情况，有针对性地为各组提供了对应主题的扩展性英语语言资料，供学生学习借鉴。如就ST1小组的"中外教育观念引起的跨文化交际冲突"主题补充提供了BBC节目《中国教育》视频链接供学生深度体会中西方教育理念差异；就ST5小组"中医理疗"引起的跨文化冲突主题提供了《刮痧、拔火罐英文介绍》文本；就ST11小组"中外用餐礼仪差异"引起的跨文化冲突主题提供了《中国人付款为什么不AA》的英文短文等。

3. 子任务3：撰写跨文化交际短剧终稿及组内排练（2022年4月16日—4月24日）

学生探究：各学习小组根据教师提供的跨文化交际短剧文本自评表（表4-4）和教师一对一评价修改意见，再次组织组内讨论，发现本组跨文化短剧作品存在的问题与不足，进一步修改及完善短剧，并将终稿上传至U校园（2022年4月22日前）。各组还需要自行协商决定英文跨文化交际短剧的呈现方式，做好相关设计并组织组员排练英文短剧，为班级跨文化短剧展演做好准备。

表4-4 跨文化交际短剧文本自评

Items 项目	Yes 是	Not Yet 有待改进
It has a clear structure. 具有清晰的结构		
It describes the cultural conflicts in a logic and coherent way. 以逻辑和连贯的方式描述了文化冲突		
It clarifies the misunderstanding about Chinese culture. 澄清了对中国文化的误解		
It defends Chinese culture without disrespecting other cultures. 维护中国文化的同时尊重其他文化		

续表

Items 项目	Yes 是	Not Yet 有待改进
It provides theoretical explanation for the causes of the cultural conflicts. 为文化冲突的成因提供了理论解释		
It provides well-connected solution to the cultural conflicts. 为文化冲突提供了切合的解决方案		

教师支持：研究者批阅各小组提交的跨文化短剧终稿，主要就语言质量提供改进意见，并就各小组呈现短剧的方式提供建议。研究者还在跨文化交际短剧自评表中设计了"维护中国文化，同时尊重其他文化"这一评价指标，以此引导学生有意识地站在中国立场，产生文化认同与自信，并形成尊重文化多样性的思政价值观点。

（五）融合性任务作品评价（2022年4月25日）

本次跨文化交际短剧展示采取的是线上课堂公开展示的方法。13个学习小组在课前提前抽签决定跨文化交际短剧展示顺序，并进行当堂展示。因线上课堂客观条件所限，本次展示允许各学习小组自行选择展示方式。13个学习小组中有9个小组选择"录制视频展示案例+当堂线上解说跨文化分析"，有4个小组选择"当堂线上展示案例和解说跨文化分析"。从课堂观察来看，研究者认为本次跨文化短剧作品展示较精彩，绝大多数小组短剧质量很高，很多小组表现更是令人"耳目一新"，能明显看出经过了反复精心打磨。

今天进行的短剧展演可见学生非常认真和用心。虽然线上展演存在各种客观条件限制，同学们却能各尽所长，采取实景加虚景、拍摄加剪辑、动画加真人等不同方式进行很好的呈现。尤其是第六组的"动画+配音"呈现方式做得非常专业。每个角色都能做到配音发音标准、语调自然，完全没想到大家的口语进步如此之大。我了解到六组为了更好地完成这个短剧展演，排练了好多次，熬了几宿，真是非常感动！（教师反思日志 2022-04-25）

因为跨文化交际短剧评价不仅包括语言质量评价，还涉及跨文化交际理论、跨文化交际策略等的应用，评价难度较高，所以作品评价采取的是"教师评价为主，学生评价为辅"的方式。在各学习小组跨文化交际短剧作品展示完毕之后，研究者从选题、结构、语言、内容、立意和表演效果六个方面对各组作品进行了当堂评价。当堂点评内容以英语语言知识能力方面的评价为主，如语言知识、语用能力、中外文化辨识能力、跨文化沟通策略、跨文化交际理论等方面；并通过对"立意"环节的点评，就短剧体现的价值观点进行了引导性评价，以此起到一定的思想政治教育效果。

学生评价则采取的是鼓励学生通过在线聊天互动区，发送实时评论意见的形式。通过学生评价不仅可以起到聚焦学生关注度和增强学生参与度的作用，还起到了活跃课堂气氛，为各学习小组加油打气的作用。虽然线上课堂展示的互动有限，但聊天区学生发布的即时评论互动一直比较踊跃，学生发表评论如"这组配音效果好牛"等。可见各小组的跨文化短剧作品展示也得到了其他同学的认可。

第二节　行动研究结果与反思

一、行动研究结果

研究者收集了学习小组学习记录、学生访谈、学生产出文本和教师反思日志多视角的数据，以观察本轮教学行动的教学效果并为下一轮行动研究提供启示。

（一）学生反馈

研究者通过两种方式收集了学生的反馈数据。一是通过学习小组学习记录收集了13个学习小组（编号为ST1—ST13）在学生课下探究阶段的阶段性反馈。内容主要包括小组任务开展情况、学习的收获与难点、对教师教学支持的需求与建议等。二是研究者在行动研究结束之后，从13个学习小组中各选取一名学生（编号为S1—S13）进行了访谈（访谈提纲见附录7）。访谈内容主要包括"学习小组合作效果""对教师教学的评价与建议""对活动任务产出的满意程度""本单元学习中的收获"四个部分。通过分析以上两种学生反馈数据，得出以下结论：

1. 采取的教学环节改进措施取得了较好的效果

（1）"半开放式"融合性任务设置有利于发挥学生主体性。本轮行动只对跨文化交际短剧产出任务的内容、形式做出了要求，由各学习小组自行协商决定具体短剧主题。从学生反馈数据分析来看，这种方法有利于发挥学生的主体性，激发学生的积极性和能动性。如在学生访谈中，S4反馈道："还是比较喜欢这种，自行拟一个主题，大家各抒己见，百花齐放，充分体现思想的主动性。"（FS4 2022-04-27）从学习小组提交的学习记录文本分析可见，各学习小组根据确立的短剧主题进行了大量的资料收集、筛选、讨论、分析、创作、润色、呈现工作。以资料收集为例，各组不仅学习了教师提供的跨文化能力大赛网络资源及其他中国文化相关资料，还主动进行了更为深入的资料收集工作。如为设计跨文化冲突场景，各学习小组查阅了百度、知乎、哔哩哔哩、抖音、微信公众号、小红书、豆瓣、微博等不同网络平台的相关资源以增强对国内外文化的了解；为更好地进行跨文化交际理论分析，各小组通过知网、百度文库、Z民族大学电子图书馆数据库等参考了相关的学术文献；为了体现短剧主题的专业性，各小组还进行了专业领域方面的探究。如ST4小组为了在跨文化交际场景中"讲好彝族文化"，参考了《彝族文化》系列书籍。ST7小组为了更好地呈现中外新型冠状病毒肺炎疫情防控措施对比，参考了中国医疗频道、国家中医药管理局等网站。相比第一轮行动研究，本轮行动研究学生课下探究收集材料的广度、深度均有明显提升，可见学生课下参与更为深入。学生也对深度探究后生成的小组融合性短剧作品表达了充分的自信。13名被访学生中有11名对本组的短剧作品表示"很满意"或"满意"。如S1在访谈中说道："很满意，每个部分都做得很认真，大家都付出了很多心血。"（FS1 2022-04-27）S4也说道："非常满意！最满意的是文化冲突的呈现方式竟然可以这么有创意。"（FS4 2022-04-27）

（2）改进管理后的学习小组课下协作更为有序。本轮研究通过要求各小组明确组员分工贡献并进行差异化赋分，改进了对小组合作学习的管理。从各组反馈来看，学习小组内部协作更为充分，组员消极怠工现象得到了有效的遏制。在学习记录反馈中，大多数小组反映"任务分工更加明确""每个人都分配了任务，各司其职""合作非常默契""规定责任后，完成工作的效率有所提高"。学生访谈结果分析也发现，13名被访学生中有11名认为本轮行动研究中小组合作效果整体"很棒""不错"，认为"分工合作时都积极踊跃，各尽所长"（FS4 2022-04-27），"'摸鱼'的人少了，能够比较认真地讨论"（FS11 2022-04-28），"大家都很棒！效率超高的"（FS12 2022-04-28）。但还是有2名学生表示本组组员在线上教学期间积极性不强，"虽然也都做了，但合作效果一般"，对本组短剧作品的评价相应也分别是"不满意""凑合吧"。

（3）加强教师反馈有助于学生任务达成。在本轮研究中，研究者加强了对学生课下探究过程中的语言支持与反馈。从学生访谈分析可见，学生对教师反馈环节非常认可，认为教师反馈对各小组产出任务的完成起到端正学习态度、改进作品质量、提升学习信心等作用。如S3指出："我觉得在线上授课这样特殊的情况下，本次小组短剧存在许多困难。一开始大家的积极性并不是很高，但是在看到老师一次又一次认真地批改我们的作业，为我们提出了许多有用的建议时，大家开始重视起来。所以我觉得这次短剧的完成离不开老师的耐心指导，尤其是许多细节上的指导，包括拼写、语气、情境、文化等。"（FS3 2022-04-28）S9指出："老师在剧本修改和冲突分析的完善上起了至关重要的作用，纠正语法错误，提出规范表达等。老师还给了我们很大的信心、鼓励和支持，让我们有自信和勇气出色地完成短剧表演。"（FS9 2022-04-28）

2. 英语语言知识能力方面的收获

（1）夯实了英语语言基础知识，提高了英语语言应用能力。从学习小组学习记录分析来看，13个学习小组均反馈在英语学科基础知识方面，如词汇量、语法、句法等方面有了一定的提升，在写作、口语交际方面也取得了进步。如ST3小组认为："在本次活动中，我们学会了更多的单词，了解了中西方文化的差距。组员们通过人物语言、场景设计等了解到许多英文口语交际的常用语、各种语气词的使用方法等知识，对提升组员个人的英语口语素养有很大帮助。"（2ST3 2022-04-12）ST6小组认为："在撰写短剧剧本和相互纠正过程中，改进了英语高级词汇使用和虚拟语气、状语从句等语法方面的不足。"（2ST6 2022-04-13）各小组还提升了英语交际应用能力。如ST4小组认为："我们明白了在学习语言本身的同时，也要关注语言背后的文化背景。把语言放在那样的语境当中，我们才能对语言有更深刻的把握和理解。"（2ST4 2022-04-12）ST8小组认为："激发了学习英语的兴趣，更加懂得运用'西式'英语"。（2ST8 2022-04-15）

（2）能够更好地辨别和理解中西方文化差异。各学习小组反映在学习过程中了解了更多的中外文化差异，填补了知识盲区。如ST4小组认为："对中国人和西方人日常交流方式的不同有了更深的认识。"（1ST4 2022-04-02）ST6小组认为："对中西方文化有了更进一步的了解，视野更加开阔了。"（1ST6 2022-04-03）各学习小组还反映学会了从更多的视角理解文化差异现象。ST5小组认为："进一步了解了中外文化差异产生的原因，学会了换位思考。"（1ST5 2022-04-02）ST7小组认为："随着学习的深入，我们愈加能了解各种现象背后蕴含的文化差异，也了解到每一种文化背后的故事。任何一种文化都是一个民族的瑰宝。"（1ST7 2022-04-03）在学生访谈中，S6谈道："如果没有这次活动，我可能永远不会认真去思考文化差异背后的深刻内涵，甚至我以前也曾经作为一个文化本位者去评论世界。现在，我能更加客观、理性去看待文化差异。"（FS6 2022-04-28）可见，学生能够更好地辨别和理解中外文化差异，这有利于学生认识到中国文化和外国文化之间不是二元对立的关系，而是意义共建的关系；有利于学生基于互动对话和双向视角，更为得体地应用符合目的语文化内涵的语言和非语言行为，运用恰当的跨文化交际策略进行跨文化沟通，提升跨文化交际能力。

（3）掌握了一定的跨文化交际策略，增强了跨文化沟通能力。学生还反映在学习中掌握了一定的跨文化交际策略，如S2认为："开阔了眼界，了解到很多以前不太清楚的跨文化差异，学习到了如何解决跨文化交际的冲突。"（FS2 2022-04-27）S11认为："对跨文化交际理论的概念有了一定系统的理解，对如何基于文化差异进行跨文化沟通有了一定的概念。"（FS11 2022-04-28）S13认为："大家对中美双方的文化交流障碍有了比较系统的了解，也大致上明白了应该如何克服跨文化交流障碍，讲好中国故事。"（FS13 2022-04-28）

3. 思想政治教育方面的收获

（1）形成了尊重文化多样性的价值观点。学生形成了尊重、包容世界多元文化的观点。如ST6小组认为："开阔了视野，认识到文化多样性的客观、必然与优越性。让我们跨出了自己的舒适区，要抱着开放性（open mind）的思维方式，学会接受。面对文化的碰撞与融合，对不同文化和不同人群的理解和尊重是一切交流的基础。"（2ST6 2022-04-15）ST9小组指出："面对不同的文化，我们要做的是理解，而不是冲突；是包容，而不是排斥。"（2ST9 2022-04-13）学生还联系了自己在Z民族大学的多元民族文化生活体验，树立了尊重各民族文化、加强民族文化交流的积极价值观点。如ST2小组指出："我们要用更多元、包容的眼光去对待不同的文化，尊重各民族文化。"（2ST2 2022-04-14）ST13小组也指出："认识到不同民族之间风俗习惯的不同，是不同文化所孕育的思想价值理念不同在生活习惯上的表现。每一种文化都有自己的特点，世界上的文化在碰撞中交流，在交流中碰撞，折射出更加缤纷的光芒。"（2ST13 2022-04-15）

（2）能够批判、辩证看待西方文化。学生学会多视角地审视、评价西方文化。如ST2小组指出："要理解当下存在信息差的问题，应尽可能多地去获取外界的信息，不能只局限于某一个角度看问题。"（1ST2 2022-04-03）ST9小组认为在学习过程中，"进一步地了解了每种文化都有着利与弊。以往我们所了解的他国文化不一定是正确、全面的。"（1ST9 2022-04-03）ST12小组认为在了解西方文化时，"应该保持自身的理性，不要一味地相信西方所提供的信息，要有自己的对于信息的判断能力"。（1ST12 2022-04-02）在学生访谈中，S4也谈道："自己对西方文化有了更进一步的了解，不再只是盲目听信各种媒体上的信息。"（FS4 2022-04-27）

（3）增强了文化认同与文化自信。各学习小组还在完成本小组具体跨文化交际短剧融合性任务的过程中，增强了文化认同，有助于"推进文化自信自强"[①]。如ST3小组认为："中国人的'天下为公''得道多助，失道寡助''同舟共济，守望相助'等文化观念，必将赢得更多的朋友与更广泛的共同利益。"（1ST3 2022-04-02）ST5小组认为："中国的教育要有中国的烙印，这是一种文化传承。我们不能摒弃我们的传统，也不能一味地追寻新的现象。要有文化自信，辩证地看待新文化，在革新的道路上走出中国式道路。"（1ST5 2022-04-02）ST11小组认为："在走向世界的同时，我们千万不要迷失自己，不能失去自身的独特性，而要更加珍爱自己的精神家园。"（1ST11 2022-04-02）在学生访谈中，S3指出："这次活动对我和我的组员的感触都特别深，之前虽然也关注过其他国家的防疫政策，但了解不多。通过这次任务大家都非常自豪自己是一名中国人，享受到了很多外国人没法享受的待遇，增强了文化自信和民族优越感。"（FS3 2022-04-28）S13也认为："这次活动让我树立了更多的本土文化自信，我想下次我可以在真正的外国人面前自信地向他们介绍中国的传统美食！"（FS13 2022-04-28）

（4）树立了传播中华各民族文化、讲好中国故事的行为态度和责任意识。各学习小组还树立了传播中华文化、讲好中国故事的行为态度，有助于推进"中华文化影响力不断增强"[②]。如ST4小组不仅提出"我们要树立文化自信，在全球化的语境下努力学习，讲好中国故事，树立大国形象"，还表现出传播中华各民族优秀文化的态度，认为"各民族古老的习俗也许在时代的变迁中渐渐式微，但是它们作为民族文化的重要组成部分，是非常珍贵的文化遗产"（1ST4 2022-04-02），应该是传播给世界

---

① 光明日报.中国共产党第二十次全国代表大会关于十九届中央委员会报告的决议[EB/OL].（2022-10-23）[2022-12-12]. http://www.news.cn/politics/cpc20/2022/10/22/c_1129075483.htm.

② 光明日报.中国共产党第二十次全国代表大会关于十九届中央委员会报告的决议[EB/OL].（2022-10-23）[2022-12-12]. http://www.news.cn/politics/cpc20/2022/10/22/c_1129075483.htm.

的中华文化的重要部分。ST7小组提出了传播中华文化需要坚守文化自信和文化认同的观点，指出"在交流过程中应坚定文化自信，自觉地维护与传播中国文化，同时对中外文化差异做出解释，避免不必要的误会"。（2ST7 2022-04-15）ST11小组提出传播中华文化应该是每个大学生的责任，认为"中华文化对促进人类文明发展做出了巨大贡献。继承中华优秀传统文化，弘扬中华民族精神，是我们责无旁贷的历史重任"。（1ST11 2022-04-02）ST9小组不仅同样表现出传播中华文化的责任意识，还提出了实践方向，提出"我们可以通过文章、歌曲、短视频、影视作品等媒介传播讲述中国故事、传播中华文化，这亦是我们每个人的责任"。（2ST9 2022-04-13）

在学生访谈中，被访学生也多次表达出传播中华文化、讲好中国故事的积极态度观点。如S2指出："英语不仅是一门学科，我们不能局限在书本，而是要学会将英语融入我们的日常生活中，从而我们既可以去理解不同的文化，同时可以宣扬我们中华优秀传统文化，真正地做到用英语讲述中国故事，宣扬中国文化，树立正确的思想价值观。"（FS2 2022-04-27）S6指出："我们更深地意识到了英语的重要性。如今仍然是英语统治的时代，要想真正地讲好中国故事，真正地使中华文化走向世界，消除西方对中国的固有认知，展现最真实的中国，必须利用英语这一媒介！"（FS6 2022-04-28）从以上观点可以看出，学生还基于"传播中华文化，讲好中国故事"的责任态度，进一步深化了对英语学习重要性的认识，思政育人的融入对学生英语学习起到了激励、促进的作用。

（5）增进了各民族文化交流，促进了民族团结。很多小组在反馈中还提到小组合作学习形式促进了各民族组员之间的文化交流，增进了感情，促进了民族团结。如ST7小组认为："我和我的组员们一起分享有趣的异国文化，构想奇妙的情景剧场景，在欢乐中增长了许多知识，增进了团队的团结，并对来自不同民族队友的成长与见闻有了更加深入的了解。"（2ST7 2022-04-15）在学生访谈中，被访学生也表达了同样的观点。S4是一位来自四川凉山彝族自治州的小伙子，他在访谈中提到其所在的学习小组由来自彝族、苗族、白族和汉族的成员组成。经过组内商讨，该学习小组将本组跨文化交际短剧中的中外文化冲突设定为外国文化与彝族文化的冲突。S4带领学习小组成员一起探讨了彝族文化，共同设计合适的跨文化交际冲突情境，并尝试用英语讲述彝族文化。S4感叹道："我的队友真的很优秀，竟然这么快就对彝族文化有了这么多的了解，感觉自己都愧为彝人了。"（FS4 2022-04-27）

（二）产出文本分析

研究者还对学习小组提交的跨文化交际短剧终稿文本进行分析，得出了以下结论。

1. 英语语言知识能力得到了提升

（1）能较好地运用目的语表述文化差异。从学生创作的跨文化交际短剧剧本来看，学生能够较好地使用目的语陈述并解释中国故事。如ST4小组以"Meeting Different Chinese Cultures"（遇见别样中国）为题，预设了两个外国留学生Emma和Sean第一次到中国来，与中国学生Chen结伴去四川凉山旅行，彝族小伙SD做他们的导游。他们遇见了彝族人的婚礼，无法理解为什么在彝族人的婚礼上要"抢新娘""泼水"。以下为ST4小组解释"泼水"文化的部分文本摘录：

（Just at the moment, Emma is splashed with water）

Emma: What the hell! Who was that?! This is my new dress…

Chen: I guess… that's another custom.

Sean: Look! They are splashing water on each other.

SD: Yi people have the traditional marriage custom of splashing water to greet their relatives. The Yi people must splash water when they get married.

Chen: Is it for good luck or something?

SD: We believe that clear water can drive away evil spirits, send away demons and bring happiness. Only this throwing and looting in the wedding can drive away evil spirits and ensure that life will not be disturbed in the future. At the same time, after splashing water, the girl will not carry water far away from her husband's house. She can eat and drink even in drought.

Sean：Ah … I got it, such a good meaning!

Emma：Thank you for you explanation, Yi culture is so mysterious and amazing! I'm eager to learn more about it!

SD：You are welcome! Guys, let's join the party, let's sing and dance!

（ST4跨文化交际短剧终稿文本2022-04-20）

在以上片段中，ST4小组首先呈现了文化冲突的产生，即外国女孩Emma在四川凉山彝族婚礼现场被泼水，Emma无法理解这一行为而引发的跨文化交际冲突；随后彝族小伙子SD解释了彝族婚礼泼水等文化现象的原因，即彝族认为清水可以驱邪、驱魔、带来幸福等；通过信息的有效传递化解了文化误解与冲突。此外，以上摘录还可见ST4小组能够根据口语交际场景，选取"日常化"的口语语言表达风格，并能较好地应用"追问"（画横线部分）、"评论"（画波浪线部分）等口语交际策略。

（2）能恰当应用相关理论或文化价值观点分析中外文化差异。从各小组的短剧跨文化冲突分析部分可以看出，学生能够选用合适的跨文化交际理论或中外文化价值观念解释中外文化冲突，做到了理性分析，"言之有据"。如以下ST12小组跨文化交际短剧文本选段：

This difference in "refuse" behavior stems from cultural differences between China and western societies. Chinese people tend to emphasize interpersonal relationships and advocate collectivism, which is strongly influenced by Confucianism. In addition, Chinese culture is a high context culture and American culture is a low context culture. People in low context cultures use very direct communication methods. They always want to get a lot of information and guide the communication process. On the contrary, people in high context culture use more indirect communication. For them, direct communication may be embarrassed and destroy the harmony of the group. Therefore, when expressing rejection, Chinese people usually take care of the dignity of both the speaker and listener, consider the feelings of the listener first, and take efforts to maintain the harmonious relationship between the speaker and listener.（这种"拒绝"行为的差异源于中西方社会的文化差异。

中国人偏重人际关系，崇尚集体主义，深受儒家思想的影响。另外，中国文化是高语境文化，美国文化是低语境文化。低语境文化中的人使用非常直接的沟通方式。他们总是希望获得大量信息并指导沟通过程。相反，高语境文化中的人使用更多的间接交流。对他们来说，过于直接的交流可能会丢脸，破坏团队的和谐。因此，中国人在表达拒绝时，通常会照顾说话者和听者的面子，首先考虑听者的感受，努力维持说话者和听者之间的和谐关系）（ST12跨文化交际短剧终稿文本2022-04-21）

在本段中，ST12小组恰当地应用了教师课堂讲授的高语境文化与低语境文化的差异理论，分析中国人说话的"委婉"引起中外文化冲突的原因，说明ST12小组能够较好地掌握并应用课堂所学知识。ST12小组还进一步分析了儒家思想对中国文化的影响，解释了中国传统文化中的"面子""和谐"观念。说明ST12小组在课下协同探究中进一步拓展了跨文化交际相关知识储备，能够更为全面、深入地分析跨文化冲突产生的原因。此外，ST12小组还能比较恰当地用英语讲述中国文化价值观念，可见学生用英语讲好中国故事的能力得到了有效的提升。

2.思政素质得到了提高

（1）树立了尊重文化多样性的观点。在本轮教学行动中，学生树立了尊重文化多样性的观点，表现出积极的多元文化态度。如ST9小组在跨文化交际短剧文本中的跨文化交际策略部分中写道："We need to appreciate diverse cultures, dialectically look at the relevant media reports in daily life, do not generalize, respect differences, treat each other with courtesy, explore effective communication skills to eliminate misunderstandings."（我们要欣赏多元文化，在日常生活中辩证看待相关媒体报道，不一概而论，尊重差异，以礼相待，探索有效的沟通技巧，消除误解）（ST9跨文化交际短剧终稿文本2022-04-20）。ST9不仅表现出应该欣赏、尊重多元文化的观点，而且提出了"辩证看待""不以偏概全"的具体跨文化交际策略。ST11小组在跨文化交际短剧文本中写道："In cultural exchanges, we should treat cultural diversity correctly and respect the cultures of different ethnic groups. We should respect differences, and selectively learn from foreign cultures according to the needs of our own development."（在文化交流中，要正确对待文化多样性，尊重不同民族的文化。尊重差异，根据自身发展需要有选择地借鉴国外文化）（ST11跨文化交际短剧终稿文本2022-04-21）。可见ST11小组同样树立了"尊重文化多样性""尊重不同民族文化"的多元文化意识，并且提出应该批判性借鉴外国文化的观点。

（2）形成了传播中华文化的行为态度。学生还形成了主动向世界传播中华文化、讲好中国故事的行为态度。如ST9小组写道："When we are in foreign countries, we should respect local customs and traditions, present a positive image of China, promote China's excellent traditional culture."（在异国他乡，要尊重当地风俗传统，展现中国正面形象，弘扬中华优秀传统文化）（ST9跨文化交际短剧终稿文本2022-04-20），表达了要在国际交际环境中，维护中国立场，传播中华文化的观点。ST11小组写道："We are duty-bound to inherit the fine traditional Chinese culture and carry forward the spirit of the Chinese nation."（传承中华优秀传统文化，弘扬中华民族精神，我们义不容辞）（ST11跨文化交际短剧终稿文本2022-04-21），表现出强烈的传承、传播中华文化的责任意识。

（3）强化了文化认同和文化自信。通过对学生跨文化短剧产出文本的细读分析，还可以看出在本轮行动中学生强化了对中国的文化认同和文化自信。如ST7小组写道："We should adhere to cultural self-confidence in the process of intercultural communication, consciously maintain and spread Chinese culture."（在跨文化交际过程中要坚定文化自信，自觉维护和传播中华文化）。（ST7跨文化交际短剧终稿文本2022-04-19）。ST9小组写道："We should not criticize other countries' culture at will, but inherit and defend Chinese culture."（我们不应该随意批评他国文化，而是要继承和捍卫中国文化）（ST9跨文化交际短剧终稿文本2022-04-20）。ST11小组写道："while opening to the world, we must not lose ourselves, we must not lose our own uniqueness, but cherish our spiritual beliefs."（在向世界开放的同时，我们不能迷失自己，不能失去自己的独特性，而要珍惜自己的精神信仰）（ST11跨文化交际短剧终稿文本2022-04-21）。由此可见，学生

在学习探究的过程中，在情感上将"文化认同""文化自信"进一步内化，并表现出迁移至"行为"的"继承并维护中国文化""传播中华文化""珍视中国文化"的积极行为倾向。

（三）教师体验

作为行动教学的实践者，在本轮行动教学中，研究者在教师课堂教学基础促成阶段、学生课下探究拓展促成阶段和学生融合性任务作品完成后，各撰写了一篇教师反思日志，共计三篇，记录了行动研究不同阶段的教师教学体验和反思。

（1）从课堂教学气氛来看，学生能够比较认真参与互动。本轮教学行动因新型冠状病毒肺炎疫情影响，采取的是线上教学形式。因客观条件所限，研究者无法更为直观地感知在课堂教学中学生的即时反映，自我感觉对课堂教学气氛的整体把控不如线下教学课堂。不过从课堂提问、讨论等情况来看，研究者观察到学生对课堂教学内容比较感兴趣，能够比较认真地参与课堂。学生最为感兴趣的部分主要包括对英文视频《中国文化vs西方文化》《自从这群歪果仁（外国人）误解了中国以后》和《中国人对外国人的刻板印象》的中外文化冲突的讨论部分以及基于李子柒中国文化传播案例的跨文化交际策略部分。在针对这方面的教学内容互动中，学生往往能给出更为多元、深入的观点。可见学生对中外文化冲突在生活中的具体表现以及如何能讲好中国故事，如何进行成功的跨文化交际有比较浓厚的兴趣。

今天的课堂上，我们就李子柒中国文化传播案例进行了跨文化交际策略促成。学生通过线上发言、聊天区评论等方式积极参与了讨论。学生基于对李子柒案例的分析进行了精彩的发言，包括要体现"中国特色文化元素""体现人与自然的和谐""少说教、多展示"等等。还有的学生介绍了当前中国网络小说的海外文化输出情况，进一步引起了通过什么平台进行中华文化输出的讨论。虽然疫情防控期间线上互动方式有限，但整体讨论气氛还不错。（教师反思日志2022-03-22）

（2）从阶段性作业批改情况来看，学生能够较好地吸收课堂讲授的知识。研究者在课堂教学中围绕"跨文化交际短剧"这一融合性任务分别进行了理论及应用促成、选题与分析促成、策略与方法促成、结构与语言促成。从学生提交的不同阶段的作业情况来看，学生能够较好地综合应用课堂所学知识，并在此基础上融会贯通，巩固旧知，发展新知。

从学生提交的短剧提纲来看，对如何呈现跨文化冲突场景、讲述什么样的中国文化、如何分析中外文化差异等能基本做到条理清楚，整体结构安排能够合乎任务要求。大部分小组选取的文化冲突现象比较合适，具备一定的中外文化差异辨识能力。能够从比较合适的角度将课堂学习的文化维度理论、文化语境理论用于文化冲突分析，这点做得很不错！（教师反思日志 2022-04-04）

（3）从教师的收获来看，研究者本人也拓展了跨文化视野。教学的过程也是师生"教学相长"的过程。教师教学并不是单向的"师—生"知识传输过程，而是师生互促的过程。本轮研究设置了更为灵活的跨文化交际短剧产出任务主题，给予了学生更多的发挥空间。学生基于专业背景、兴趣背景、民族文化背景等自主选择主题，往往对文化价值现象有更为多样化、深入、全面的解读。在教学中，通过与学生的互动、批阅学生作业、学生评价与反馈等，研究者本人的课程思政教学能力、跨文化交际视野等也有一定的提升。如以下教师反思日志节选记录了研究者本人在教学中对自己收获的感受：

第四组的选题是在跨文化语境中讲述彝族文化，分享了彝族婚俗中的"泼水迎亲""抢婚"引起的中外跨文化交际冲突。通过这组作品，我了解到彝族"泼水迎亲"的原因是认为清水能驱恶除邪，送走妖魔，带来幸福，保证日后生活不受侵扰。而且泼水还指姑娘到丈夫家后就不会到很远的地方背水，即使天旱也有吃有喝。男方去"抢婚"是对女方家的一种尊敬，说明女方"不是嫁不掉而送去的"。作为民族院校教师的"福利"之一就是总能在教学中学到很多有意思的民族文化！这也使我对中国各民族文化有了更多的理解，积累了更多民族文化方面的思政素材。（教师反思日志 2022-04-25）

二、行动研究反思

(一) 主要成效

在第二轮教学行动中,研究者通过"联合第二课堂,拓展教学主题"的方法弥补了当前大学英语课程"听说课型"教材思政元素缺乏、难以扩展思政育人深度的缺点,为解决现有教材思政育人元素缺乏的问题提供了新的思路。本轮教学行动通过更为灵活的融合性任务设置,促进了学生主体性的发挥;通过更为公平的作品展示机会,增进了学生的参与;通过更为合理的学习小组规模与管理,促进了生生之间的协作;通过课堂教学中更为系统的思维激发,引发了学生的深度信息加工,拓展了思政育人融入的"深度";通过更为全面的教师课下反馈,为学生更好地完成融合性任务提供了支持。在本轮教学行动中,思政育人融入的"系统性"有了进一步的提升,取得了良好的英语语言教学效果和思政育人效果。在英语语言学习方面,学生夯实了英语语言基础知识,提高了英语语言应用能力;能够更好地辨别和理解中西方文化差异;掌握了一定的跨文化交际策略,提高了跨文化沟通能力;能够较好地运用目的语表述文化差异;能够恰当应用相关理论或文化价值观点分析中外文化差异等。在思政育人方面,学生形成了尊重文化多样性的价值观点;能够批判、辩证地看待西方文化;增强了文化认同与文化自信;树立了传播中华文化、讲好中国故事的行为态度和责任意识;增进了各民族文化交流,促进了民族团结。

(二) 改进方向

总体而言,研究者对本轮行动研究的效果比较满意,但研究仍然存在一些不足,还需要在下一轮行动中进行改进:

(1) 寻求融合性任务主题的适宜性灵活度。第一轮行动研究中"固定式"任务主题限制了学生能力的充分发挥、价值观点探索的广度等。为了充分发挥学生的主体性,提升课程思政教学效果,本轮研究中采取"半开放式"任务主题。研究者只限定了单元融合性产出任务的总体方向,对具体主题未作过多限定。各学习小组可以通过组内协商，自行设计本组跨文化交际短剧的具体场景及主题。大多数学习小组对这种自选具体主题的方式表示欢迎，认为"可以充分发挥自己的特长、兴趣"。但也有学习小组反映因任务主题选择自主性过大，小组"敲定主题的环节耗费时间过长"。还有学习小组指出"在选题时过快拍板，追求速度，给后面的工作尤其是剧本创作带来了很大的难度"。这说明"固定式"任务主题和"半开放式"任务主题设置都存在一定的弊端。在下一轮行动研究中，还需进一步加以改进，完善融合性任务在课程思政教学中的"驱动"及"聚焦"的作用。

（2）进一步加强师生、生生交互，激发学生的积极性。本轮研究由于新型冠状病毒肺炎疫情的原因，采取的是线上授课的方式。整体来看，学生的积极性还是受到了一定的影响。首先，从教师课堂教学来看，师生、生生之间无法进行面对面交互，也很难实现一对多、多对多的讨论协作；有限的线上交互通常只能以声音为主，无法从表情、身体语言、非语言交际行为等获得更为多维的信息传递与反馈，主体之间的交互维度受限。其次，从学生课下探究情况来看，疫情居家学习期间学习小组组员之间的交互、协作也存在客观困难。尽管大多数学习小组认为"困难是可以克服的"，但也有小组反映"有时候联系不到组员""很难才能商定一个共同讨论的时间"，认为小组组员积极性不强，协作效果"一般"。在下一轮研究中还需要就"如何促进线上教学期间师生、生生互动""如何进一步调动学生积极性"的问题寻求解决方案，以提升民族院校大学英语课程思政教学效果。

第五章　民族院校大学英语课程思政教学第三轮行动研究：提升与完善

在第二轮行动研究中，民族院校大学英语课程教学实施方案操作流程各步骤的具体设计更加合理，思政育人融入更为"系统""深入"，有效地解决了前期民族院校大学英语课程思政教学实施情况调查中发现的思政育人融入"系统性""深度""有机性"不足的问题。但第二轮行动中仍然存在一定的不足和遗憾，如融合性任务设置仍有待改进；新型冠状病毒肺炎疫情防控期间采取的线上教学模式因师生、生生互动协作存在障碍，一定程度上影响了学生的学习积极性。鉴于此，研究者决定在前两轮行动研究的基础上开展第三轮"提升性"的行动研究，旨在解决发现的问题，进一步提升与完善民族院校大学英语课程思政教学。第三轮行动研究于2022年5月11日到6月19日展开，共6周。课堂教学用时6课时（5月11日，5月18日，5月25日），每次2课时，每课时45分钟。学生任务作品展示及评价在课下进行，未占用课堂时间。在此期间按照Z民族大学新型冠状病毒肺炎疫情防控政策要求，仍采取线上教学形式。

第一节 行动研究方案与实施

一、行动研究背景与问题

在上一轮教学行动中,研究者采取了"半开放式"融合性任务主题设置方式,由各学习小组自行确定本组融合性任务具体主题。虽然这种方式增加了任务的"灵活性",促进了学生主体性的发挥,但又产生了新的问题。主要是部分学习小组在选题环节耗时过多,或因选题不当导致后期完成任务出现困难。融合性任务是本研究中民族院校大学英语课程思政教学的关键"驱动",融合性任务设置的合理性对民族院校大学英语课程思政教学效果有着举足轻重的影响。因此,在本轮研究中研究者将进一步完善融合性任务设置。另外,上一轮教学行动中,因新型冠状病毒肺炎疫情影响,Z民族大学实施的是"线上教学"模式。师生、生生互动协作受限,一定程度上影响了学生学习的积极性。如何更好地促进学生积极参与课程思政教学,也是本轮行动研究想要继续探讨的问题。

此外,《高等学校课程思政建设指导纲要》指出课程思政应该"科学合理拓展专业课程的广度、深度和温度"[1]。教育部副部长吴岩也指出课程思政应该是"有情有义、有温度、有爱的过程"[2]。关注思想政治教育的"温度",能够拉近与教育对象的距离,取得良好的教育成效[3]。在前两轮教学行动中,研究者虽然秉持"以学生为中心"的理念,有意识地考虑到思政育人融入的"温度",但主要还是关注如何解决前期民族院校大

---

[1] 教育部.关于印发《高等学校课程思政建设指导纲要》的通知[EB/OL].(2020-05-28)[2022-05-22]. http://www.gov.cn/zhengce/zhengceku/2020-06/06/content_5517606.html.

[2] 万玉凤.如何将思政之盐 融入课程大餐[EB/OL](2020-06-10)[2023-02-15]. http://www.moe.gov.cn/jyb_xwfb/s5147/202006/t20200610_464358.html.

[3] 陈沉.过程视域下思想政治教育"度"的三维论析[J].理论导刊,2018,409(12):97.

学英语课程思政教学实施情况调查中发现的民族院校大学英语课程思政教学存在的思政育人融入"系统性""深度""有机性"存在不足的问题。因此，在本轮教学中，研究者还想更多地关注思政育人的"温度"，以进一步"提升"民族院校大学英语课程思政教学。

综上，本轮行动研究将主要解决以下四个问题：

（1）如何进一步挖掘课程内容与思政元素的契合点，充分发挥民族院校大学英语课程的思想政治教育功能？

（2）如何进一步完善融合性任务设置，使其兼具灵活性与指导性？

（3）如何改进线上教学期间的教学与管理，激发学生的积极性？

（4）如何进一步提升民族院校大学英语课程思政教学的"温度"，提升思政育人的实效性？

二、行动研究计划

研究者从融合性任务设置、线上课堂教学、课下支持管理三方面制订了改进提升计划，并将对思政育人"温度"的提升融入其中。

（一）融合性任务设置的合理性提升

1. 任务主题设置回应学生现实生活体验

研究者将进一步挖掘教材内容与思政元素的契合点，联系民族院校学生的现实生活体验，设计融合性任务主题。尝试将思政育人与解决学生现实生活中存在的问题紧密结合，引导学生对当前面临的人生阶段、人生挑战、人生态度、人生选择等命题进行分析和探讨。一方面，以此回应学生情感需求，引发学生情感共振，提升课程思政教学的"温度"，另一方面旨在更好地激发学生的探究热情，使学生能深度参与围绕融合性任务开展的"教"与"学"相关活动。

2. 差异化任务要求满足学生不同需求

在本轮行动研究中，研究者将基于"差异化教学"的理念，设置差异化的融合性产出任务，更为灵活地满足不同学生的需求。差异化教学理念认为学习者之间存在着差异,教师在课堂教学中既要探讨适合学生共性特点的教学途径,又要在常规集体教学中照顾学生的差异[①];主张以多种视角(many eyes)审视课堂,通过对学习经验的差异化满足学术多样性的问题。[②] 在本轮教学行动中,"差异化"设置融合性产出任务体现在以下两个方面。一是任务主题选择的差异化。学生既可以充分发挥自主性和创造力,自行组内协商选定单元融合性产出任务的具体主题,也可以选用研究者提供的备选选题以及相应的指导提纲。二是任务作品要求的差异化。研究者就融合性任务作品完成的难度要求提供了"基本要求"和"更高要求"两种难度,供学生自主选定。"基本要求"属于在学生掌握教师课堂传授知识和技能的基础上,教师预期各学习小组经过协同探究都能基本达到的范畴。"基本要求"以英国文化教育协会英语学习网站上一篇英文调查报告范文(原文共465词)作为参考范文。"更高要求"对学习小组英语语言基础水平,课下探究深度及广度等要求更高。"更高要求"以美国西南得克萨斯州立大学一份英文调查报告论文范文节选作为参考范文,研究者要求学生尽量模仿范文的数据呈现、结论分析和解决建议部分的写作方法和语言风格。通过差异化产出任务设置,学有余力、主动性更强、英语基础能力更好的学生可以选用"自主选题"和"更高要求"充分发挥创造力和能动性;而基础较弱、对任务主题把握有难度或有其他困难的学生则可以选择按照教师提供的备选主题及更为细致的指导提纲完成任务,完成"基本要求"难度的融合性产出作品。以保证任务既有挑战度,又具备可达成度,为学生提供更好的情感体验。

(二)线上课堂教学的互动性与参与度提升

1. 增强在线教学"临场感",提升在线课堂教学互动性

加里森(Garrison)等人提出的探究社区模型理论认为,只有具有较高的"社会临场感、教学临场感、认知临场感"才能取得较好的在线教学

---

① 强枫.基于学习分析的大学生差异化教学干预研究[D].陕西师范大学,2020:6.
② 贺斌.智慧教育视域中差异化教学模式研究[D].华东师范大学,2018:57.

效果。① 其中社会临场感强调学生对学习共同体的认同，学习者应能够进行有意义的交流并充分展示自我。认知临场感强调学生能够通过持续的交流与反思，实现意义建构。教学临场感强调教师通过设计、促进、指导在线活动等以实现意义建构。② 在本轮研究中，研究者将充分发挥网络教学在线聊天区的即时信息交互功能，鼓励学生发布实时评论、表情包等，引导学生与教师保持实时互动，与同学做到"隔空相伴"，提高学生学习的"社会临场感"。以此减轻疫情防控期间在线教学缺乏"师生""生生"交互的弊端，增强学生的情感体验，提高学生的学习积极性。此外，研究者还通过关注学生学习生活体验及社会现实的序列化"问题链"设计和问题情境创设，将教材学习内容与思政引领紧密结合起来，激发学生的深入思考，引发情感内化的高层次发展。进一步提高学生学习的"认知临场感"和"教学临场感"，打造更为积极、有效的在线学习氛围。

2. 结合情感教学模式，激活学生情感体验，提升学生参与度

研究者将借鉴卢家楣提出的情感教学模式，在教学中注重对学生情感的"诱发、陶冶、激励与调控"③，以激活学生的情感体验，引发学生的情感参与，在提升思政育人"温度"的同时，进一步激发学生的学习积极性。其中"诱发"是要诱导和引发学生兴趣和动机，调动学习积极性。"陶冶"是要充分利用教学素材中存在的情感因素，从积极的方面影响学生。"激励"是要不断增强学生学习自信心和胜任感，使学生能够享有愉快的情绪体验。"调控"是要使学生的情绪在整个教学过程中始终处于有利于学习活动的状态。

（三）课下支持管理的有效性提升

研究者将与各学习小组组长建立"一对一"联系，保持"一对一"的

---

① GARRISON D R, ANDERSON T, ARCHER W. Critical Thinking, Cognitive Presence, and Computer Conferencing in Distance Education[J]. American Journal of Distance Education, 2001, 15 (1): 7–23.

② 冯晓英, 孙雨薇, 曹洁婷. "互联网+"时代的混合式学习：学习理论与教法学基础[J]. 中国远程教育, 2019 (02): 7–16, 92.

③ 卢家楣. 情感教学模式的理论与实证研究[M]. 上海：上海人民出版社, 2008.

固定沟通，主动了解各学习小组在课下探究促成产出任务的各个阶段的进展情况及难点。一方面以此提供更为个性化、适切、全面的"支架"反馈，另一方面也希望通过教师更为密切的"关注"和"支持"，让学生有更好的情感体验，更好地激发学生的学习积极性。

三、行动研究实施

（一）确立融合性目标

1. 确立思想政治教育目标

（1）分析教材。本轮行动研究选取的是《新视野大学英语（读写教程）》第二册第三单元"Discovery of a new life stage"（发现新的人生阶段）。主要教材学习任务是课文 *Journey through the odyssey years*（《奥德赛岁月之旅》）。课文内容可分为三个部分。第一个部分主要讲述奥德赛岁月（即自高中毕业之后开始，在大学期间延续，至成家立业截止）期间年轻人面临的压力和困惑。第二个部分主要讲述这一阶段年轻人表现出的消极行为态度。第三个部分提出建议，认为年轻人应该"保持实力、能力、信心"，应该"意志坚定、态度积极、集中精力"面对这一特殊人生阶段的压力和困惑。课文内容切合行动班级 x 班的各民族学子所处的现实生活体验。他们也正处于"奥德赛岁月"阶段，面临诸多挑战与困惑。这为激发学生的情感体验，引发学生情感"共鸣""共振"提供了良好的切入点。而课文中提出的应对压力和困惑的建议所蕴含的积极人生观、奋斗观，也正是民族院校大学生所应具备的积极思政价值观。

（2）分析学生思想状态。众多研究指出当前年轻人面临"就业压力"[①]"升学困境、学业内卷"[②]"网络丧文化影响"[③] 等压力及挑战，容易

[①] 李春玲. 疫情冲击下的大学生就业：就业压力、心理压力与就业选择变化[J]. 教育研究，2020，41（7）：4-16.

[②] 苑津山，幸泰杞."入局与破局"：高校学生内卷参与者的行为逻辑与身心自救[J]. 高教探索，2021（10）：123-128.

[③] 魏杰，黄皓明，桑志芹."985废物"的集体失意及其超越——疫情危机下困境精英大学生的"废"心理审视[J]. 中国青年研究，2021（04）：76-84.

产生自我认识模糊、消极情绪突出、学习状态不佳、逃避面对现实等问题。研究者通过对行动班级×班学生平时的日常课堂观察、与学生的课下聊天、了解学生的社交媒体发文发言等也发现，×班部分学生还存在不适应学业压力、沉迷电脑游戏、作息不健康、对未来没有规划、自我否定焦虑等问题。如有的学生还不能适应从高中生身份到大学生身份的转变，自我管控能力不强，"以前都是老师父母在督促，现在都要靠自觉"；有的同学反映对未来还没有明确的目标，"感觉是在被推着走"；有的学生认为学业压力很大，"同学们太优秀了，都好拼，太卷了"等等。习近平指出"思想政治工作从根本上说是做人的工作，必须围绕学生、关照学生、服务学生"[1]。民族院校大学英语课程思政教学应彰显"现实性"重点育人方向，体现对"现实的人"的关注。应该贴近学生生活体验、关心学生思想状态、关照学生的现实需要，体现思政育人的"温度"。

（3）确立思想政治教育目标。综上，本轮行动研究将本单元的主要思想政治教育目标确立为：引导各民族学子正确面对困难与挑战，树立积极人生观、奋斗观。

2. 确立英语学科教学目标

（1）分析教材。本单元主要学习材料是课文 *Journey through the odyssey years*（《奥德赛岁月之旅》）。课文主要讨论奥德赛岁月期间年轻人面对的挑战，年轻人的态度以及作者的相关建议。文章主要采用"比较与对比"（Comparison & Contrast）的段落写作结构。教材单元课后任务要求学生组建小组开展调查研究，采访不同人群，了解他们如何理解"奥德赛岁月"概念和特征，如何看待这一人生阶段，就"如何解决奥德赛岁月期间带来的痛苦"提出解决方案，并就研究发现和研究建议进行十分钟左右的课堂口头陈述。英文调查报告是常见的学术英文写作文体。根据《中国英语能力等级量表》，修习大学英语课程的学生应"能撰写与自身专业领

---

[1] 习近平.把思想政治工作贯穿教育教学全过程 开创我国高等教育事业发展新局面[EB/OL].（2016-12-09）[2021-09-01]. http：//cpc.people.com.cn/n1/2016/1209/c64094-28936173.html.

域相关的报告，如读书报告、调研报告等，结构完整"[①]。综上，研究者对教材单元任务进行了改编，将教材所要求的"开展调查并进行课堂口头陈述"形式改编为撰写英文调查报告的形式，将学术英语写作训练纳入大学英语教学。

（2）分析英语学情。研究者在课前就学生是否有过撰写英文调查报告经验，进行了简单的学情调查。调查发现绝大多数学生没有撰写过英文调查报告，极个别尝试过英文调查报告写作的同学也并没有进行过英文调查报告文体的学习，如学生反映"以前的英语老师让我们写英文调查报告，我们就写了。老师没有讲过怎么写，我们也不清楚调查报告到底该怎么写。写出来的算不算调查报告，老师也没说，我们也不知道"。可见，研究者需要就如何撰写英文调查报告开展写作教学。

（3）确立英语语言教学目标。结合大学英语课程语言培养目标和教材单元教学目标，本单元的主要英语语言教学目标确立为以下三点：①学习并掌握课文中重点词汇、词组、句型及表达方法。②学习并掌握课文中采用的"比较与对比"（Comparison & Contrast）的段落写作结构。③学习并掌握学术英文文体"调查报告"的写作方法。以上第一点是大学英语读写课程的常规教学目标，属于学生早已驾轻就熟的语言基础学习；第二点"比较与对比"的段落写作方法也是大学英语常见写作方法，大多数学生已经能够基本掌握，本阶段只需进一步总结提升及加强训练；第三点英文"调查报告"撰写则属于学生的"信息空白点"，是本轮教学行动中语言教学需要解决的重点和难点问题。

（二）设置融合性任务

基于以上思想政治教育目标和大学英语语言教学目标，研究者设置了融合性产出任务，要求学生以Z民族大学学生为调查对象，以"民族院校大学生的挑战与困惑"为研究方向，学习小组组内自行协商具体调查研究

---

① 中华人民共和国教育部，国家语言文字工作委员会.中国英语能力等级量表：10[EB/OL].（2018-02-12）[2023-01-16]. http://www.moe.gov.cn/srcsite/A19/s229/201804/t20180416_333315.html.

选题，撰写提交一份英文调查报告。要求提交的英文调查报告符合以下要求：①呈现访谈或问卷的数据分析；②能从数据分析中提炼问题、解决问题；③符合英文调查报告语言特征和格式要求。为体现"差异化教学"理念，解决部分小组对更为细致的调查选题、提纲支持的需求，研究者还提供了五个备选主题及相应调查问题提纲。五个备选主题分别是"民族院校大学生学业压力调查研究""民族院校大学生职业规划调查研究""民族院校大学生电子产品使用调查研究""民族院校大学生在线学习期间时间管理调查研究""民族院校大学生人际交往调查研究"。以此解决部分小组反映的"确定主题耗时过多""担忧选错主题后期难以开展"的问题，更好地保证任务的可达成性。

从语言教学的角度来说，这一融合性任务设置不仅切合英文调查报告写作教学目标，而且因任务主题与课文主题密切相关，还有助于学生盘活并巩固课文中相关语言基础知识。从思政引领的角度来说，这一融合性任务要求在Z民族院校大学生中展开调查，有利于促进各民族学生之间的交流、沟通，增进各民族学生之间的理解和交往。此外，学生通过调查民族院校大学生面对的困惑与挑战，了解面对困惑与挑战采取的不同态度和行为，分析现象并提出问题解决建议等，还能进一步拓展认知维度，增强价值判断能力，进而进行更为理性的价值建构。

（三）教师课堂教学基础促成

相比前两轮教学行动，在本轮行动中，研究者更为注重课堂教学中的师生、生生互动。研究者通过序列化"问题链"设计，将教材学习内容与思政引领紧密结合起来，并强调引发学生情感内化高层次的发展。此外，研究者还结合情感教学模式的相关观点，更为注重情感诱发、情感陶冶、情感激励、情感调控，以激发学生的情感参与，提升思政育人的"温度"，起到"以情优教"的作用。

1. 任务驱动

在任务驱动阶段，研究者采取了以下步骤（表5-1），发布了融合性产出任务：

表5-1 教师课堂教学任务驱动步骤

教学内容	"温度"提升点	思政融入点	语言教学目标	思政教育目标
中外代际语言知识学习（Living generations explained 英文视频）	情感诱发：在线课堂趣味调查"你属于哪个代际？"	讨论《论语》中的中国代际文化句子所蕴含的价值观点	学习外国代际文化知识及表达；翻译《论语》中表达代际文化的句子	增进对中国传统文化及其价值观点的理解
中外"Z世代"代际特征与责任讨论（Inside What Gen Z is All About 英文视频）	情感陶冶：视频内容蕴含"勇于承担社会责任、包容多元文化、灵活就业及企业家精神"等积极价值观点 情境创设：讨论"如果未来你有足够的能力，你想为家乡做些什么？"	总结视频中社会责任相关积极价值观点；引导学生联系民族院校学生的生活体验讨论所承担的社会责任	了解美国Z世代文化；掌握视频中的相关词汇、词组、句型	树立积极的社会责任意识
"奥德赛岁月之旅"课文主题联系与讨论	情感陶冶：英文影片《奥德赛》片段呈现奥德赛面对困难，永不放弃的回家之旅	分析并讨论影片《奥德赛》片段中所蕴含的价值内涵	了解西方文学作品《奥德赛》，并掌握影片片段中的重点词汇、词组、句型	接受影片中传播的"坚持不懈""顽强拼搏"的价值观点
发布产出任务				

（1）中外代际文化及语言知识学习。研究者从教材单元主题"Discovery of a new life stage"（发现新的人生阶段）出发，借助英文视频材料 Living generations explained（《现有代际解释》），让学生掌握英语国家文化中形容不同人生阶段的名词、由来以及特征等知识，如"Baby boomers"（婴儿潮一代）、"Generation X"（X世代）、"Millennials"（千禧一代）、"Generation Z"（Z世代）等。研究者还通过翻译练习及观点讨论的方式，引入了中国传统文化，带领学生尝试理解并翻译《论语》中的"吾十有五而志于学，三十而立，四十而不惑，五十而知天命，六十而耳顺，七十而从心所欲，不逾矩"，培养学生用英语解释中国传统文化的能力。

随后，研究者发布了即时课堂趣味小调查"Quiz for fun：Which

generation do you belong to?"（你属于哪个代际？），让学生通过12个"是"或"否"答题判断自己属于哪个代际。这不仅可以帮助学生掌握Z世代（1995年后出生，×班学生所属年龄范畴）特征知识及英文表达，还可以激发学生兴趣，起到"情感诱发"的作用。研究者要求学生通过在线评论区功能回复答题情况并踊跃表达观点，以此增加课堂互动，增进线上教学的"社会临场感"。学生反应非常积极，能快速回应并踊跃发言。如有学生在评论区"吐槽"道："我怎么只有11分，属于我妈那个代际，我是太落伍了吗！"很多学生也跟着纷纷发各种表情包和评论跟帖。可见，这一即时趣味小调查起到了调动课堂气氛，提升课堂"温度"的效果。

（2）中外"Z世代"代际特征与责任讨论。研究者播放了美国NBC电视台"Today"栏目的一段对Z世代年轻人的访谈视频 *Inside What Gen Z is All About*（《了解Z世代》）。视频内容包括美国当代年轻人的追求、面对困难和挑战的态度和应对的方法，并谈到了美国年轻人"勇于承担社会责任、包容多元文化、灵活性就业及企业家精神"等积极价值观点。研究者要求学生分析并总结视频中当代美国年轻一代的特点。学生在提取信息、口头总结陈述的过程中不仅可以学习应用视频中相关英语表达方法，同时视频蕴含的积极价值观点也能起到一定的"情感陶冶"的作用。

研究者还基于视频中美国年青一代对社会责任的讨论，进行了"情境创设"，提出问题"If you had enough resources, what would you do for your hometown?"（如果你有足够的能力，你想为家乡做些什么？），通过创设"未来规划"情境，很好地引发了各民族学生对社会责任的思考。学生在发言讨论中，表达了"回报社会""建设家乡""实现个人价值"等愿望。如一位来自广西的学生发言："As a university student who has been receiving national financial aid and successfully came to the capital from a small village, I think I have an obligation to use my knowledge to help fellow minorities, to pass on the best of the outside world to the children in my hometown to help them grow up as much as I can."（作为一名接受国家助学金并从小村庄顺利来到首都求学的大学生，我想我有义务用我的知识帮助少数民族同胞，把外面的世界最好的事物传递给家乡的孩子们，

尽可能地帮助他们成长）。一位来自贵州的学生发言："My hometown is very undeveloped and backward. I have seen a kid walk for three hours to go to school, a teacher needs to take five hours each time to help his old father to buy medicine, and many children have to separate from their parents, because their parents have to go out to work to obtain enough money to sustain life. they need help, someone have to do more work to help they obtain better life. So I want to help them after graduation, I will try my best to help them."（我的家乡很不发达，很落后。我见过一个孩子步行三个小时去上学，一个老师每次要花五个小时帮他的老父亲买药，很多孩子不得不和父母分开，因为他们的父母要出去挣钱来维持生计。他们需要帮助，需要有人来做更多的工作，来帮助他们获得更好的生活。所以我想毕业后帮助他们，我会尽力帮助他们）。一位来自贵州的女孩发言："If I can make some achievements in my career in the future, I think I could set up a foundation and education base for the Miao girls in my hometown and ethnic minority areas, so that more Miao women can achieve ideal progress."（如果我以后的事业能有所成就，我想我可以为家乡和民族地区的苗族姑娘们建立一个基金会和教育基地，让更多的苗族女性取得理想的发展）。还有学生发言："I think the purpose of going out of my hometown is to return to my hometown better, not to stay away from my home."（我觉得走出家乡的目的是更好地回到家乡，而不是远离家乡）（课堂录像 2022-05-11）。研究者感受到，这一问题激活了学生与本民族、家乡的情感联结，学生能积极表达观点，并体现出强烈的社会责任意识。这种同辈群体（peer group）积极价值观念的互相交流，能够起到"相互影响，互相熏陶"[①] 的作用，有助于各民族学子深入思考 Z 世代所应承担的社会责任并形成积极的价值行为态度。

（3）"奥德赛"主题联系与讨论。研究者结合教材课文，提出问题 "What do you know about the epic *The Odyssey*?"（你对史诗《奥德赛》了解多少？），请学生分享对这一西方文学著作相关知识的了解。随后，播

---

① 鲁洁.教育社会学[M].北京：人民教育出版社，2001：592.

放《奥德赛》英文影片中奥德赛历经艰辛的"回家之旅"的视频片段，引导学生讨论"奥德赛之旅"的含义，了解奥德赛之旅不仅是"面对挑战的外部挣扎之旅，也是内心成长的旅程"。通过以上方式一方面可以增进学生对西方文化的了解，另一方面，可以通过生动、直观的影像使学生感知"奥德赛之旅"传达的"坚持不懈""顽强拼搏"的精神，以发挥"情感陶冶"功能，起到一定的思政引领的作用。

（4）发布产出任务。随后，研究者发布了单元产出任务，要求学生以小组形式就"奥德赛岁月"期间民族院校大学生面临的挑战或困惑，进行调查研究并撰写英文调查报告。研究者指出各小组可以通过组内协商自行确定具体主题，也可以采用教师提供的备选主题，还可自行选择"基本要求"和"更高要求"两种任务难度。同时，研究者还向学生说明英文调查报告成绩将纳入期末总评，占学期总评10%。

2. 模块促成

要想完成"民族院校大学生的挑战与困惑"这一主题调查报告任务，学生大致需要做好以下三个方面的准备：一是积累相关基础语言知识，如与大学生的困惑、挑战相关的词汇、词组、句型表达等，从而在撰写英文调查报告时能使用恰当的语言表述相关主题内容。二是形成完成调查报告需要的观点态度，从而就本小组确定的"民族院校大学生的挑战与困惑"具体主题调查报告任务，进行现状分析、结论推导、问题析出及提出解决建议等。三是掌握英文调查报告的文体结构和语言特征。研究者针对以上需求进行了必要的语言促成、观点促成及结构促成（表5-2），并在促成的过程中融入思政育人，引领学生形成积极的人生观、奋斗观等。

表5-2 教师课堂教学模块促成步骤

促成模块	教学内容	"温度"提升点	思政融入点	语言教学目标	思政教育目标
语言促成	课文理解、课文精讲	情感陶冶：课文中体现积极价值观点的内容	设计聚焦课文中积极价值内容的篇章理解问题	积累任务相关重点词汇、词组、句型；掌握"比较与对比"段落结构	形成积极面对困难、努力学习等价值观念

续表

促成模块	教学内容	"温度"提升点	思政融入点	语言教学目标	思政教育目标
观点促成	基于课文内容设计"问题链":讨论"年轻人面对什么样的挑战?"及内嵌子问题	情感诱发:寻找中外年轻人压力与困难共同点	通过凸显中国体制优势的中外异同对比,引导价值判断	了解美国社会文化,提升国际视野	正视挑战;提升国家认同
	讨论"年轻人面对挑战的态度是什么?"及内嵌子问题	情感诱发:网络热词讨论	讨论网络热词代表的亚文化价值取向,提出价值判断	掌握网络热词翻译;积累相关词汇与表达;了解外国社会文化	正视挑战;形成积极人生观、奋斗观
	讨论"年轻人应该如何面对挑战?"及内嵌子问题	情感陶冶:《出圈:闪光青年》视频中普通中国年轻人表现的积极价值态度	评价视频中的价值观点,提出价值判断	用英语总结表述视频观点	接受视频中的积极人生观、奋斗观
结构促成	讲解调查报告的框架结构、语言风格、行文布局	情感激励:说明调查报告写作重要性;鼓励学生大胆尝试		掌握课堂讲授的调查报告写作框架结构、语言风格、行文布局	

(1)语言促成。课文《奥德赛岁月之旅》内容主要包括三个部分:一是讲述"奥德赛岁月"阶段年轻人在社会变迁中面临的挑战和困惑;二是讲述年轻人消极应对的情况;三是提出顺利度过奥德赛岁月、积极面对挑战的建议。课文内容与调查报告融合性产出任务基本一致,因此可以作为融合性任务语言促成的主要素材。

在课文精讲过程中,研究者讲解了课文中的重点词汇 achieve, hold, radical, overcome, sensible, resent, considering 等;讲解了重点词组 acquaint oneself with, take breaks from, get away from, resort to, make allowances for, back off 等;讲解了重点句型 with + n./pron.+ v-ing, apart from anything else, sth. has an effect on 等。此外,研究者结合课文中上一代与当代年轻人奉行不同人生模式的对比内容,讲解了"比较与对比"的段落写作方法。

因课文主题与英文调查报告产出任务主题一致,讲授的课文重点词汇、词组、句型等为英文调查报告的写作提供了一定语言基础知识积累。讲授的"比较与对比"这一段落写作方法常用于英文调查报告中的数据分析呈现,因此也可以为英文调查报告写作提供语言基础。

研究者还注重设计聚焦积极价值内容的篇章理解问题,以起到思政引领的作用。如以下课文内容阅读理解问题:Where does their confusion come from?(年轻人的困惑从何而来?)What do some young people do in order to get away from the confusion and upset?(年轻人采取了哪些行为来摆脱困惑和不安?)What are the suggestions for the Odyssey years put forward by the author?(作者对顺利度过奥德赛岁月提出了什么建议?)学生在寻找答案的过程中不仅能进一步掌握"猜测""整合""总结""激活背景知识"等元认知阅读策略,而且以上问题答案指向课文中年轻人应该"迎难而上""加强学习,保证竞争力""要有韧性、有耐心、有信心""要乐观、坚强、集中注意"等积极价值观点内容,也能起到一定的思政引领的作用。

(2)观点促成。本轮教学行动中的"观点促成"与"思政育人"在很大程度上融合在一起。"思政育人"是要引导学生形成正确的"人生观""奋斗观"以面对生活中的困惑和挑战,而学生形成的相关价值态度也会为学生撰写"民族院校大学生的挑战与困惑"主题调查报告中分析现状的立场、解决问题的建议等部分提供一定的观点。在观点促成部分,研究者采用了"问题链"策略,基于对教材课文内容的深入分析,设计了一系列遵循情感领域内化层次发展路径的问题,推动学生经由"接受—反应—评价—组织—性格化"从低往高的情感层次发展路径,实现学生积极价值体系的建构。研究者设计的"问题链"包括由"年轻人面对什么样的挑战?""年轻人面对挑战是什么态度?""年轻人应该如何面对挑战?"三个主问题组成的"主问题链"(图5-1),以及每个主问题内嵌的若干子问题组成的"次问题链"。三个主问题不仅与教材课文内容密切相关,而且分别对应情感连续体内化从低到高的"接受""评价""组织"层次。次问题链内部也保持情感连续体内层次化由低到高的发展路径。旨在通过主、次问题链的联动，进一步引发学生高层次的信息加工，推动情感价值观内化高层次发展，提升思政育人效果。

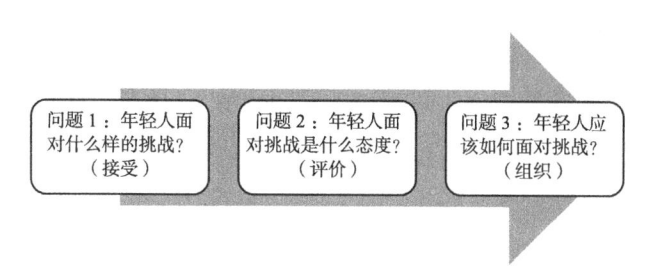

图5-1　主问题链

第一个主问题是"年轻人面对什么样的挑战？"，对应课文内容的第一部分。其内嵌子问题链（图5-2）涉及情感内化连续体的"接受—反应—评价"层次的上升。首先，研究者补充了"2021年美国年轻人面临最大的挑战"的英文调查报道，报道中排名最靠前的五个挑战分别是：种族主义/歧视、新型冠状病毒肺炎疫情、经济担忧/债务情况、沉迷技术产品、失业/工作不稳定。研究者提出三个子问题：① "What are the challenges for young people in the United States?"（美国年轻人面临什么挑战？）；② "What are the challenges for young people in China?"（中国年轻人面临什么挑战？）；③ "What are the similarities and differences between the challenges faced by young people in the United States and young people in China?"（中美年轻人面临的挑战有什么异同？）。第一个子问题旨在引起学生"注意"报道中的美国年轻人面临的挑战现象。第二个子问题旨在引导学生积极讨论中国年轻人面临的挑战现象，做出"反应"。第三个子问题旨在引导学生联系个体生活体验，比较中外价值差异，形成一定的价值"评价"。使学生在了解美国社会文化、拓展国际视野的同时，基于层次渐进的问题引发的讨论和思考，逐步深化积极价值观点。如学生在基于英文调查报道材料讨论美国年轻人面临的压力时，研究者引导学生讨论美国种族主义冲突，并将其与中国各民族平等、团结、欢聚一堂的和谐社会进行对比，以此引发国家认同；引导学生注意"新型冠状病毒肺炎疫情"是中外各国年轻人共同面对的挑战，以形成正视挑战、客观面对挑战的态度。研究者还就美国大学生"经济担忧/债务情况"补充了来自CollegeData网站的美国大学学杂费用相关数据、来自美国统计局网站的美国家庭年收入数据以及来自美国福布斯网站的2022年平均学生债务数据。通过权威数据建立了思政信息的"信度"，引导学生通过对比美国个人需要承担的昂贵高等教育支出与中国相对更为"平民化"的高等教育支出，进一步巩固国家认同。研究者注意到有学生在在线课堂的评论区发言道："我看电影里面的美国大学生的生活那么丰富多彩，无忧无虑，从来不知道原来他们的经济压力这么大。还是中国的教育制度好，才能读得起书。"

图5-2 次问题链1

第二个主问题是"年轻人面对挑战是什么态度？"，对应课文内容的第二部分。其内嵌子问题链（图5-3）涉及情感内化连续体的"接受—反应—评价—组织"层次的上升。首先，研究者基于对学生Z世代代际特征的认知，选取了学生中比较热门的网络热词"内卷""佛系""躺平""摆烂"，以激发学生兴趣，起到"情感诱发"的作用。研究者首先带领学生进行了网络热词翻译，随后，依次提出三个子问题：① "What do these buzzwords mean?"（这些网络热词的含义是什么？）；② "Why did these buzzwords come about?"（为什么会出现这些网络热词？）；③ "How do you interpret the subcultures?"（你怎么看待这些网络热词代表的亚文化？）第一个子问题引导学生"注意"这些网络热词所代表的价值现象。第二个子问题引导学生开展积极讨论做出"反应"，分析社会现象并进行价值"评价"。第三个子问题引导学生基于对不同价值观点的比较、综合，对价值进行"组织"化，提出个体的评判性判断。学生在分享、交流不同价值观点的过程中，可以增进对价值主题、现象、行为等的理解，有助于形成更为理性、积极的价值判断。如在就第三个子问题进行讨论时，有的学生回答："内卷太严重了，摆烂是常态。"可见部分学生对于现实生活中的压力存在消极应对的态度。但与此同时，更多的学生发表了更为积极的观点，如"I think involution maybe a good thing because we are striving for the best"（我认为内卷也许是件好事，因为我们正在努力做到最好），"I don't think academic competition is negative，no matter what kind of competition it is，it's a way to encourage people to work hard and not to lie flat"（我不觉得学业上的竞争是负面的，不管是什么竞争都是一种能促进人努力不躺平的一种方式），"Involution in China is unavoidable，I hope I can have good preparation academically to face and adapt to future changes"（国内内卷形式难以避免，我希望在学业上能有所收获以面对和适应未来变化）（课堂录像 2022-05-18）。以上学生观点能够正视生活中存在的挑战和竞争，并体现出积极面对挑战和竞争的意识和态度，可以发挥一定的同辈正向引导作用，有助于帮助持消极态度的学生修正自己的观点，正视挑战。

研究者还提出了第四个子问题"Do people lie flat in other countries?"（外国也有躺平现象吗？）。带领学生一起了解了不同时间阶段具备"躺平"现象表征的"美国社会垮掉的一代（the Lost Generation）""英国社会的NEET（Not in Education，Employment or Training）现象""日本社会的顿悟一代（Satori Generation）"和"韩国社会的三抛世代（Sampo Generation）"。在让学生了解更多外国社会文化，提升国际视野的同时，引导学生比较中外异同，形成"社会现实压力是国际社会共同面对的难题，并不是中国社会独有"的观点，进一步引导各民族学生客观看待社会现实压力带来的困难，形成面对挑战，迎难而上的积极态度。

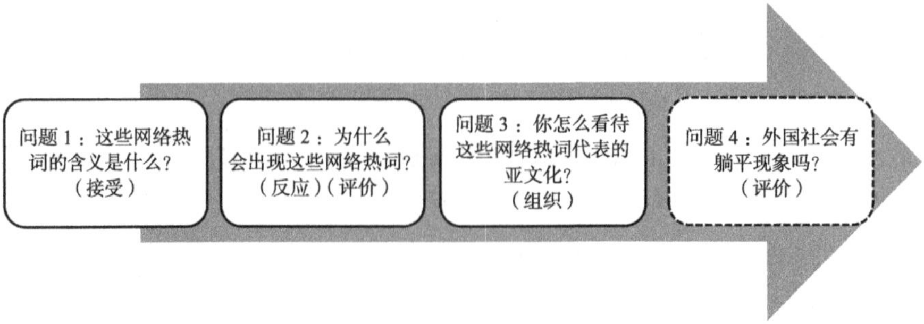

问题1：这些网络热词的含义是什么？（接受）　问题2：为什么会出现这些网络热词？（反应）（评价）　问题3：你怎么看待这些网络热词代表的亚文化？（组织）　问题4：外国社会有躺平现象吗？（评价）

图5-3　次问题链2

第三个主问题是"年轻人应该如何面对挑战？"，对应课文内容的第三部分。其内嵌子问题链（图5-4）涉及情感内化连续体的"接受—反应—评价—组织"层次的逐级上升。首先，研究者播放了《出圈：闪光青年》纪录片视频片段。视频中来自各行各业的普通中国年轻人分享了面对社会变革产生的种种压力所持的积极价值观点，如"好好生活""你想要机会就永远有机会""从开始走到成功都需要有一个过程""不想躺平，想被看见，做有价值的事情，让自己变得好一点点""把自己的姿态放低，一点一点往上走"等。以上积极价值观点能起到一定的"情感陶冶"作用。随后，研究者依次提出三个子问题：①"What are the opinions presented in the video clip?"（视频中提到了哪些观点？）②"What do you think of these opinions?"（你如何看待这些观点？）③"What's your suggestions for dealing with the challenges?"（你有什么应对挑战的建议？）第一个问题引导学生"注意"视频中的积极价值观点。第二个问题引导学生对视频中的价值观点进行积极的讨论，做出"反应"，并基于价值比较做出评价。第三个问题则是"组织"层次，要求学生基于对价值的比较、关联，基于对各种价值的整合组织，提出自己的观点态度，如学生对第三个问题的回答"be positive and patient"（要积极，有耐心），"work hard and do not give up dreams"（努力，不能放弃梦想），"find inspiration from role models"（向榜样寻求激励）（课堂录像 2022-05-18）。可见，学生就如何面对挑战形成了积极的价值判断。

问题1：视频中提到了哪些观点？（接受）　　问题2：你如何看待这些观点？（反应）（评价）　　问题2：你有什么应对挑战的建议？（组织）

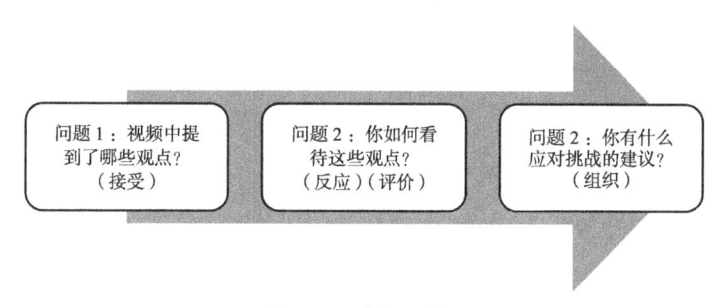

图5-4　次问题链3

（3）文体结构促成。研究者就调查报告框架结构、语言风格、行文布局三个方面，按照先后顺序进行了文体促成。英文调查报告属于学术英语写作的范畴，与学生掌握程度较好的通用英语写作相比，在结构、选词、格式等方面都有所不同。前期调查结果显示，学生尚不具备相关学习经验，因此容易滋生"畏难"情绪。在文体促成之前，为了激发学生学习动力，研究者联系《中国英语能力等级量表》及英文调查报告写作应用场合等，就掌握英文调查报告写作能力的重要性和必要性进行了说明。同时，研究者还鼓励学生大胆尝试，允许犯错，让学生减轻任务压力，增强学生的信心，以起到一定的"情感激励"作用。

① 讲解英文调查报告框架结构。研究者讲解了英文调查报告的基本框架结构，并就调查报告"介绍"（Introduction）、"研究方法"（Methodology）、"结果"（Results）和"结论与建议"（Conclusion & Recommendations）四部分的内容要求分别进行了举例说明。因为这是学生首次尝试英文调查报告写作，为避免难度过大，影响学生积极性，研究者还提供了以上四个写作部分常见句型表达范例并进行了句型操练，保证学生可以掌握常见基本句型进行调查报告写作。以此降低任务难度，增强学生顺利完成调查报告任务的信心，从而起到"情感调控"的作用。

② 讲解调查报告语言风格。研究者就英文调查报告的语言风格进行了讲解，结合实例引导学生理解并掌握"非个人风格"（impersonal style），使用被动语态如"The study was conducted…"，避免使用第一人称代词"I"；掌握引述动词（reporting verb）如 claim、state、report、 agree、complain、suggest 等的用法；并补充讲解了调查报告"介绍"（to introduce）、"概括"（to generalize）、"联系现象"（to refer to a fact）、"总结"（to conclude/ summarize）和"建议"（to give recommendations）方面的相关词汇、词组、句型等。

③ 分析调查报告行文布局。为了让学生将新知识"体系化"，综合了解调查报告框架结构、语言风格的具体使用，研究者选用了"基本要求"和"更高要求"各一篇英文调查报告范文进行了分析讲解，使学生对如何撰写英文调查报告有更为具象化的了解。"基本要求"范文是研究者预期学生能够达到的水平，研究者逐段细致分析讲解了范文的框架结构和语言风格。"更高要求"的英文调查报告范文，学术性、规范性更强，与学生现有英文基础水平还存在很大差距，但具有很好的语言学习价值和模仿价值。研究者在课上仅就论文结构、数据分析呈现方法、重点句型等做了简单讲解，主要将其作为课下语言学习材料，供有需要的学习小组参考模仿其结构、语言风格和句式表达等。

（四）学生课下探究拓展促成

在课上教学阶段，研究者已经通过课文讲解、观点讨论、内容拓展、文体解析等围绕如何完成英文调查报告撰写进行了相关语言、观点、结构基础输入。学生在课下探究阶段需要聚焦本小组具体调查报告主题，开展进一步的拓展促成（表5-3）。学生在对相关主题进行现状调查、数据分析、推理总结并提出建议等的过程中，巩固旧知、发展新知，并在此过程中形成积极价值判断，达成思政育人的目标。

在本轮行动中，学生共组成13个学习小组（编号为ST1 — ST13），开展"协作探究"。"渐进拓展"部分将基于三个阶段性的子任务进行。研究者加强了与各学习小组一对一的"帮学"联系，定期与各小组组长联系以了解各小组协作探究中存在的困难及需求。在本阶段，研究者主要通过在对学生阶段性子任务作业提供反馈意见时，关注学生作业中体现出的积极价值观点，并给予"肯定"性的正反馈，以引导学生强化积极价值观念，起到一定的思政引领作用。

表5-3 学生课下探究阶段拓展促成步骤

促成子任务	思政融入点	语言教学目标	思政育人目标
确立调查报告主题及制订调查实施计划	小组交流对民族院校学生的挑战和困惑的看法，确立小组调查报告主题	进一步学习并掌握英文调查报告格式规范；进一步学习并掌握调查报告写作常用词汇、词组、句型、段落结构；进一步学习并掌握学术英语写作语言特征	自我审视面对挑战和困惑的体验、态度等，正确认识自我及社会现实
实施调查及撰写英文调查报告提纲	调查Z民族大学的各民族学生面对的挑战和困惑及所持的价值观点		增进与各民族同学之间的理解和交流；基于价值观点比较，形成积极价值判断
撰写并提交英文调查报告	分析调查结果，形成价值判断，提出问题解决建议		内化问题解决建议中提出的积极价值观点

1. 子任务1：确立调查报告主题及制订调查实施计划（2022年5月26日—6月5日）

学生探究：学习小组组内讨论交流对民族院校大学生所面对的挑战和困惑的看法，确定本组调查报告具体主题，参考研究者提供的调查实施计划模板（附录13），制订本小组具体调查实施计划，并提交学习记录（附录6）。调查实施计划内容要求包括：研究目的、研究对象、研究方法、研究意义、问卷/访谈问题及小组分工情况。从学生提交的小组学习记录可见，调查报告主题确定的过程，也是学生建立情感联结，审视现实、审视自我的过程，起到了很好的思政引领作用。如ST8反馈道："我们提出的问题正是我们目前需要考虑的问题，我们也在自我反思自己的不足。"（1ST8 2022-05-28）此外，学生在制订调查计划的过程中，还在协同探究中进一步拓展了知识领域。如ST2反映道："首次以调查形式完成作业，感到新奇的同时我们也在不断探索、完善、改进，我们在网上找了很多类似调研，学习其报告格式，流程，收获满满。"（1ST2 2022-05-29）ST10反映道："从网上搜集了大量资料来扩充知识库再去设计问卷，让问卷中呈现的问题更全面和更有针对性。"（1ST10 2022-06-03）

教师支持：研究者批阅各学习小组提交的学习记录、调查实施计划，并与各小组组长保持"一对一"联系，了解各学习小组调查报告计划具体情况、存在的困难及需求等，并提供反馈与支持。从调查计划来看，各小组均确立了调查主题，就调查的实施及分工有了较好的安排，但问卷或访谈问题设计部分还存在一些问题。如调查问题比较分散，与研究目的联系不够紧密；调查问题偏多，不聚焦，后期数据分析潜藏较大困难等。研究者对各小组的具体问题均给予了一对一的反馈。

  研究者发现很多学习小组表现出对英文调查报告写作浓厚的兴趣，有很强的内驱力，表达出想要尝试按照"更高要求"范例模式撰写英文调查报告的意愿。研究者在肯定这种"积极求学"态度的同时，基于对学生学情的研判，适当引导学生调整计划或目标，以更好地发挥"促学"作用。如ST7小组反馈道："我们组开展的调查缺乏相关理论支撑；样本数量不够可能导致研究结论不准确。"（1ST7 2022-06-02）可见ST7小组成员具备较好的学术思维，有提升调查报告"规范性""学术性"的愿望。但大学英语课程调查报告写作教学重点目标在于调查报告文体的结构及语言特征，"理论""样本"等并非大学英语课程调查报告写作关注的问题，且与学生当前知识储备、语言能力等都还存在较大差距。基于以上考虑，研究者给予了以下回复："本次英文调查报告还不是一份严格意义上的学术报告。目的是尝试并掌握英文调查报告的基本范式。不需要大样本，也不需要联系理论。只要能基于收集到的有限数据，运用正确的语言和范式做到陈述发现、分析结果、总结问题、提出建议等即可。"（1ST7教师反馈2022-06-02）研究者希望通过这种"拉低难度"的反馈，引导学生从基础做起，在掌握并应用课堂所学知识的前提下，根据不同能力水平进行适当"拔高"，以保证任务的可达成性。

  2. 子任务2：实施调查及撰写英文调查报告提纲（2022年6月5日—6月12日）

  学生小组：学生小组调查Z民族大学的各民族学生，了解他们就具体"挑战和困惑"主题方面的相关表现、态度和观点。学生小组成员完成对回收数据的基本分析，撰写调查报告提纲。提纲内容包括研究对象、调查问题、调查发现、研究结论、问题及建议。从提交的调查报告提纲可见，各小组均通过发放电子问卷或采取"一对一"访谈的方式顺利开展了现状调查；能够基于数据，比较不同价值观点，形成价值判断，指出当前存在的问题；能够初步提出解决问题的建议，并在建议中体现出积极的价值观点。研究者还观察到虽然教师没有做要求，但大多数小组还采用了饼图、表格等图表形式呈现数据分析结果，体现了积极的学术写作思维。

教师支持：研究者点评学生调查报告提纲，就使用的英语语言是否恰当、调查内容是否符合要求、提出的建议与研究问题之间是否联系紧密等方面给予反馈意见，并在反馈中注意强化学生体现出来的积极价值观点。研究者发现有的小组提出的建议与发现的问题之间相关性并不强，说明学生在写作时还存在对篇章内容的逻辑性及交际意义关注度不够的问题。有的小组的提纲中还存在中英互译中错误"直译"的现象问题等。如ST2的调查主题是"民族院校大学生校园生活压力调查"，该组在"建议"部分写道："The university stage is a critical period for a person's personality development and the formation of three views. We should face up to our pressures, find the source of pressure, and learn to properly regulate our emotions from the root cause."（大学阶段是个体人格发展、三观形成的关键时期，应该正视自己各方面的压力，了解压力来源从而从根源入手学会合理调节情绪）（ST2调查报告提纲2022-06-11）。研究者首先肯定了ST2建议中体现出来的"正视压力""合理调节"等积极价值观点和策略，并就"三观"翻译中出现的语言错误，补充讲解了在英汉互译中处理中国比较独有的名词、概念等的方法。

3. 子任务3：撰写并提交英文调查报告（2022年6月12日—6月17日）

学习小组：学习小组组员结合教师对调查报告提纲的一对一反馈，合作撰写英文调查报告，并提交学习记录。在撰写英文调查报告的过程中，学生需要根据研究者提供的英文调查报告自评表（表5-4），对照自查是否符合英文调查报告撰写要求，以此提高"问题识别"和"自我监控"的能力。从小组学习记录可见，各组不仅就调查报告撰写进行了明确分工，达到了"劲往一处使"的团队合作效果，而且还能主动通过"查阅词典""参考范文""iWrite写作系统批改""小组商讨""通过腾讯会议投屏在线编辑，相互检查""咨询老师"等各种方法不断完善调查报告文稿。

教师支持：研究者及时批阅各小组提交的调查报告终稿，给予"一对一"修改意见。并从提前提交的小组调查报告终稿中选取"基本要求"和"更高要求"调查报告文稿各一份，进行更为详细的点评和标注，在班级微信群分享。一方面供各小组比较、参考，更好地掌握调查报告写作要领，另一方面则为完成任务尚有困难的小组提供借鉴范例，进一步提高任务的可达成性。

表5-4　英文调查报告写作自评

Section 部分	Research report 研究报告	Yes 是	No 否
Introduction 介绍	Have we stated: 我们是否阐述: what is the purpose/aim of this survey? 调查的目的/目标是什么？ when did we do the survey? 什么时候做的调查？ how was the information gathered? 信息是如何收集的？ what kind of questions did we ask in the survey? 在调查中问了什么样的问题？ how many people answered and who were they? 有多少人回答问题，他们是谁？		
Results 结果	Have we: 我们是否: recorded only the results in this section and avoided interpreting? 在这部分只记录结果而避免解释？ expressed the results in the form of percentages and proportions? 以百分比和比例的形式表达结果？		
Conclusion 结论	Have we: 我们是否 identified our major findings? 提出我们的主要发现？ identified implications of these findings? 阐述了发现的含义？		
Recommendations 建议	Have we: 我们是否 made any appropriate recommendations? 提出了合适的建议？		

（五）融合性任务作品评价（2022年6月18日—6月19日）

在本轮教学行动中，英语调查报告作品的展示采取的是在班级微信群集中展示的方法。作品评价则采取学生评价及教师评价相结合的方法。首先，学生在课下以小组形式对其他小组的调查报告作品进行评价并提交评价意见。之后，研究者从语言、内容、结构、立意和逻辑五个方面对各组英语调查报告进行评价，并注重在"立意"环节对各组作品中体现的价值观点进行引导性评价，以此起到一定的思想政治教育效果。师生评价意见均上传至班级微信群。学生通过对比学生评价和教师评价的差别，可以提升对"评价标准"的认识，进一步掌握调查报告写作规范、语言特征等，提高调查报告写作能力。在本轮教学中，因英文调查报告写作任务的难度及复杂性较大，研究者更注重评价的"鼓励性""正向性"，在指出学生存在的问题和改进方向的同时，主要肯定学生小组英文调查报告中的"亮点"，旨在增强学生的学习信心，提高学生学习积极性。

第二节 行动研究结果与反思

一、行动研究结果

研究者收集了各学习小组学习记录、学生产出文本、教师反思日志，并进行了学生访谈。通过不同视角来源的数据分析，对本轮教学行动的教学效果进行整体评估。

（一）学生反馈

研究者通过两种方式收集了学生的反馈数据。第一种是通过收集学习小组（编号为ST1—ST13）学习记录的方式获取学生在课下探究阶段的有关任务推进过程、困难、收获、需求等方面的相关反馈。第二种是本轮行动结束之后，在13个学习小组中各选取一名学生（编号为S1—S13）进行访谈（提纲见附录8）。访谈内容主要包括学生"对本次融合性任务设置的看法""对小组任务完成情况的满意度""对教学的评价和建议""对任务难点和收获的感知"等。对两种学生反馈数据分析结果如下：

1. 行动改进措施取得了良好的效果

（1）照顾了学情差异，增强了学习信心，提升了情感体验。本次融合性英文调查报告任务设置仍然采取"半开放式"主题设置方式。研究者设置了大主题，要求学生就"民族院校大学生的挑战与困惑"进行调查并撰写调查报告。各学习小组通过组内协商确定具体主题，以保证任务的"灵活性"。但与此同时，在本轮研究中，研究者提供了5个备选选题及相应调查问题及方法建议，供有需要的学习小组参考。此外，研究者还提供了"基本要求"和"更高要求"两种不同难度的英文调查报告撰写要求，以供选择。各小组可以基于本组英语水平、精力投入预期、时间分配等因素自行选择，保证了英文调查报告任务的"可达成性"。从13个小组调查研究主题选择情况来看，有3个学习小组自行拟定了主题，分别选取了"恋爱关系""容貌焦虑""消费观念与行为"三个主题，调查民族院校大学生在以上主题方面存在的挑战和困惑。有10个学习小组选择了与教师提供的备选选题相同或相近的主题，分别调查了大学生在"学业压力""职业规划""疫情防控期间线上学习自我管理""人际交往"等方面所面对的挑战与困惑。从学生访谈数据分析可见，13名被访学生均认可"差异性"任务设置形式，认为这种任务设置形式更为合理，照顾了学情差异，缓解了任务压力，增进了学习信心，提升了情感体验。如S9说道："这次调查报告写作空间较大，难度并不是绝对不变的。具体的水平及要求可以依自己的能力而定，尽量发挥自己的能力即可，更有信心完成任务！"（FS9 2022-06-21）

（2）推动了在线教学期间各民族学生之间的交往互动，促进了情感交流。融合性产出任务要求以Z民族大学学生为调查对象，开展"民族院校大学生的困惑与挑战"相关调查，在一定程度上也促进了在线教学期间各民族学子之间的交流和沟通，增进了学生之间的了解，发展了友谊。

如ST1小组写道:"与同龄人有了更多的交流,缓解了疫情防控期间的孤单。"(2ST1 2022-06-16)ST8小组写道:"更加了解彼此的生活和想法,加深了彼此间的了解和友谊。"(1ST8 2022-05-28)ST9小组写道:"提供了与来自不同民族的同龄人沟通的机会。相较于以往,对同龄人的烦恼有了更深刻的认识。"(2ST9 2022-06-15)

(3)调动了学习积极性,互动性与参与感更强,有效增进了学生的情感投入。学生反馈对本单元的教学内容非常感兴趣,如S1说道:"讨论的年轻人遇到的压力什么的,我觉得我很有感触。作为大学生,我也深切地感受到大学竞争的激烈程度。"(FS1 2022-06-20)S2认为:"这个单元的学习与我们的生活非常贴近,具有现实意义,大家积极性很高。"(FS2 2022-06-20)S8也指出:"这些也正是我们目前考虑的问题,我们也想要了解其他大学生的想法,找出解决问题的方案。"(FS8 2022-06-21)可见与学生现实生活体验息息相关的教学主题和设计,能够很好地引起学生的情感共鸣,促进学生的课堂积极参与和互动行为。学生也因此更具学习自主性,能够认真对待这一任务,积极开展课下协同探究,更好地发挥学生的主体促成作用。如S5指出:"查阅了很多相关论文资料。"(FS5 2022-06-20)S7指出:"收集了很多英文资料、学习调查报告文体的写作。"(FS7 2022-06-21)很多小组为了能取得更为全面的调查结论,还积极采取各种方法,扩大受访人数,以获得更多的调查样本。如ST10小组汇报:"通过发朋友圈、转发至群聊、微信红包鼓励等各种方法扩大问卷的受访者基数。"(2ST10 2022-06-15)

2. 英语语言知识能力方面的收获

与前两轮行动研究一样,在本轮教学中,学生除了掌握教材及课堂所学语言知识之外,还在用英语撰写调查报告的过程中,扩展了相关语言知识及技能。在教学效果访谈中,受访学生均反映在英语词汇、词组、句型表达、语法等基础语言知识方面取得了一定的收获。此处不再赘述。除此之外,在本轮行动研究中,学生在英语学习方面还取得了以下收获:

(1)初步掌握了英文调查报告写作。在学生访谈中,学生反馈基本了解并掌握了英文调查报告的写作方法,如S3指出:"对英文调查报告的撰写格式和规范有了初步了解。"（FS3 2022-06-20）S10指出："学会了撰写简单的英文调查报告，提高了学习英语的兴趣和信心。"（FS10 2022-06-21）S12指出："虽然初次接触到英语调查报告比较生疏，但在与组员一起讨论的过程中不断摸索了英文调查报告风格。"（FS12 2022-06-21）

（2）参与英语实践活动的热情更高。学生更加注重英语的实用价值，希望用英语进行实践活动的热情更高。如S1认为："开始真正学习理解一门语言，希望在老师的帮助下能够更自然地运用英语解决需要解决的问题，并作用于今后的人生之中。"（FS1 2022-06-20）S4提出："类似这种实践活动应继续开展。"（FS4 2022-06-20）S5认为："老师的教学很有现实意义，能够让我们在英语学习中多实践，希望老师能够继续进行此类教学。"（FS5 2022-06-20）S9提出："希望能有更多有趣多元的活动形式和主题内容。"（FS9 2022-06-21）

3. 思想政治教育方面的收获

从学生反馈可见，本轮教学与学生生活体验息息相关，回应了学生的现实需求，能够很好地引发学生的情感共鸣。学生建立起融合性任务与个人生活体验之间的情感关联，提升了思政育人的实效性。学生在思想政治教育方面取得的收获主要体现在以下四个方面：

（1）形成了积极面对困难的态度。学生认为在学习及探究的过程中学会了从不同的角度看待问题，并找到了面对困难的策略，培养了客观、积极面对困难的态度。如ST4小组认为："在上课学习讨论中和课下和小组成员的沟通交流，觉得面临的压力是普遍存在的一个现象，还是应该积极想办法应对。"（2ST4 2022-06-17）ST6小组认为："我们应该对大学生活持积极乐观的态度，在这四年里认认真真地学习，相信以后一定可以收获自己满意的工作、生活和事业。"（2ST6 2022-06-15）ST2小组指出："我们在完成报告的过程中，努力去克服'社恐'，勇敢地联系采访对象。在此过程中对我们面临的压力有了新的理解。增强了我们克服困难的能力，对大学生活更加有了信心。"（2ST2 2022-06-16）

（2）开始反思自省，修正不足。学生在完成融合性任务的过程中，需要就当前民族院校大学生面临的挑战与困惑进行学习小组组内交流以确立具体选题，还需开展调查研究获知 Z 民族大学各民族学子的相关感受、行为和态度等。在寻找选题、分析问题的过程中，学生开始进行反思自省，能够更为清醒地剖析自身存在的问题，从而有意识地修正自己的行为态度和价值观点。如 ST1 小组指出："通过自省，我们发现自己对毕业后的目标也没有做好准备。在完成任务的过程中，我想我们能以更积极的态度去面对未来。"（1ST1 2022-05-28）ST4 小组认为："我们在搜集问题的同时，也是对自己之前的大学生活的一个反思。在这次自我反省中，我们意识到了自己在未来人生规划方面存在的问题，这有利于我们之后三年的学习生涯。"（1ST4 2022-06-02）ST9 小组认为："我们根据调查结果发现了许多大学生包括我们自己在学习上存在的普遍问题，能够一定程度上改善我们现在的学习状态。"（2ST9 2022-06-16）ST12 小组认为："通过讨论不仅使我们组员之间更加了解彼此的生活和想法，也使我们在调查的过程中对疫情下民族院校大学生的生活有了更加全面的认识。同时，我们在调查中也重新正视和思考了疫情当下我们自己的生活。"（1ST12 2022-06-02）

（3）对未来更有规划。学生在本阶段的学习过程中，还对未来的学业和生活有了清晰的规划意识。如在学生访谈中，S1 认为："对我们身边的朋友和同龄人的抱负、理想、面对的挑战有了更多的了解，促使我们重新审视自己未来的规划和目标。"（FS1 2022-06-20）S2 认为："我们也学会了为未来做好规划，从现在开始做好准备。"（FS1 2022-06-20）S4 认为："借他人的挑战审视了自己当下情况，对自己未来的规划做好相应的心理准备和目标方向。"（FS1 2022-06-20）S10 认为："对自己未来的目标更加坚定。"（FS10 2022-06-20）

（4）树立了正向人生观。各小组在完成各组自主确定的具体主题调查任务过程中，还形成了相应的积极人生观。如 ST3 小组进行了"民族院校大学生恋爱关系"调查，在此过程中形成了健康的"恋爱观"。ST3 小组认为："通过此次任务，对调查结果中民族院校大学生恋爱观念进行分析，了解了大学生们对恋爱的认知，打开了新世界大门的同时更加清晰了自己的恋爱观念。我们要正确对待大学中出现的恋爱现象，尤其要学会理性地处理好因爱情而引起的一系列矛盾与选择。"（2ST3 2022-06-16）ST7

小组就"民族院校大学生消费观念与行为"进行了调查,自述形成了正向的"消费观"。ST7小组认为:"了解到了许多当下不同的消费心理,梳理了民族院校大学生消费理念和行为的优缺点,更学到了积极的消费理念,为我们今后的消费观念和理财观念树立了一个良好的榜样。"(2ST7 2022-06-16)

(二)产出文本分析

研究者对学习小组提交的13份英文调查报告进行文本分析,得出了以下结论:

1. 达成了本教学单元英语语言教学目标

从各小组提交的调查报告文本可见,各小组均能达到调查报告写作的"基本要求",能够按照课堂讲授的"介绍+发现+结论+建议"的基本格式呈现英文调查报告,能够关注调查报告语言特征,选用课堂讲授过的调查报告重点词汇、常用句型进行呈现。此外,很多小组在调查报告文本中还使用了课文中的相关段落结构及词汇、词组、句型。值得指出的是,仅有2个学习小组采取了教师提出的"基本要求"模式进行写作,其他各组都尝试了"更高要求"模式。如仿照"更高要求"例文加入表格、饼图等进行数据呈现;结合一定的文献观点进行更为深入的结果分析;遵照学术论文规范列出参考文献等。如以下ST5小组提交的英文调查报告原文节选:

In this part, respondents were asked some question about "Do they have any anxiety about their appearance, whether measures have been taken to cope with appearance anxiety and what are the specific measures". The survey results show that only 36.78% of college students have not taken any measures in the face of appearance anxiety, while 63.22% of them have taken some measures such as resort to cosmetic surgery(2.30%), medicine improvement (8.05%), make-up(42.53%)and exercise(47.13%)accordingly.

The respondents' perceptions of appearance anxiety were shown in the table below.

Type of Program	Consequence
Have appearance anxiety	72.41%
No appearance anxiety	27.59%
Reducing appearance anxiety through cosmetic surgery	2.30%
Reducing appearance anxiety through medicine improvement	8.05%
Reducing appearance anxiety through make-up	42.53%
Reducing appearance anxiety through exercise	47.13%
No measures taken	36.78%

（ST5调查报告 2022-06-15）

从以上节选中可见，ST5小组能够正确应用课堂讲授的英文调查报告语言风格，使用了"非个人风格"（impersonal style）和调查报告常用句型（画横线部分）；能够恰当应用课文中学习的新单词"resort to"和"比较与对比"段落写作手法，采取了"point by point"（点对点）段落写作结构，将面对"容貌焦虑采取的措施"作为"点"（point）进行对比，同时注意使用结构词"while"以表示对比关系。此外，ST5小组还主动选择了"更高要求"模式的调查报告写作任务，仿照教师提供的"更高要求"模式调查报告例文，采用表格形式进行数据呈现，并且在调查报告末尾使用正确的格式附上了参考文献（因原文篇幅过长，此处省略）。可见ST5小组不仅能够吸收并恰当应用教师课堂讲授的知识，而且能在课下协同探究中充分发挥主体性，进一步拓展了英文调查报告写作相关知识，发展了学术英语写作素养。

需要指出的是，13个学习小组提交的调查报告文本字数（表5-5）均超过"基本要求"范文的465词。有7个学习小组提交了1000词以上的英文调查报告，其中有3个小组提交的英文报告多达两千余词。虽然学习小组提交的英文调查报告中还存在一些语言错误，但大学英语写作篇幅通常要求仅为120—180词（以大学英语四级考试为例），学生能够用较为流畅的语言撰写当前篇幅的英文文章，实属不易，体现出较强的学习积极性和参与性。

表5-5 学习小组英文调查研究报告选题

小组编号	调查报告主题	词数
ST1	民族院校大学生毕业规划调查	1306
ST2	民族院校大学生校园生活压力调查	2519
ST3	民族院校大学生恋爱关系调查	1589
ST4	民族院校大学生就业规划调查	824
ST5	民族院校大学生容貌焦虑调查	2308
ST6	民族院校大学生就业规划调查	869
ST7	民族院校大学生消费观念与行为调查	1164
ST8	民族院校大学生人际关系调查	613
ST9	民族院校大学生学业追求调查	701
ST10	民族院校大学生人生规划调查	2405
ST11	民族院校大学生人际交往调查	1608
ST12	民族院校大学生居家网课生活调查	887
ST13	民族院校大学生毕业去向调查	671

2. 获得了良好的思想政治教育效果

通过分析学生调查报告文本中的价值指示（value indicators）还能观察到学生树立了积极、理性的人生观和奋斗观。

（1）积极的奋斗精神。各学习小组提交的调查报告中均体现出学生具备"正视困难""迎难而上"的积极奋斗观。如ST1小组在调查报告中写道："Youth means we have more time to pursue our ideals and enrich experience. So don't be held back by difficulties and failures. We are still young and have a chance."（青春意味着我们有更多的时间去追求自己的理想，积累丰富的经验。因此，不要被困难和失败所阻挡。我们还年轻，还有机会）(ST1调查报告 2022-06-16)，表达出大学生"敢闯、敢干、敢于犯错、敢于梦想"的积极奋斗观。ST2小组也写道："In the face of pressure, we must first find out the cause of the pressure, face up to our shortcomings, turn pressure into motivation and keep moving forward."（面对压力，首先要

找出压力的原因，正视自己的不足，化压力为动力，不断前行）(ST2调查报告 2022-06-16)，体现出大学生应该"正视困难""将困难当作鞭策"的积极进取的行为态度。

（2）理性的自我定位意识。有7个学习小组提交的调查报告文本中体现出"认清自我""清晰定位"的理性人生观。如ST1小组在调查报告的建议部分写道："We should not blindly compare with others any more. We should have a correct understanding of ourselves, be clear about our own positioning, and know what we want in our hearts. So instead of obsessing over choices and constantly complaining about being unlucky, it's better to feel in the moment, see what you really want, and not be too influenced by what others say, and give up what you really love."（我们不应该再盲目地与别人比较。我们应该正确认识自己，明确自己的定位，知道自己内心想要什么。与其执着于选择，不断抱怨自己运气不好，不如感受当下，看到自己真正想要什么。不要太受别人说什么影响，放弃自己真正喜欢的东西）(ST1调查报告 2022-06-16)。ST13小组也持同样的观点，写道："But the reality is different for everyone, and different choices can lead to different experiences. The most important thing is not which choice to make, but to set your mind right."（但现实对每个人来说都是不同的，不同的选择会带来不同的体验。最重要的不是做出什么选择，而是要正确地看待自己）(ST13调查报告 2022-06-16)。可见，学生形成了理性、客观审视自己，在了解自己的前提下进行清晰的自我定位的人生态度。

（3）明确的人生规划取向。各学习小组提交的调查报告文本中体现出学生有很强的人生规划取向，并有"设定目标""早做准备""即时行动"的积极行为态度，愿意为实现目标而付出努力。如ST6小组认为："College students should set goals and prepare well in advance. It is better to be sure that they have prepared for a long time than to cram at the last minute."（大学生要提前设定目标，做好准备。与其在最后一刻临时抱佛脚，不如早做准备）(ST6调查报告 2022-06-17)。ST9认为："We should clarify our goals and act immediately, correct our learning attitude, and devote ourselves to learning."（我们应该明确目标并立即行动，端正学习态度，全身心投入学习）（ST9调查报告 2022-06-16）。ST13小组认为应该"Plan for the future appropriately. Think about your future development direction and ideal job, and think about your own gap, so that you can have a goal to push you to study harder."（恰当地规划未来。思考自己未来的发展方向和理想的工作以及自己的差距，才能有目标推动自己更加努力学习）（ST13调查报告 2022-06-16）。

（4）健康的人生态度。调查报告文本中还体现出学生形成了健康的人生态度。如ST3小组就"恋爱关系"进行了调查，写道："love is not a game, not a dashing performance, love is a responsibility, a faith. Love in school is relatively simple. We should cherish the time, fall in love while understanding each other, giving each other the support and encouragement needed in learning and growth."（爱不是一场游戏，不是一场潇洒的表演，爱是一种责任，一种信念。在学校里的爱是比较简单的。我们要珍惜时间，在相爱的同时相互理解，给予彼此学习和成长所需的支持和鼓励）（ST3调查报告 2022-06-15）。可见，ST3小组在撰写调查报告的过程中，逐步形成了健康的"爱情观"价值判断。认为爱情不是游戏、表演，而是责任、信念，应该互相支持、鼓励，共同学习、成长。这种积极向上的爱情观，有利于学生的人格完善与个人发展。ST6小组就"大学生就业规划"提出了自己的观点，写道："College students should treat different occupations equally, and there should be no occupational discrimination."（大学生应该平等对待就业，不应该有职业歧视）（ST6调查报告 2022-06-16），体现出"理性就业"的就业取向，体现出大学生在不同舞台施展才干、脚踏实地、积极奋斗的职业选择态度。ST11小组就"人际交往"进行了调查，写道"We can release kindness, have empathy, put ourselves in other person's shoes, and be sincere. Your behavior in socializing is like a mirror. What you pay will match what you gain."（我们可以释放善意，有同理心，设身处地为他人着想，要真诚。你在社交中的行为就像一面镜子。你的付出将与收获相匹配）（ST11调查报告 2022-06-17）。可见，ST11

小组将"释放善意、同理心、真诚"作为大学生人际交往的行为准则，体现了健康的交际态度。ST13小组写道："College students from different ethnic groups may consider return to their hometowns and make contributions to their hometowns."（来自不同民族的大学生可考虑回乡，为家乡做出贡献）（ST13调查报告 2022-06-16），表达了"回报社会""回报家乡""为民族地区的建设贡献力量"的行为态度，体现出"超我取向"（Beyond the self orientation）的"造福他人、服务社会和改良世界"[①]的责任感和奉献精神。

（三）教师体验

在本轮教学中，研究者分别在教师课堂教学结束后、学生课下探究过程中和学生调查报告任务作品提交后，各撰写了1篇教师反思日志，共计3篇教师反思日志。研究者在教师反思日志中对不同阶段的教学开展情况进行了回顾和反思。总体而言，在本轮教学中研究者有以下感受：

（1）学生对"民族院校大学生困惑与挑战"这一主题很感兴趣。虽然是线上教学，无法更为直观地关注到整体课堂气氛和学生的即时反应，但从课堂回答问题、讨论、在线课堂评论区参与情况、学生不同阶段任务作业的提交情况来看，研究者感受到学生对这一与他们生活体验息息相关的主题表现出很大的兴趣。

今天课堂上，基于课文主题，请学生分享讨论了当前面临的挑战与困惑。学生表现很积极，纷纷发言。谈到的内容包括社会的"内卷"现象，进入Z民族大学以来感受到的学业压力，新的环境的不适应，本专业的就业前景，当前网课期间的自我管理，等等。可见这样与学生生活体验息息相关的话题，更能够让学生积极参与、"吐露心声"。同时，了解到当前学生确实压力感比较强，少数同学也存在一些消极的倾向，这更需要我们每一位教师更加关心爱护学生，并适当地引导学生（教师反思日志 2022-05-18）。

---

① DAMON W, MENON J, BRONK K C. The Development of Purpose During Adolescence[J]. Applied Developmental Science, 2003, 7（3）: 119-128.

（2）学生任务进展更为顺利。从学生课下探究阶段的子任务作业提交的情况来看，本轮研究中学生确定选题、针对选题开展协同探究的速度要快于前两轮行动研究。如学生课下探究第一阶段的子任务要求学生小组选定调查报告主题，制订并提交调查实施计划。从U校园记录的作业提交情况来看，13个学习小组中有12个提前提交了作业。学生推进融合性任务的进程明显比前两轮行动研究中快。一方面可见学生对融合性任务很感兴趣，完成任务的积极性、主动性很强；另一方面也说明本轮行动研究中采取的"教师加强课下与学习小组的'一对一'联系"和"差异化融合性任务设置"措施，有利于学生任务的顺利开展。

本次作业提交速度有"惊"到我，学生课下探究阶段的第一次子任务发布之后，到第三天即已经收到4个学习小组的调查实施计划和初步设计的调查问卷。虽然有的小组问卷设计还存在整体逻辑性不强、问题之间关联度不够的问题，但整体而言，问卷设计能够基本满足英文调查报告撰写要求。同时通过与各组组长的沟通，了解到大家对调查研究的主题很感兴趣，开展也比较顺利，有的小组已经开始着手进行访谈调查，热情很高。（教师反思日志2022-06-06）

二、行动研究反思

（一）主要成效

在第三轮教学行动中，研究者旨在对民族院校大学英语课程思政教学进行提升与完善。本轮行动注重对融合性任务设置的合理性提升，对线上课堂教学的互动性与参与感提升，对课下支持管理的有效性提升，并将课程思政育人的"温度"提升融入了整体设计。改进后的差异化融合性任务设置，照顾了民族院校大学生的学情差异，更具合理性，增强了学生的学习信心。设置的融合性任务要求学生就"民族院校大学生挑战与困惑"开展调查，不仅回应了学生的现实需求和情感需求，而且有效推动了在线教学期间各民族学生之间的交往互动和情感交流。改进后的线上课堂教学，结合了"问题链"设计、情境创设及情感教学模式，提升了学生的互动性与参与感，增进了学生的情感投入，促进了情感领域内化高层次发展。改进后的课下支持管理，为学生课下探究提供更为及时、适切的"支架"支持，学生完成融合性任务的过程更加顺利、高效。从学生、产出作品、教师多角度出发收集的数据分析可见，本轮教学行动取得了良好的语言知识能力提升和思想素质发展效果。具体而言，在语言学习方面，学生在英语基础语言知识能力方面得到了进一步发展；初步掌握了英文调查报告写作；能够主动挑战"更高要求"难度的调查报告写作，学习投入意识更强；参与英语实践活动的热情更高。在思政育人方面，回应学生生活体验的任务主题和教学设计激活了学生的情感关联，实效性得到提升。学生树立了客观面对困难、勇于接受挑战的积极奋斗观；具备了更为理性的自我反思、自我定位意识；形成了更为明确的人生规划；体现了健康的人生态度和正向价值观念。

（二）改进方向

本轮教学中还存在一定的遗憾。由于新型冠状病毒肺炎疫情影响，Z民族大学决定提前两周结束本学期的教学工作。因此原计划在线上课堂进行的各学习小组公开英文调查研究报告汇报未能进行。虽然研究者采取了课下师生合作评价的方法，通过班级微信群分享了各小组的调查报告、师生评价及总结推介；但公开汇报的方式可能更有利于各民族学子之间就与民族院校大学生活息息相关的主题进行交流，也更利于学生在汇报呈现和聆听汇报的过程中，深化对"民族院校大学生如何面对挑战与困惑"的理解，进一步内化积极的价值观与情感态度。当然，本轮研究采取的课下班级微信群呈现方式也具备节省课堂时间的效果，但如何才能更好地保证课下评价的效果，起到"以评促学"的作用，还需要在后续研究中进一步探索。

第六章 研究发现与讨论

在本章，研究者对整体行动研究效果进行了总结，并基于对整个行动研究过程的回顾和反思，总结提炼了民族院校大学英语课程思政教学策略作为"实践性理论"（practical theory），从而为民族院校大学英语课程思政教学提供一定的指导和参考。

第一节 三轮行动研究效果总结

为了更为全面地评价民族院校大学英语课程思政教学行动研究的教学效果，在三轮行动研究结束后，研究者通过学生开放式问卷调查和同行教师访谈两种方法就整体行动研究效果进行了调查。

一、学生问卷调查结果分析

研究者通过U校园在线学习平台，向行动班级x班全体学生发放了学年教学效果调查开放式问卷（附录9），由学生自愿填写，以探查学生对本学年三轮民族院校大学英语课程思政教学行动的整体反馈和建议。调查内容主要包括：对这三轮教学行动采取的"教师课堂基础授课+学生课下合作完成拓展任务"教学形式的评价、对融合性任务设置的评价、对教师教学的评价、对学习小组课下合作学习方法的评价和对个人收获的评价。问卷收集时间是2022年6月20日到6月27日。全班总计61人，共有59名学生提交问卷，回收学年教学效果调查问卷59份（编码为SQ01—SQ59）。研究者基于扎根理论对回收的学生问卷数据进行了三级编码分析，主要有以下发现：

（一）学生希望继续实施"教师课堂基础授课+学生课下合作完成拓展任务"教学形式

从学生问卷分析结果来看，59名学生均希望继续实施"教师课堂基础授课+学生课下合作完成拓展任务"这一教学形式。学生们认为采用这种教学形式有以下优点：

1. 能够学以致用

学生认为这种教学形式可以让知识与实践相结合，有利于学生深化对课堂知识的掌握，提高相应的实践应用能力。如SQ33认为："不再是以学习课本为目的了，而是将英语学到实处。"SQ40认为："相比坐在教室或电脑前听老师讲课，这种教学方式更能够让我们体会到老师的教学内容。我能够了解和学到很多东西，而且也能够锻炼我的英文写作能力、口语能力等，能够达到学以致用，而不是像高中的那种学习，没有实践。"SQ51认为："这种教学形式非常有利于学生的学习和相关知识的拓展。课上在听过老师的讲解后进行讨论能够与同学交流彼此的想法，是一个思维融会贯通的过程；课下进行组队完成任务可以发现不足，提升综合能力。"

2. 能够充分发挥学生主动性

学生认为这种教学形式能够充分发挥学生的能动性，有利于知识的巩固和能力的提升。如SQ26认为："这种形式改变了传统课堂教师一直讲的弊端，在做任务过程中还能够锻炼学生自学和实践的能力。"SQ31认为："能有效提高学生课堂参与度和互动性，极大避免了课下学生把英语抛诸脑后的情况。"SQ44认为："有助于发挥学生的自主探索精神。"SQ23认为："可以极大地激发学生的主动性和创造性，自下而上地提高学习的效率，对于语言学习而言'学活过来'比'学得更多'更加有价值。"SQ23

认为:"能培养学生的自主学习能力,自己学到的永远比别人教的好得多。"SQ47认为:"能让我们学习到更广泛的、不拘泥于课堂的知识。"

3. 拓展了学习空间与时间

学生认为这种教学形式可以打破传统教学中"教师在固定时间、固定地点进行教学"的时空限制,将教学从课上延伸至课下,由课内延伸至课外,有利于拓展学习的广度和深度。如SQ01写道:"我很喜欢这种方法,这样可以有效地利用闲暇时间收获些许知识,也没有带来过重的学习负担。"SQ21认为:"受课时等因素的限制,学生对于语言文化知识的了解可能不是很多,在课后做学生小组任务时可以更多地深入研究。"SQ25认为:"这种方式能最大限度安排自己的时间和任务"。SQ50认为这种方式:"既能节省时间、提高效率,又能发挥学生的主观能动性,学生能提出自己见解与看法,更具创造力。"有不少学生还谈到将学习拓展到课下这种方法,不仅让学生学到了更多的知识和技能,还"丰富了业余生活"。

4. 激发了学生的学习兴趣

学生认为这种教学形式相比传统的依靠教师课堂讲授的方法,"更加有趣",更容易激发学生的学习兴趣。如SQ04认为:"英语学习方式相比过去发生了变化,增强了英语学习的趣味性。"SQ08分享道:"我挺喜欢这样上课的,比起学习枯燥的课本,做些自己感兴趣的更能带动学习。"SQ12认为:"过程很有趣,而且有助于增强我们的能力,促进我们多方面多样化发展。"SQ23也认为:"我觉得这样远比教师在课堂干讲有意思。"

5. 增进了各民族学子的交流与友谊

学生还认为这种教学形式有助于增强各民族学生之间的互动,增进感情。学生在组队完成产出任务的过程中可以增进了解、加深友谊,同时还可以互相学习、相互监督、共同进步。如SQ50认为:"可以有效地弥补集体教学的某些不足,给予具有不同民族文化背景的学生之间面对面密切接触、相互交流的机会,有利于学生进行合作学习。"SQ30认为:"不仅可以丰富我的业余生活,还让我有更多的机会结识新的朋友,相互交流。"SQ39认为:"和大家一起学习的过程很快乐,既能学到知识,又能加强情感。"SQ53也认为："这种有任务但是负担不重的小组作业在上网课期间真的起到了维持同学之间的热情、维系同学关系的作用，不然一学期不联系都快成陌生人了。"

（二）学生愿意承担融合性任务

从学生反馈来看，59名学生中有58人"非常愿意"或"愿意"承担融合性产出任务。学生认为设置的融合性产出任务有以下优点：

1. 能引发思考，具备思政引领价值

学生认为融合性产出任务"很有意义"，能够促使他们就相关主题进行讨论、思考和探究，具备思政引领价值。如SQ36认为："印象最深的应该是当初的校训演讲任务，完成产出任务的过程中，不同民族的同学分享了好多事例和观点。让我们更好地认同校训蕴含的观点，学会去尊重、欣赏不同民族的文化差异，感受到各民族团结的重要性。"SQ29认为："这学期跨文化交际短剧任务讨论不同国家的文化差异，其实都是在让我们思考。在这个过程中我们也慢慢学会适应时代的发展，与时俱进，学会尊重不同文化，理解别人的信仰和个性。明白了讲好中国故事的重要性，也想要为传播我们国家丰富多彩的各民族文化做些什么。"SQ33认为："关于奥德赛岁月的调查无疑引发了一定的思考，改变了我们对于奥德赛岁月的一些认识，让我们了解了其他处于奥德赛岁月的人们的一些困扰，对自己未来的目标更加坚定。"

2. 难度适宜，收获很大

59名学生中有52名学生认为布置的产出任务难度适宜。如SQ15认为："我觉得难度是适中的，它并没有简单到随便编一编就可以应付过去，但也没有难到要花太多时间和精力在上面。我觉得我还是很愿意做这样的任务的，比如无论是跨文化冲突还是奥德赛岁月，在完成这两项小组任务的过程中，我确实受到了一些启发，让我深入思考。"SQ26也认为："三次小组任务难度都适中，更多的是一种创意。我愿意做这样的任务，因为我认为小组任务在很大程度上让我收获了很多，认识了很多朋友、了解了更多的文化习俗，还发展了团队协作的能力等。"还有7名学生认为部分任务虽然有一定的难度，但"也是一次发展自己和挑战自我的机会"（SQ32）。

3. 形式新颖，新鲜有趣

学生认为布置的产出任务形式新颖，具备"新鲜感"和"趣味性"。如SQ19认为："三次小组任务难度适中且具有主题跨度大的特点，这个特点给同学提供了更多想象空间和发挥空间。"SQ45认为："我很愿意承担。因为主题和形式都新颖有趣，我在完成任务的过程中不断提高了英语实际运用能力。"SQ26认为："小组任务并没有给我造成学习负担，相反我觉得这是课堂教学之余的一种放松和调剂。比如上一次调查任务，这是我首次接触问卷调查，数据分析、撰写调查报告等环节都让我感到很新鲜。"SQ36认为："这样的任务有趣，不仅能让我们体验到团队合作的乐趣，并且能较好地掌握课堂的文化知识。"

4. 实用性强，能用于实际生活

学生还认为布置的产出任务不仅能够帮助他们巩固课堂所学知识，而且能够真正提高他们应用英语解决不同场合中的实际问题的能力，具有很强的"实用性"。如SQ01认为："活动主题与我们的生活息息相关，这点真的很好！"SQ05认为："任务都有挑战性，我也很喜欢去做，认真完成确实能提高我们的综合能力。"SQ26分享说："比如上次的话剧表演，写剧本、剪辑视频不光在英语课堂上会用到，其他地方也会用到。"SQ40认为："每一次的教学任务都会锻炼我的能力，我能学以致用。"SQ51认为："我觉得这是实践中锻炼自己能力的一个很好的方式，能够学到很多东西。"SQ59也认为："我愿意做这样的任务，因为这些任务将英语运用到生活中的各场景中了。"

（三）学生拥有很好的教师教学体验

59名学生均对教师教学给予了较高的评价，认为"英语课非常令我难忘"（SQ15），拥有"很好的课堂教学体验和课后小组任务完成的成就感"（SQ51）。总的来说，学生认为教师教学具备以下优点：

1. 能够启发思考，具有良好的价值导向和教育意义

学生认为教师教学能够结合丰富的材料，采取启发式提问、小组讨论

等不同方法启发学生思考，具有良好的价值导向和教育意义。如SQ15认为："我觉得老师上课时候讲的内容非常有深度，并没有浮于表面，而是真正去引导我们思考这些客观存在的、和我们息息相关的社会现象，以及我们要如何去应对它。"SQ19认为："老师会选择大量视频、案例为同学进行深入讲解，极大地丰富了学生的学识，让学生在巩固中华文化知识的同时了解、接触到外国文化。能够启发我对于中外文化差异更多的思考，提高了我的思辨能力。"SQ27认为："老师上课使用的素材、提出的问题和布置的任务很多都让我们积极思考，我感觉有良好的价值导向。"SQ49认为："老师在讲课时会分享西方文化，但也是用辩证的观点去对待，给我们传递了正确的态度和思想价值观。"SQ50认为："很多教学内容十分有教育意义，让我们很受启发。"

2. 注重英语实际应用能力的培养，增强了英语学习的实用性

学生认为教师在教学中不囿于书本知识，而是基于教材联系社会生活实际进行拓展，使英语学习"更加有用"。如SQ26认为："英语教学不是局限于课本知识，而是结合各种活动、课堂分享、观看视频等等。我对各个民族的习俗，国内外文化差异都有了更多更深入的了解。"SQ29认为："老师的教学对提高我们的英语应用能力很有促进作用。比如说上学期的英语演讲，无论是个人还是小组，至少在演讲稿撰写和口语演讲两方面都有所提高；再比如这学期的英文调查报告的撰写，不仅让我们掌握了英文调查报告的写作方式，也让我们把英语用到实处。"SQ51指出："老师的相关教学使我不局限于书本上的知识，而是将英语融合到日常的学习生活中，将英语看作自己生活的一部分而非一门简单的课程，让我能有更多的机会运用英语，提升了我的英语水平，增加了我对英语的兴趣。"SQ53认为："以前我们的英语学习就是单纯的背单词、做题，现在不管是对中外文化价值的了解还是演讲、调查，感觉都更加实用。"

3. 营造了积极的学习环境，促进了学生的参与和教学效果的提升

学生认为教师营造了积极的学习环境，有利于学生增强英语学习信心，培养积极的学习态度。如SQ11认为："我在轻松愉快的氛围中学到了很多中外文化知识，在完成任务的同时掌握了一些其他能力，如编写短剧、剪辑视频等。"SQ13认为："我的学习态度有了明显的好转，不再对学习英语不自信，而是有了更高的热情和自信心学习英语。"SQ30认为："在完成任务的过程中，我开始有了严谨认真的态度。"从学生反馈分析来看，教师在以下三个方面的表现有利于积极学习环境的营造。

（1）教师积极的教学面貌。学生认为教师上课时积极、认真的教学面貌能对学生的学习产生正向影响。如SQ03认为："老师每天上课都保持着好的心情，我们能被老师的笑容所感染，积极乐观地开启新的一天。"SQ06认为："老师上课情感丰富，增加了我们对教学的认同感和师生之间的情感。"SQ11认为："老师积极热情的态度让我在疫情影响下的网课中感到了一缕阳光"。SQ51认为："老师认真严谨但又幽默风趣的教学态度令我在英语课堂上非常放松，能够大胆地表达自己的观点和看法。"

（2）教师的鼓励与互动。学生认为教师与学生保持积极的教学互动，能够促进学生的参与和学习热情。如SQ29指出："老师几乎每堂课都会以提问题等方式积极地和同学进行互动，让很多平时不爱讲话的学生也能参与其中，提高积极性，也端正学习英语的态度。"学生还认为教师对学生的鼓励都能起到积极的"情感支持"作用，如SQ20认为："老师总是能提出我们做得好的地方，会找出优点来鼓励我们，让我们更加勇敢地表达自己的观点。"SQ32指出："老师肯定我们有能力做任务，这能够让我们挑战自我，发展自己。"SQ43指出："老师的态度特别好，对于每个小组都进行真诚、认真的评价，不断增进小组的信心与热情。"

（3）教师的支持与管理。学生们认为教师提供的及时支持与反馈是取得良好学习效果的重要保障。如SQ09认为："老师在每个环节都给予了我们很好的帮助，会在每次任务前仔细说明，认真布置小任务，让我们可以循序渐进，还会提供批改和相关事例供我们参考，便于我们进行后续改进，也给我们许多建议与启发。"SQ29也指出："我觉得最有帮助的就是老师的及时指导，比如说在制作调查问卷时，她会发一些关于如何制作调查问卷的资料；还比如说撰写英文调查报告时她会跟我们说结合课上的幻灯版和她在群里发的资料，幻灯片和资料都具体地说明了英文调查报告的结构，具体结构下的内容等，这降低了小组撰写的错误率，也提高了小组撰写的效率。比较有帮助的还有老师的及时指正。对于同学们提交的作业，老师会及时批改并发到群里，不仅给各组一个及时的反馈，让他们看到自己的优点和不足，也可以让其他组及时认识到错误并及时改正。"此外，学生还认为教师的管理引导也是保证学生积极学习态度的重要因素。如SQ39指出："老师及时提醒我们交作业，督促我们完成，有助于我们形成严谨认真的态度。"SQ53也指出："老师会把每个任务拆分成多个任务点，而每个任务点都会要求上交结果，老师都会细心指出错误、提供意见，很负责任。"

（四）学生喜欢以"学习小组合作学习"形式开展课下协同探究

59名学生中有55人对学习小组协同探究这一学习形式持"很喜欢"或"喜欢"态度。1人持"又爱又恨"态度，认为"遇到合拍的队友，合作进行就十分顺利，但有时有同学不认真完成任务，也会让人很无奈"。有2人表示"不喜欢"，认为"每个人完成任务的特点不一样，很难形成统一"。整体而言，绝大多数学生对学习小组协同探究这一学习形式表示认可。持"很喜欢"或"喜欢"态度的同学认为学习小组协同探究方式具有以下优点：

（1）促进不同民族学生之间的交流和友谊，增强团队协作意识。如SQ14认为："小组合作中认识新朋友很开心，效率也很高。"SQ29认为："这种小组合作学习可以增强同学之间的情感交往，增强团队合作意识。"SQ46认为："可以很好地促进不同民族同学之间的友谊。"

（2）推动多元文化背景的各民族学生互相学习、集思广益。如SQ08认为："通过学习小组合作，大家想法会比较多，看问题的角度也会变多，共同创作能激起更多的灵感火花，起到合作共赢的作用。"SQ12认为："在做小组合作的过程当中，因为组员专业不一样、民族文化不一样，有时候可以听到很多有意思的观点，了解很多不同的灵感。比自己做作业、做任务时思维更活跃。"SQ13认为："可以相互监督和促进，互相交流学习，互补能力上的不足。"SQ55认为："能和不同民族的同学一起合作完成一些任务挺开心的，自己可能也能做完，但是体验是不一样的，自己完成没有思想的碰撞。"

（3）能减轻任务负担，提高任务质量。如SQ15认为："小组合作可以让每个人的任务量变小，同时学习的成果也会变得更好。如果让我们以个人为单位完成这几次任务，每个人花的时间和精力就要多很多，而且完成度也不会有小组合作这样高。"SQ51认为："在小组合作中，每一个小组成员可以发挥自己的特长，同时向他人学习。任务的分工会让完成任务的难度减小，从而提高任务的完成质量。"

（五）学生认为英语语言知识能力得到了提升

59名学生均反馈自身英语知识能力水平得到了一定程度的提升。如SQ18认为："提高了我的英语交流能力，使用英语时更加自信和从容。"SQ23认为："我的语法、词汇等都在学习与任务实践中得到了较好的提升，同时在各国文化差异、英语语言习惯上也收获了许多启发性的知识。"SQ27认为："通过小组任务英语作文的撰写，我很好地提高了英语写作能力。"SQ51认为："我不仅在每一次的任务内容撰写中学会了很多新的英语单词和句子，还学会了很多高级句式和语法，学习了不同英语国家的文化。"SQ55认为："因为有两次任务都需要口语展示，而且其中一次还是演讲，所以对口语的助推作用很大。我最害怕的口语在学习中得到了练习，有更多说英语的机会，口语方面肯定会有进步。但不只是口语，还有语法这些，包括写稿子和调查、修改，都加深了我对一些英语句子和语法的理解与记忆"。

（六）学生感知到思政素质得到了发展

通过对学生反馈信息的分析，还发现学生能感知到自身思政素质得到了发展。主要包括：

（1）能够积极思考，有利于树立积极人生观、世界观。如SQ23认为："在意识形态等文化认识以极端碎片化的形式，片面地输送到手机的当下，包括文化多样性的讨论课题在内的诸多教学内容都起到了构建系统性正确人生观、世界观的重要作用。"SQ41认为："不仅是在学习英语这门语言，而且能够让我深入思考很多事情和现象。我觉得我的人生观、价值观都受到了一些正能量的启发。"

（2）形成了尊重世界文化多元性、民族文化多元性的价值观点，有利于促进民族团结。如SQ29认为："经过一年的英语教学，受益还是挺多的。比如在思想价值观上，跨文化冲突这个主题让我们明白尊重文化差异、理解个性、懂得包容的重要性。尤其是在我们民族大学，大家都来自不同民族，更要去懂得尊重和包容，我们的民族关系才能够更好，我们的国家才能够更团结。"SQ35认为："老师讲授的内容积极向上，从老师的课堂讲授中我学习到了许多国家不同的文化和价值观，懂得了要学会包容理解。"

（3）形成文化自信、国家认同、政治认同，有利于铸牢中华民族共同体意识。如SQ36认为："我对文化自信有了更加深刻的认识。"SQ45认为："在学习中我更深入地了解了英语国家的文化，比较了与中华文化的不同，感受到了中华文化的魅力，明白了中国制度的优越性；增强了包容心，能够客观看待各种事物。"SQ55认为："老师的教学让我们多维度地去思考问题，培养了爱国意识。对国外了解越多，越是觉得祖国好。"

（4）培养了文化思辨意识，能够批判性看待外国文化，坚守"中国立场"。如SQ18认为："对外国文化和价值体系有了更为客观的认识，也更为深刻地认识到了中国文化的价值"。SQ58认为："相关学习促使我们自主思考，让我们明辨是非。在学习外语、了解外国文化的同时，也不忘记我国优良的传统文化。"

二、同行教师访谈结果分析

在行动研究中，研究者邀请W老师和L老师一起组成了教师互助小组。在每轮行动研究中，研究者都向两位教师介绍整体教学设计，并邀请两位教师从"教学目标""教学内容""教学组织""教学效果"四个维度对研究者的部分课堂教学进行观摩（课堂观摩表见附录10）。在行动研究结束后，研究者对两位教师分别进行了半结构式访谈（访谈提纲见附录11），以获得同行教师对研究者开展的教学行动的评价和建议。从教师访谈数据整理分析结果来看，两位同行教师对研究者开展的教学行动效果持肯定态度。两位同行教师的主要观点如下：

（一）教学目标明确，有利于提高学生学习关注度

教师们认为研究者在开展课程思政前首先明确"语言+思政"融合性教学目标，并设置相应的蕴含思政元素的产出任务，可以起到有效的驱动作用，有利于激发学生的学习动力，提高学生对学习的关注度和参与度。如W老师认为："教师给出了明确的任务，学生在学习的时候不是盲目地学习，而是带着明确的任务，这样学生对整个学习过程的关注度无疑会提高。"（FTW 2022-06-27）L老师认为："教师是从学生'学'的角度来设计教学活动，使学生的学习活动具有明确的目标。"（FTL 2022-06-28）

（二）拓展了民族院校大学英语课程教学维度，做到了语言教学与思政引领有机融合

教师们认为研究者的教学行动能够解决民族院校大学英语教学中常见的"重语言、轻思辨"以及忽视思政育人的问题，可以有效地将知识、能力、思政素质培养融为一体。如W老师认为："这种外语学习不是简单地把外语当成工具来学，而是通过对外语的学习，让学生在思想品德、批判性思维等方面得到全面的提高。比如跨文化交际短剧那一轮的教学，学生不仅能对中西方文化的特点有一个整体的把握，还通过聚焦中国故事、讲好中国故事这一主题，引导学生去更多地了解中国文化价值，促进学生价值体系的形成。而学生了解中西方文化，不仅能够提高跨文化交际能力，也能更好地做到知己知彼，更好地做到讲好中国故事。"（FTW 2022-06-27）L老师认为："教师在任务促成教学过程中，不仅进行英语语言文化的教学，而且有很多思政元素融入教学中。教师会通过提出与学生有联系的问题等方法引导学生深入思考。比如说看待西方文化时不盲目崇尚，看待中国文化时保有文化自信和文化认同。还有比如说演讲那一轮教学，让学生基于我们学校的校训去演讲，还有民族文化分享什么的，不仅能体现民族院校特点，促进民族文化交流、民族团结，还能学习如何提高演讲写作

水平。"（FTL 2022-06-28）

（三）教师教学实施环环相扣，能够起到有效的语言促成及思政引领作用

教师们认为研究者在实施民族院校大学英语课程思政教学的过程中，能够综合采取不同教学方法和教学手段，起到了有效促成的作用。如W老师评论道："促成环节老师准备得非常扎实。如考虑到学生欠缺跨文化交际的基本常识与经验，老师既给学生做了理论上的讲解，比如'冰山理论''高语境与低语境''文化维度'，又用喜剧视频等形式直观地展示中西方文化差异。利用电影等多媒体资源使学生能直观地了解中西方差异。老师在教学中还经常抛出具有挑战性的问题，启发学生深入思考中西方文化交际的问题，反思价值观点。这种围绕任务产出进行教学的方法环环相扣，步步跟进，保证了学生高质量地完成任务，也同时起到了深度思政引领的作用。"（FTW 2022-06-27）L老师也认为："这种教学能够一步步地引导学生从理论落到实践，直至完成目标任务，取得预期效果。"（FTL 2022-06-28）

（四）能让学生充分"动"起来，使学生成为语言学习和价值建构的主人

教师们认为让学生在课下继续围绕融合性产出任务进行协同拓展探究，可以有效地促进学习向纵深发展，能够让学生成为学习的主人，有效地提升了民族院校大学英语课程思政教学效果。如W老师认为："这种教学组织安排可以让学生充分地"动"起来，学生不是简单地坐在教室听课就能完成任务。采取这种教学模式应该可以达到既定教学目标，无论从语言上，还是思想素质上，学生都能得到更好的提升。"（FTW 2022-06-27）L老师认为："教师设计的是一个由分任务组成的、有梯度的、循序渐进的连续活动。在教师所设计的'分任务'中，学生能够不断地获得知识或得出价值判断，并将分任务成果应用到目标任务中。随着'分任务'的不断深入，学生的学习过程会越来越自动化和自主化。"（FTL 2022-06-28）

三、整体行动研究成效

本研究中的民族院校大学英语课程思政教学采取了逆向教学设计理念，以实现民族院校学生"语言知识能力提升+思政素质发展"融合性教学目标为导向；以"英语语言作品为载体+思政育人元素为内核"的融合性任务为融合性目标的外显形式和教学驱动；以"教师课堂教学基础促成"和以学习小组合作学习为主要形式的"学生课下探究拓展促成"为实施途径，围绕如何促成融合性任务，如何达成融合性教学目标开展课程思政教学；以教师、学生、学习小组为课程思政教学场景的多元主体，强调教学中的师生交互、生生交互，构建了多维立体的民族院校大学英语课程思政实施结构。结合三轮迭代的行动研究的教学效果分析以及整体行动研究结束后学生开放性问卷调查和教师访谈调查结果分析，研究者将民族院校大学英语课程思政教学行动的效果归纳如下：

（一）实现了思政育人的系统实施

前期民族院校大学英语课程思政教学实施情况调查教师访谈发现，当前教师大都采取比较"零散"式的融入方法融入思想政治教育。教师通常只在民族院校大学英语课堂教学的某一个微观环节融入思想政治教育，思政育人还没有被系统地融入教学目标、教学活动、作业布置、评价反馈等各个环节。此外，教师在挖掘或补充思政元素材料时还比较"随机"，未充分考虑思政元素点之间的内在联系，各部分内容之间没有形成叠加育人效应。贝塔朗菲认为"社会现象必须作为'系统'来考虑"，系统是由相互联系和相互作用的诸要素构成的统一整体，具有整体性、有序性和内部结构的优化趋向[1]。民族院校大学英语课程思政教学实施需要系统考虑各教学环节、教学中介之间的关联性、一致性，形成微观层面的学习生态系统，才能更好地达到课程思政实施效果。在本研究中，从教学环节维度而言，"思政引领"融入了民族院校大学英语课程的教学目标、教学任务、

---

[1] 陈美兰,金婉霞.大中小学思政课协同育人行动重构[J].思想政治课研究,2021(05): 135-136.

教学材料、教师讲授、课堂活动、学生合作、作品评价等不同环节；从内容维度而言，强调对民族院校大学英语课程思政教学内容进行整体设计，注重各部分教学材料、教学活动内容之间的联系性、层次渐进性、内在逻辑性。通过强调各教学环节的相互贯通、关注教学内容的内在逻辑联系等，形成了民族院校大学英语课程思政教学微生态系统，各部分、各环节之间产生协同效应及叠加效应，"系统的整体效益增强"[①]。

（二）达到了思政育人的深度融入

前期民族院校大学英语课程思政教学实施情况调查教师访谈发现，当前教师在民族院校大学英语课程教学中融入思政育人时，主要采取的是"教师讲，学生听"的方式，忽视了学生的主体性地位。单向的思政信息传播方式往往只能"入眼""入耳"，无法达到"入脑""入心"的思政育人效果。此外，教师主要采取的是"提及式教学"（teaching by mentioning it）的方法融入思政育人，"点到为止"。由于没有投入足够的时间，无法产生深度参与[②]，影响了民族院校大学英语课程思政实施的教学效果。在本研究中，民族院校大学英语课程思政教学不仅要求教师在课堂教学中树立"以学生为中心"的理念，围绕融合性目标和融合性任务展开教学活动，加强师生之间的交互，让学生积极参与价值思辨过程，就思政主题进行更为深入的探讨；而且还通过布置融合性任务，引导学生在课下继续围绕融合性任务开展协同探究，在促成融合性任务的过程中，进一步围绕思政主题探究价值内涵，形成价值判断，并完成价值体系建构。通过协同各教学主体、延伸"教"和"学"的时间和空间，将常见的"片段式""浅层"思政融入转为"长时""深层"思政融入，有效地提升了民族院校大学英语课程思政教学效果。

---

① 冷文丽，罗来松，史久林，等.新时代大学生思想政治教育协同机制研究[J].江西师范大学学报（哲学社会科学版），2022，55（02）：58.

② BIGGS J, TANG C. Teaching for Quality Learning at University[M]. 3rd ed. London: Society for Research into Higher Education& Open University Press, 2007: 40.

（三）做到了英语语言教学与思政育人的有机融合

很多研究指出当前大学英语课程思政教学中，脱离语言学科教学，生硬补充思政材料，思想政治教育和语言教学"两张皮"的现象[1]比较普遍。前期民族院校大学英语课程思政教学实施情况调查教师访谈中也发现，民族院校大学英语教师在融入思政育人时存在"硬融入"的问题，课程思政教学的有机性有待提升。本研究中的民族院校大学英语课程思政教学首先确立了英语语言知识能力与思政素质双重发展的"融合性目标"，并基于融合性教学目标设置了蕴含思政引领价值的"融合性任务"，倒推教学设计，以此保证了语言教学与思政育人的目标趋同，做到了语言教学与思政育人的有机融合。思政育人因附着于融合性产出任务，得以作为"线"贯穿在整个教学实施过程中，实现了语言教学与思政育人的同频共振、有机融合。行动研究发现，思政育人的融入不仅没有阻碍语言教学，而且对英语语言教学产生了促进作用。思政元素的融入为英语语言教学提供了语言活动的素材、案例、情境等，使语言教学更为鲜活、生动；为英语语言产出作品促成了内容、观点、建议等，使语言作品更为丰富、具体；还为学生的英语学习态度带来了积极影响，学生形成了努力学好英语，更好地利用英语"讲好中国故事，传播中国文化"，用英语"做事"的积极观点。英语语言教学和思政育人做到了有机融合，避免了思政"硬融入""两张皮"现象，达到了"如盐溶于水"的思政融入效果。

（四）取得了良好的英语语言教学和思政育人效果

基于每一轮行动研究后的多角度数据分析可见，民族院校大学英语课程思政教学取得了良好的英语语言知识能力提升和思政素质发展效果。如在第一轮行动研究中，学生不仅掌握了英语演讲写作和口头呈现策略，而且树立了铸牢中华民族共同体意识、维护民族团结、尊重欣赏多元民族文化的价值观点，形成了积极的学习观和奋斗观。在第二轮研究中，学生不

---

[1] 张文霞，赵华敏，胡杰辉.大学外语教师课程思政教学能力现状及发展需求研究[J].外语界，2022（3）：28-36.

仅能够更好地辨别和理解中西方文化差异，掌握了一定的跨文化交际策略，提高了跨文化沟通能力；而且能够批判、辩证看待西方文化，增强了文化认同与文化自信，树立了传播中国各民族优秀文化、讲好中国故事的行为态度和责任意识。在第三轮研究中，学生不仅发展了学术英语写作能力，初步掌握了英文调查报告写作语言范式及语言风格；而且培养了积极面对困难的态度，对未来更有规划，树立了积极的人生观、奋斗观。在三轮行动研究结束后的学生问卷调查中，学生也普遍反映在学习过程中，英语语言知识能力得到了提升，思政素质得到了发展。

（五）获得了学生和同行教师的高度认可

从三轮行动研究结束后的学生问卷调查可见，学生对民族院校大学英语课程思政教学行动高度认可。所有学生均希望教师在以后的教学中继续采取这种教学形式。学生认为这种教学形式"增强了学习的趣味性""能够学以致用""很有成就感""锻炼了自学和实践的能力"，学习的内容超越了课本知识，"与生活息息相关"，能够"真正学到知识""将英语学到实处"，把"语言学活过来"，学习的空间拓展到课外，"丰富了课余生活""可以更多地深入探究""节省时间、提高效率"，完成任务的过程"确实在思政价值观念方面引发了一定的思考""收获了很多，认识了很多朋友"，教师的教学"非常有深度""有良好的价值导向"，课堂的氛围"轻松愉快""能够大胆地表达自己的观点与看法"。

从三轮行动研究结束后的同行教师访谈结果分析可见，同行教师也对民族院校大学英语课程思政教学行动效果表示了肯定。同行教师认为这种形式的教学拓展了民族院校大学英语课程教学维度，做到了语言教学与思政引领有机融合；教师的教学实施环环相扣，能够起到有效的语言促成及思政引领作用；能发挥民族院校各民族学生主体性，使学生成为语言学习和价值建构的主人。

第二节　民族院校大学英语课程思政教学策略讨论

行动研究强调行动者的"实践理性"和"实践智能",[①] 既追求理性的实践,又追求基于实践的知识,[②] 重视基于对行动的反思发展"实践理论"。[③] 研究者基于对三轮迭代行动研究实践的反思,总结提炼了民族院校大学英语课程思政教学策略,以为从事民族院校大学英语课程思政教学及研究的同人提供参考。

一、思政元素选取策略

民族院校大学英语课程思政教学在选取思政元素的过程中,可以采取以下策略:

(一)融入英语语言教学内在逻辑

民族院校大学英语课程思政应从英语语言教学人才培养逻辑中挖掘"思政"价值内涵,做到"专业不减量,育人提质量"。思政元素的挖掘应能融入英语语言教学的内在逻辑,与英语语言知识能力的培养结合起来,而非简单粗暴的任意增加,随意"牵着学生走"。民族院校大学生已处于世界观、人生观、价值观形成阶段,背离学科逻辑、剥离学科知识能力体系的"两张皮"式的思想政治教育,只会引起学生的反感,不仅不利于"育人"目标的达成,反而会造成负面影响。思政元素只有"如盐入水"般与英语语言知识能力培养体系有机融合才能取得更加自然、有效的教学效果。如在本行动研究中,思政元素选取或基于教材内容或基于英语第二

[①] 陈向明.质的研究方法与社会科学研究[M].北京:教育科学出版社,2019:453.
[②] 张文娟.产出导向法应用于大学英语教学之行动研究[D].北京外国语大学,2017:142.
[③] 陈向明.质的研究方法与社会科学研究[M].北京:教育科学出版社,2019:454.

活动课堂实践需要或基于英语学科能力提升，做到了"润物细无声"地融入大学英语课程教学。因此，不仅达到了预期的思政教育目标，也得到了学生的普遍认可。

（二）聚焦思政育人重点目标

民族院校大学英语课程思政教学中可能会遇到多种思政元素，存在多个思政切入点。如果教学中涉及的思政元素过多、过散，往往只能采取浅尝辄止的"提及式"思想政治教育方法，不利于思政育人纵深发展，很难对民族院校大学生的价值观形成产生深入影响。因此，民族院校大学英语课程思政教学首先应该把握思政育人教学目标主线，做到"重点突出"。即基于对教学内容、具体学情、民族院校大学英语课程思政育人目标等的综合分析，确立教学单元的重点思政育人目标，作为本单元思政育人教学重点。选取思政元素时，应注意其与重点育人目标之间的相关性。以精心设计、贯穿教学全程的核心思想政治教育目标作为"线"，串联教学不同环节的相关思政元素"点"，形成"由点及面"层层递进的教学路径，打造思政发展全链条。育人目标取向趋同的相关思政元素在不同教学阶段和教学环节中得以"聚焦式"地反复巩固、加深，有利于预期核心思想政治教育目标的"深度融入"，达到更为稳定、持久的预期思政教育效果。当然，聚焦重点思政育人目标并不意味着绝对排斥对其他思政元素的合理应用。如有必要，教师也可以对教学材料和教学情境中的其他思想政治教育契机进行合理应用。尤其是当前民族院校大学英语课程教材为通用类教材，很难在教材教学中深入开展凸显民族院校特色的思想政治教育，教师更有必要把握时机，融入促进民族团结、铸牢中华民族共同体意识等思政元素。"浅层"思政教育虽然在短期看来很难取得深入的效果，但如果长期坚持，反复强化，其延时累积效果也不可小觑。

（三）遵循"以学生为中心"的教学理念

民族院校大学英语课程思政教学挖掘思政元素应该遵循"以学生为中心"的教学理念。一方面有助于激发民族院校学生的兴趣，使学生能够积极参与教学活动,从而提高思政育人效果;另一方面也体现了民族院校大学英语课程思政教学"以人为本"的"温度"取向,可以考虑结合以下三点进行:①联系各民族学生的生活体验。杜威指出"教育都必须以经验为基础——这种经验往往是一些个人的实际的生活体验"①。学习是基于学习者知识体验对外部信息进行主动的选择、加工、处理、转换,并获得个人独特意义的过程。联系民族院校大学生现实生活体验的思想政治教育,有助于学生建立起思政育人信息与已有认知经验的联系,更好地理解、接受思政育人信息,有利于各民族学生积极价值体系的建构。②联系各民族学生的未来发展。民族院校大学英语课程思想政治教育是培养"为少数民族和民族地区服务、为国家发展战略服务"的拥有正确"三观"的高素质社会主义建设"接班人"的教育。可以联系民族院校大学生的专业背景、学业规划、就业前景等关于未来发展的分析与研判挖掘相应的思政元素,培养能适应未来发展、综合素质高的各民族优秀人才。③联系各民族学生的思想状态。教师需要通过教学观察、与学生课上课下的交流等途径把握、了解民族院校学生的思想状态、心理及需求。根据具体学情,选择贴近学生心理、呼应学生需求、切合学生思想状态的思政元素,从而更好地引发学生的心理共振、情感共鸣。

(四)切合教师思政育人实施能力

民族院校大学英语课程思政教学选取的思政元素必须处于教师的能力范围之内,是教师能够驾驭的,切合教师的专业背景、认知体系等。民族院校大学英语课程思政教学最终需要由教师落实,每位教师的生活经验、知识阅历、专业素养等均有所不同。如果选择教师不能驾驭的思政元素,因教师个体认知、能力的限制,反而容易对学生造成误导甚至产生负面影响。因此,民族院校大学英语教师在选取思政元素时,不必追求"新意""热门",而是应该"稳扎稳打"。选择教师所熟悉的、具有专业背景知识的、能够胜任教学的思政元素,尽量避免选择不能把握的思政元素。

---

① [美]约翰·杜威.我们怎样思维·经验与教育[M].姜文闵,译.北京:人民教育出版社,2004:297.

只有这样，教师才能在民族院校大学英语课程思政教学中更有"底气"，更有信心；才能更精准地判断思政元素与英语语言知识能力教学的内在契合点，从而实现更为游刃有余的有机融合；这样才能更好地建立教师作为课程思政育人信息传播者的信度，充分发挥教师的思政育人作用。

二、思政元素开发策略

民族院校大学英语课程在开发思政元素、优化课程思政元素供给的过程中，可以采取"内生"式开发和"外延"式开发两条途径。

（一）"内生"式开发策略

"内生"式开发是指基于民族院校大学英语课程教材的开发。"教科书是意识形态传播的一种工具，一系列的观念、态度、价值观和能力通过教科书得以传递"[①]，大学英语课程教材作为主要教学材料，不仅体现英语语言知识能力体系逻辑，也往往承载一定的文化价值观念。挖掘自教材的思政元素往往更显"自然""有机"，更容易融入大学英语语言教学，更容易被学生接受。因此，应该注意挖掘教材中蕴含的思政元素，探索语言教学与价值塑造之间的耦合关系。"内生"式开发可以按照以下两个步骤进行：

（1）分析教材。教师可以采取"分析 — 比较 — 选择"的逻辑思路提炼适宜的思政元素。"分析"是指从民族院校大学英语教材的教学目标、教学主题、教学内容、活动设计、配套练习等不同部分挖掘思政元素。"比较"是指对挖掘出的多个思政元素就"价值引领性""操作可行性""融入合理性"三个维度进行对比、比较。"选取"是指教师经过整体分析考虑，选择本教学单元重点思政元素。

---

① 刘晶，胡加圣.基于通识教育理念的大学英语课程思政元素需求分析调查研究[J].外语电化教学，2021（3）：29.

（2）重构内容。教材是工具，而不是对象。①众多研究指出当前大学英语课程思政教材建设还存在"滞后"的问题，广泛存在思政育人教学素材不足，②对道德情操培养和提升关注度不够，中国文化价值观缺位，标签式思政添加③等现象。课程思政教学"理念"与课程思政"内容"供给之间存在明显差距。教师还需要联系预期思政育人目标，根据具体学情、学境灵活处理，对教材进行选（selecting）、调（reordering）、改（revising）、增（supplementing），做好教材的"二次加工"，以更好地挖掘教材的思政育人给养。尤其是当前民族院校大学英语课程使用的大多是通用类教材，通常没有体现民族院校特色的相关内容，如何凸显民族院校特色，也需要教师综合具体情况，运用心理匹配策略（即能符合民族院校学生的心理需求）、超出预期策略（即能恰当处理教学材料，使其超出学生预期）④等对教材进行深度加工。使看似平淡的教学材料与民族院校的特色文化、民族院校学生的学习生活形成一定的联系，以切合学生的需求，提高学生的学习兴趣，提升课程思政教学效果。

（二）"外延式"开发策略

"外延式"开发是指跳出民族院校现有大学英语课程教材限制的开发。教材只是支持预期结果的一种资源，⑤民族院校大学英语课程思政教学资源应该"来源于教材更要超越教材"。⑥如前所述，当前民族院校大学英语课程通常使用的是通用类教材，教材缺乏思政元素，尤其是缺乏能体现

---

① [美]格兰特·威金斯，杰伊·麦克泰格.追求理解的教学设计[M].2版.闫寒冰，宋雪莲，赖平，译.上海：华东师范大学出版社，2017：257-258.
② 徐锦芬.高校英语课程教学素材的思政内容建设研究[J].外语界，2021（02）：22.
③ 刘正光，岳曼曼.转变理念、重构内容，落实外语课程思政[J].外国语（上海外国语大学学报），2020（5）：23.
④ 张大均.教育心理[M].3版.北京：人民教育出版社，2015：320.
⑤ [美]格兰特·威金斯，杰伊·麦克泰格.追求理解的教学设计[M].2版.闫寒冰，宋雪莲，赖平，译.上海：华东师范大学出版社，2017：257-258.
⑥ 王颖."产出导向法"视域下"课程思政"在英语专业写作教学中的体系构建[J].外国语文，2021，37（5）：150.

民族院校特色的思政元素。为优化资源供给，教师需要结合民族院校大学英语课程思政教学育人目标的要求，在符合大学英语课程语言教学逻辑的基础上，引入如"社会时事热点讨论""民族院校校园文化活动""英语第二课堂活动""专题讲座"等外部资源或渠道，进行"补充性"开发，拓展民族院校大学英语课程思政教学的内涵。

外延式开发应该满足以下四点要求：

（1）具备思政引领价值。开发的思政资源应该具备积极的思政价值导向，注重贴合民族院校大学英语课程思政教学重点育人目标，体现思政育人的政治性、民族性、交际性、人文性及现实性的重点方向。如能引导各民族学生深化"五个认同"、促进民族团结、铸牢中华民族共同体意识、树立传播中国各民族优秀文化的责任与担当意识等。要能有效引发各民族学生的积极价值思辨，促进各民族学生正向价值体系建构。

（2）能够与英语语言知识能力教学自然融合。开发的思政元素应该具备适切性、逻辑性、语言教学契合性，不能"为思政而思政"，牵强附会加入思想政治教育材料。必须紧密结合英语语言教学目标，必须有利于促进民族院校大学生英语语言知识能力的提升。

（3）重视思想政治教育补充材料的"信度"。"00后"大学生具有"理性""务实""价值多元"等鲜明的群体特征。[1]民族院校大学生还具有"民族心理强"[2]"信息茧房效应和民族语言导致认知偏差"[3]等特征。片面的、主观的、单一角度的思想政治教育材料可信度不佳、说服效果不理想。补充材料来源应具备一定的权威性，应能从不同视角呈现对信息的多种阐释，以增强思想政治教育信息传播的信度效果。

（4）能够营造良好的课程思政教学情境。意义的形成是多模式的，需

---

[1] 王海建."00后"大学生的群体特点与思想政治教育策略[J].思想理论教育，2018（10）：90-94.

[2] 金炳镐，孙英.民族院校大学生思想政治教育工作机制创新研究[M].北京：中央民族大学出版社，2010：197.

[3] 徐晓美，郭芮.新时代民族院校网络思想政治教育：挑战、困境与机制创新[J].民族教育研究，2022，33（6）：107.

要联系语言、视觉、听觉、手势和空间等不同元素。① 民族院校大学英语课程思政教学在开发思政教学资源时，应该注意选择包括文本、图片、音频、视频等多种媒介在内的多模态资源。通过视、听、图、文等多种感官刺激②的表达方式或"符号模式"在特定的语境中创造意义，有利于打造更加多维、有趣、轻松的民族院校大学英语课程思政教学情境。

三、融合性产出任务设置策略

民族院校大学英语课程思政教学通过设置"融合性任务"，可以促进学生在"做"（完成融合性任务产出）中融会贯通课堂所学知识和课下学生合作探究获得的拓展知识，"促进语言的形式、功能与意义的联结"③，将对语言的"接受性"掌握转化为"产出性"掌握，④并在此过程中完成个体认知体系和价值观体系的建构。设置融合性产出任务要注意以下四点：

（一）任务体现"角色认定"性

霍夫兰的信息传播理论认为角色认定（assuming a role）引起的"显性表达"，即使只出现"表面一致性"也会对内心接受观点产生影响。⑤个体所扮演的角色会影响并塑造个体对客体对象的态度。个体根据角色调

---

① New London Group. A pedagogy of multiliteracies: Designing social futures[J]. Harvard Educational Review, 1996（66）: 60-69.

② 屈江丽，周爽."互联网+"多模态技术辅助下英语"金课"的设计与启示[J].西安外国语大学学报，2020, 28（04）: 61.

③ NUNAN D. Task-based Language Teaching[M]. Beijing: Foreign Language Teaching and Research Press, 2011.

④ SCHMITT N. Researching Vocabulary. A Vocabulary Research Manual[M]. Beijing: Foreign Language Teaching and Research Press, 2015.

⑤ [美]霍夫兰，贾尼斯，凯利.传播与劝服：关于态度转变的心理学研究[M].张建中，等译.北京：中国人民大学出版社，2015: 15.

整立场观点后，很多情况下会开始倾向于相信自己所说的话。[1] 民族院校大学英语课程思政教学在设置融合性产出任务时，应该注意赋予任务"角色认定"的特征，即设置的任务应该给学生设计具备价值引领意义的"角色"，尤其注意设计与民族院校大学英语课程思政重点育人目标紧密结合的"角色"形象。学生基于"角色"定位，展开积极价值理念探究相关活动，有利于其主动感知、学习、接受并内化"角色"承载的相关积极价值观念。如在第一轮教学行动的演讲任务中，学生承担了"民族院校学长代表"这一角色，需要在新生开学典礼上发表演讲，号召同学们在Z民族大学四年的大学生活中共同践行"美美与共，知行合一"的校训，度过更为有意义的大学生活。在第二轮教学行动的跨文化交际短剧任务中，学生需要代入"中国文化代言人"的角色，在中外跨文化交际中坚守中国立场，讲好中国故事、传播中华民族优秀文化。在第三轮教学行动的"民族院校大学生面临的挑战与困惑"英文调查报告任务中，学生需要代入"问题分析者和建议提出者"的角色，通过对Z民族大学的各民族学生展开问卷调查或访谈调查，了解各民族学生面对的挑战与困惑现状、分析现象、总结问题并提出建议。在以上"角色"承载过程中，学生根据不同的正向引导"角色"定位，拓展知识、组织论证、分析说服、评价呈现。"角色"负载的观点得以反复激活、巩固，有效地达成了思政育人预期目标。

（二）任务体现交际真实性

建构主义理论认为知识是存在于具体的、有情境性的、可感知的活动中的，只有基于具体情境的应用活动才能为学习者所吸收；认为观点不可能由一个人传授给另一个人，[2] 需要学习者在具体情境脉络下的参与和体验。二语习得研究认为在社会文化环境中使用语言对语言学习来说起着根本性的作用。语言学习不能仅仅关注语言形式，更应关注语言的交际意

---

[1] [美]迈尔斯.社会心理学[M].11版.侯玉波，等译.北京：人民邮电出版社，2016：128-134.

[2] [美]格兰特·威金斯，杰伊·麦克泰格.追求理解的教学设计[M]. 2版.闫寒冰，宋雪莲，赖平，译.上海：华东师范大学出版社，2017：255.

义。交际中的语言运用在人类心智机能发展中起着核心的作用。[1] 本研究基于以上建构主义和二语习得的相关观点，认为民族院校大学英语课程思政教学设置融合性任务时，应该将思政引领与真实的语言交际任务相结合。注重将任务设计与学生已有或预期生活体验联系起来，与社会化交际环境中的真实交际问题结合起来，以激发学生的"内生表达动力"，使学生具备"对人、物或事件等自发产生语言交际表达动力"[2]，培养学生运用英语解决现实生活中的实际问题的能力。学生在具体的真实交际情景脉络下，参与社会互动过程，获取"情境认知"，使知识产生意义[3]，并在此过程中深化对交际任务中蕴含的思政育人信息的理解，并逐步内化于自身价值观念体系。如本研究中设置的三项融合性任务，不仅与民族院校大学生学习生活体验息息相关，而且具备真实的交际意义和价值，旨在让学生掌握"英文演讲写作与呈现""在中外跨文化交际场景中用英语讲述中国故事""撰写英文调查报告"的相关知识、策略并发展相关能力。学生反馈任务具有很强的"实用性"，把英语"学到了实处"，不仅得到了学生的普遍认可，而且进一步激活了学生的学习动机，促进了学生的认真参与，提升了课程思政教学效果。

（三）任务体现认知发展性

高等院校本科教育课程建设要求课程应该体现"两性一度"，即具备高阶性、创新性和挑战度。[4] 民族院校大学英语课程思政教学也应注重培养学生解决复杂问题的综合能力和高级思维，通过设置具有高阶性、创新性和挑战度的融合性任务，促进学生的认知发展。融合性任务的"认知发展性"表现在其认知维度的高阶性、认知结果的创新性和认知过程的挑战

---

[1] 文秋芳.二语习得重点问题研究[M].北京：外语教学与研究出版社，2014：65.

[2] 王初明.内容要创造 语言要模仿——有效外语教学和学习的基本思路[J].外语界，2014（02）：43.

[3] BROWN J S, COLLIN A, DUGUID P. Situated Cognition and the Culture of Learning[J]. Educational Researcher, 1989, 18（1）：32–42.

[4] 吴岩.建设中国"金课"[J].中国大学教学，2018（12）：5.

度。"认知维度的高阶性"主要体现在完成融合性任务的过程需要经由"应用""分析""评价""创造"等高级认知层次的深度加工。"认知结果的创新性"主要体现在融合性任务产出不是对教师课堂讲授内容的简单复制、重述,而是需要学生以"学习小组"的形式积极开展课下协同探究,主动参与知识获得过程,并经由新旧知识的整合,完成知识的转化创新。"认知过程的挑战度"强调完成融合性任务需要的知识能力储备与学生已有知识能力之间应该存在一定的差距,需要各民族学生在后续的学习、探究过程中高度投入与参与。以第二轮教学行动中的融合性任务"在跨文化交际中讲述中国故事"跨文化交际短剧为例,其"认知维度的高阶性"体现在学生需要在"辨识"中外文化差异的基础上,"应用"恰当的跨文化交际理论和中外文化价值观点"分析"文化差异的原因,形成一定的价值判断,对不同文化价值体系进行"评价",并最终提出恰当的策略,"创造"性地解决具体场景中的跨文化交际问题,讲好中国故事。其"认知结果的创新性"具体体现在学生需要基于具体跨文化交际场景有针对性地提出"个性化"的"讲好中国故事"的方案和策略,并通过跨文化短剧的形式整体呈现。其"认知过程的挑战度"具体体现在学生需要遵循"辨识文化冲突 — 呈现文化冲突 — 分析文化冲突 — 解决文化冲突"这一逻辑,撰写并呈现跨文化交际短剧。教师课堂教学仅提供语言、理论、观点方面的基础促成,学生还需就如何在具体交际任务中应用课堂讲授的知识、如何进一步拓展各学习小组具体选题所需要的具体知识、如何综合应用并完整系统地呈现英文跨文化交际短剧等具有挑战性的问题,深入开展学习探究活动。

(四)任务体现可达成性

学习的成就感(sense of accomplishments)[①] 是激发学生学习兴趣、维系学生学习动机、引发良好教学效果的重要因素。民族院校大学英语课程思政教学设置的融合性任务应该能让学生感受到成功的喜悦,获得积极

---

① 束定芳,陈素燕.宁波诺丁汉大学英语教学的成功经验对我国大学英语教学改革的启发[J].外语界,2009(6):28.

的情感体验。可以采取以下两项措施使任务具有可达成性：

（1）设置处于"学习区"的任务。任务的可达成性并不代表设置简单的任务。卢克纳（Luckner）和纳德勒（Nadler）等人的研究指出如果设置的任务过于简单，会出现"舒适区"（Comfort Zone），学生不需要付出努力即可轻松达成任务，学习效果很差。如果设置的任务过难，与学生现有知识能力储备"信息差"过大，则会出现"恐慌区"（Stress Zone），导致学生丧失兴趣，引起学习动机低下等问题，也不利于促进学生学习。只有难度适宜、符合"最近发展区"的任务，即"学生在帮助下能达成"的任务，才能打造最为适宜的"学习区"（Growth or Learning Zone），促进学生学习。① 民族院校大学英语课程教学对象具有一定的特殊性。一方面有的少数民族学生学习英语时存在"母语 — 汉语 — 英语"三语转换现象，语际迁移现象更为复杂，英语学习相对更具挑战；另一方面学生生源地较为复杂，民族地区和非民族地区英语教学水平、高考英语考试政策及要求等差异较大，学生英语学情也不一致。此外，各民族学生在民族文化背景、生活阅历、学习经验、思想状态、价值结构等方面都存在多元复杂性，也会对融合性任务的完成度造成一定的影响。教师可以采取以下三种方式使融合性任务的难度处于学生的"学习区"状态，以促进学生的认知发展及思政价值体系塑造：① 在教学开始之前，通过教学观察、测试、调查等各种方法判断学生所处"最近发展区"，了解学生已有水平与教学目标之间的差距，以根据学生具体学情设置融合性任务。② 提供差异化的融合性任务设置。任务达成要求具备一定灵活性，允许学生根据自己的能力、专长、兴趣、民族文化背景等选取最适合自己"学习区"的任务。③ 教师根据具体学情发展提供动态的、契合学生需求的学习"支架"，为各民族学生提供支持。通过以上三种方式的联动，学生能够处于"学习区"，取得更好的学习效果。

（2）规划任务的发展进程。彼得·德鲁克（Peter F. Drucker）提出的SMART管理原则认为，在组织目标或指标的设定过程中，绩效指标

---

① LUCKNER J L, NADLER R S. Processing the Experience: Strategies to Enhance and Generalize Learning[M]. 2nd ed. Dubuque: Kendall Hunt, 1997.

必须是具体的（Specific），可以衡量的（Measurable），可以达到的（Attainable），与其他目标具有一定的相关性（Relevant），具有明确的截止期限（Time-bound）。[①] 教师在规划"学生课下探究拓展促成"阶段的融合性任务促成过程时，可以基于SMART管理原则将融合性任务分解成若干"子任务"，每个子任务都有具体的目标，保证任务的"具体性"；每个子任务都有需要提交的相关阶段性作业，保证任务的"可衡量性"；每个子任务都有明确的时间限制，保证任务的"时限性"；子任务之间有逻辑渐进关系，通过子任务的完成，最终完成融合性总任务，保证目标之间的"相关性"，以推动任务的达成。

四、教学实施策略

民族院校大学英语课程思政教学的有效实施还需要构建四条教学链，分别是师生交互链、动机动力链、情感驱动链和价值体系建构层次发展链，以提升思政育人效果。

（一）构建师生交互链

民族院校大学英语课程思政教学场景存在教师、学生个体和学生群体多元主体。民族院校大学英语课程思政教学应该是多元主体共同参与、平等对话、合作建构意义的过程。不仅应该注重教师在"教"的方面主体性地位的发挥，也应该强调学生在"学"，即知识、能力和价值观体系建构方面的主体性地位。使学生从传统的被动式（passive）学习，向主动式（active）、建构式（constructive）、交互式（interactive）学习转变。通过打造师生交互链，充分发挥多元主体的主体间性，提升民族院校大学英语课程思政教学效果。

在教师课堂教学阶段，教师作为课堂的"专家"，应该在传授新知、激发学生参与、引导学生、促进学生有效学习并形成积极的思政价值取向

---

① [美]彼得·德鲁克.管理的实践[M].齐若兰,译.北京：机械工业出版社,2009.

等方面发挥主体作用。师生之间的交互协作链（图6-1）体现"以教师为主导，以学生为中心"的特征，强调学生的积极思辨和深度参与，以提升课程思政教学效果。教师可以通过任务驱动、现象呈现、新知讲授、思辨启发、价值引导等步骤进行语言促成和思政引领。学生则在教师的主导下通过动机激发、注意现象、领会知识、积极思考、分析判断等步骤积极参与教学活动，发展语言知识能力及思想素质，为完成融合性任务起到"筑基"作用。

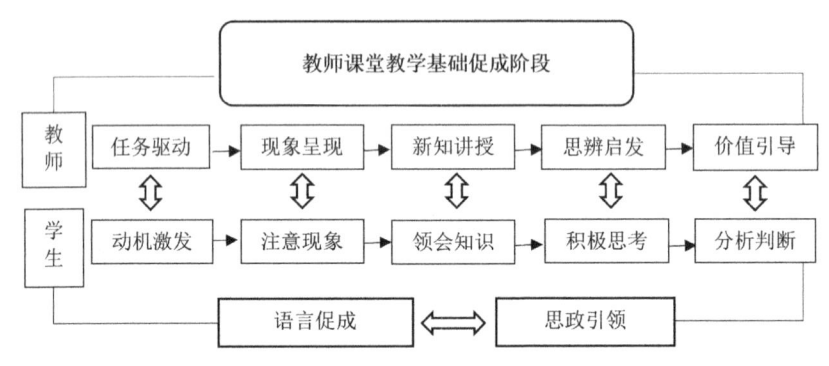

图6-1 教师课堂教学基础促成阶段的师生交互链

在学生课下探究阶段，强调的是学生语言知识、能力的拓展及思政素质的进一步发展，需要学生进一步获取、重组、应用，完成语言知识和思政信息输入的转化创新。学生在促成融合性任务的过程中，逐步推进并完成个体认知体系和价值体系的建构。师生之间的交互链（图6-2）应该体现"以学生为主导，以师生交互反馈为核心"的特征。"交互反馈"是指在学生课下探究全程中，教师与学生保持互动并就探究过程中存在的问题、需求等，提出解决建议或采取改进措施。交互反馈是一个包括"师一生"反馈、"生一生"反馈、"生一师"反馈的多向交互反馈体系。"师一生"反馈是指教师及时跟踪学生课下探究过程中不同阶段的英语学习情况和思政素质发展情况，提供教学反馈、补救性教学，并进行思政引领。"生一生"反馈是指学生学习小组组员之间，围绕促成融合性任务所需要的英语语言知识的拓展补充、思政元素内容的理解分析、任务作品的评价改进等方面进行的交互反馈。"生—师"反馈是指学生通过各种渠道反馈任务促成过程不同阶段存在的难点，对教师的教学支持需求等。"交互反馈"强调激活多元主体之间的主体间性，激活学习共同体的内生力和驱动力，助力民族院校大学英语课程思政教学目标的达成。学生的主体性主要表现在学生组建"学习小组"，开展"生生协作"的合作式学习。学习小组组内采取任务分配、集体讨论、协商改善、反馈互评等方式围绕融合性产出任务展开合作探究，共同推进各阶段子任务的完成，生成融合性产出任务作品。教师则作为"促进者"参与学生课下探究全程。教师对学习小组促成任务的进度进行管理，为学生探究提供协同帮助，为学生不同阶段的任务提供动态的、适宜的支架支持，并对学生各阶段的任务进行点评建议。通过多元主体之间的持续、多向的交互反馈帮助学生完成英语语言知识、能力的发展及积极思政价值观体系的建构。

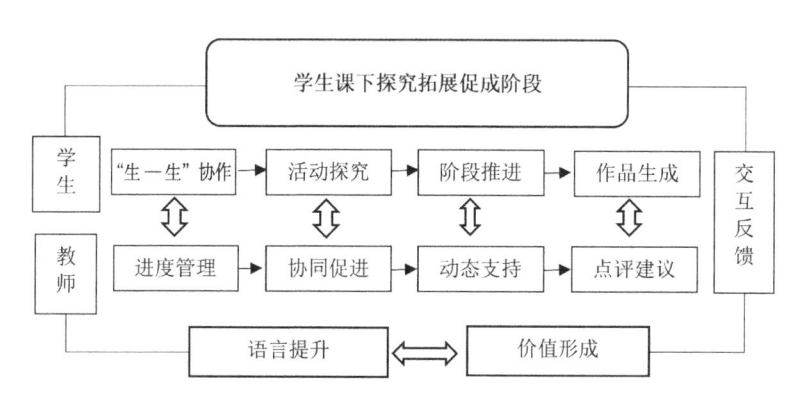

图6-2 学生课下探究拓展促成阶段的师生交互链

（二）构建动机动力链

心理学认为动机（motivation）是激发、引导、维持并使行为指向特定目的的一种力量。[①] 提升民族院校大学英语课程思政教学效果，不仅需要激发各民族学生的学习动机，还需要维系学生的学习动机，以保证动机

---
① 付建中.教育心理学[M].2版.北京：清华大学出版社，2018：113.

的"驱动"动力。本研究建议通过以下两种方法打造学生学习动机动力链：

（1）打造动机"激活"动力链。动机大致可以分为外部动机（extrinsic motivation）、社会动机（social motivation）、成就动机（achievement motivation）、内部动机（intrinsic motivation）。外部动机强调结果带来的价值，如表扬和批评等。社会动机来源于个体想获取对他们重要的人的重视。成就动机是为了提高自我而取得成就。内部动机主要源于好奇心、好胜心和互惠的内驱力。[①] 民族院校大学英语课程思政教学主张综合应用各种方式激发各民族学生的多元动机，通过多样性的"动机源"打造动机"激活"动力链，以提升学生的参与度和投入度，推动课程思政教学效果的提升。如在本研究中，通过将融合性任务产出质量、阶段性参与情况、小组成员分工与贡献等纳入学生评价范畴，并结合表扬、鼓励、加分等方式激活了学生的外部动机；通过学习小组协同探究完成融合性产出任务等方式，激发团队合作意识及责任意识，激活了学生的社会动机；通过公开呈现融合性任务作品、优秀作品评选等方法激活了学生的成就动机；通过设置与民族院校学生生活体验息息相关的，具有认知挑战性、形式多样性、学生能动性、交际意义性的任务，并注重教师的及时反馈、学生的收获认知、构建愉快的学习环境等激活了学生的内部动机。

（2）打造动机"维系"动力链。动机并不是一成不变的，而是呈"动态性"的。学习者、学习环境、学习任务等因素都会影响动机的变化。定向动机流（Directed Motivational Current）理论认为"以清晰目标或愿景为方向，以行为结构为路径，以惯常行为的完成即短期目标的实现为支撑点"[②]，能够引发支持长期行为的"定向动机流"，起到维系学生的学习动机的作用。民族院校大学英语课程思政教学可以采取构建"定向动机流"的方式，通过提供源源不断的、持续性的"动力源"，为学生打造动机"维系"动力链，从而促进课程思政效果的提升。构建定向动机流的三大要素分别是"目标或愿景导向"（goal/vision-orientedness）、"显著的促进结构"（a salient and facilitative structure）和"积极的情绪负荷"（positive

---

① 时蓉华.现代社会心理学[M].上海：华东师范大学出版社，2007：263.
② 常海潮.定向动机流——二语动机理论研究新进展[J].现代外语，2016，39（5）：705.

emotional loading)[①]。"目标或愿景导向"指通过设定具备"挑战度"和"可达成性"的清晰的目标或学习者基于对目标体验的想象而产生的个性化目标愿景,产生"聚焦性"的行为引力,将学习者的注意力和努力引导至与目标相关的行为,增加实现目标的可能性。"显著可识别的促进结构"包括三个要求,即"建立与目标取向一致的行为惯例""提供持续的进度检查"和"明确的起点和终点",用以维系动机直至实现最终目标。"积极的情绪负荷"是指在追求目标或愿景中的积极感受和情绪。如成功完成学习子目标会让学习者不断地感知自己正在接近最终目标,因而产生积极和愉快的情绪,反过来又会带来更多的能量并推动行为朝着最终目标前进。民族院校大学英语课程思政教学可以基于以上构建"定向动机流"的三大要素,打造动机"维系"动力链。①确立"目标或愿景导向"。民族院校大学英语课程思政教学以"融合性任务产出"为驱动倒推"教"与"学"的活动。教师应在任务驱动环节,通过如联系各民族学生的多元民族文化生活体验、联系各民族学生"自我实现"的需求等,帮助学生建立与融合性任务之间的主体联系。使"融合性任务"得以成为教师教学和学生探究的共同"目标和愿景",以起到"定向"和"维系"的作用,激活学生的学习动力。②建立"显著的促进结构"。教师应将学生课下探究促成融合性任务目标,分解成若干清晰的渐进式、聚焦性子目标,分别规定起始日期及对应的子任务,使之具备"明确的起点和终点"。要求学习小组在规定的时间内开展协同探究,完成子任务并提交阶段性作业,以构成"行为惯例"。教师跟踪学生每个子任务阶段的学习进展情况,并给予反馈及提供"支架"支持,做到"定期进展检查"。综合以上措施,建立"显著的促进结构"。③生成"积极的情感负荷"。教师在课堂教学中,围绕融合性任务所需要的基础知识进行语言、结构、观点等方面的模块促成。学生通过学习、吸收、应用、转化课堂知识,获得任务挑战与个体能力平

---

① DÖRNYEI Z, MUIR C, IBRAHIM Z. Directed Motivational Currents: Energising Language Learning Through Creating Intense Motivational Pathways[M]//D Lasagabaster, A Doiz, J M Sierra (Eds.), Motivation and Foreign Language Learning: From Theory to Practice. Philadelphia/Amsterdam: John Benjamin, 2014: 9-29.

衡（challenge-skill balance），形成对任务的掌控感，随之产生"积极的情感负荷"。教师在课下学生合作探究过程中，基于管理、协同和教学支持等，帮助学生顺利完成子任务、层层推进总任务，学生感受到喜悦、成就感等，生成积极的情感状态（positive emotionality），增强"积极的情绪负荷"。总之，民族院校大学英语课程思政教学应通过师生共同的融合性目标愿景以及"课上""课下"的动机联动，打造动机"维系"动力链，形成强大、延续的"定向动机流"推动力，提升课程思政的教学效果。

（三）构建情感驱动链

马克思主义人的全面发展理论认为人的发展包括人的需要的全面发展，人的需要是"人类心理结构中最根本的东西，是人类个体和整个人类发展的原动力"[①]。在马克思看来，人的需要不仅包括物质需要，也包括精神需要、社会需要等。精神需要是个体积极性的源泉，精神需要得到满足，有助于推动人的全面发展。著名教育家赞可夫指出："教学法一旦触及学生的情绪和意志领域，触及学生的精神需要，这种教学法就能发挥高度有效的作用。"[②] 民族院校大学英语课程思政教学应重视激活学生的情感，满足学生的精神需要，以提升课程思政教学效果。情感能起到放大个体内驱力信号的作用，有效激活有机体采取行动。[③] 积极的情感状态不仅能促进认知体系的建构，也与价值体系建构息息相关。"离开情感层面，教育就不可能铸造个人的精神、个人的经验世界，不能发挥脑的完整功能，不能保持对道德的追求，也不能反映人类的人文文化世界。"[④] 本研究建议结合情感教学模式，通过不同教学环节的情感激活，打造情感驱动链。以此引发学生的积极情感体验，满足学生的情感需求，提升课程思政教学的"温度"，促进民族院校大学英语课程思政教学的有效实施。

（1）融合性任务设置环节的情感驱动。民族院校大学英语课程思政教

---

① 董前程.高校思想政治理论课教学模式改革研究[D].东北林业大学，2017：36.
② [苏联]赞可夫.教学与发展[M].杜殿坤，译.北京：文化教育出版社，1980：106.
③ 何珊.德育时机论[M].北京：中国社会科学出版社，2019：32.
④ 朱小蔓.情感教育论纲[M].3版.南京：南京师范大学出版社，2019：48.

学要求"教师要怀有关怀之心,深入了解被关怀者的需要。"① 教师在设置融合性任务时可以从以下方面联系民族院校学生的需求：①情感需求。通过关注民族院校学生现实存在的问题,回应学生的情感需求,引发学生的积极参与。如民族院校学生大多来自民族地区,到新的城市开始学习生活,通常因其"心理和行为体现的民族文化差异"②,出现"文化适应"问题。教师可以通过设置与各民族学生现实生活中遇到的困难和挑战相关的问题,激活学生的情感联结,提升课程思政教学的"温度"。②求知需求。通过具有真实交际意义的融合性任务,培养学生用英语做事的能力,回应民族院校学生的求知需求。从而使学生在成功用英语做事的过程中,体验到成就感、收获感,获得良好的情感体验。③差异化需求。研究发现,民族院校大学生的学习适应性存在民族差异。③ 教师应该关注民族院校学生的个体差异,通过"差异性任务设置"、提供有针对性的任务促成"支架"等方法,减少各民族学生的认知负荷,降低学生的情感过滤水平,使学生能够顺利完成融合性任务,以产生积极的情感体验。

（2）教学材料选取环节的情感驱动。教师应该关注教学材料的"情感诱发"和"情感陶冶"功能。①注意教学材料的丰富性、趣味性、信息性,以营造轻松的教学气氛、激发学生的学习兴趣,起到情感诱发的作用。如在第二轮教学行动中的刻板印象案例分析这一环节,研究者选取了一则英文视频材料呈现外国人对中国"婉转话术"语言文化的反应,选材夸张幽默,在营造欢乐轻松的课堂气氛的同时,引导各民族学生认识到"讲好中国故事"的重要性。在跨文化策略促成环节,研究者选取了外国网友对李子柒中国文化传播视频的积极评论,评论中可见外国网友对中国文化的赞赏和推崇,唤起了各民族学生对中华文化的自豪、热爱等积极情感。②善

---

① MOORHOUSE B, TIET M. Attempting to Implement a Pedagogy of Care During the Disruptions to Teacher Education Caused by COVID-19: A Collaborative Self-Study[J]. Studying Teacher Education, 2021, 17（2）: 211.

② 陈晓东.新时代民族院校大学生心理健康教育路径探究[J].中国高等教育,2020（Z2）: 69.

③ 沙景荣,申莎.非正规教育视角下的民族高等教育学习适应性研究[J].西北民族大学学报（哲学社会科学版）,2016（05）: 166.

于发现、挖掘教学材料中蕴含情感价值的内容,并赋予其情感意义,以起到情感陶冶的作用。如在第三轮教学行动中,研究者设计了聚焦课文中积极价值内容的篇章理解问题,引导学生关注相关内容所蕴含的"积极面对挑战""努力学习"等积极价值观点,选取了英文影片《奥德赛》中反映主人公"面对挑战永不放弃"精神的视频片段,要求学生理解并总结蕴含的价值观点,以此引导学生关注教学材料蕴含的积极价值观点,从而起到情感陶冶的作用。

(3)教学活动设计环节的情感驱动。教师可以通过联系民族院校学生学习生活体验及未来发展等创设问题情境,结合启发性提问、同辈观点交流等教学活动,引发学生的情感共鸣,促进学生的情感参与。如在第三轮行动中,研究者结合美国年青一代对社会责任的讨论,通过情境创设,引导学生讨论民族院校大学生所承担的社会责任,建立起了教学内容和学生之间的情感联结,很好地激活了学生真挚的民族情感。来自壮族、苗族、布依族等不同民族的学生分享了自己从小山村走到城市的求学历程,表达了未来回报社会、为民族地区建设做出贡献等价值观点。这种来自同学之间的积极正向价值观念的交流,能起到"感染""熏陶"的作用,为其他学生积极思政价值观的形成起到一定的促进作用。

(4)教学管理环节的情感驱动。"当学习者受到他人的重视,处于被关注的环境中时,他们的自尊和学习效果都能够得到提高。"[①] 教师应该关注学生的学习进展情况和思想状态,加强与学生的互动,并进行适当的"情感激励"与"情感调控"。通过及时引导、调节,营造积极、向上的学习氛围,提升课程思政教学效果。如在学生学习小组课下探究过程中,组员可能会出现个人行为责任意识下降而导致的动机损失(motivation losses)现象,引发社会赋闲(social loafing)即群体合作中出现的个人付出努力少于其单独行动时付出的努力,积极性和效率下降的现象。[②] 教师可以应用差异化评价、改进激励机制等管理手段,减少学生社会赋闲情况

---

① [美]巴里斯,[美]爱丽丝.培养反思力:通过学习档案和真实性评估学会反思[M].袁坤,译.北京:中国轻工业出版社,2001:48.

② 沙莲香.社会心理学[M].4版.北京:中国人民大学出版社,2015:278.

的出现，促进学生参与，提升情感体验。

（5）教学评价环节的情感驱动。民族院校大学英语课程思政教学评价应该注重学生英语语言知识能力和思政素质的"发展"，而非"鉴定"。教师在对民族院校大学生不同阶段的作业任务进行评价的过程中，应该多提出"正向性""鼓励性"评价，增强学生信心，使学生获得成就感，起到积极的"情感激励"作用。正如整体行动研究结束后学生在问卷调查中反馈所说，教师"找出优点来鼓励我们""肯定我们有能力做任务"等表扬、鼓励的正向评价能起到积极的"情感支持"作用，让民族院校学生"敢于挑战自我，发展自己""增进学习的信心与热情"。

此外，民族院校大学英语课程思政教学还强调建构多元主体间的良性关系，以起到情感驱动的作用。教师应该注重构建师生、生生之间融洽、开放、对话的教学关系。"融洽"指各民族师生、生生之间存在友好、平等的协作关系。"开放"指教师、学生个体、学习群体多元主体之间存在认知及情感的交互，知识的传递存在多向互动。"对话"指构建师生、生生之间的有效沟通渠道。教学主体间的良性关系也有助于各民族学生形成对教学情境的积极感知，形成良好的情感体验，提升课程思政教学效果。

（四）构建价值体系建构层次发展链

前期在Z民族大学进行的民族院校大学英语课程思政教学实施情况调查发现，当前民族院校大学英语教师主要采取"就教材中具有一定思政价值的教学内容进行提问或简短讨论""选用思政类生词例句""增补时事政治热点新闻材料和中国叙事材料"等方式融入思政育人。以上教学方式传输的多为事实性知识、概念性知识，往往流于表面，只能做到思政信息的浅层传递，未能充分发挥民族院校大学英语课程的思政育人价值。学生在学习过程中获取与加工信息的水平有浅层和深层之分[①]，只有引发"高

---

① 陈功，宫明玉.多元反馈模式促进深度学习的行动研究[J].外语教学，2022，43（03）：60.

阶知能的发展、迁移和生成"①，才能让学习者将新的知识和观念融入原有的认知结构中，形成知识的迁移。态度改变理论认为"为学习者提供表达或表现出目标态度的机会，并以积极的强化方式回应这种表达的教学将促使他们改变行为"②。说服路径理论认为只有让个体就某个问题积极思考、分析或者卷入问题时，才能够形成"中心路径说服"（central route to persuasion），获得更加持久、深刻的说服效果，也更容易引起行为变化。③ 基于以上观点，思政价值体系的塑造应避免简单"灌输式"的教学方式，需要基于精心设计的具有"价值引导性"的教学内容和教学活动，引发学生的积极思辨，让学生基于价值分析、比较、判断等过程，反复强化预期积极价值观点，以做到思政育人信息的"入脑、入心、入行"。在教学行动研究中，研究者发现基于布卢姆的情感领域内化层次理论的"接受—反应—评价—组织—性格化"发展层次，设计引发学生深度思考的教学活动，能够促进学生积极价值观的内化发展，达到课程思政教学的"深度"融入，提升课程思政教学效果。如在第三轮教学行动中的"观点促成"模块，研究者实施了"问题链"策略，基于对教材课文内容的分析，设计了层次渐进的序列化问题，分别讨论"年轻人面对哪些挑战""年轻人面对挑战有哪些不同态度""年轻人应该如何面对挑战"及内嵌若干子问题。通过提出问题并结合"中外对比""情境创设"等方法，引导学生从比较简单的"接受"层次的"注意"教学材料中的思政价值观点或现象，到做出积极讨论的"反应"，再到对价值观点或现象进行"评价"，再到基于对不同价值的比较、关联和综合以形成价值"判断"。学生经由一系列循环往复、从简单到复杂、从低级到高级的情感内化发展过程，逐步深入、层次渐进，引发了学生"高阶知能的发展、迁移和生成"，推动了思政育人从"输入"到"产出"的转化，很好地达到了预期思政育人目标。

---

① 彭红超，祝智庭.深度学习研究：发展脉络与瓶颈[J].现代远程教育研究，2020（1）：41.

② ZIMBARDO P G, LEIPPE M R.The psychology of attitude change and social influence[M]. New York：McGrawHill，1991.

③ [美]迈尔斯.社会心理学[M].11版.侯玉波，等译.北京：人民邮电出版社，2016：225.

五、教学评价策略

课程思政教学评价是课程思政建设的难点和薄弱环节。众多研究指出大学英语教师在课程思政评价方面存在短板,[1] 教学评价是教师们面临的最大问题。[2] 前期在Z民族大学进行的大学英语教师访谈中很多教师也指出课程思政效果评价是课程思政教学的难点,还处于"蒙着来的"状态。本研究认为民族院校大学英语课程思政教学评价可以采取以下策略:

(一)"循证"的真实性评价

真实性是指评估内容应该反映真实的教学过程,且具有实际意义。民族院校大学英语课程思政教学评价应该采取循证评价(evidence-based),强调"以人为中心",通过多维度证据支持[3],以体现更为真实的评价。通过收集来自不同视角、不同来源的真实评估材料,可以有效避免单一数据来源评价的片面性,获得更为全面、客观、真实的评价结果。如可以从教师、学生、任务产出、同行等多个角度搜集评估材料,形成材料之间的逻辑互洽。教师角度的数据可以包括教师课堂观察日志、反思日志等。学生角度的数据可以包括不同阶段的学生反馈、访谈、问卷等。任务产出角度的数据可以包括不同阶段的文本、音频、视频等各种形式的任务作业。同行角度的数据可以包括同行课堂教学观摩记录、同行访谈等。通过对多维度证据的综合分析,获得动态的、持续的、全面的评估支持,以评估学生的真实发展。

---

[1] 胡萍萍,刘雯静.大学英语教师课程思政教学能力现状调查[J].外语电化教学,2022(5):16.

[2] 潘海英,袁月.大学外语课程思政实践探索中的问题分析与改进对策[J].山东外语教学,2021,42(3):53-62.

[3] MARLOWE D B, CANNATA E, BERTRAM R, et al. Teaching Evidence-Based Practice: A Comparison of Two Disciplines[J]. Journal of Family Social Work, 2020(2):133-152.

（二）应用取向的反思性评价

民族院校大学英语课程思政教学评价强调对评价的应用转化，旨在基于评价改进、完善教学与学习活动，达到更好的课程思政教学效果。教学评价主张遵循"评价—反思—改进"的逻辑进路，加强基于评价的反思并寻求改进方案，做到"以评促教，以评促学"。教师可以结合学生评价、教师自评、同行评价等不同视角的评价数据，客观审视并反思民族院校大学英语课程思政教学开展效果，及时调整，不断改进教学实践，不断提高对课程思政教学的把控力。学生可以结合学习小组组内互评、学生自评、教师评价等多角度的评价，反思自己的学习效果，审视自己的行为态度。在反思的过程中发现不足，并发挥主体性功能，积极参与语言知识能力提升和积极思政价值观体系的建构。

（三）"求善"的发展性评价

传统的教学评价多注重评价的区分、甄别、选拔性功能，而现代教学则更注重评价的"教育性和发展性功能"[1]，民族院校大学英语课程思政教学评价的目的在于"改进"，而不在于"证明"；评价是"求善"，而非甄别。教学评价不仅应该观察学生英语语言知识能力的发展进程，还应观察动态发展中的"学生的动机、态度、情感反应"[2]，以把握学生思政素质发展轨迹，更加客观地了解教师教学和学生学习效果。教师可以结合U校园、学习通等在线教学平台的相关功能建立学生学习电子档案，收集学生不同阶段的作业作品、反思记录、学习日志等相关语言学习及思政素质发展证据，通过历时性和共时性比较，更为直观地观察民族院校学生的英语语言知识能力和思想素质发展路径，并提供更为适切的教学支持和思想引领，以促进民族院校学生的全面发展。

---

[1] 扈中平.教育学原理[M].北京：人民教育出版社，2011：378.

[2] [美]巴里斯,[美]爱丽丝.培养反思力：通过学习档案和真实性评估学会反思[M].袁坤,译.北京：中国轻工业出版社，2001：69.

（四）质性为主的混合性评价

量化评价是一种将评价内容转化为可以量化的数量，通过测量数据并以量化统计方法分析数据进行评价的方法，[①] 具有客观、明了、易操作、易比较等优点。[②] 然而，学生思政价值观点的形成与发展是一个复杂、抽象的心理过程，用量化评价的方式很难掌握其"质"的改变。采取"观察、访谈、描述及解释"等方式进行质性评价能够更为直观、全面、具体、深入地描述学生的情感、态度、价值观发展情况。因此，本研究认为民族院校大学英语课程思政教学效果评价应该采取"质性评价为主、量化评价为辅"的混合性评价方法，凸显质性评价效用。在质性评价中，教师可以根据拉思斯提出的"价值指示"（value indicators）理念，分析各阶段学生作业文本、学生学习日志、口头或书面反馈记录等多角度材料中的体现"目标或目的""抱负""态度""兴趣""情感""信仰与信念"等的价值指示词，获取学生关于价值认知、观点态度、行为倾向等相关数据，将学生思想意识状态等抽象层面的改变"显性化"，以对学生的思政素质发展情况进行评价并发现其增值情况。

[①] 胡中锋.教育评价学[M].3版.北京：中国人民大学出版社，2016：88.
[②] 刘志军.教育评价[M].北京：北京师范大学出版社，2018：165.

第七章 结论与启示

第一节 研究结论

本研究围绕"如何开展民族院校大学英语课程思政教学"这一核心问题展开。首先,本研究以Z民族大学为个案点,进行了民族院校大学英语课程思政教学现状调查,诊断了当前民族院校大学英语课程思政教学存在的问题,了解了学生对民族院校大学英语课程思政教学的需求。随后,基于对教学存在的问题和学生需求的深入思考,进行了民族院校大学英语课程思政教学实施方案理论构建。之后,采取构建的民族院校大学英语课程思政教学实施方案在Z民族大学2021级大学英语×班,进行了三轮迭代的行动研究,不断地改进、完善教学实施方案,并提炼了有效教学策略。基于对整体研究的回顾与反思,本研究得出以下结论:

一、"融合性"设计是思政育人有机融入的根本保证

"融合性"强调的是民族院校大学英语课程教学中英语语言知识能力教学和思政育人的融合。"融合"是指"不同系统主体相互作用而使得不同系统向同一方向运动或汇合的过程和结果",强调的是不同事物间"共存共生"的关系以及不同事物朝着同一目的运动的作用过程。[①]《高等学

---

① 邹成效,衡孝庆.论融合性[J].学习与探索,2016(03):28.

校课程思政建设指导纲要》明确指出思政育人应"有机融入课程教学"①，以达到润物无声的育人效果。在本研究中，民族院校大学英语课程思政教学采取了"融合性"设计理念，将思政育人自然地融入了英语语言教学的不同环节，很好地实现了思政育人的有机融入。"融合性"设计理念主要体现在以下方面：一是教学目标体现融合性。民族院校大学英语课程首先要确立融合性教学目标，达到"语言"目标与"思政"目标的融合。在完成大学英语课程语言知识能力教学目标的同时，引导学生建构积极的人生观、世界观、价值观体系，提升学生的整体思想政治素养。语言知识能力提升目标与思政素质发展目标共存共生、相互促进。二是产出作品体现融合性。即学生以口头、书面或视频等多种形式呈现的融合性任务产出作品，不仅能够反映学生英语语言知识能力的转化创新，而且能反映学生思政价值观点的形成发展。三是教师教学实施过程体现融合性。教师的教学材料选取、教学活动设计、教学反馈内容等各层面都体现英语语言教学和思政引领的双重理念。四是学生学习体现融合性。学生的学习和探究过程不仅需要围绕英语语言产出，还需要融入对思政育人信息的分析、讨论、探究和生成。学生在逐步掌握英语语言知识能力并完成英语产出任务的同时，也是"接受思政育人信息 — 对思政育人信息做出反应 — 对思政育人问题或现象做出评价 — 结合并发展个体价值体系做出概括化价值判断 — 形成具体行为倾向态度"的思政素质发展过程。五是教学评价体现融合性。不仅要评价学生的英语语言知识能力的发展情况，而且要评价学生的思想政治素养提升目标的达成情况。

二、学生主体性发挥是思政育人深度融入的根本条件

在前期民族院校大学英语课程思政教学实施情况调查教师访谈中发现，当前民族院校大学英语课程思政教学中，教师多采取教师主导的"教师 — 学生"的单向思政信息传输方式，忽视了发挥学生的主体性。"道德

---

① 教育部.关于印发《高等学校课程思政建设指导纲要》的通知[EB/OL].（2020-05-28）[2022-05-22]. http：//www.gov.cn/zhengce/zhengceku/2020-06/06/content_5517606.htm.

本质上是实践性的。任何一种价值观念，最后都需要化为主体的活动或实践才能产生教育效果。"① 本研究认为民族院校大学英语课程思政教学场域存在包括学生、学生群体和教师在内的多元主体；认为学生是知识、能力及思政素养的"主动构建"者，而非"被动接受者"，必须充分发挥各民族学生的主体性。民族院校大学英语课程思政教学不仅重视在课堂教学中以学生为中心，为学生创造更多的"选择、参与和体验的机会"②，加强师生交互；还要求学生在课下进行合作探究，完成融合性产出任务的拓展学习，通过保证充分的"学习者投入"，促进学生主体性功能的发挥。"学习者投入"是一个融合了学生行为表现、认知意愿、感受体验及社交互动等方面的多维度概念，是整合学习动力、优化教学效果的重要因素③。本研究中的民族院校大学英语课程思政教学主要通过促进"个体在认知、行为、情感及社会四个层面保持高度注意和参与状态"④，引发了学习者投入，保证了学生主体性的充分发挥。①从认知投入的角度来看，强调设置具有挑战性的融合性产出任务。学生需要付出必要的努力才能完成任务，以此引发学生在民族院校大学英语课堂上的高度关注和课下的积极拓展探究，促进了学生的认知投入。②从行为投入的角度来看，强调在民族院校大学英语课堂教学中通过"问题讨论""案例分析""文化对比""情境创设"等各种方法，引发学生高度参与，打造"以学生为中心"的课堂。学生在课下探究阶段还需继续围绕融合性任务开展协同探究，进一步保证了学生的行为投入。③从情感投入的角度来看，强调为学生创设积极的情感体验。如融合性任务设置注重任务的真实性、交际意义以及与民族院校学生的学习生活的相关性；教学材料选取注重材料的趣味性、挑战性、学习成效性；课堂教学注重结合情感教学模式，通过"情感诱导、情感陶冶、

---

① 戚万学.活动课程：道德教育的主导性课程[J].课程.教材.教法，2003（08）：45.

② 余文森.有效教学的理论和模式[M].福州：福建教育出版社，2011：98.

③ LAWSON M A, LAWSON H A. New Conceptual Frameworks for Student Engagement Research, Policy, and Practice [J]. Review of Educational Research, 2013, 83: 432–479.

④ PHILP J, DUCHESNE S. Exploring Engagement in Tasks in the Language Classroom [J]. Annual Review of Applied Linguistics, 2016, 36: 51.

情感激励与情感调控",激发学生的学习兴趣、好奇心、成就动机;学生课下探究阶段,强调师生、生生之间的协同,教师基于动态的学情变化提供及时"支架"支持,缓解学生任务压力,为学生构建安全、高效、挑战度适宜的"学习区"等,提升学生的情感体验。通过以上各种方法促进了学生的情感投入。④从社会投入的角度来看,强调以"学习小组协作探究"作为学生课下探究的主要组织方式,学习小组需围绕融合性任务进行协作并开展分享资源、参与讨论、获取新知、交互反馈等一系列社会化互动行为,保证了学生的社会投入。

三、生成性实践是思政育人效果产出的必然要求

许多学者强调帮助学生参与生成性(generative learning)而非被动学习活动的重要性,认为没有进行生成性使用的知识往往会成为"惰性知识"(inert knowledge),[1] 不能被个体自觉提取应用。有效学习必须是以生成方式进行的学习,应该应用所学知识并将其作为"连接、阐释和解释新信息的方式"。[2] 通过解决问题的模式获取的知识要比事实性知识和概念性知识更容易脱离惰性状态。[3] 前期民族院校大学英语课程思政教学实施情况调查教师访谈发现,民族院校大学英语教师融入思政育人内容时大多停留在输入"事实性知识""概念性知识"的层面上,解决的是"是什么"的问题,[4] 学生主要是被动接受思政信息内容的"输入",忽视了学生

---

[1] GICK M L, HOLYOAK K J. Analogical Problem Solving[J]. Cognitive Psychology, 1980 (12): 306-365.

[2] RESNICK L B, RESNICK D P. Assessing the Thinking Curriculum: New Tools for Educational Reform. In B Gifford, C O'Connor (Eds.) New Approaches to Testing: Rethinking Aptitude, Achievement and Assessment[M]. New York: National Committee on Testing and Public Policy, 1991, 41.

[3] LOCKHART R S, LAMON M, GICK M L. Conceptual Transfer in Simple Insight Problems[J].Memory & Cognition, 1988(16): 36-44.

[4] [美]安德森.布卢姆教育目标分类学:分类学视野下的学与教及其测评[M].蒋小平,等译.北京:外语教学与研究出版社,2009: 47.

对输入的思政价值信息进一步的理解、应用及生成，对学生积极思政价值观念形成的促进作用有限，很难做到思想上的"深度留痕"。杜威认为："道德、理智发展的过程，在实践和理论上乃是自由、独立的人从事探究的合作的相互作用的过程。"① "生成性"实践是推动思政传播信息从"输入"到"产出"转换的必然要求。本研究中的民族院校大学英语课程思政教学通过设计一系列复杂层次不同的"生成性"实践活动，提供了足够的实践探究空间和有意义的问题解决场景，让各民族学生在复杂的交际场景中综合应用所学知识能力解决问题。这不仅能够激活相关英语语言知识能力，促进知识能力的转化创新，也有利于各民族学生在此过程中内化相关积极思政价值观念，实现思政价值观的内化建构。如在第二轮教学行动的课堂教学中，教师不仅进行了包括"跨文化交际冲突的具体表现"等事实性知识，"文化语境理论""文化维度理论"等跨文化交际理论概念性知识的输入，还通过中外刻板印象讨论、李子柒文化输出策略分析、基于"中国立场"和"为中国文化代言"的中外文化冲突案例分析等，将"输入"理解与"生成性"实践应用结合起来。在课下，各学习小组继续围绕"在跨文化交际中讲好中国故事"跨文化交际短剧任务，进行了更为复杂的"生成性"实践，并最终"创造"生成跨文化交际短剧融合性作品。在此过程中，学生做到了深度学习，不仅发展了跨文化交际能力和用英语在跨文化场景中讲述中国故事、传播中国文化的能力，达到了英语语言知识能力的产出效果；而且还强化了文化认同和文化自信，树立了积极传播中国文化、讲好中国故事的行为态度和责任意识，获得了良好的思政育人产出效果。

四、课上课下联动是思政育人深度融入的现实需要

在前期民族院校大学英语课程思政教学实施情况调查教师访谈中，很多教师还反映当前民族院校大学英语课程教学时间少、教学任务重，没有

---

① 赵祥麟，王承绪.杜威教育论著选[M].上海：华东师范大学出版社，1981：435.

足够的时间充分开展课程思政实践，难以兼顾英语语言知识能力教学与思政育人引领。本研究中的民族院校大学英语课程思政教学通过"师生联动教学"和"混合式教学"两种方式，实现了"课上""课下"联动，有效地解决了这一现实问题，拓展了民族院校大学英语课程思政教学实施的时间与空间。"师生联动教学"指将促成融合性任务的过程分为"教师课堂教学基础促成"和"学生课下探究拓展促成"两个分阶段。两个分阶段之间存在连续性、协同性的关系。"教师课堂教学"阶段围绕如何完成融合性任务进行基础促成，"学生课下探究"阶段围绕如何完成融合性任务进行拓展促成。通过"师生联动教学"将课堂教学延伸至课下，不仅保证了学生的充分参与，强化了知识的转化创新，也为思政育人的深度融入提供了条件。"混合式教学"则是充分利用线上空间，通过合理利用线上资源及平台，将知识的传授、习得、生成的过程从有限的课堂场域转向更为宽阔的混合空间。如第二轮行动研究在大学英语课程听说课型中进行，按照教材要求，学生需要完成单元视听材料的学习和相应练习。听力材料部分主要以学生反复精听、完成练习为主，主要旨在训练学生综合应用听力策略，提取关键信息的能力，对师生之间的互动及学生情感激发要求相对不高。因此，教师采取了混合式教学的方法，借助了U校园线上英语学习平台的功能，辅以教师提供的"导学案"，让学生在线上学习平台自行完成课堂视听材料部分内容。在此过程中，教师承担学习"设计者"和"促进者"的职责，通过练习、测试、讨论等任务设计，结合在线平台的监控、管理功能，保证线上学习的质量和效果。在课堂上，教师得以有更为充裕的教学时间结合第二课堂活动开展基于高级层次认知目标和情感价值观目标的教学，进一步拓展民族院校大学英语课程思政教学的深度和广度。

五、"生生交互"合作是思政育人提质增效的根本保障

马克思主义人的全面发展理论认为社会关系决定着一个人能够发展到

什么程度，[①] 人的全面发展离不开在丰富的社会关系中与他人的互动。建构主义理论也认为，学习者是"在人际互动中通过社会性的协商进行知识的社会建构"[②]。民族院校大学英语课程思政教学通过搭建"课上+课下"的全方位沟通渠道，使各民族学子之间的交互合作从课上延伸至课下，促进了各民族学子之间的交往、交流、交融，达到了思政育人提质增效的作用。在课上，教师通过问题讨论、案例分析、中外对比、情境创设等不同方式，引导学生结合民族院校大学生活学习体验和不同民族文化生活体验，分享观点、交流思想，并基于价值分析、价值比较等形成价值判断。在课下，学生通过"学习小组合作学习"的形式围绕共同的融合性任务目标，进行协商、讨论、分析、创作等活动。这有助于建构更为多元、开放、互助、高效的民族院校大学英语课程思政学习场景，有助于开阔视野、激活思维、生成新知、内化价值。正如学生反馈所说，通过各民族学子之间的思想碰撞可以获得"新思路、新想法、新技巧"，可以使个体的思维更加"敏捷、开阔"，可以"取长补短，见贤思齐"，可以互相影响以形成"良性学习氛围"，可以"共同学习，共同进步"。同辈之间的正向价值观念的互动，还有助于发挥同辈学习（peer learning）功能，引导各民族学子修正消极价值态度，建构积极价值观体系。

此外，各民族学生在互相协作的过程中，还实现了各民族文化的交流和民族情感的交融，发展了友谊，增进了了解，达到了更深层次的交流融合，有助于促进民族团结，有助于铸牢中华民族共同体意识。如在第一轮行动研究中，学生反映在小组成员共同促成融合性任务产出的过程中，"对不同民族有了深度了解，在小组协作中与其他民族的朋友们有了深厚的友谊""认识到民大各族兄弟姐妹一起生活、学习，其乐融融，是在事实上践行了中华民族共同体意识"。在第二轮行动研究中，学生反映在学习小组共同探究的过程中"对队友的成长与见闻有了更加深入的了

---

① 王海滨.历史唯物主义与精神境界的现代性建构[J].天津社会科学，2022，246（5）：45.

② [美]莱斯利.P.斯特弗.教育中的建构主义[M].高文，等译.上海：华东师范大学出版社，2002：2.

解""学习、了解了其他民族文化""分享、传播了本民族优秀文化",增进了文化的交融、情感的交汇。在第三轮行动研究中,学生反映"学会了妥协、包容与理解"。三轮行动研究结束后的整体教学效果学生问卷调查中,学生也反映学习小组共同完成融合性任务"有效地弥补了集体教学的某些不足,给予具有不同民族文化背景的学生面对面密切接触、相互交流的机会""起到了维持同学之间的热情、维系同学关系的作用"。

第二节　研究启示

基于对整体研究过程的反思,本研究还得出以下启示,认为应从"教师"和"保障"两个维度入手,通过教师课程思政教学能力的"内涵式"发展和构建课程思政教学外部支持体系,进一步促进民族院校大学英语课程思政教学的有效开展。

一、教师之维：教师课程思政教学能力"内涵式"发展

"教师是教育发展的第一资源"[1],民族院校大学英语教师的育人能力直接决定民族院校大学英语课程思政的育人成效。"育人者必先育己,立己者方能立人"。民族院校大学英语教师应做到以下四点,主动寻求个体课程思政能力"内涵式"发展：

（一）强化育人意识

教师教学理念（teacher's belief）是指教师对教学的看法,包括对学科、教学、学生、学习、教师角色、课堂等的认识和态度,指导着教师

---

[1] 新华社.中共中央、国务院关于全面深化新时代教师队伍建设改革的意见[EB/OL]. (2018-01-20) [2022-11-01]. http://www.moe.gov.cn/jyb_xwfb/moe_1946/fj_2018/201801/t20180131_326148.html.

的教学决策与课堂行为。① 民族院校大学英语教师应做到"明道""信道"和"弘道"。首先，从"明道"角度来讲，教师要提升思政理论素养，树立正确的政治立场和价值导向。前期民族院校大学英语课程思政教学实施情况调查中教师反馈因"担心对思想政治教育政策理论等把握不够"，而影响了课程思政教学实践。民族院校大学英语教师首先要提高思政育人教学素养，尤其是深入学习民族政策、民族理论、民族方针等，才能增强价值判断、选择、塑造能力，提升实施课程思政教学的"信心"和"底气"。第二，从"信道"角度来讲，教师应该厚植思政育人情怀，切实认识到思政育人与英语语言知识能力发展之间"协同共进"的关系，积极承担"经师"和"人师"的双重职责，才能更好地完成立德树人的根本任务。前期民族院校大学英语课程思政教学实施情况调查中教师还反馈因"担心学生对大学英语课程思政存在抵触情绪"，影响了课程思政教学实践，可见民族院校大学英语教师必须做到"真信道"，才能更为积极、主动地发掘思政育人与英语语言知识能力教学的契合点，寻求两者的"共荣共生"。第三，从"弘道"角度来讲，教师不仅应该树立积极的课程思政行为意识，还应该自觉将思政育人付诸实践行动，以确保民族院校大学英语课程思政教学的落地、落实、提效、见功，促进各民族学子的全面发展，为民族地区和国家建设培养政治素质过硬、综合素质优异的各民族人才。

（二）提升行为修养

《论语·子路》中有云："不能正其身，如正人何？"苏联教育学家赞可夫也曾说过，"教师这门职业要求于一个人的东西很多，其中一条就要求自制。"② 教师作为民族院校大学英语课程思政实施的第一责任人，与学生的交互最为直接、频繁。教师的言行举止、专业素养、治学态度、对学生的关心爱护等，不仅是思政育人资源，而且能够起到为思政育人提质增效的作用。行动研究中学生也反馈教师认真的工作态度、亲切随和的行为举止等能够感染学生，激励学生，有助于学生端正学习态度，"增加对教

---

① 袁芳远.基于课堂的第二语言习得研究[M].北京：商务印书馆，2016：58.
② [苏联]赞可夫.和教师的谈话[M].杜殿坤，译.北京：教育科学出版社，1980：35.

学的认同感"。因此，教师应从己做起，涵养德行，行为世范。民族院校大学英语教师可从以下三个方面出发提升自己的行为修养：第一，教师内省。教师需要审视自己的言行举止，是否能体现坚定的政治立场和正确的价值导向，是否能与各民族学生构建平等、公正、尊重、对话的关系，是否能有助于民族团结，有助于各民族学生铸牢中华民族共同体意识等。教师还需要不断更新教育理念、提升专业能力、提高政治站位、贯彻师德师风要求，严于律己。第二，教师关怀。教师需要通过自身的行为让学生感受到"关怀"的意涵。[①] 教师需要把握各民族学生的心理需求、思想状态和现实体验，体现对各民族学生的情感关照，增强与学生的情感交流。如在设置教学问题、教学任务时，注意回应学生的现实需求，引发思想"共情""共鸣"；在促成学生学习时，关照各民族学生的个体差异，提供针对性的支持，让学生感受到"被重视""被期待"，激发学生的积极情感体验。第三，教师的专业精神。经合组织发布的《促进有效学习的创新教学》认为教师的专业素养应该包括两个方面：一是具体的内容知识，包括通过经验获得的理论、概念和隐性知识的使用。二是应用知识，包括功能能力（即专门的技能，知道在特定领域工作时应该做什么的能力）、个人能力（即知道如何在特定情况下实施）和道德能力（即具备个人和职业所需的相应价值观）。[②] 民族院校大学英语教师应该具有扎实的学科知识素养，能够根据具体教学内容、教学环节、学情，选取适切的教学方法、应用适宜的教育科学基础知识和发展心理学知识等，应对复杂教育环境；能够欣赏民族院校学生的文化多样性和多元性，能够尊重差异，提供个性化的支持与鼓励；能够认同并遵守教师专业伦理、弘扬高尚师德师风等。通过全方位展示教师的专业素养，打造教师"可信度"，以提升民族院校大学英语课程思政育人信息传播的效果。

---

① 朱小蔓.情感德育论[M].北京：人民教育出版社，2015：215.

② FIGUEROA D T, DAMME D V. Innovative Teaching for Effective Learning[EB/OL].（2013-11-14）[2022-12-12]. http：//www.oecd.org/officialdocuments/publicdisplaydocumentpdf/?cote=EDU/CERI/CD/RD（2013）6&docLanguage=En.

（三）精研教学设计

教学设计的根本目的是"使一套教育或培训目的的达成成为可能"①。民族院校大学英语教师要想达成预期的课程思政教学目标，需要在进行课程思政教学设计时，把握以下四点：第一，教师要确保学生在课程学习中的"获得感"。"有意义的学习结果是大多数设计过程的起点和终点。"② 民族院校大学英语课程思政教学要想得到学生的认可和欢迎，必须让学生在学习过程中感知英语语言知识能力的提升和积极情感态度的生成。教师要通过精心设计教学内容、教学活动、教学材料等，强化英语语言知识能力的培养，有机融入育人元素，让学生学有所成、思有所得。从三轮行动研究中和整体行动研究结束后的学生反馈分析也可看出，学生正是因为体验到了收获，从而增进了对课程思政教学行动的认同。第二，教师需要具备思政敏感性。"所有的语篇和话语都具有价值负载，所传递的内容包括命题意义和价值意义。"③ 教师必须能够挖掘并解读材料中的思政敏感点，能够建立英语语言知识能力提升与思政育人之间的逻辑联系，能够将隐藏的思政元素通过精心的教学设计转化为"可学可教""可析可辨"的教学内容。第三，教师需要具备整体性视野。教师需要突破大学英语课程语言教学视角限制，从语言知识能力提升和思政育人引领双重视角出发，对教学进行整体规划，从整体角度把握课程。课程立意要高，要站在"为党育人、为国育才"的高度，为民族地区的建设和发展输送优秀人才。第四，教师需要具备开放性思维。教师不仅需要具备向其他教师学习课程思政教学设计经验以及与其他教师合作精研教学设计的思维，还需要具备与学生协作的思维，通过搭建师生良性对话通道，了解民族院校学生的需求及心理特征。从而更好地提升思政育人艺术，提升民族院校大学英语课程思政

---

① [美]加涅.教学设计原理：修订本[M].5版.王小明，等译.上海：华东师范大学出版社，2018：46.

② [美]加涅.教学设计原理：修订本[M].5版.王小明，等译.上海：华东师范大学出版社，2018：3.

③ 黄国文.挖掘外语课程思政元素的切入点与原则[J].外语教育研究前沿，2022，5（2）：12.

教学效果。

（四）加强学习研究

民族院校大学英语教师应成为学习型、反思型、研究型教师，以提升课程思政教学能力。教师除了加强课程思政教学相关理论、方法、策略等的学习和探索外，还可以积极开展课程思政教学行动研究。行动研究的目的即在于解决教师在具体的教育教学情境中面对的实际教育教学问题，进而改进实践。教师针对民族院校大学英语课程思政教学中发现的实际问题开展行动研究，可以获取对独特的具体教学情境的深入理解，并通过提取、验证和发展"行动中的缄默知识"（tacit knowledge-in-action）[1]，提炼兼具"实践性"[2] 和"个人性"[3] 的实践性理论，指导和改进实践。教学行动研究能起到为教师课程思政教学能力"赋能"的作用，有利于"以研促教，以教促研"。以研究者为例，在开展民族院校大学英语课程思政教学行动研究前，研究者参加了新华网、教育部全国高校教师网络培训中心、高教国培等不同机构组织的各类课程思政培训十余期，观摩了多所高校的课程思政教学课例，并学习了大量与民族教育、教育理论、课程思政教育相关的文献。从专家、同行的研究成果中获取真知灼见，提高与理论对话的能力，增强了对民族院校大学英语课程思政教学方向的把控能力，完善了自身课程思政能力的不足。从原来基于个人主观经验认识的课程思政教学转变为结合理论指导的课程思政教学，课程思政教学实践更为系统、更为"有据可依"。在三轮行动教学研究中，研究者对于如何挖掘课程思政素材，如何组织课程思政教学，如何评价课程思政效果等问题，也总结提炼出相应的策略和方法。通过行动研究不仅坚定了积极开展民族院校大学英语课程思政教学的信念，也完成了对自己的课程思政实施能力从"心有

---

[1] 王蔷，张虹.英语教师行动研究[M].北京：外语教学与研究出版社，2013：41.

[2] ELBAZ F. The teacher's "practical knowledge": report of a case study[J]. Curriculum inquiry, 1981, 11（1）：43-71.

[3] CLANDININ D J. Personal practical knowledge: a case study of teacher's classroom images[J]. Curriculum inquiry, 1985, 15（4）：361-385.

疑虑"到"信心满满"的转变。

二、保障之维：课程思政教学外部支持体系构建

（一）组建课程思政教学共研体

在本研究中，研究者邀请了两位同行教师共同组成了教师互助小组。她们对研究者的教学设计提出了宝贵的意见，参加了第一轮行动的学生文本评价，还对研究者的课程思政课堂教学进行了观摩及批评指正。她们的帮助一方面使研究者受益匪浅，另一方面也使研究者深切认识到组建民族院校大学英语课程思政教学共研体的重要性。个体教师"单干型"的课程思政教学不仅需要教师投入大量时间和精力，而且因教师个体背景、能力及视角等的限制，所采用的课程思政设计方案可能并非最优解。如果能成立民族院校大学英语课程思政教学共研体，引入更多同行开展"合作型"课程思政教学，可以起到"集思广益""高效省时"的作用，能更好地促进课程思政的整体建设。民族院校大学英语课程思政教学共研体是一种旨在通过教师之间的协作学习，促进民族院校大学英语课程思政教学的教师专业学习共同体（professional learning community），可以采取"核心教学共研体"和"拓展教学共研体"两种组建形式。"核心教学共研体"是指在一所民族院校大学英语教师内部组建的校本共研体。拓展教学共研体可以是多所民族院校大学英语教师共同搭建的跨校共研体，还可以邀请民族院校专业思政课教师共同参与。拓展教学共研体有利于充分利用兄弟民族院校跨校资源、跨专业资源，具备丰富性、开放性、交互创新性特征。但从民族院校大学英语课程思政教学共研工作的操作性、便捷性、针对性的角度来说，核心教学共研体更具优势，因此宜采取"核心教学共研为主，拓展教学共研为辅"的方式。民族院校大学英语课程教学共研体内部应构建"彼此信任、优势互补、互相尊重、平等沟通"的良性协作关系，遵循以下三点原则：①发展导向的原则。即教学共研体以推进民族院校学生大学英语语言知识能力和思政素质共同发展为核心任务。②深度协同的

原则。教学共研体成员必须认识到只有通过共同努力，才能确保达成课程思政育人效果的目标。要建立协作机制，进行持续和定期的经验交流和协同探究。③反思改进的原则。教学共研体成员的协作以改进教学实践为导向，强调基于协作获取新的知识和能力，付诸行动，反思效果并螺旋式地持续改进实践。

（二）优化教师课程思政培训

当前高等院校课程思政相关培训供给量比较充足，但课程思政教学"提质"效应还存在极大的提升空间。前期在Z民族大学进行的民族院校大学英语课程思政教学实施情况调查教师访谈中，教师们反映当前民族院校大学英语课程思政相关培训主要存在以下两个问题，影响了教学培训的效果和教师参与培训的积极性：一是培训缺乏实用性。教师们提出当前课程思政培训内容"大而空"，讲得很多，但实用性不强。希望课程思政培训能够简明扼要，有实用性，能直接运用于课堂。如T09说道："很多培训也不能说人家没有用，但是太耗时了，能不能给点高效率的培训，就是干货。不要上来就说重要性，这个谁都知道，你要告诉我们怎么做。我们需要那种特别高效的培训，实实在在的资料给出来。比如说你要讲文化对比，都有哪些点可以当作切入点去做文化对比，能不能给出实例来，我们很多时候就可以直接用。"（FT09 2021-06-10）T15也说道："现在是有些培训搞了半天，其实还是空架子，没有真正具体到某一些方面应该如何去做。有些培训说得都特别好听，但是一真实操作起来大家都不知道该怎么做。"（FT15 2021-06-13）二是培训缺乏相关性。教师们指出当前大学英语课程思政教学方面的培训非常稀缺，现有培训相关性不强。如T07说道："培训的话必须跟学科相关，如果是别的学科的，不能直接跟英语结合起来，我去干吗？培训就是应该讲英语方面的思政教学，具体怎么教，如何融入进去，可以讲哪些内容，怎么更好地结合。"（FT07 2021-06-09）T10也说道："咱们想听的应该是与大学英语相关的，我不愿意听那种纯思政的。"（FT10 2021-06-11）还有的教师提出与民族院校的院校属性相关的课程思政类培训资源也相当匮乏。如T21说道："希望开展的教师

培训能使教师对当下的民族政策有更多的了解。"（FT21 2021-06-17）

为更好地开展民族院校大学英语课程思政教学及研究，研究者主动参加了各级、各类机构组织的课程思政培训10余期，总计200余学时，也有和受访教师同样的感受。研究者发现当前课程思政培训内容供给主要分为两类：一是通用性课程思政培训。内容大致包括课程思政的历史背景、理论逻辑、现实要求、发展方向等。二是专门类课程思政培训。内容大致包括具体专业课程思政设计理念、教学目标、实施模式、案例分享、考核机制等。通用性课程思政培训主要解决的是"为什么做""应该做到什么"的问题，有利于接受培训的教师从整体上把握课程思政教学的正确方向，能起到"定航向"的作用。专门类课程思政培训多回答的是"怎么做"的问题，有助于接受培训的教师开阔视野，增长课程思政教学相关知识、经验。但当前两类课程思政培训对具体"如何做成"要么涉及不多，要么过于笼统，可效仿性不强。民族院校大学英语课程思政教师培训内容需要针对开展民族院校大学英语课程思政教学的实际需求，提升针对性、实效性、可操作性、可效仿性。不仅需要针对民族院校特色属性和大学英语课程语言教学属性给予方向性的宏观指导，还需要针对具体课程思政教学问题，提供更为微观、落在"实"处的"问题解决型"实践培训，以更好地发挥教师培训的"促教"作用。这也需要各有关部门加强调研论证、加大资源投入，进一步优化民族院校大学英语教师课程思政培训相关资源。

（三）健全课程思政教学激励机制

《高等学校课程思政建设指导纲要》中明确指出"全面推进课程思政建设，教师是关键"[1]。民族院校大学英语课程思政教学效果很大程度上取决于教师做好课程思政教学的意愿和投入的程度。从前期民族院校大学英语课程思政教学实施情况调查教师访谈情况来看，虽然教师在思想意识上能高度认同实施民族院校大学英语课程思政的必要性和重要性，也都在行为实践上尝试开展了课程思政教学；但教师的课程思政育人实践还处于

---

[1] 教育部.关于印发《高等学校课程思政建设指导纲要》的通知[EB/OL].（2020-05-28）[2022-05-22]. http：//www.gov.cn/zhengce/zhengceku/2020-06/06/content_5517606.html.

"参加"（participation）阶段，"投入"（engagement）意识还不够。大多数教师会有"我应该实施课程思政教学"的认识，但还不会投入充足的精力和时间，积极主动地就如何"做好"课程思政教学展开研究和探讨。自我决定理论（Self-Determination Theory）认为个体在充分认识自身需要和环境信息的基础上具备对行为做出自由选择的潜能，认为人的动机是一个从无动机、外部动机到内部动机的自我决定程度不断增加的连续体。[①] 无动机是个体处于缺少行为意愿的状态；外部动机是个体为了获得奖励或避免惩罚等而服从外部规则引起的行为，外部动机按照外部调节、内摄调节、认同调节、整合调节四种类型逐渐内化；内在动机是因个体感觉到行动的意义，对行动本身产生爱好和兴趣的一种出自主观意图的主动行为。[②] 高度内化的外在动机和内在动机能够引起自我决定行为。民族院校各有关部门还应建立更为合理的良性课程思政教学激励机制，通过教师教育、教师管理、教师评价、职称评审、奖励制度等方式或渠道，引导教师将课程思政与个人价值、自我实现、能力提升等需要联系起来。以形成"正反馈"，产生"大量与日俱增的回报"[③]，促进个体内部动机和外部动机的高度内化，增进教师积极、主动实施课程思政的自我决定行为，从而为民族院校大学英语教师积极实施课程思政教学提供原动力，促进民族院校大学英语课程思政教学的发展。

（四）推进课程思政教学资源建设

（1）加强民族院校大学英语课程思政教材建设。"教材是教育教学的关键要素、立德树人的基本载体。"[④] 当前民族院校大学英语教材基本都以

[①] 陈琦，刘儒德.当代教育心理学[M].3版.北京：北京师范大学出版社，2019：168.
[②] 刘鲁川，徐光，郑孟育.基于扎根理论的教师网络实践社区行为投入研究[J].情报理论与实践，2018，41（05）：70.
[③] 姜超.大学教师发展制度创新研究[D].华东师范大学，2019：188.
[④] 王友富."课程思政"论域下"教材思政"演进逻辑与建构策略[J].出版科学，2022，30（05）：25.

英美国家文化为背景,[1] 缺乏本土文化,尤其缺乏反映民族院校特色文化价值的内容。前期民族院校大学英语课程思政教学实施情况调查教师访谈中,教师们普遍反映教材课程思政教学资源不足是阻碍教师实施课程思政教学的主要因素之一。在三轮教学行动中,因课程教材思政元素的匮乏,研究者也耗费了大量的精力挖掘、补充课程思政相关教学资源。因此,促进民族院校大学英语课程思政教学亟须大力推进民族院校大学英语课程思政教材建设。研究指出教材建设是当前课程思政建设的薄弱环节,现有校本或公开出版的课程思政教材均未成规模、成体系,更勿论成精品。[2] 民族院校大学英语课程思政教材建设需凸显民族院校多元文化特色、彰显民族院校重点思想政治教育目标,需体现民族政策、理论、实践的统一,需精研思政育人与语言教学的契合点。因此,远非"一日之功",还需要联合各有关部门、专家、学者、一线教师等各相关方面,多方协作、循序渐进、科学求证、反复改进。

（2）加强民族院校大学英语课程教材补充资源建设。如前所述,教材建设推进难度大、推进周期长。因此,一方面要坚持统筹各方资源,加强规划,持续推进民族院校大学英语课程思政教材建设;另一方面则需要通过开展教材补充资源建设,增强民族院校大学英语课程思政资源补充的灵活性、高效性。正如民族院校大学英语课程思政教学实施情况调查教师访谈中,T09教师所说:"如果能有一些课程思政材料送到老师们手里就好了,其实老师们经验都很丰富,看看材料上课就能讲出来。但是什么材料都没有,有时候确实挺难的。得有一篮子菜,老师可以自己择,挑挑选选地做出一个学生喜欢的。我觉得一定要有大量补充资源,这种资源最好是唾手可得的那种,不是非得我自己到处去拼凑的。"（FT09 2021-06-10）丰富的课程思政资源是民族院校大学英语课程思政教学开展的必然要求。民族院校大学英语课程思政补充资源建设可以采取以下原则:①从资源建

---

[1] 刘政元.民族高校英语教育本土文化融入时代路径探究[J].贵州民族研究,2019,40(06):223.

[2] 陆道坤.新时代课程思政的研究进展、难点焦点及未来走向[J].新疆师范大学学报(哲学社会科学版),2022,43(3):52.

设路径来说,可采取由一所民族院校大学英语教师群体内部的资源共建,到与兄弟民族院校跨院校、跨区域资源共建的"逐级而上"的推进方案。既能做到从校本资源建设做起,"即时开展";也能做到谋求多校合作的"远景展望"。②从资源建设内容来说,课程思政资源不仅包括课程思政素材资源,还应包括活动设计资源、效果评价资源等各类不同教学环节的细节资源。课程思政资源需要体现时效性、针对性。"时效性"强调资源的与时俱进、不断更新。"针对性"强调资源能够切合民族院校大学英语课程思政教学的具体需求,能够解决具体问题。③从资源建设应用范围来说,强调课程思政资源的开放流通,促进优质资源的共享共用,优化资源效应。

第三节　研究创新与局限

一、研究创新

(一)研究视角方面的创新

本研究在研究视角方面有两点创新性:一是本研究以"如何开展民族院校大学英语课程思政教学"为研究主题,尝试结合"民族院校"院校属性视角和"大学英语"课程属性视角探讨如何开展课程思政教学。这一双重视角出发的研究靶向在当前课程思政研究中鲜有涉及,细化了高等院校课程思政教学研究的层次,具有一定的创新性。二是当前课程思政相关研究多关注抽象角度的课程思政"应然"讨论,以宏观建构和思辨演绎为主。本研究凸显实践取向,基于实证调查研究掌握民族院校大学英语课程思政教学的"实然"情况,并通过行动研究的方式在真实的民族院校大学英语课程思政一线教学中,总结提炼民族院校大学英语课程思政教学"使然"策略。这种研究视角亦体现出一定的创新性。

（二）研究成果方面的创新

本研究在研究成果方面主要取得了以下四点创新：一是通过调查研究掌握了民族院校大学英语课程思政一线教学中存在的真实问题和需求，为民族院校大学英语课程思政相关教学与研究提供了数据支持和案例参考。二是进行了民族院校大学英语课程思政教学实施方案理论建构，提出了民族院校大学英语课程思政教学的理论支点、育人目标、操作流程和评价理念，为民族院校大学英语课程思政教学提供了理论指引和教学指导。三是基于三轮迭代的行动研究中获得的实践性知识，提炼了民族院校大学英语课程思政教学的思政元素选取策略、思政元素开发策略、融合型产出任务设置策略、教学实施策略和教学评价策略，为民族院校大学英语课程思政教学提供了具体操作方法。四是基于对整体研究的反思，提出了更具针对性的教师课程思政教学能力发展和课程思政教学外部支持体系构建两个方面的建议，为进一步促进民族院校大学英语课程思政教学的有效开展提供了思路借鉴。鉴于当前民族院校大学英语课程思政教学研究极为缺乏，以上研究成果均具有一定的创新性。研究者也希望通过本研究能够抛砖引玉，为民族院校大学英语课程思政教学相关研究提供一定的启示与参考。

二、研究局限

（一）民族院校大学英语课程思政教学现状调查范围有待扩展

本研究以Z民族大学为个案进行了民族院校大学英语课程思政教学现状调查，以此诊断民族院校大学英语课程思政教学存在的问题，了解学生对民族院校大学英语课程思政教学的需求。但个案往往具有特殊性和个别性，在今后的研究中，研究者还需要进一步扩大调查范围，在更多的兄弟民族院校开展民族院校大学英语课程思政现状调查，以获取更为全面、客观的相关信息。

（二）研究结论推广效果有待进一步验证

研究者构建了民族院校大学英语课程思政教学实施方案，并按照该教学实施方案在 Z 民族大学研究者本人任教的 2021 级大学英语 × 班，进行了三轮迭代的教学行动研究，总结了民族院校大学英语课程思政教学行动的教学效果、教学发现，并提炼了民族院校大学英语课程思政教学策略的实践性理论。虽然在研究者本人任教班级开展研究符合"教师即研究者"的行动研究范式理念，但行动研究具有较强的情境性和实践性，同样的教学实施方案及教学策略的教学效果在不同的民族院校、班级，可能会因学情、学境不同而产生一定的差异。在今后的研究中，研究者还需要继续扩大研究范围，进一步验证研究结论。

（三）整体研究有待进一步完善

因研究者本人研究视角及能力所限，研究设计可能存在不够全面、完善的问题；对研究数据的分析可能存在解读不够深入、归纳不够精练的问题；在教学评价环节主要采取的是质性评价方法。虽然通过三角验证尽量保证了质性评价的效度，但质性评价总体上来说主观性较强。如果能综合量化分析工具，教学评价将更为客观、全面。

参考文献

一、中文文献

（一）专著类

[1] [美]安德森.布卢姆教育目标分类学：分类学视野下的学与教及其测评[M].蒋小平，等译.北京：外语教学与研究出版社，2009.

[2] [美]巴里斯，[美]爱丽丝.培养反思力：通过学习档案和真实性评估学会反思[M].袁坤，译.北京：中国轻工业出版社，2001.

[3] 宝玉柱.民族教育研究[M].北京：中央民族大学出版社，2009.

[4] 陈秉公.思想政治教育学原理[M].北京：高等教育出版社，2006：

[5] 陈达云.少数民族大学生国家认同教育创新研究[M].北京：民族出版社，2010.

[6] 陈华栋.课程思政：从理念到实践[M].上海：上海交通大学出版社，2021.

[7] 陈琦，刘儒德.当代教育心理学[M].3版.北京：北京师范大学出版社，2019.

[8] 陈向明.质的研究方法与社会科学研究[M].北京：教育科学出版社，2000.

[9] 陈亚平.二语的外显学习和内隐学习[M].北京：外语教学与研究出版社，2020.

[10] [美]德鲁克.管理的实践[M].齐若兰，译.北京：机械工业出版社，

2009.

[11] [美]杜威.我们怎样思维·经验与教育[M].姜文闵,译.北京:人民教育出版社,2004.

[12] 丁雅萍,吴勇.新视野大学英语读写教程:第一册[M].北京:外语教学与研究出版社,2015.

[13] 费孝通.论文化自觉[M].呼和浩特:内蒙古人民出版社,2009.

[14] 费孝通.中华民族多元一体格局[M].北京:中央民族大学出版社,2018.

[15] 冯益谦.比较与创新:中西德育比较研究[M].北京:中央编译出版社,2004.

[16] 付建中.教育心理学[M].2版.北京:清华大学出版社,2018.

[17] 高文,徐斌艳,吴刚.建构主义教育研究[M].北京:教育科学出版社,2009.

[18] 国家民委教育科技司,教育部民族教育司.蓬勃发展的中国民族院校[M].北京:中央民族大学出版社,2006.

[19] 何珊.德育时机论[M].北京:中国社会科学出版社,2019.

[20] 和学新,徐文彬.教育研究方法[M].北京:北京师范大学出版社,2015.

[21] 胡中锋.教育评价学[M].3版.北京:中国人民大学出版社,2016.

[22] 扈中平.教育学原理[M].北京:人民教育出版社,2008.

[23] [美]霍夫兰,贾尼斯,凯利.传播与劝服:关于态度转变的心理学研究[M].张建中,等译.北京:中国人民大学出版社,2015.

[24] [荷]霍夫斯泰德.文化与组织:心理软件的力量[M].3版.张炜,王烁,译.北京:电子工业出版社,2019.

[25] [美]加涅.教学设计原理:修订本[M].5版.王小明,等译.上海:华东师范大学出版社,2018.

[26] 教育部高等学校大学外语教学指导委员会.大学英语教学指南:2020版[M].北京:高等教育出版社,2020.

[27] 教育部思想政治工作司.大学生思想政治教育理论与实践.北京:高等

教育出版社，2009.

[28] 教育部高等学校教学指导委员会.普通高等学校本科专业类教学质量国家标准（上）[M].北京：高等教育出版社，2018.

[29] 金炳镐，孙英.民族院校大学生思想政治教育工作机制创新研究[M].北京：中央民族大学出版社，2010.

[30] 金霞.新视野大学英语视听说教程教师用书：第二册[M].北京：外语教学与研究出版社，2016.

[31] 居峰.高校主体间性思想政治教育研究[M].北京：清华大学出版社，2015.

[32] [美]克拉斯沃尔，布卢姆.教育目标分类学（第二分册）：情感领域[M].施良方，等译.上海：华东师范大学出版社，1989.

[33] [英]拉思斯.价值与教学[M].谭松贤，译.杭州：浙江教育出版社，2003.

[34] 廖华英.外语类课程思政案例教程[M].长春：吉林大学出版社，2020.

[35] 刘良华.教育研究方法：专题与案例[M].上海：华东师范大学出版社，2007.

[36] 刘润清.论大学英语教学[M].北京：外语教学与研究出版社，1999.

[37] 刘志军.教育评价[M].北京：北京师范大学出版社，2018.

[38] 卢家楣.情感教学模式的理论与实证研究[M].上海：上海人民出版社，2008.

[39] 鲁洁.教育社会学[M].北京：人民教育出版社，2001.

[40] [美]罗杰斯.传播学史：一种传记式的方法[M].殷晓蓉，译.上海：上海译文出版社，2002.

[41] 骆郁廷.思想政治教育引论[M].北京：中国人民大学出版社，2018.

[42] 马多秀.学校情感教育论[M].北京：人民出版社，2019.

[43] [德]马克思，[德]恩格斯.马克思恩格斯全集：第1卷[M].中共中央马克思恩格斯列宁斯大林著作编译局，编译.北京：人民出版社，2009.

[44] [德]马克思，[德]恩格斯.马克思恩格斯全集：第2卷[M].中共中央马克思恩格斯列宁斯大林著作编译局，编译.北京：人民出版社，1995.

[45][德]马克思，[德]恩格斯.马克思恩格斯全集：第3卷[M].中共中央马克思恩格斯列宁斯大林著作编译局，编译.北京：人民出版社，2009.

[46][德]马克思，[德]恩格斯.马克思恩格斯全集：第5卷[M].中共中央马克思恩格斯列宁斯大林著作编译局，编译.北京：人民出版社，2009.

[47][德]马克思，[德]恩格斯.马克思恩格斯全集：第9卷[M].中共中央马克思恩格斯列宁斯大林著作编译局，编译.北京：人民出版社，2009.

[48][德]马克思，[德]恩格斯.马克思恩格斯全集：第42卷[M].中共中央马克思恩格斯列宁斯大林著作编译局，编译.北京：人民出版社，2016.

[49][美]迈尔斯.社会心理学[M].11版.侯玉波，等译.北京：人民邮电出版社，2016.

[50][瑞士]皮亚杰.发生认识论原理[M].王宪钿，等译.北京：商务印书馆，1981.

[51]邱世兵.中国民族院校转型发展研究[M].北京：中国社会科学出版社，2013.

[52]任海涛.法学学科课程思政教学范例[M].上海：华东师范大学出版社，2021.

[53][美]斯特弗.教育中的建构主义[M].高文，等译.上海：华东师范大学出版社，2002.

[54]《思想政治教育学原理》编写组.思想政治教育学原理[M].北京：高等教育出版社，2016.

[55]沙莲香.社会心理学[M].4版.北京：中国人民大学出版社，2015.

[56]时蓉华.现代社会心理学[M].上海：华东师范大学出版社，2007.

[57]孙杰远.个体、文化、教育与国家认同：少数民族学生国家认同和文化融合研究[M].北京：商务印书馆，2019.

[58]汤志钧，陈祖恩.中国近代教育史资料汇编：戊戌时期教育[M].上海：上海教育出版社，1993.

[59]唐纪南，张京泽.中国民族院校发展史[M].北京：中国社会科学出版社，2012.

[60] 田洪鋆.批判性思维视域下课程思政的教与学[M].北京：法律出版社，2022.

[61] 王攀峰.行动研究的理论与方法[M].北京：首都师范大学出版社，2013.

[62] 王蔷，张虹.英语教师行动研究[M].北京：外语教学与研究出版社，2013.

[63] 王蔷.英语教师行动研究：从理论到实践[M].北京：外语教学与研究出版社，2013.

[64] 王世忠.多元与和谐：民族院校人才培养模式的战略选择[M].武汉：华中师范大学出版社，2017.

[65] 王学风.多元文化社会的学校德育研究——以新加坡为个案[M].广州：广东人民出版社，2005.

[66] [俄]维果茨基.思维与语言[M].李维，译.杭州：浙江教育出版社，1997.

[67] [美]威金斯，麦克泰格.追求理解的教学设计[M].2版.闫寒冰，宋雪莲，赖平，译.上海：华东师范大学出版社，2017.

[68] 文秋芳.二语习得重点问题研究[M].北京：外语教学与研究出版社，2014.

[69] 文秋芳.产出导向法：中国外语教育理论创新探索[M].北京：外语教学与研究出版社，2021.

[70] 夏怡凡.统计学课程思政案例集[M].成都：西南财经大学出版社，2021.

[71] 杨胜才.中国民族院校特色研究[M].北京：民族出版社，2007.

[72] 杨晓萍.教育科学研究方法[M].重庆：西南师范大学出版社，2006.

[73] 余文森.有效教学的理论和模式[M].福州：福建教育出版社，2011.

[74] 袁芳远.基于课堂的第二语言习得研究[M].北京：商务印书馆，2016.

[75] 袁振国.教育研究方法[M].北京：高等教育出版社，2000.

[76] [苏联]赞可夫.和教师的谈话[M].杜殿坤，译.北京：教育科学出版社，1980.

[77] [苏联]赞可夫.教学与发展[M].杜殿坤,译.北京:文化教育出版社,1980.

[78] [美]JENSEN E,[美]NICKELSEN L.深度学习的7种有力策略[M].温暖,译.上海:华东师范大学出版社,2010.

[79] 赵祥麟,王承绪.杜威教育论著选[M].上海:华东师范大学出版社,1981.

[80] 张大均.教育心理[M].3版.北京:人民教育出版社,2015.

[81] 张耀灿,郑永廷.现代思想政治教育学[M].北京:人民出版社,2001.

[82] 中国大百科全书总编辑委员会.中国大百科全书(语言文字)[M].北京:中国大百科全书出版社,2002.

[83] 朱小蔓.情感德育论[M].北京:人民教育出版社,2015.

[84] 朱小蔓.情感教育论纲[M].3版.南京:南京师范大学出版社,2019.

(二)报刊类

[1] 张正光,张晓花,王淑梅."课程思政"的理念辨误、原则要求与实践探究[J].大学教育科学,2020(06):52-57.

[2] 白臻贤.外语课程文化自觉价值取向的后现代视角[J].外语与外语教学,2009(3):37-39.

[3] 蔡永良,王克非.中美外语教育理念差异比较[J].外语教学,2017,38(3):1-6.

[4] 常海潮.定向动机流——二语动机理论研究新进展[J].现代外语,2016,39(5):704-713,731.

[5] 陈沉.过程视域下思想政治教育"度"的三维论析[J].理论导刊,2018,409(12):95-100.

[6] 陈功,宫明玉.多元反馈模式促进深度学习的行动研究[J].外语教学,2022,43(3):60-66.

[7] 陈惠萍,黄耀樑.新加坡青年道德教育:理念、政策与前景[J].青年研究学报,2010,13(2):89-102.

[8] 陈坚林.关于"中心"的辨析——兼谈"基于计算机和课堂英语多媒

体教学"中的"学生中心论"[J].外语电化教学,2005(5):4-9.

[9] 陈美兰,金婉霞.大中小学思政课协同育人行动重构[J].思想政治课研究,2021(5):134-146.

[10] 陈喜玲.基于人本思想的民族院校思政教育关怀体系创建[J].贵州民族研究,2016,37(11):225-228.

[11] 成矫林.以深度教学促进外语课程思政[J].中国外语,2020,17(5):30-36.

[12] 楚国清.以提升人才培养能力为导向的课程思政探索与实践[J].北京联合大学学报(人文社会科学版),2022,20(4):1-7.

[13] 崔正贤,马万利.新时代课程思政建设的功能效用、问题症结与着力方向研究[J].中国电化教育,2022(11):82-89.

[14] 邓惟佳,徐屹丰,姜智彬.战略拔尖外语人才培养机制与路径——基于上外卓越学院的个案研究[J].外语界,2022(4):57-63.

[15] 都晓.论精准思政概念生成及其与课程思政的辩证关系[J].新疆师范大学学报(哲学社会科学版),2022,43(2):49-58.

[16] 樊三明,董翠香,毛薇,等.体育专业技术类课程思政教学的理论审视与实践路径[J].西安体育学院学报,2022,39(5):625-632.

[17] 房洁.大学英语课程思政中的国家意识培养[J].外语电化教学,2021(6):8,51-56.

[18] 冯晓英,孙雨薇,曹洁婷."互联网+"时代的混合式学习:学习理论与教法学基础[J].中国远程教育,2019(2):7-16,92.

[19] 高德毅,宗爱东.从思政课程到课程思政:从战略高度构建高校思想政治教育课程体系[J].中国高等教育,2017(1):43-46.

[20] 高锡文.基于协同育人的高校课程思政工作模式研究——以上海高校改革实践为例[J].学校党建与思想教育,2017(24):16-18.

[21] 高燕.课程思政建设的关键问题与解决路径[J].中国高等教育,2017(Z3):11-14.

[22] 高玉垒,张智义.大学英语教师课程思政教学能力的结构模型建构[J].外语电化教学,2022(1):8-14,102.

[23] 顾晓乐."第三空间"视域下的跨文化交际能力培养实践探索[J].外语界，2019（4）：67-75，96.

[24] 韩丽丽.经济类专业课程思政建设的实现路径探索[J].思想理论教育导刊，2022（5）：126-131.

[25] 何红娟."思政课程"到"课程思政"发展的内在逻辑及建构策略[J].思想政治教育研究，2017，33（5）：60-64.

[26] 何玲，黎加厚.促进学生深度学习[J].现代教学，2005（5）：29-30.

[27] 何明霞.外语教育：赋能"让世界读懂中国"的路径[J].外语电化教学，2022（6）：59-64，110.

[28] 胡杰辉.外语课程思政视角下的教学设计研究[J].中国外语，2021，18（2）：53-59.

[29] 胡萍萍，刘雯静.大学英语教师课程思政教学能力现状调查[J].外语电化教学，2022（5）：11-17，106.

[30] 扈中平."人的全面发展"内涵新析[J].教育研究，2005（5）：3-8.

[31] 黄国文，肖琼.外语课程思政建设六要素[J].中国外语，2021，18（2）：1，10-16.

[32] 黄国文.挖掘外语课程思政元素的切入点与原则[J].外语教育研究前沿，2022，5（2）：10-17，90.

[33] 黄凌云.基于CIPP模型：大学英语课程思政成效评价研究[J].教育学术月刊，2022（2）：57-63.

[34] 姜涛，孙玉娟.高校课程思政建设存在的问题与对策探讨[J].学校党建与思想教育，2022（20）：44-46.

[35] 金家新，白勤.超越多元：加拿大高校公民教育研究[J].华南理工大学学报（社会科学版），2014，16（1）：99-105.

[36] 金家新.社会资本视角下的新加坡高校公民道德教育研究[J].山东师范大学学报（人文社会科学版），2014，59（3）：89-94.

[37] 来仪.民族高校民族团结教育再思考[J].民族教育研究，2017，28（2）：10-15.

[38] 蓝波涛，覃杨杨.构建大思政课协同育人格局：价值、问题与对策[J].

教学与研究，2022（2）：92-100.

[39] 冷文丽，罗来松，史久林，等.新时代大学生思想政治教育协同机制研究[J].江西师范大学学报（哲学社会科学版），2022，55（2）：56-62.

[40] 李爱国，林亚梅.人的全面发展理论对高校思想政治教育的启示[J].西南大学学报（社会科学版），2010，36（1）：100-103.

[41] 李春玲.疫情冲击下的大学生就业：就业压力、心理压力与就业选择变化[J].教育研究，2020，41（7）：4-16.

[42] 李茨婷，任伟.第三空间理论下二语语用能力和语用选择研究[J].外语与外语教学，2018（2）：68-78，149.

[43] 李睿.混合式环境下大学外语课程精准思政模式构建与实证研究[J].语言与翻译，2021（4）：67-74.

[44] 李潇君.公民行动：美国学校公民教育的新模式[J].比较教育研究，2020，42（2）：76-82.

[45] 李训贵，张晓琴.加强人文素质教育 彰显大学育人功能[J].高教探索，2004（3）：81-82.

[46] 厉彦花，解华，段梅青，等.大学英语课程思政支架式教学模式探究[J].外语电化教学，2022（3）：12-15，103.

[47] 刘建达.课程思政背景下的大学外语课程改革[J].外语电化教学，2020（6）：38-42.

[48] 刘晶，胡加圣.基于通识教育理念的大学英语课程思政元素需求分析调查研究[J].外语电化教学，2021（3）：4，24-29.

[49] 刘鲁川，徐光，郑孟育.基于扎根理论的教师网络实践社区行为投入研究[J].情报理论与实践，2018，41（5）：67-73.

[50] 刘清生.新时代高校教师"课程思政"能力的理性审视[J].江苏高教，2018（12）：91-93.

[51] 刘正光，岳曼曼.转变理念、重构内容，落实外语课程思政[J].外国语（上海外国语大学学报），2020，43（5）：24-26.

[52] 刘政元.民族高校英语教育本土文化融入时代路径探究[J].贵州民族研

究，2019，40（6）：222-226.

[53] 娄淑华，马超.新时代课程思政建设的焦点目标、难点问题及着力方向[J].新疆师范大学学报（哲学社会科学版），2021，42（5）：96-104.

[54] 陆道坤.课程思政评价的设计与实施[J].思想理论教育，2021（3）：25-31.

[55] 陆道坤.新时代课程思政的研究进展、难点焦点及未来走向[J].新疆师范大学学报（哲学社会科学版），2022，43（3）：43-58.

[56] 马惠兰.中华民族共同体教育特色课程思政的经验与启示——以北方民族大学为例[J].北方民族大学学报，2021（6）：164-169.

[57] 毛和荣，杨勇萍，周莉.大学英语课程思政建设的价值与路径[J].学校党建与思想教育，2021（16）：46-48.

[58] 梅强.以点引线 以线带面——高校两类全覆盖课程思政探索与实践[J].中国大学教学，2018（9）：20-22，59.

[59] 蒙岚.混合式教学模式下大学英语课程思政路径[J].社会科学家，2020（12）：136-141.

[60] 木拉提·黑尼亚提.文化认同是筑牢中华民族共有精神家园之基[J].新疆大学学报（哲学·人文社会科学版），2021，49（4）：50-57.

[61] 潘海英，袁月.大学外语课程思政实践探索中的问题分析与改进对策[J].山东外语教学，2021，42（3）：53-62.

[62] 庞洋.突破"窄化"："思政课程"转向"课程思政"的内在逻辑与实践路向[J].学术探索，2022，267（2）：146-156.

[63] 彭红超，祝智庭.深度学习研究：发展脉络与瓶颈[J].现代远程教育研究，2020（1）：41-50.

[64] 彭均，白显良.新时代课程思政的认识定位、生成逻辑与发展路向——基于矛盾论视角的探讨[J].湖北社会科学，2022（5）：162-168.

[65] 彭立威，施晓蓉."新工科"背景下课程思政建设"四全覆盖"模式的探索[J].国家教育行政学院学报，2022（11）：63-70.

[66] 蒲清平, 何丽玲.高校课程思政改革的趋势、堵点、痛点、难点与应对策略[J].新疆师范大学学报（哲学社会科学版）, 2021, 42（5）: 105-114.

[67] 戚万学.活动课程：道德教育的主导性课程[J].课程·教材·教法, 2003（8）: 42-47.

[68] 乔文良, 李志平.民族高校学生思想政治教育特点及创新研究[J].青海民族学院学报, 2008, 136（4）: 105-108.

[69] 秦四勇, 江华芳, 程鉴家.民族院校"课程思政"在《高分子化学》中的初探[J].广州化工, 2021, 49（8）: 193-195.

[70] 邱琳."产出导向法"促成环节设计标准例析[J].外语教育研究前沿, 2020, 3（2）: 12-19, 90.

[71] 邱仁富."课程思政"与"思政课程"同向同行的理论阐释[J].思想教育研究, 2018（4）: 109-113.

[72] 邱伟光.课程思政的价值意蕴与生成路径[J].思想理论教育, 2017（7）: 10-14.

[73] 屈江丽, 周爽."互联网+"多模态技术辅助下英语"金课"的设计与启示[J].西安外国语大学学报, 2020, 28（4）: 60-64.

[74] 冉春桃.民族院校中华民族共同体意识培育的路径[J].中南民族大学学报（人文社会科学版）, 2019, 39（4）: 70-74.

[75] 阮蓁蓁, 孟祥臣.新加坡世界一流大学学科建设的特征[J].中国高校科技, 2018（Z1）: 49-52.

[76] 苏德, 薛寒.民族院校铸牢中华民族共同体意识：时代方位与具体路向[J].教育研究, 2022, 43（6）: 124-133.

[77] 沙景荣, 申莎.非正规教育视角下的民族高等教育学习适应性研究[J].西北民族大学学报（哲学社会科学版）, 2016（5）: 163-169.

[78] 沈壮海.发挥各类课程的育人功能[N].中国教育报, 2005-02-08.

[79] 石书臣.人的全面发展的本质涵义和时代特征[J].河北大学学报（哲学社会科学版）, 2002（2）: 10-14.

[80] 石书臣.正确把握"课程思政"与思政课程的关系[J].思想理论教育,

2018（11）：57-61.

[81] 束定芳,陈素燕.宁波诺丁汉大学英语教学的成功经验对我国大学英语教学改革的启发[J].外语界,2009（6）：23-29.

[82] 孙学玉.担负起铸牢中华民族共同体意识的时代使命[J].政治学研究,2022（2）：21-30,167-168.

[83] 孙有中.课程思政视角下的高校外语教材设计[J].外语电化教学,2020（6）：46-51.

[84] 覃敏健,黄骏.多元文化互动与新加坡的"和谐社会"建设[J].世界民族,2009（6）：1-9.

[85] 唐克军,毕红梅.论美国高校公民教育教师专业发展[J].探索与争鸣,2010（8）：61-63.

[86] 吴月刚,张红.铸牢中华民族共同体意识背景下民族院校思政课程建设研究[J].民族教育研究,2020,31（4）：41-47.

[87] 王初明.内容要创造 语言要模仿——有效外语教学和学习的基本思路[J].外语界,2014（2）：42-48.

[88] 王海滨.历史唯物主义与精神境界的现代性建构[J].天津社会科学,2022,246（5）：44-50.

[89] 王海建."00后"大学生的群体特点与思想政治教育策略[J].思想理论教育,2018（10）：90-94.

[90] 王丽华.高职院校"思政课程"与"课程思政"协同育人模式构建的逻辑理路探究[J].中国职业技术教育,2019（18）：71-75.

[91] 王骞,邓志勇.论当前高校课程思政建设策略[J].江苏高教,2021（5）：96-97.

[92] 王诗渊.高职院校"思政课程"到"课程思政"转变路径探析——以黔东南民族职业技术学院为例[J].文化创新比较研究,2019,3（35）：126-127.

[93] 王守仁.高校外语专业学生跨文化能力的培养[J].西北工业大学学报（社会科学版）,2019（4）：45-49,117.

[94] 王欣,陈凡.角度、深度和温度——新文科背景下价值引领与外语专

业课程思政建设[J].外国语文，2021，37（6）：16-22.

[95] 王学俭，石岩.新时代课程思政的内涵、特点、难点及应对策略[J].新疆师范大学学报（哲学社会科学版），2020，41（2）：50-58.

[96] 王颖."产出导向法"视域下"课程思政"在英语专业写作教学中的体系构建[J].外国语文，2021，37（5）：147-156.

[97] 王友富."课程思政"论域下"教材思政"演进逻辑与建构策略[J].出版科学，2022，30（5）：25-32.

[98] 魏宏聚.价值教育在课堂——英美两国有关教学中实施价值教育研究的述评[J].外国教育研究，2012，39（3）：99-106.

[99] 魏宏聚.新课程情感目标评价工具及课堂应用[J].中国教育学刊，2012（5）：47-50.

[100] 魏杰，黄皓明，桑志芹."985废物"的集体失意及其超越——疫情危机下困境精英大学生的"废"心理审视[J].中国青年研究，2021（4）：76-84.

[101] 温颖茜.大学英语教学中讲好中国故事的理论逻辑与教学实践[J].社会科学家，2022（8）：148-154.

[102] 文秋芳.国家话语能力的内涵——对国家语言能力的新认识[J].新疆师范大学学报（哲学社会科学版），2017，38（3）：66-72.

[103] 文秋芳.对"国家语言能力"的再解读——兼述中国国家语言能力70年的建设与发展[J].新疆师范大学学报（哲学社会科学版），2019，40（5）：57-67.

[104] 文秋芳.大学外语课程思政的内涵和实施框架[J].中国外语，2021，18（2）：47-52.

[105] 文秋芳.对"跨文化能力"和"跨文化交际"课程的思考：课程思政视角[J].外语电化教学，2022（2）：9-14，113.

[106] 文秋芳，常小玲.中国共产党百年外语教育与中华民族伟大复兴[J].外语教育研究前沿，2021，4（2）：11-12.

[107] 吴德刚.关于马克思主义人的全面发展学说的再认识[J].教育研究，2008（4）：3-8.

[108] 吴岩.建设中国"金课"[J].中国大学教学,2018（12）：4-9.

[109] 吴倬.构建思政课与哲学社会科学课程相互配合的德育机制[J].中国高等教育,2006（11）：29-31.

[110] 伍远岳.论深度教学：内涵、特征与标准[J].教育研究与实验,2017,177（4）：58-65.

[111] 王会花,施卫萍.外语专业课程思政教学改革实践路径探析[J].外语界,2021（6）：38-45.

[112] 习近平.在哲学社会科学工作座谈会上的讲话[N].人民日报,2016-05-19.

[113] 习近平.高举中国特色社会主义伟大旗帜 为全面建设社会主义现代化国家而团结奋斗——在中国共产党第二十次全国代表大会上的报告[N].人民日报,2022-10-26（1）.

[114] 夏文红,何芳.大学英语"课程思政"的使命担当[J].人民论坛,2019（30）：108-109.

[115] 向明友.基于《大学外语课程思政教学指南》的大学英语课程思政教学设计[J].外语界,2022（3）：20-27.

[116] 肖敏.高校课程思政的特点、难点及对策[J].学校党建与思想教育,2022（14）：52-54.

[117] 谢国民,田国胜.工科实验课程思政建设的路径研究[J].学校党建与思想教育,2022（13）：65-68.

[118] 辛颖,王青虎,杨立国,等.民族高等院校"药物化学"课程思政的设计[J].教育教学论坛,2021（31）：172-175.

[119] 徐杰.对专业教育与思政教育融合的几点思考[J].学校党建与思想教育,2021（6）：49-50.

[120] 徐锦芬.高校英语课程教学素材的思政内容建设研究[J].外语界,2021（2）：18-24.

[121] 许葵花,张雅萍,王建华.大学英语课程思政"四位一体"模式建构及评价研究[J].外语教学,2022,43（5）：48-54.

[122] 徐晓美,郭芮.新时代民族院校网络思想政治教育：挑战、困境与机

制创新[J].民族教育研究，2022，33（6）：105-111.

[123] 杨冬玲，汪东萍.外语教材思政建设研究：文化分析内容、方法与理论视角[J].外语电化教学，2022（3）：16-22，104.

[124] 杨枫.高等外语教育的国家意识、跨学科精神及应用理念[J].当代外语研究，2019（2）：1-2.

[125] 杨华.大学生外语数字化叙事能力的理论与实践研究：课程思政的新探索[J].外语教育研究前沿，2021，4（4）：10-17，91.

[126] 杨华.我国高校外语课程思政实践的探索研究——以大学生"外语讲述中国"为例[J].外语界，2021（2）：10-17.

[127] 杨晓琴，白洁.民族师范院校"小学教育学"课程思政的实践路径[J].甘肃高师学报，2021，26（6）：62-65.

[128] 杨永林，丁韬.资源化与智能化视角下的大学英语写作教学研究[J].外语电化教学，2017（5）：9-14.

[129] 叶俊，盘华."四个自信"视域下大学英语课程思政功能的实现路径[J].学校党建与思想教育，2020（20）：45-46，49.

[130] 苑津山，幸泰杞."入局与破局"：高校学生内卷参与者的行为逻辑与身心自救[J].高教探索，2021（10）：123-128.

[131] 张敬源，王娜.外语"课程思政"建设——内涵、原则与路径探析[J].中国外语，2020，17（5）：15-20，29.

[132] 张文霞，李淑静.新时代大学英语教学管理和教师发展的问题与对策——《大学英语教学指南》相关要点解读[J].外语界，2020（5）：17-23.

[133] 张文霞，赵华敏，胡杰辉.大学外语教师课程思政教学能力现状及发展需求研究[J].外语界，2022（3）：28-36.

[134] 张彧凤，孟晓萍.大学英语教师课程思政教学能力研究[J].教育理论与实践，2021，41（21）：33-35.

[135] 张耀灿，徐志远.思想政治教育及其相关重要范畴的概念辨析[J].思想·理论·教育，2003（Z1）：10-13.

[136] 张治国.国际组织语言政策特点调查研究[J].语言文字应用，2019

（2）：51-60.

[137] 赵达远, 臧宏. 思想政治教育根本目标探究[J]. 思想教育研究, 2017（10）：3-7.

[138] 赵丹. 社交媒体对少数民族大学生中华文化认同引导研究[J]. 民族学刊, 2018, 9（3）：84-89, 126-128.

[139] 郑家成, 郑大俊. 民族院校思政教育中民族文化资源的开发利用[J]. 贵州民族研究, 2016, 37（12）：234-237.

[140] 郑永廷. 论社会意识形态与思想政治教育的内在联系[J]. 中国高校社会科学, 2015（6）：17-31, 152.

[141] 郑洲. 铸牢中华民族共同体意识视域下民族院校课程思政建设[J]. 民族学刊, 2022, 13（7）：33-40, 141.

[142] 周平. 民族国家认同构建的逻辑[J]. 政治学研究, 2017（2）：2-13, 125.

[143] 朱飞. 高校课程思政的价值澄明与进路选择[J]. 思想理论教育, 2019（8）：67-72.

[144] 朱献苏, 杨威. 新时代推进"大思政课"建设的实践理路探究[J]. 中国高等教育, 2022（Z2）：40-42.

[145] 邹成效, 衡孝庆. 论融合性[J]. 学习与探索, 2016（3）：27-31.

[146] 邹广文, 王吉平. 论文化自信的社会心理基础[J]. 河北学刊, 2021, 41（4）：20-29.

（三）学位论文类

[1] 包华军. 少数民族优秀传统文化融入民族地区大学生思想政治教育研究[D]. 中国地质大学, 2017.

[2] 常春艳. 数学反思性教学研究[D]. 南京师范大学, 2008.

[3] 董前程. 高校思想政治理论课教学模式改革研究[D]. 东北林业大学, 2017.

[4] 冯博. 新加坡共同价值观培育研究[D]. 东北师范大学, 2019.

[5] 冯春艳. 指向生命观念形成的高中生物学概念教学行动研究[D]. 东北师

范大学，2021．

[6] 贺斌．智慧教育视域中差异化教学模式研究[D]．华东师范大学，2018．

[7] 姜超．大学教师发展制度创新研究[D]．华东师范大学，2019．

[8] 刘倩．深度学习视野下高中文言文教学设计与实施策略研究[D]．东北师范大学，2020．

[9] 陆继锋．中国民族院校办学理念的变迁研究[D]．中央民族大学，2013．

[10] 戚静．高校课程思政协同创新研究[D]．上海师范大学，2020．

[11] 强枫．基于学习分析的大学生差异化教学干预研究[D]．陕西师范大学，2020．

[12] 王光荣．新时代提高国家文化软实力研究[D]．东北师范大学，2020．

[13] 王晓宇．"课程思政"的价值观教育研究[D]．吉林大学，2022．

[14] 杨金铎．中国高等院校"课程思政"建设研究[D]．吉林大学，2021．

[15] 曾敏．外语教育中的文化安全研究[D]．华中师范大学，2015．

[16] 张博．新时代高校"课程思政"建设研究[D]．吉林大学，2022．

[17] 张立鹏．马克思人的全面发展理论及其在当代中国实现条件研究[D]．苏州大学，2014：60．

[18] 张文娟．"产出导向法"应用于大学英语教学之行动研究[D]．北京外国语大学，2017．

[19] 郑凯文．加拿大高校公民教育方法研究[D]．湖南大学，2014．

（四）电子文献类

[1] 光明网．以铸牢中华民族共同体意识为主线 推动新时代党的民族工作高质量发展[EB/OL]．（2018-08-29）[2021-12-05]．https://m.gmw.cn/baijia/2021-08/29/35120475.html．

[2] 教育部．关于加快建设高水平本科教育全面提高人才培养能力的意见[EB/OL]．（2018-09-17）[2021-09-23]．http://www.moe.gov.cn/srcsite/A08/s7056/201810/t20181017_351887.html．

[3] 教育部．关于印发《高等学校课程思政建设指导纲要》的通知[EB/OL]．（2020-05-28）[2022-05-22]．http://www.gov.cn/zhengce/

zhengceku/2020-06/06/content_5517606.html.

[4] 闫伟轩.筚路蓝缕写华章 继往开来铸辉煌——写在民族院校创办60年之际[EB/OL].（2010-10-22）[2022-01-06].https：//www.neac.gov.cn/seac/xwzx/201010/1007951.shtml.

[5] 万玉凤.如何将思政之盐 融入课程大餐（2020-06-10）[2023-02-15][EB/OL]. http：//www.moe.gov.cn/jyb_xwfb/s5147/202006/t20200610_464358.html.

[6] 习近平.中华优秀传统文化是中华民族的精神命脉[EB/OL].（2014-10-16）[2021-12-22]. http：cpc.people.com.cn/n/2014/1016/c164113-25845591.html.

[7] 人民网–中国共产党新闻网.习近平：建设社会主义文化强国 提高文化软实力[EB/OL].（2014-01-01）[2022-09-05].https：//china.huanqiu.com/article/9CaKrnJDMmX.

[8] 人民网.习近平：把思想政治工作贯穿教育教学全过程 开创我国高等教育事业发展新局面[EB/OL].（2016-12-09）[2021-09-01]. http：//cpc.people.com.cn/n1/2016/1209/c64094-28936173.html.

[9] 新华社.习近平：决胜全面建成小康社会夺取新时代中国特色社会主义伟大胜利——在中国共产党第十九次全国代表大会上的报告[EB/OL].（2017-10-27）[2021-08-07]. http：//www.gov.cn/zhuanti/2017-10-27/content_5234876.htm.

[10] 新华社.习近平在中央外事工作会议上强调[EB/OL].（2018-06-23）[2021-09-07]. https：//baijiahao.baidu.com/s?id=1604060074048442582&wfr=spider&for=pc1.

[11] 习近平.让全世界都能听到并听清中国声音[EB/OL].（2019-01-10）[2022-11-04]. http：//cpc.people.com.cn/xuexi/n1/2019/0110/c385474-30514168.html.

[12] 新华社.习近平出席中央民族工作会议并发表重要讲话[EB/OL].（2021-08-28）[2022-01-06]. http：//www.gov.cn/xinwen/2021/08/28/content_5633940.html.

[13]新加坡国立大学.愿景[EB/OL].[2022-12-15].https：//www.nus.edu.sg/cn/about-nus/overview/vision-mission-strategy.

[14]尤权.做好新时代党的民族工作的科学指引[EB/OL].（2021-11-02）[2022-12-22].https：//www.neac.gov.cn/seac/c103237/202111/1154579.shtml.

[15]Z民族大学.校史[EB/OL].[2022-12-15].https：//yx.muc.edu.cn/liaojiexuexiao/xiaoshi/

[16]Z民族大学.学校概况[EB/OL].（2022-03-10）[2022-12-15].https：//www.muc.edu.cn/gk1.htm.

[17]中共教育部党组.中共教育部党组关于印发《高校思想政治工作质量提升工程实施纲要》的通知[EB/OL].（2017-12-04）[2021-09-23].http：//www.moe.gov.cn/srcsite/A12/s7060/201712/t20171206_320698.html.

[18]新华社.中共中央、国务院发出《关于进一步加强和改进大学生思想政治教育的意见》[EB/OL].（2004-10-15）[2021-08-23].http：//www.moe.gov.cn/jyb_xwfb/gzdt_gzdt/moe_1485/tnull_3939.html.

[19]新华社.中共中央、国务院印发《关于加强和改进新形势下高校思想政治工作的意见》[EB/OL].（2017-02-27）[2022-05-26].http：//www.gov.cn/xinwen/2017-02/27/content_5182502.htm.

[20]新华社.中共中央、国务院关于全面深化新时代教师队伍建设改革的意见[EB/OL].（2018-01-20）[2022-11-01].http：//www.moe.gov.cn/jyb_xwfb/moe_1946/fj_2018/201801/t20180131_326148.html.

[21]光明日报.中国共产党第二十次全国代表大会关于十九届中央委员会报告的决议[EB/OL].（2022-10-23）[2022-12-12].http：//www.news.cn/politics/cpc20/2022-10/22/c_1129075483.htm.

[22]中华人民共和国教育部，国家语言文字工作委员会.中国英语能力等级量表：10（2018-02-12）[2023-01-16][EB/OL].http：//www.moe.gov.cn/srcsite/A19/s229/201804/t20180416_333315.html.

二、英文文献

（一）著作类

[1] ALTRICHTER H, POSCH P, SOMEKH B. Teachers investigate their work: an introduction to the methods of action research[M]. London: Routledge, 1993.

[2] BIGGS J, TANG C. Teaching for quality learning at university[M]. 3rd ed. London: Society for Research into Higher Education& Open University Press, 2007.

[3] BURNS A. Collaborative action research for english language teachers[M]. Cambridge: Cambridge University Press, 1999.

[4] CARR W, KEMMIS S. Becoming critical: education, knowledge and action research[M]. London: The Falmer Press, 1986.

[5] COX D H, STRANGE C C, eds. Achieving student success: effective student services in Canadian higher education[M]. McGill-Queen's University Press, 2010.

[6] DÖRNYEI Z, MUIR, IBRAHIM Z. Directed motivational currents: energising language learning through creating intense motivational pathways[M]// D LASAGABASTER, A DOIZ, J M SIERRA (Eds.) , Motivation and foreign language learning: from theory to practice. Philadelphia/Amsterdam: John Benjamin, 2014.

[7] DRISCOLL M. Psychology of learning for instruction[M]. Boston: Allyn& Bacon, 2000.

[8] ELLIOTT J. Action research for educational change[M]. Milton Keynes: Open University Press, 1991.

[9] GOULD J, JAMIESON K H, LEVINE P, et al, eds. Guardian of democracy: the civic mission of schools[M]. Philadelphia: Leonore Annenberg Institute for Civics of the Annenberg Public Policy Center at the

University of Pennsylvania, 2011.

[10] HERR K, ANDERSON G L. The action research dissertation: a guide for students and faculty[M]. California: Corwin Press, 2015.

[11] HILL M, LIAN K F. The politics of nation building and citizenship in Singapore[M]. New York: Routledge, 1995.

[12] HUGHES A, SEARS A. The struggle for citizenship education in Canada: the centre cannot hold[M]// J. ARTHUR, I. DAVIES, & C. HAHN (Eds.), Sage handbook of education for citizenship and democracy. London: Sage, 2008.

[13] KEMMIS S, MCTAGGART R. The action research planner[M]. Victoria: Deakin University Press, 1982.

[14] LUCKNER J L, NADLER R S. Processing the experience: strategies to enhance and generalize learning[M]. 2nd ed. Dubuque: Kendall Hunt, 1997.

[15] MCNIFF J, WHITEHEAD J. You and your action research project (3rd ed.) [M]. London & New York: Routledge, 2010.

[16] MEIRA L. Diversity and civic education[M]// Making civics count: civic education for a new generation. Cambridge & Mass: Harvard Education Press, 2012.

[17] NUNAN D. Task-based language teaching[M]. Beijing: Foreign Language Teaching and Research Press, 2011.

[18] PASCARELLA E T, TERENZINI P T. How college affects students: a third decade of research [M]. San Francisco: Jossey-Bass, 2005.

[19] RESNICK L B, RESNICK D P. Assessing the thinking curriculum: new tools for educational reform[M]// B GIFFORD, C O'CONNOR (Eds.), New approaches to testing: rethinking aptitude, achievement and assessment. New York: National Committee on Testing and Public Policy, 1991.

[20] SCHMITT N. Researching vocabulary: a vocabulary research manual[M].

Beijing: Foreign Language Teaching and Research Press, 2015.

[21] STENHOUSE L. An introduction to curriculum research and development[M]. London: Heinemann, 1975.

[22] STRAUSS A, CORBIN J. Basics of qualitative research: grounded theory procedures and techniques[M]. Newbury Park & CA: Sage, 1990.

[23] VEUGELERS W. Education for democratic intercultural citizenship[M]. Leiden: Brill, 2019.

[24] VYGOTSKY L. Mind in society: the development of higher psychological processes[M]. Cambridge: Harvard University Press, 1978.

（二）期刊类

[1] ALTHOF W, BERKOWITZ M W. Moral education and character education: their relationship and roles in citizenship education[J]. Journal of moral education, 2006, 35（4）: 495–518.

[2] BOWMAN N A. Promoting participation in a diverse democracy: a meta-analysis of college diversity experiences and civic engagement[J]. Review of educational research, 2011, 81（1）: 29–68.

[3] BROWN J S, COLLIN A, DUGUID P. Situated cognition and the culture of learning[J]. Educational researcher, 1989, 18（1）: 32–42.

[4] CHAMBERS T. A continuum of approaches to service-learning within Canadian post-secondary education[J]. Canadian journal of higher education, 2009, 39（2）: 77–100.

[5] CHECKOWAY B. Renewing the civic mission of the American research university[J]. The journal of higher education, 2002, 72（2）: 125–147.

[6] CLANDININ D J. Personal practical knowledge: a case study of teacher's classroom images[J]. Curriculum inquiry, 1985, 15（4）: 361–385.

[7] COLBY A. Ethics teaching in undergraduate engineering education[J]. Journal of engineering education, 2008（7）: 330–332.

[8] DAMON W, MENON J, BRONK K C. The development of purpose

during adolescence[J]. Applied developmental science, 2003, 7（3）: 119-128.

[9] D'SOUZA MARIO O. Experience, subjectivity and christian religious education: Canadian catholic education in the 21st century[J]. Journal of educational administration and foundations, 2001, 15（2）: 11-25.

[10] ELBAZ F. The teacher's "practical knowledge": report of a case study[J]. Curriculum inquiry, 1981, 11（1）: 43-71.

[11] EVANS C, HARKINS M, YOUNG J. Exploring teaching styles and cognitive styles: evidence from school teachers in Canada[J]. North American journal of psychology, 2008（10）: 567-582.

[12] FREDERICKS J A, BLUMENFELD P C, PARIS A H. School engagement: potential of the concept state of the evidence[J]. Review of educational research, 2004, 74（1）: 59-109.

[13] GARLICK J, BERGOM I, SOISSON A. Design and impact of an undergraduate civic science course[J]. Journal of college science teaching, 2020, 49（4）: 41-49.

[14] GARLICK J, LEVINE P. Where civics meets science: building science for the public good through civic science[J]. Oral diseases, 2016, 23（6）: 692-696.

[15] GARRISON D R, ANDERSON T, ARCHER W. Critical thinking, cognitive presence, and computer conferencing in distance education[J]. American journal of distance education, 2001, 15（1）: 7-23.

[16] GICK M L, HOLYOAK K J. Analogical problem solving[J]. Cognitive psychology, 1980（12）: 306-365.

[17] HÉBERT Y. Responsibility and citizenship education: shifting meanings, policy and curricula[J]. Citizenship teaching and learning, 2009, 5（2）: 4-15.

[18] HURTADO S. "Now is the time": civic learning for a strong democracy[J]. Daedalus, 2019, 148（4）: 94-107.

[19] LAWSON M A, LAWSON H A. New conceptual frameworks for student engagement research, policy, and practice [J]. Review of educational research, 2013, 83: 432-479.

[20] LEE T, AN J, SOHN H, et al. An experiment of community-based learning effects on civic participation[J]. Journal of political science education, 2019, 15 (4): 443-458.

[21] LEWIN K. Action research and minority problems[J]. Journal of social issues, 1946, 2 (4): 34-46.

[22] LI M, FRIEZE I H. Developing civic engagement in university education: predicting current and future engagement in community services[J].Social psychology of education, 2016, 19 (4): 775-792.

[23] LOCKHART R S, LAMON M, GICK M L. Conceptual transfer in simple insight problems[J]. Memory & cognition, 1988 (16): 36-44.

[24] MARLOWE D B, CANNATA E, BERTRAM R, et al. Teaching evidence-based practice: a comparison of two disciplines [J]. Journal of family social work, 2020 (2): 133-152.

[25] MAXWELL B, TREMBLAY-LAPRISE A-A, FILION M. A survey of ethics curriculum in Canadian initial teacher education[J]. McGill journal of education, 2016, 50 (1): 1-23.

[26] MOISEYENKO O. Education and social cohesion: higher education[J]. Peabody journal of education, 2005, 80 (4): 89-104.

[27] MOORHOUSE B, TIET M. Attempting to implement a pedagogy of care during the disruptions to teacher education caused by COVID-19: a collaborative self-study[J]. Studying teacher education, 2021, 17 (2): 208-227.

[28] NEOH J Y. Neoliberal education? Comparing character and citizenship education in Singapore and civics and citizenship education in Australia[J]. Journal of social science education, 2017, 16 (13): 29-39.

[29] NEW LONDON GROUP. A pedagogy of multiliteracies: designing social

futures[J]. Harvard educational review, 1996（66）：60-69.

[30] OSBORNE K. Public schooling and citizenship education in Canada[J]. Canadian ethnic studies, 2000, 32（1）：8-49.

[31] PHILP J, DUCHESNE S. Exploring engagement in tasks in the language classroom [J]. Annual review of applied linguistics, 2016, 36：50-72.

[32] SUSMAN G I, EVERED R D. An assessment of the scientific merits of action research [J]. Administrative science quarterly, 1978, 23（4）：582-603.

[33] SWAIN M, DETERS P. "New" mainstream SLA theory: expanded and enriched[J]. The modern language journal, 2007, 9（5）：820-836.

[34] TAN C, WONG Y L. Moral education for young people in Singapore: philosophy, policy and prospects[J]. Journal of youth studies, 2010, 13（2）：89-102.

[35] THORNTON C H, JAEGER A J. The role of culture in institutional and individual approaches to civic responsibility at research universities[J]. The journal of higher education, 2008, 79（2）：160-182.

[36] VANWYNSBERGHE R, ANDRUSKE C L. Research in the service of co learning: sustainability and community engagement[J]. Canadian journal of education, 2007, 30（1）：349-376.

[37] WINTON S. Does character education really support citizenship education? Examining the claims of an Ontario policy[J]. Canadian journal of educational administration and policy, 2008（76）：1-24.

[38] WOON E Y S, PANG A. Public relations education in Singapore: education the next generation of practitioners on ethics[J]. Journal of public relations education, 2010, 6（3）：29-65.

（三）学位论文类

[1] BARTCH C E M. Educating for what kind of democracy? Examining the potential of educating for participatory democracy with a case study

of Drexel university's first-year civic engagement program[D]. Temple University, 2016.

[2] KING S L. Have not no more: educating for civic engagement at Atlantic Canadian universities[D]. The University of New Brunswick, 2018.

(四)研究报告类

[1] American Council of Trustees and Alumni. A crisis in civic education[R/OL]. (2016-01) [2021-07-28]. https://files.eric.ed.gov/fulltext/ED563817.pdf.

[2] Association of American Colleges and Universities. Greater expectations: a new visi-on for learning as a nation goes to college[R/OL]. [2022-12-10]. https://files.eric.ed.gov/fulltext/ED468787.pdf.

[3] Canadian Alliance for Community Service Learning. Community service-learning in Canada: A scan of the field[R]// Canadian Association for Community Service-Learning, 2006.

[4] CHUNG K. National education in Singapore and Japan[R/OL]. (2020-03-24) [2022-12-26]. https://www.legco.gov.hk/research-publications/english/1920in07-national-education-in-singapore-and-japan-20200324-e.pdf.

[5] ERIC L. Dey and associates: should colleges focus more on personal and social responsibility?[R/OL]. (2008-04) [2021-08-16]. https://www.aacu.org/sites/default/files/files/core_commitments/PSRII_Findings_April2008.pdf.

[6] HURTADO S, CUELLAR M, GUILLERMO-WANN C. Diverse learning environments: assessing and creating conditions for student success final report to the Ford Foundation[R]. University of California, Los Angeles: Higher Education Research Institute, 2013.

[7] National Task Force on Civic Learning and Democratic Engagement, Association of American Colleges and Universities. A crucible moment:

college learning and democracy's future[R/OL].（2011-10-05）[2021-08-19]. https://www.aacu.org/crucible.

[8] National Commission on Military, National, and Public Service. Interim report[R/OL]. [2022-12-21]. https://digital.library.unt.edu/ark:/67531/metadc1724236/.

[9] TAYLOR A, BUTTERWICK S, RAYKOV M, et al. Community service-learning in Canadian higher education[R/OL].（2015-10-31）[2022-12-21]. https://www.ualberta.ca/community-service-learning/media-library/documents/reports/ks-report-31-oct-2015-final.pdf.

[10] The National Task Force on Civic Learning and Democratic Engagement. A crucible moment: college learning and democracy's future[R]. Washington DC: Association of American Colleges and Universities, 2012.

（五）会议类

[1] BENNETT J M, BENNETT M J, ALLEN W. Developing intercultural competence in the language classroom [C]// D LANGE, M PAIGE（eds.）. Culture as the core: perspectives on culture in second language learning. Greenwich, CT: Information Age Publishing, 2003: 237-270.

[2] HALLIDAY M A K. New ways of meaning: the challenge to applied linguistics[C]// WEBSTER J. On language and linguistics, the collected works of M A K Halliday. London: Continuum/Beijing: Peking University Press, 2003: 139-174.

[3] WADHSA B, OUH E L, GAN B. How to and how much? Teaching ethics in an interaction design course. 2nd annual symposium on HCI education A（Virtual）CHI 2020 symposium, Honolulu, April 25-30, 2020[C]. USA: Research Collection School of Information Systems, 2020.

（六）电子文献类

[1] ASTON A. How Service Learning Affects Students[EB/OL]. [2021-08-02].

http：//heri.ucla.edu/PDFs/HSLAS/HSLAS.PDF.

[2] Algonquin College. Guidelines for general education courses[EB/OL]. [2022-11-27].https：//employees.crc.losrios.edu/crc/employee/doc/guided-pathways/general-education-lifesaver.pdf.

[3] American Association of Colleges and Universities. Office of global citizenship for campus, community, and careers[EB/OL].[2021-08-17].https：//www.aacu.org/global-citizenship-campus-community-and-careers.

[4] Center for Teaching and Learning. The ethics of teaching[EB/OL]. [2022-10-25]. https：//edst-educ.sites.olt.ubc.ca/files/2021/07/EDST-404-2021-Summer-Course-Syllabus-.pdf.

[5] Centre for Character & Leadership Education. overview[EB/OL]. [2022-11-17].https：//www.tp.edu.sg/research-and-industry/centres-of-excellence/centre-for-character-n-leadership-education-ccle.html.

[6] ELIZABETH B. Reinvigorating the civic mission of American higher education：ideals, challenges, and models of good practice[EB/OL]. (2002-08-28) [2021-08-17].http：//www.eric.ed. gov.

[7] FIGUEROA D T, DAMME D V. Innovative teaching for effective learning[EB/OL].(2013-11-14) [2022-12-12]. http：//www.oecd.org/officialdocuments/publicdisplaydocumentpdf/?cote=EDU/CERI/CD/RD (2013) 6&docLanguage=En.

[8] Harvard College. Program in general education[EB/OL]. [2021-08-19]. https：//gened.fas.harvard.edu/requirements.

[9] JONATHAN M. Tisch college of civic life education[EB/OL].[2022-11-30]. https：//tischcollege.tufts.edu/.

[10] MCKENZIE H B. Citizenship education in Canada (1993) [EB/OL]. [2022-12-14].https：//publications.gc.ca/Collection-R/LoPBdP/BP/

bp326-e.htm.

[11] Ministry of Education.The desired outcomes of education[EB/OL].（2018-05-22）[2022-12-21]. https: //nanopdf.com/download/the-desired-outcomes-of-education_pdf.

[12] Ministry of Education. 21st century competences[EB/OL]. [2022-12-14]. https: //www.moe.gov.sg/education-in-sg/21st-century-competencies.

[13] Ministry of Education. National education website[EB/OL]. [2022-12-15]. http：//www.moe.edu.sg/ne/.

[14] Nanyang Technological University. Content of courses[EB/OL]. [2022-11-29]. https: //wis.ntu.edu.sg/ webexe/owa/aus_subj_cont.main.

[15] REASON R D. Creating and assessing campus climates that support personal and social responsibility[EB/OL].[2021-08-17].https: //www.aacu.org/publications-research/periodicals/creating-and-assessing-campus-climates-support-personal-and-social.

[16] Singapore Ministry of Education. Character and citizenship education syllabus primary [EB/OL].https: //www.moe.gov.sg//media/files/primary/characterandcitizenshipeducationprimarysyllabusenglish.pdf.

[17] Singapore University of Social Sciences. Who we are[EB/OL]. [2022-11-28]. https：//www.suss.edu.sg/about-suss/who-we-are.

[18] Thompson Rivers University. General education requirements[EB/OL]. [2022-11-27].https: //www.tru.ca/distance/programs/arts/general-education-requirements.html.

[19] University of British Columbia. Community service learning[EB/OL]. [2022-11-17].https: //students.ok.ubc.ca/career-experience/get-experience/community-service-learning/.

[20] University of British Columbia. International service learning[EB/OL]. [2022-11-17]. https: //orice.ubc.ca/programs/international-service-learning/.

[21] University of Chicago. Undergraduate programs[EB/OL]. [2021-12-

27]. https://www.uchicago.edu/education-and-research/undergraduate-programs.

[22] University of Toronto. Groups[EB/OL]. [2022-12-01]. https://sop.utoronto.ca/groups/?areas_of_interest=community-service.

附 录

附录1：
民族院校大学英语课程思政教学实施情况调查教师访谈提纲

1.您认为民族院校大学英语课程是否应该承担思想政治教育任务？为什么？

2.您认为民族院校大学英语课程思政教学的目标是什么？

3.您在民族院校大学英语课程教学中是否融入了思想政治教育？您是如何融入的？

4.您将思想政治教育融入了教学的哪些环节？

5.您在实施课程思政教学的过程中遇到了哪些具体困难？

6.您对实施民族院校大学英语课程思政教学有什么建议？

附录2：
民族院校大学英语课程思政教学需求调查学生问卷

亲爱的同学：

您好！非常感谢您抽出宝贵的时间填写问卷。我们承诺这份匿名调查问卷仅用于学术研究和改进教学。您的真实回答将对我们的研究和教学具有很大的帮助。衷心感谢您的支持与合作！

请选择最适合您实际情况的选项，答案没有对错之分。多选题可单选亦可多选。如您选择了"其他"选项，请在横线上填写相关内容。

第一部分　请回答您的基本信息

1.1 您的性别是：

A.男　B.女

1.2 您的年级是：

A.本科一年级　B.本科二年级　C.本科三年级　D.本科四年级

1.3 您的民族是：

A.汉族

B.少数民族

（请将具体民族填写在横线上_____）

1.4 您的专业属于：

A.文史哲类　B.经管法类（包括民社类、政治学类、马克思理论类等）　C.教育学类（含体育类）　D.理工类　E.农学类　F.医学类　G.艺术类

1.5 您来自的区域是：

A.民族地区　B.非民族地区

第二部分　请回答您对民族院校大学英语课程融入思想政治教育的意见（多选题，也可单选）

2.1 您认为民族院校大学英语课程教学目标应该包括哪些？（多选）

A.培养学生英语综合应用能力

B.进行跨文化教育

C.帮助学生通过各种英语考试

D.服务中华文化对外传播

E.承担思想政治教育任务

F.其他_____

2.2 您认为民族院校大学英语课程思政育人目标应该包括哪些？（多选）

A.增强国家认同

B.提升政治认同

C.铸牢中华民族共同体意识

D.促进民族团结

E.提升中华文化自信

F.树立社会主义核心价值观

G.培养国际视野

H.培养学生"讲好中国故事，传播中国声音"的能力

I.其他_____

2.3 您希望民族院校大学英语课程思政教学结合以下哪些内容开展？（多选）

　　A.中华优秀传统文化

　　B.时事社会热点

　　C.中外文化对比

　　D.英雄模范事迹

　　E.校园文化

　　F.学生生活实践

　　G.其他_____

2.4 您希望民族院校大学英语课程思政教学采取哪些途径开展？（多选）

　　A.课堂教学

　　B.第二课堂活动

　　C.教学评价

　　D.作业、考试

　　E.其他_____

2.5 您认为民族院校大学英语教师在实施课程思政中应该注意哪些方面？（多选）

　　A.教育手段的多样性

　　B.与学生互动方式的灵活性

　　C.课程思政内容的丰富性

　　D.良好的师生关系

　　E.教师的言传身教

　　F.思政内容与教材内容紧密结合

G.其他_____

2.6 您认为思想政治教育应该采取以下哪种形式融入民族院校大学英语课程？（单选）

A.直接灌输思想政治教育内容

B.思想政治教育应该润物细无声地融入英语教学

C.直接灌输和"润物细无声"地融入相结合

D.无所谓

2.7 您认为民族院校大学英语课程思政教学活动应该采取哪些组织形式开展？（多选）

A.学生个体的自主式学习

B.学生小组的协作式学习

C.师生互动式学习

D.学生自主学习为主、教师指导为辅

E.无所谓

2.8 您认为民族院校大学英语课程思政教学应该采取以下哪些教学方法？（多选）

A.小组讨论

B.案例分析

C.教师讲解

D.任务驱动

E.情景模拟

F.启发式教学

G.其他_____

2.9 您认为民族院校大学英语课程思政教学效果应该采取哪种评价类型进行评价？（单选）

A.形成性评价

B.总结性评价

C.形成性和总结性相结合的评价

D.无所谓

2.10 您认为民族院校大学英语课程思政教学应该采取哪些评价方式？（多选）

A.教师对学生进行评价

B.师生合作评价

C.学生自评

D.生生互评

2.11 您认为民族院校大学英语课程思政教学效果应该从哪些方面来评价？（多选）

A.是否有助于培养学生社会主义核心价值观

B.学生是否能用英语弘扬中华文化、讲好中国故事

C.是否有助于学生提高文化自信

D.是否有助于学生铸牢中华民族共同体意识

E.是否有助于促进民族团结

F.是否能够促进国家认同

G.其他_____

2.12 关于在民族院校大学英语课程中融入思想政治教育，您还有哪些想法和建议？

问卷到此结束，再次感谢您的合作，祝您生活愉快！

附录3：
第一轮行动研究学生小组学习记录模板

第____组第____次小组学习记录

轮值组长：

组员：

1. 本阶段任务主题

2. 本阶段成果及下一阶段任务安排

3. 本阶段任务完成过程中遇到的难点及希望教师解答的问题

4. 本阶段取得的收获

5. 轮值组长对本阶段任务开展情况的反思

附录4：
第一轮行动研究后学生访谈提纲

1. 您在本单元学习后是否有收获？具体体现在哪些方面？

2. 您认为"学习小组共同协作完成演讲任务"这种学习形式效果怎么样？您有什么改进建议？

3. 您认为演讲任务主题是否合适？您有什么改进建议？

4. 您对本单元的教学是否满意？您觉得教师授课的哪些方面对您有帮助？您希望在哪些方面得到教师更多的支持？

5. 您对教师还有哪些建议和意见？

附录5：
第一轮行动研究后同行教师访谈提纲

1. 您如何评价学生演讲前后测文本质量？

2. 您是否能从学生演讲文本中感受到学生积极态度、情感、价值观等的生成？

附录6：
第二、三轮行动研究学习小组学习记录

第____组第____次学习记录

轮值组长：

组员：

1.本阶段各组员具体是怎么分工的？

2.请对本阶段组员贡献进行评价。

3.本阶段采用了哪些方法保证任务完成质量？

4.本阶段遇到了哪些困难？

5.本阶段有哪些收获？

6.哪些地方需要教师帮助？

附录7：
第二轮行动研究后学生访谈

1.您认为本次学习小组合作效果如何？

2.您对本小组跨文化交际短剧任务完成情况是否满意？

3.您在本单元学习中是否有收获？具体有哪些？

4.您对教师授课是否满意，您认为有哪些优点和不足之处？

5.您对教师还有哪些建议和意见？

附录8：
第三轮行动研究后学生访谈

1.本次小组任务难度如何？

2.您喜欢这次任务吗？

3.您对本小组英文调查报告任务完成情况是否满意？

4.您在完成英文调查报告任务的过程中，遇到了哪些困难？是如何解

决的？

  5.您在本单元学习中是否有收获？具体有哪些？

  6.您对教师授课是否满意，您认为有哪些优点和不足之处？

  7.您对教师还有哪些建议和意见？

附录9：
学年教学效果调查学生问卷

亲爱的同学：

  您好！本学年本班采取了"教师课堂基础授课+学生课下合作完成拓展任务"的教学形式开展教学。本问卷想了解您对这种教学形式的看法和教学建议。您的意见和建议将是我改进教学的动力和依据。您的回答仅用作教学研究，绝不影响您的成绩，请放心填写。真诚感谢！

  1.您对这种"教师课堂基础授课+学生课下合作完成拓展任务"的教学形式有什么看法？

  2.在这三次围绕主题任务的教学和学习小组合作学习中，您是否有收获？具体体现在哪些方面？

  3.您如何看待教师布置的三次主题任务？难度如何？您是否愿意做这样的任务？

  4.您如何看待以学习小组合作学习形式完成任务这种方法？

  5.您认为教师授课的哪些环节对完成任务有帮助？您还希望教师在哪些方面提供支持？

  6.您对教师授课和活动开展还有哪些意见和建议？

附录 10：
民族院校大学英语课程思政课堂教学观察记录表

课程名称：　　　　　　　　授课时间：
听课班级：　　　　　　　　授课教师：

维度	观察点	效果	分析
教学目标	1.英语语言教学目标与思政育人目标设置是否合理？ 2.设置的融合性任务是否合适？		
教学内容	1.教学内容是否能体现英语语言教学目标与特色？ 2.教学内容是否能起到思政育人的作用？ 3.教学内容是否符合学生的认知与需求？		
教学组织	1.教学材料选取是否合适？ 2.教学环节安排是否合理？ 3.教学方法选用是否恰当？		
教学效果	1.学生参与度如何？ 2.师生互动情况如何？ 3.整体教学效果感知如何？		

附录 11：
行动研究后教师访谈提纲

1. 您认为教师教学设计是否能将思想政治教育融入大学英语语言教学？

2. 您认为教师教学是否有助于实现思政育人与英语语言知识能力提升的双重教学目标？

3. 您认为让学生在课下继续开展协同探究并完成主题任务的效果如何？

4. 您认为这种形式的民族院校大学英语课程思政教学效果如何？

5. 您对民族院校大学英语课程思政教学有何改进建议？

附录12：
跨文化交际短剧提纲模板（中英文撰写皆可）

1.What's the theme of your intercultural communication play?

2.What's the significance of your theme?

3.Who are the main characters?

4.What is the situation?

5.What is the cultural conflict?

6.What are the obstacles in the intercultural communication?

7.How will the obstacles be overcomed?

8.How did you analyze the cultural conflict?

附录13：
调查计划模板

1.Why did your group choose the topic to investigate?

2.What's the significance of your research?

3.What's the aim of your research project?

4.Who will participate in the survey?

5.Which type of survey（online, or in-person/ questionnaire, or interview）will you take?

6.What are the survey questions?

7.What will each group member do to make the survey possible?

附录14：
调查报告提纲模板

1.How many subjects took part in the survey?

2.Who were the subjects interviewed?

3.What questions were asked in the survey?

4.What results were obtained in the survey?

5.What conclusions can you make?

6.What suggestions can you give?